本书系 2016 年国家社科基金青年项目成果（项目编号：16CSZ041）

国家社科基金丛书
GUOJIA SHEKE JIJIN CONGSHU

唐宋时期的桥梁、法制与社会

Bridges, Law and Society in Tang and Song Dynasties

彭丽华 著

人民出版社

目　　录

序　　一

　　本书是关于唐宋时期围绕桥梁建造与使用而产生的各方面问题的综合研究,涉及法令制度、社会经济、公共空间、文化景观、交通网络、工程技术等众多方面的问题,在材料收集和谋篇布局方面都有很大难度。彭丽华在博士论文研究唐宋《营缮令》及国家营缮事务管理制度基础上,进一步拓展到桥梁的制度史和社会史研究领域,取得了可喜的成绩。由于本书的内容极大地溢出了其博士学位论文的研究范围,对我来说是全新的知识,无法提出切实中肯的意见。作为她求学期间的指导教师,谈点阅读书稿的体会,权以为序。

　　第一,本书在问题发掘和方法论探索方面具有强烈的创新意识。如何跳出桥梁研究的工程技术史视角,将桥梁作为交通枢纽,全面而深入挖掘其承担的各种政治、经济和社会功能,以及桥梁在国家统治、地方治理和官民生活中的特别意义,这样的研究取向显得颇具新意。

　　本书研究的历史时段是唐宋时期,这个时期总体发展趋势是各个区域得到进一步开发,社会经济发生着深刻的转型,交通条件不断得到改善,交通网络日益繁密,桥梁、津渡的数量大为增加,相关的官私记载随之丰富。以桥梁为依托开展法令制度、财政经济、区域开发、交通线路和社会生活等各方面的研究,自然会带出许多新的问题。当然,这也使得本书面临着问题聚焦难度大的挑战,即使借用了一些西方学者的研究成果和方法,通过与英格兰古代桥梁建造同类问题相比较,做出了归拢话题的很大努力,但还是显得披头散发,主线不明。桥梁营缮与道路营缮、城市和陵墓营缮等,构成整体的国家营缮事务,通过桥梁营缮来处理《营缮令》的制定和实施问题,研究国家基础设施的建设与管理,可以是一个很好的视角。全书以此为基点渐次展开以桥梁为中心的各种问题,如何加强针对性而不是被材料牵着走,就是很大的挑战。

第二,研究视角转换带来对传统课题的新思考。从制度史和法制史的角度看,本书涉及的问题和汇集的材料,对于唐宋《营缮令》的形成与演变、将作监与少府监机构性质与职掌特征、尚书六部与寺监的关系等传统课题都提出了新的思考角度。例如,《唐六典》关于将作大匠之职的表述:"掌供邦国修建土木工匠之政令,总四署、三监、百工之官属,以供其职事;少匠贰焉。"其中"掌供邦国修建土木工匠之政令"如何断句,与《唐六典》"工部郎中员外郎之职"条所说"郎中、员外郎掌经营兴造之众务,凡城池之修浚,土木之缮葺,工匠之程式,咸经度之"是什么关系,就需要结合法令、制度和各种史籍的记载加以比对分析,并与宋代元丰改制前后的制度表述进行对比。尚书工部与其他五部相比有很强的特殊性,将作监和少府监在唐代的寺监体系中也颇为特殊。少府监近两万人,将作监一万五千人(含下属署监),事务性强,官吏和工匠人数多,《唐六典》"工部郎中员外郎之职"条说"凡兴建修筑材木工匠,则下少府、将作,以供其事"。这样一套政务系统在国家统治体系中具体如何运作,对于唐代政治体制的构造发挥着什么样的影响,都是值得重新探讨的重大课题。少府监、将作监与尚书工部的政务关系是理解唐代尚书六部与寺监关系的典型,也是理解宋元丰改制后六部恢复逻辑的关键。

唐宋《营缮令》"津桥道路"条的历史渊源问题,涉及营造相关法令的归类、道路桥梁工程营造在不同时代面临的问题和性质、营缮事务的集并以及法典体系的变化等。本书在这方面的问题提炼和背景分析,同样提出了若干新的课题。虽然目前的研究未臻圆熟,但显示出捕捉问题的敏锐性,以及理解历史的贯通意识。

第三,对于如何呈现丰富多彩的历史风貌作出了新的尝试。桥梁是观察国家与社会关系的特殊载体,连接着国家法令与社会生活。本书可视为桥梁社会史的探路之作,要探讨的是桥梁营缮视域中的唐宋法令与社会,通过桥梁与津渡串联起唐宋时期的大量史事,大凡发生在桥梁津渡的政治事件、围绕桥梁津渡营建的权力斗争与利益纠纷、桥梁津渡在官府事务与民众生活中的作用,以及作为公共空间和文化景观的意义等,都得到了尽可能全面的呈现。进一步追问的话,唐宋时期交通网络变化的具体情形,桥梁对于工商业和民众生活的具体影响,都是一幅幅生动的历史画卷。

总之,本书论题新颖,提出了若干有价值的研究方向。希望彭丽华抛出的这块砖头,不断通过逻辑和文字的打磨,能够引来更多的美玉。也相信经过她和学界同道的不断积累,能够实现传统中国古代史学科研究论域和方法的突破。

刘后滨

2022 年 9 月于京郊寓所

序　二

　　多年前,我因为讨论近代东南地区乡村市镇的需要,翻阅有关地方志书,见到那些志书所附之市镇地图,大多极为精练,其主要描绘的无非两大地理要素,一是河道,另一则是桥梁。江南为平原水乡,聚落无不傍河,市镇尤其如此,大多位于河道网络的关节点上,地图的绘制自然不能不以河道为主角。市镇傍河而成,夹岸成市,随着人员聚集,也就必然带来另一种地理性标志物的集中衍生,那就是桥梁。市镇居民需要修建桥梁来沟通市河两岸,连接四乡道路。或者可以说,在帝制晚期江南的广阔乡野,凡属桥梁密集之处,就必然为市镇居位之所。

　　印象尤其深刻的是光绪《桐乡县志》所载之屠甸镇,此镇居地偏僻,规模不大,江南运河支流长山河自西向东而来,小镇即依此河而成。有意思的是除了市河以及镇区北侧的寂照寺等不多的几座"公共建筑"外,志书所附"屠甸镇市图"集中绘载的就是桥梁,从镇区最西侧的多福桥,到最东侧的莫太师桥,共二十四座,每座都标出桥名,包括最北侧的"小桥"。其他街市建筑则一无着墨。也就是说,从市图一眼望去,这个屠甸镇除了市河之外,就是在它上面架着的那二十几座桥梁了,此外别无他物。这无非说明在志书编纂者们看来,在像传统江南市镇那样的聚落中,桥梁是最为重要的、由人类营建的地理标识物。

那么，我们如果将目光调转过来，从那许多座桥出发去作观察，看到的岂不就是市镇本身——人类在乡村社会活动的聚焦点？彭丽华《唐宋时期的桥梁、法制与社会》一书的视角与此类似，正是将桥梁作为窗口，来观察我国唐宋时期的社会。

这样的观察方法比较有意思。

从某种角度讲，这有点像区域史之于全域史的意义。大通史、断代史等，统观古今，高屋建瓴，便于观察者站在全局的高度来归纳出一些规律性的现象，但也常有不易深入、流于表面之不足。因此，近年来学界开始重视区域史的研究视角，试图通过对局部地区样本的集聚式探讨，真正深入基层，发现各地的特点，经过从中抽象归纳，得出一些共性的认识，再进而据以修正关于大通史的认识框架，使之提高。

立足于某个具体的对象物来作研究，与之相似。将观察视角落实在局部、有限的客体，有利于观察的集聚与深入。如果说桥梁相对于整部建筑史如此，那么茶馆相对于整部商业史，县令相对于整部官制史，刀剑相对于整部兵器史……都应该是如此，以小见大，或许更加真切，学术史上也有不少相当成功的研究范例。

再进一步说，通过某个具体对象物来作集聚式研究，也不能局限于某个特定的侧面，而应该作散发式的、多元的全方位观察，这正是彭丽华《唐宋时期的桥梁、法制与社会》一书给我们的重要提示。

正如彭丽华在她自己的书中指出的，将桥梁置入历史的时、空坐标之中，重新审视桥梁的角色与定位，相比于传统的观察方法，"应该能有不一样的理解与研究结果"。所以她尤其强调要摆脱仅从技术史的角度研究桥梁的传统，从技术走向社会，将之视作了解唐宋国家与社会之间的一座"桥梁"。

彭丽华认为在历史的时间属性之外，通过桥梁，可以拓展历史的空间属性，事实上，若就历史时期的桥梁而言，又怎能够忽略它同时具有的时间属性呢。她这本书讨论的议题就是很好的例证。书中已经多有指出，随着经济与技术的进步,连接全国交通干线的那些重要桥梁不断改建、提高,即具有鲜明的时代性。更重要的是,尽管不必牵扯什么"唐宋变迁"的话题,随着唐宋之间南方地区的快速开发,全国经济地理格局出现格局性的大调整,经济重心转移到了南方,丘陵、水网、滨海,桥梁在人们社会生活中的地位愈加重要,它们社会"角色"的转化,也就不免有了一些时代性的意义。彭丽华在书中以江西信州为典型,展示了从唐入宋后随着经济开发的推进,鄱阳湖地区桥梁建设发展的情形。这当然并非个案,而是具有相当普遍意义的。例如,南宋时临近行都临安府的严州桐庐县,负山为邑,县之东有源出天目山而且"湍注洄洑,其广千尺"的东溪,北宋时期东西之间交通还不是太繁忙,到宋徽宗大观年间才建浮桥,即政惠桥。到南宋,此地成为东西之间交通要道,"蜀汉闽广江湖之往来京师而陆行者毕由此桥,旗驿舆马络绎连日夜,桥之治不治,其利病滋不轻"。绍熙二年(1191 年)知县孙叔豹重新修筑已经圮坏十年的政惠桥,就成为可以载入地方志书的重要政绩。①

彭丽华认为桥梁是水陆交通汇集之处,人员汇聚,在承担着通行功能的同时,也因为其空间特性而成为古代社会中一个特别的公共空间。她尤其关注的是桥梁的这个"空间属性",希望将"'桥梁的营缮'变成连接法律制度及其运行、军事行动、经济开发与物质流通、社会互动、宗教传播的真正桥梁"。书中列出了几个讨论重点,例如,唐宋桥梁营缮的相关法律、制度,桥渡与唐宋重要陆路交通干线的连接,唐宋桥渡及其附近空间里所设置的具有军事、经济等性质的职能机构与设施,以及桥梁与唐宋城市公共空间及社会文化等。总之从章节编排可以看出,全书关心的重点是从桥梁来观察国家与社会的关系。即便是事实上无法由官府包办的那些桥梁工程,也遵从"善皆归于君"的思路,强调国家在其中的影响与指导意义。无论从历史还是现实的视角去作观察,这是符合大一统君主帝国"家天下"特征之史实的。

---

① 孙应时:《烛湖集》卷九《桐庐县重作政惠桥记》,台湾商务印书馆影印文渊阁《四库全书》本,第 1166 册,第 627 页。

　　不过，如果试图让桥梁这个"窗口"透进更多的光线，或许还可以试着从另外的视角来作一些观察。例如，中国民间社会一向将修桥铺路视为善行之要，彭丽华在书中专门讨论了在福田思想影响下的僧俗造桥之举，似乎仍局限在宗教思想的影响这一视角，事实上，以宗族组织为主要形式的民间社会在修桥铺路这个领域不仅从来未曾缺位，而且有时还是主要承担者。事关唐宋，资料的搜寻虽然不容易，却也并非全无可能。我们或许还可以从这个视角去观察当时民间社会自我运作的一些内情，以及其对于后世的影响。

　　总之，作为一个"窗口"，其所能够透入的光线不仅绚丽，而且多彩，彭丽华《唐宋时期的桥梁、法制与社会》一书已经作出了很好的示范，我们也期待着她今后对这一议题提出更多的新见，以飨学界。

包伟民

2022 年 12 月 20 日于杭州小和山

绪　　论

一、引言

　　中国境内河流纵横,桥梁是连接为河流所阻隔的陆路交通的重要工具。作为道路系统的重要组成部分,桥梁事关古代国家交通与运输,及国家对地方的治理与控制。是以桥梁的修造与管理一直都被当作重要事务。政府设官分职、制定相关令律,以确保桥、道莙缮事务能够合理及时地完成,保证交通的畅达。

　　由于地理环境的客观需求、官民重视、技术进步等多重因素的影响,我国古代桥梁工程在相当长时间内,均居世界同时期先进行列。李约瑟(Joseph T. M.Needham)主编的《中国科学技术史》第七卷(因李约瑟当时已仙逝,本卷实由 Kenneth Girdwood Robinson 主编)指出,15 世纪以前的中国,一共贡献了近三百项发明创造,在许多方面都领先于世界各国。其中,造纸术、印刷术、指南针、火药、桥梁工程等二十六项可以归入古代中国的重要发明。桥梁工程方面的发明,有明确史料记载的,包括起自公元前 4 世纪的浮桥、公元 4 世纪的伸臂梁桥、公元 6 世纪的索桥、公元 7 世纪初的敞肩拱桥(以赵州洨河石桥为例)、公元 11 世纪的贯木拱桥。①

然而,自 16 世纪之后,中国在工程技术上的发明创造却陷入了消退甚至停滞、倒退。面对"李约瑟难题",即"为什么近代科学技术不在中国而在欧洲产生? 为什么中国不能保持先进的创造优势而率先发生工业革命?"我们是没法回避的。皇权专制、官本位、知识阶层热衷仕途、思想禁锢、服从帝王官员等权力阶层的统一意志、轻视工商业者、重文章而鄙匠艺等,或许都是原因。有些至今仍然影响着中国社会的因素,曾深刻地影响了当时的社会与个人。回顾往昔,一个突出的例证便是历代尤其是资料丰富的明清时代,关于帝王将相、政治事件的记载极为丰富,如皇帝的衣食住行,事无巨细,悉录载之。但是,关于精密复杂的工程技术,却言简意赅、一笔带过,甚至阙而不载。

关于桥梁的记载,也是如此。营造于世界先进先例时代的桥梁,却并无专部典册幸存至今,留存下来的资料散见在历代典籍,相对较为集中的文本主要收录在类书的《考工》《方域》等目及地方志中。传世的桥梁著作或桥志均为清代及之后的作品,如《铁桥志书》(成书于 1664 年)②、《清嘉庆建复金华通

---

① Joseph T.M.Needham, *Science and Civilization in China*, vol.7; The Social Background, Part 2: General Conclusions and Reflections, Edited by Kenneth Girdwood Robinson, With Contributions by Ray Huang, Introduction by Mark Elvin, Cambridge: Cambridge University Press, 2004, pp.217-224。关于中国最早的浮桥,中国学者与西方学者有不同意见,谢杰、汪嘉铨推测文王造舟为梁、迎娶有莘氏的时间当在公元前 1134 年的西周时,唐寰澄推测为公元前 1229 年至公元前 1227 年。(参见茅以升主编:《中国古桥技术史》,北京出版社 1986 年版,第 148 页;唐寰澄:《中国科学技术史·桥梁卷》,科学出版社 2000 年版,第 589 页)但西方学者则多根据《诗经》的成书年代,将"造舟为梁"这种浮桥技术确定为公元前 4 世纪。即便如此,也依然是有文字记载的世界最早的浮桥技术。

② 《铁桥志书》,共 2 卷,明人梁于涣、扶纲辑,清人朱潮远重辑,成书于康熙三年(1664年),系木刻本,现藏于北京图书馆善本部,记贵州关岭盘江上之铁索桥。盘江,流经云贵交界,两山夹峙,江水中流,湍急迅悍,舟楫难通。盘江铁索桥是沟通滇黔的咽喉要道,始造于崇祯元年(1628 年),系仿澜沧江桥而造。《铁桥志书》共分为六部分,即:(一)碑文志序;(二)序文、盘江考、铁桥志书及登临题咏姓名;(三)崇祯御制碑及诏书,盘江源流图。后三部分为诗文。该书极可贵的地方在于收录了盘江桥插图,这是极为珍贵的图像资料。据沈聿之言,该图与《徐霞客游记》所记相符合,为长十五丈、宽八尺之铁链桥。参见沈聿之:《铁桥志书》,郑天挺、吴泽、杨志玖主编:《中国历史大辞典·科技史卷》,上海辞书出版社 2000 年版,第 577 页;李致忠:《昌平集》,上海古籍出版社 2012 年版,第 486—488 页。

济桥记略》、《乾隆复修金华通济桥工程石料大略估计册》(成书于 1790 年)、《金华通济桥创建及修筑说明》①、《陕西灞浐桥志》(成书于 1834 年)②、《清官式石桥做法》③、《万年桥志》(成书于 1894 年)等,记录了营缮桥梁的人事组织、规章制度、公文往来、人力役使、石料来源、施工期限及桥之形状尺寸、各式工程细则等内容。职是之故,史学界对桥梁的关注也多侧重于清代及之后,涉及桥梁、渡口的修建与管理,桥梁与环境、市镇等问题,或是从经济学的角度考察桥梁、渡口等作为公共设施在传统时代的公益法人制度及其治理模式。④还有学者在讨论慈善史时,将地方的桥梁营建纳入慈善行为,如王卫平《清代苏州的慈善事业》⑤、熊秋良《清代湖南的慈善事业》⑥等,不过也只是简略提及。

　　对清代之前桥梁的系统而杰出的研究,其实主要是建筑学家的贡献。自 20 世纪中叶起,在古建筑类型的专题研究中,有古代桥梁一支。建筑学家的贡献之一是将零星散布在浩瀚典籍中的桥梁资料搜集起来,为后世进一步地研究奠定了较好的资料基础。与资料收集相比,建筑史家更加重要的成就无

---

① 以上三类均是有关金华通济桥的相关资料,如《清嘉庆建复金华通济桥记略》收入了朝廷官员为建造该桥而往来的文书、布告等共 27 件,内容涉及地方官员的营造申请、通济桥的历史与现状、朝廷批文及材料筹集、人力役使等情况。《乾隆复修金华通济桥工程石料大略估计册》则是石料的数量、种类、开采、运输等情况,是具体的技术记录。这三册文献为研究清代金华通济桥的营造历史、交通地位、工程技术提供了极为重要的资料。
② 《陕西灞浐二桥志》,清人杨名扬所辑,成书于 1834 年,现藏于国家图书馆,记陕西灞、浐二桥所在位置、营造历史及相关诗文。
③ 《清官式石桥做法》,系王璧文所作,于 1936 年由中国营造学社出版。王璧文考虑到清代桥梁做法"未著录工程做法",又鉴于古代桥梁偶见于档册、簿录、桥记、方志与私家文集者,又皆寥寥数语,无裨工事,因而根据其所发现的造桥秘藏底册资料编著成书。全书分为石作、瓦作、土作、搭材四章,记录了清代桥梁的种类(平桥、券桥)、长度、券石尺寸、桥高的确定、栏杆的做法及桥梁的砖瓦木等材料及挖坑打桩等技术,是一本清代桥梁的技术著作,也是研究中国古代桥梁的重要参考资料。
④ 龙登高、王正华、伊巍:《传统民间组织治理结构与法人产权制度——基于清代公共建设与管理的研究》,《经济研究》2018 年第 10 期。
⑤ 王卫平:《清代苏州的慈善事业》,《中国经济史研究》1993 年第 4 期。
⑥ 熊秋良:《清代湖南的慈善事业》,《史学月刊》2002 年第 12 期。

疑体现在桥梁史的研究上。"中国桥梁之父"茅以升主编的《中国古桥技术史》及唐寰澄的《中国古代桥梁》(以此为基础,作者又撰成了鸿篇巨著《中国科学技术史·桥梁卷》)①是中国学者研究古代桥梁的重要著作,探讨了古桥渊源与发展、桥与自然及社会、桥文化,并重点阐释了梁桥、浮桥、索桥、栈阁、圬工与竹木拱桥及其技术发展情况,及包括艺术理论、主体造型、桥体装饰、环境协调在内的桥梁艺术,奠定了中国古代桥梁技术史的研究基础。此外,桥梁史家也简要地梳理出古代桥梁建设的资金来源,按照来源渠道分为官府投资、私人捐资、民间集资、僧侣筹资等几类。其后陆续出现各类桥梁的论著,及一批聚焦于某一王朝或某些朝代的桥梁研究的学位论文,多是从技术史的角度进行讨论,例甚多,不赘举。

桥梁美学也是桥梁史的一个重要分支,如日本学者山本宏所著《桥梁美学》(也选取了部分中国古代桥梁为例)、唐寰澄《桥梁美的哲学》,田久川、孟宪刚《力与美的交融——古代桥梁》等著作②探讨了桥梁的结构与力学,桥梁装饰与艺术等问题。

李约瑟主编的《中国科学技术史》中的《土木工程与航海技术·桥梁》③则是英语学界研究中国古代桥梁的重要作品,尤其是对历史上海外入华人士记载中国桥梁的资料作了收集与分析,从他者的视角将中国古代与世界同时期的桥梁技术进行了对比。除此之外,虽然也有不少论著涉及中国不同时期的桥梁,但都极为简略,多是提及桥梁的存在,但并非以桥梁为中心来讨论问

① 茅以升主编:《中国古桥技术史》,北京出版社1986年版;唐寰澄:《中国古代桥梁》,文物出版社1987年版;唐寰澄:《中国科学技术史·桥梁卷》,科学出版社2000年版;唐寰澄:《中国木拱桥》,中国建筑工业出版社2010年版。

② [日]山本宏:《桥梁美学》,姜维龙、盛建国译,人民交通出版社1989年版。在他之前,英部屋福平在桥梁美学上也作出了重要贡献,他先后撰有《桥梁的美学》《桥:美的条件》等书。田久川、孟宪刚:《力与美的交通——古代桥梁》,辽宁师范大学出版社1996年版;唐寰澄:《桥梁美的哲学》,中国铁道出版社2000年版。

③ 李约瑟主编:《中国科学技术史》第4卷《物理学及相关技术》第3分册《土木工程与航海技术》,科学出版社、上海古籍出版社2008年版。

题,如南希·萨茨曼·斯坦哈特(Nancy Shatzman Steinhardt)《中国建筑史》《中国皇城规划》等在讨论历代中国的建筑尤其是皇城时也提到了桥的存在及桥的位置、结构等,①其他相关论著也多是如此。

　　由于建筑史家的关注核心是桥梁技术史,而非桥梁的相关法律制度及营缮机制,所以对桥梁营缮过程中的政治与社会问题,如中央与地方、官府与民间如何发生关联等,着力甚少。桥梁史家的研究路径也影响了历史学界,先后发表的相关论著也呈现出重技术工艺的特色。如魏明孔在《中国手工业经济通史》"魏晋南北朝隋唐五代卷"写到了赵州安济桥的突出建造技术及唐代桥梁技术的发展,着重论述了石柱式桥与石墩式桥的区别。② 葛金芳《南宋手工业史》《南宋全史·社会经济与对外贸易卷》都设有桥梁建造一目,将南宋桥梁分为梁墩桥、浮桥、拱桥、伸臂梁桥和组合桥五类,除了探讨各类桥梁技术在南宋一朝的演进情况,还借鉴茅以升等人的研究,将南宋桥梁的资金筹集方式分为官府投资、私人捐资、集资、僧侣募捐筹资等几类。③ 聚焦于中国古代桥梁的学位论文,因以某一断代的桥梁为研究对象,是以较之唐寰澄等桥梁史家的研究在资料上更为全面,但并未跳出桥梁技术史的范畴,在研究路径上也未能取得重要推进。④

　　除桥梁史的研究角度外,唐宋桥梁研究在过去数十年间也出现了一些不同的研究取向,可归纳如下:

---

　　① Nancy Shatzman Steinhardt, *Chinese Architecture: A History*, Princeton University Press, 2019, pp.220-245; Nancy ShatzmanSteinhardt, *Chinese Imperial City Planning*, Honolulu, University of Hawaii Press, 1991; Fu Xinian, Northern Song Architecture in the Painting A Thousand Li of Rivers and Mountains, ed. by Nancy Shatzman Steinhardt, Traditional Chinese Architecture: Twelve Essays, Princeton University Press, pp.296-314.

　　② 魏明孔:《中国手工业经济通史》(魏晋南北朝隋唐五代卷),福建人民出版社 2004 年版,第 500—506 页。

　　③ 葛金芳:《南宋手工业史》,上海古籍出版社 2008 年版,第 256—283、293—301 页;葛金芳:《南宋全史:社会经济与对外贸易卷》(下),上海古籍出版社 2012 年版,第 50—54 页。

　　④ 任峙:《宋金桥梁研究》,河南大学硕士学位论文,2007 年;张杨:《宋金桥梁建造与维护管理研究》,河北大学硕士学位论文,2011 年;王彤:《隋唐时期桥梁研究》,河南大学硕士学位论文,2017 年等。

第一,研究唐宋掌管桥道营缮的机构及其职掌、桥道营修制度。重要者有黄现璠利用《唐六典》关于唐代桥渡管理的法令条文,探讨了唐代的桥梁、渡船与交通之间的关系。① 这为后来者所仿效。写通史、断代史、交通史,涉及唐代交通问题者,凡讨论桥渡等相关问题,必引用此资料,相关论著、论者虽不胜枚举,②但并未突破黄现璠在《唐代社会概略》中的研究。鞠清远《唐代之交通》对照《唐六典》及《水部式》的相关记载,列"桥渡的官制与维持"一目,讨论了桥渡的管理,③至今仍有重要学术价值。爱宕元《关于唐代桥梁和津渡的管理法规——以敦煌发现唐〈水部式〉残卷为线索的研究》④、郑显文《从〈水部式〉看唐代道路桥梁维护》⑤、牛来颖《〈营缮令〉桥道营修令文与诸司职掌》⑥、《舟桥管理与令式关系——以〈水部式〉与〈天圣令〉为中心》⑦等文,通过新发现的资料,探讨了唐宋桥梁的管理规定。上述诸文的遗憾之处,在于未能全面梳理唐宋相关法制及其演变,更未分析法制演变背后的制度、经济、社会等因素的影响。

第二,唐宋桥梁个案研究。如陆敬严《蒲津大浮桥考》⑧,樊旺林、李茂林《蒲津桥始末》⑨,王元林《蒲津大浮桥新探》⑩,李之勤《"沙河古桥"为汉唐西

---

① 黄现璠:《唐代社会概略》,商务印书馆 1936 年版,第 248—251 页。

② 吕思勉:《隋唐五代史》,上海古籍出版社 1959 年版;李志庭:《浙江通史》第 4 卷《隋唐五代卷》,浙江人民出版社 2006 年版;侯振兵:《唐代水驿述略》,《唐都学刊》2016 年第 2 期;周魁一、谭徐明:《水利与交通志》,中华文化通志编委会编:《中华文化通志》第七典《科学技术·水利与交通志》,上海人民出版社 2010 年版,第 304—305 页。

③ 鞠清远:《唐代之交通》列有"桥渡的官制与维持"一目,参见周炳琳主编:《中国经济史料丛编·唐代篇》,国立北京大学出版组 1937 年版,第 14—23 页。

④ 爱宕元:《关于唐代桥梁和津渡的管理法规——以敦煌发现唐〈水部式〉残卷为线索的研究》,杨一凡主编:《中国法制史考证》丙编第 2 卷,中国社会科学出版社 2003 年版。

⑤ 郑显文:《从〈水部式〉看唐代道路桥梁维护》,《养护与管理》2013 年 10 月号(总第 31 期)。

⑥ 牛来颖:《〈营缮令〉桥道营修令文与诸司职掌》,井上彻、杨振红编:《中日学者论中国古代城市社会》,三秦出版社 2007 年版,第 178—197 页。

⑦ 牛来颖:《舟桥管理与令式关系——以〈水部式〉与〈天圣令〉为中心》,《敦煌研究》2015 年第 1 期。

⑧ 陆敬严:《蒲津大浮桥考》,《自然科学史研究》1985 年第 1 期。

⑨ 樊旺林、李茂林:《蒲津桥始末》,《山西文史资料》1999 年第 Z1 期。

⑩ 王元林:《蒲津大浮桥新探》,《文物季刊》1999 年第 3 期。

渭桥说质疑——读〈西渭桥地望考〉》①,董国柱《陕西高陵县耿镇出土唐东渭桥记残碑》②,陈冰《唐代东渭桥建毁存废考——以东渭桥的三次营建为中心》③,辛德勇《唐〈东渭桥记〉碑读后》及《论西渭桥的位置与新近发现的沙河古桥》④,冯庆豪《合川南宋石拱桥》⑤,韩宝兴《辽宁凌源天盛号金代石拱桥》⑥,周宝珠《宋代黄河上的三山浮桥》等文⑦,或依托考古发现,或捡拾各书记载,对蒲津桥、渭桥、合川石桥等桥梁进行了探讨,推进了我们对这些桥梁所在位置、修营过程的认识。

第三,某一区域内的桥梁研究。主要集中在泉州地区,如程光裕《宋元时代泉州之桥梁研究》⑧及《宋元时代泉州桥梁建筑与港市繁荣的关系》⑨,李意标、黄国荡《南宋泉州桥梁建筑》等文⑩,不但关注了泉州地区的桥梁类型、筹建方式,同时也讨论了桥梁与泉州地方社会之间的关系,及宋元桥梁对当地港口经济发展的重大促进作用。此外,宋代浙江地区的桥梁,关注者亦多,如吴齐正先后撰

① 李之勤:《"沙河古桥"为汉唐西渭桥说质疑——读〈西渭桥地望考〉》,《中国历史地理论丛》1991 年第 3 期。

② 董国柱:《陕西高陵县耿镇出土唐东渭桥记残碑》,《考古与文物》1984 年第 4 期。

③ 陈冰:《唐代东渭桥建毁存废考——以东渭桥的三次营建为中心》,《唐史论丛》2013 年第 2 期。

④ 辛德勇:《唐〈东渭桥记〉碑读后》及《论西渭桥的位置与新近发现的沙河古桥》,《古代交通与地理文献研究》,中华书局 1996 年版。

⑤ 冯庆豪:《合川南宋石拱桥》,《四川文物》1988 年第 5 期。

⑥ 韩宝兴:《辽宁凌源天盛号金代石拱桥》,《北方文物》1987 年第 3 期。

⑦ 周宝珠:《宋代黄河上的三山浮桥》,《史学月刊》1993 年第 2 期;杜连生:《宋〈清明上河图〉虹桥建筑的研究》,《文物》1975 年第 4 期;罗哲文:《略谈卢沟桥的历史与建筑》,《文物》1975 年第 10 期;王曾瑜:《宋代横跨长江的大浮桥》,《社会科学战线》1983 年第 4 期;李晓光:《宋人张择端〈清明上河图〉虹桥考》,《山东科技大学学报(社会科学版)》2000 年第 3 期;周峰:《略论金代的浮桥》,《博物馆研究》2004 年第 2 期;葛金芳:《南宋桥梁建材浅析》,《华中建筑》2007 年第 11 期。

⑧ 程光裕:《宋元时代泉州之桥梁研究》,《宋史研究集》第 6 辑,台北编译馆 1971 年版,第 313—334 页。

⑨ 程光裕:《宋元时代泉州桥梁建筑与港市繁荣的关系》,《宋史研究集》第 21 辑,台北编译馆 1991 年版,第 317—340 页。

⑩ 李意标等:《南宋泉州桥梁建筑》,《福建论坛(文史哲版)》1985 年第 3 期;郭延杰:《泉州洛阳桥》,《文史杂志》2008 年第 1 期;潘洪萱:《南宋时期泉州地区的石梁桥》,《自然科学史研究》1985 年第 4 期。

有《浙江古桥疑韵》《嘉兴古桥撷英》①等通俗性著作,介绍了浙江现存的古代桥梁。两浙路水密桥多,两宋期间,桥梁数量激增,这从《宋元方志丛刊》所收地方志所录两浙路各地桥梁名及其数量,便一目了然。尤其是被比作"东方威尼斯"的绍兴,及与绍兴一同被称为"桥梁之乡"的湖州,有关这两地桥梁的各类介绍性作品极为丰富,不胜枚举。而被誉为古代立交桥的八字桥及德清地区的桥梁技术与工艺,关注者更多。不过客观而论,关于这些桥梁的各类作品虽然在细节上有所丰富,并兼有图文并茂,但整体上并未突破唐寰澄等桥梁史家的研究框架。

第四,关注僧侣在唐宋桥梁营缮中的作用。这一方面的成果较多,学者主要是从慈善史、佛教史两个层面入手,如张文《宋代民间慈善活动研究》(其中有一节涉及造桥与修路)②、刘秋根《桥梁修建与士人参与——南宋士人与地方社会公益事业关系研究之一》③、方豪《宋代僧徒对造桥的贡献》④、黄敏枝《宋代佛教寺院与地方公益事业》⑤、王宇《宋代两浙地区桥梁的捐建》⑥等,对与僧徒相关的建桥史料进行了深层次、多角度的解读。

此外,考古挖掘对西安、洛阳、开封、杭州等地重要桥梁遗址进行了发掘,关注了交通地理与桥梁在不同时期的位置变动的关系。如李克修、董祥《开封古州桥勘探试掘简报》⑦,俞凉亘《隋唐东都天津桥的初步探讨》⑧,李毓芳、

---

① 吴齐正:《浙江古桥遗韵》,九州出版社 2011 年版;吴齐正:《嘉兴古桥撷英》,北京工艺美术出版社 2014 年版。

② 张文:《宋代民间慈善活动研究》,西南师范大学出版社 2005 年版。

③ 刘秋根、宋燕鹏:《桥梁修建与士人参与——南宋士人与地方社会公益事业关系研究之一》,《亚洲研究》2009 年第 5 期。

④ 方豪:《宋代僧徒对造桥的贡献》,《宋史研究集》第 13 辑,台北编译馆 1981 年版。

⑤ 黄敏枝:《宋代佛教寺院与地方公益事业》,《宋代佛教社会经济史论集》,(台北)学生书局 1998 年版,第 413—442 页。

⑥ 王宇:《宋代两浙地区桥梁的捐建——以张绍宽编民国〈平阳县志〉平阳石桥碑记为个案》,《浙江地方志》2011 年第 1 期。

⑦ 李克修、董祥:《开封古州桥勘探试掘简报》,开封市文物工作队编:《开封考古发现与研究》,中州古籍出版社 1998 年版。

⑧ 俞凉亘:《隋唐东都天津桥的初步探讨》,何一民主编:《中国古都研究》(第十九辑),四川大学出版社 2004 年版。

王志友、徐雍初、王自力《西安市汉长安城北渭桥遗址》①,李毓芳等所撰《西安市汉长安城北渭桥遗址出土的古船》②,徐龙国《唐长安城太仓位置及相关问题》③,白燕培《黄河蒲津渡唐开元铁牛及铁人雕塑考》④等文对开封州桥、洛阳天津桥、汉唐长安渭桥、蒲津桥等的考古挖掘情况进行了整理,探讨这些桥梁的具体位置、材质、附近的古船、铁牛铁人等,具体并深化了我们对于历史上这些重要桥梁的认识。

总体来看,目前关于唐宋桥梁的研究,除了桥梁史的角度外,其他研究不管是地域还是主题都极为分散,而且对相关的法律制度、运作机制关注不够,也未能将桥梁与其所连接的陆路交通干线及当地社会、经济乃至军事等联系起来。之所以出现这种研究状况,资料的相对零散并非主因,主要原因在于古代桥梁的研究主要是从建筑的角度由桥梁史家发起,因此长期集中在桥梁技术与工艺这个领域,专注于桥梁本身。后来历史学界虽受出土文献与明清江南市镇及日本学者水利共同体等学术概念的影响,逐渐扩及桥梁的维护与管理、区域社会与桥梁的营建等问题,但研究角度与路径并未得到根本改变,大量史料的价值无法得到深入挖掘,唐宋桥梁研究领域中依然缺乏重要而系统的著述。

二、研究角度与路径的探讨:构建桥梁与古代社会之间的"桥梁"

唐宋乃至整个中国古代的桥梁研究,除了桥梁史家在工程技术史方面取得了卓越的成就外,虽然研究者不能谓之寡,成果亦可谓之众,但由于研究主题零散,不成体系,是以存在感较弱,被视为微末之题。这与桥梁在交通及古

① 李毓芳等:《西安市汉长安城北渭桥遗址》,《考古》2014 年第 7 期。
② 李毓芳等:《西安市汉长安城北渭桥遗址出土的古船》,《考古》2015 年第 9 期。
③ 徐龙国:《唐长安城太仓位置及相关问题》,《考古》2016 年第 6 期。
④ 白燕培:《黄河蒲津渡唐开元铁牛及铁人雕塑考》,《农业考古》2018 年第 1 期。

代社会中的存在感(不管是作为物质体,还是作为精神体),实不相称。而且,由于研究路径与方法长期未有突破,结果重复研究者多,造成了研究工作与人力的浪费。

　　中国史学界关于古代桥梁的这一研究局面,也曾是西方尤其是英格兰古代桥梁研究的困境,在将桥梁技术史厘清之后,英格兰的桥梁研究长期止步不前。直到2004年,牛津大学出版社出版了大卫·哈里森(David Harrison)《中世纪英格兰的桥:交通与社会,400—1800》①,该书重点探讨了5—19世纪之间英格兰的桥梁网络、桥梁与经济、桥梁与社会,完全改变了仅从工程技术角度考察桥梁的研究方法。2006年,阿兰·库珀(Alan Cooper)又撰写了《中世纪英格兰的桥、法律与权力,700—1400》②,首先对英格兰古代桥梁营缮的相关法律追本溯源,挖掘其与古罗马法律思想之间的关系,并讨论了英格兰本土相关法律习俗对中世纪桥梁营缮的影响;其次探究了8—15世纪英格兰营缮桥梁的物料、资金、人力来源,并着重讨论了在宗教思想的影响下慈善对桥梁营缮的重要意义,揭示出教会与社区围绕桥梁营缮事务而出现的关联;最后作者以国王准许的桥税(Pontage)为中心,探讨国王、贵族及民众因为桥税而出现的利益纠葛,以此揭示出国王通过控制桥税的准许权以维护"王之和平"(King's Peace),并考察这一权力在不同时期的变迁。这两部专著在研究取径上有着方法论上的意义,学界赞誉其给桥梁研究注入了新的灵魂,③不再满足于研究桥梁本身,而是将桥梁与当地城镇、周边社会联系起来,探讨桥梁及

---

　　① David Harrison, *Bridges in Medieval England: Transport and Society, 400-1800*, Oxford University Press, 2004. David Harrison, *Bridges and Economic Development, 1300-1800, The Economic History Review, New Series*, Vol.45, No.2 (1992), pp.240-261.

　　② Alan Cooper, *Bridges, Law and Power in Medieval England, 700-1400*, Boydell Press, 2006.

　　③ John Langdon, *Review of Bridges in Medieval England: Transport and Society, 400—1800, The Agricultural History Review*, Vol.53, No.2 (2005), pp.251-252; Victoria D.List, *Review of Bridges, Law and Power in Medieval England, 700-1400 by Alan Cooper, Law and History Review*, Vol.26, No.3, *Law, War and History* (2008), pp.735-736; R.H.Helmholz, *Review of Bridges, Law and Power in Medieval England, 700-1400 by Alan Cooper, Speculum*, Vol.83, No.2 (Apr., 2008), pp.416-417.

其辐射圈之间的紧密关系,而且还着重关注了桥梁的相关政策与法律制度,及不同历史时期国王、贵族等不同群体在其中的作用。因此,该研究取径以桥梁为线索,将国王——郡守——社区、教会——信众、国王——贵族——平民及农奴维兰、法律——习俗等多方相关因素有机结合,桥梁从而成为纵横考察英格兰国家与社会的切入点。他山之石可以攻玉,英格兰桥梁的这一研究方法与路径,为重新考察唐宋桥梁提供了启发。

而且,与英格兰相比,中国古代的桥梁在整个国家交通系统及国家事务中的作用更为重要。不仅是因为古代中国疆域更为辽阔、江河纵横尤其是南方水系密集等地理因素,更因为古代中国的政治体制和观念与英格兰有着巨大差异。

英格兰王国与欧洲各邦的宪制大同小异,都以封建为原则,欧洲诸王大抵列土封爵,贵族领地被视为小王国,贵族再将自己的采邑"小王国"封给附庸,附庸受贵族土地而为贵族服役。国王与贵族的关系亦与此相同。根据封建法原则,国王虽是所有土地的最高宗主,他的封臣有义务效忠、服从君主等责任,但贵族在自己的"采邑"小王国内,却拥有相当程度的司法管辖权,封臣有权审判民事、刑事案件。① 采邑内的桥道,除非涉及"王之和平",否则基本上都由封臣自行处理,他人无权置喙。即便牵涉"王之和平",即在国王出行的主要路线上,桥道若是自然废毁,而非被人故意破坏,那么也与当地毫无关系,国王不能责问任何人。1362 年,诺丁汉特伦特(Trent)河上的桥塌了,这是一座位于交通要道的重要桥梁,是进出诺丁汉城及北上"北都"约克的必经通道。因此,爱德华三世派遣了四个人前去调查,看应该由谁来负责这座桥梁的修葺工作。调查结果是,无人有责任修葺此桥。之前的半个世纪里,这座桥都是靠私人捐赠的资金及国王偶尔授予的桥税维修的。国王无权强迫任何人修桥,任何人也无责任维修该桥。爱德华三世无奈,只好号召众人捐资,同时他自己

---

① [英]大卫·休谟:《英国史I:罗马—不列颠到金雀花王朝》,刘仲敬译,吉林出版集团股份有限公司 2012 年版,第 353、355、357—358 页。

也捐出了谢尔伍德森林（Sherwood Forest，为国王森林）中的大量原木，以作修桥之用。[1] 诺丁汉城特伦特河上的桥梁营缮，并非金雀花王朝爱德华三世在位时的特例，而是此前数百年间的惯常做法，也是此后几百年间的常规做法。封臣或附庸虽为了各种目的而常常主动派人修桥，但修桥却并非他们的职责，也就不能算是他们必须承担的责任。不过封臣或附庸修桥依旧是英格兰中世纪桥梁营缮的一种方式，第二种便是通过慈善捐助的资金修桥，第三种便是国王赐予的桥税，即建桥者在桥成后可向所有过桥者收税，这笔税收也可用作日后维修桥梁用。[2]

英格兰桥梁营缮方式及其体现出来的政治体制、观念，与古代中国迥异。"国"与"家"的关系，是中国社会的基本关系。两者关系若协调得当，则天下治，反之则乱。国是家的延伸，是"大家"。在这一理念的影响下，众人普遍认为，若是一家一户无力承担的工程尤其是公共工程，理应由国家筹集物料、资金并组织人力进行营建。营建公共工程成为古代中国政府的一项重要职能。这一传统由来已久，虽然很多时候也变成了权力阶层侵剥民力的借口，尤其是皇室往往借此机会大修与民众并无关系的皇家私有性质的土木工程，但是必须注意的是，包括桥道在内的公共工程一直都被政府视为重要事务。从秦代修郑国渠以灌溉关中，挖灵渠以沟通漓江湘江水路，建直道、修长城以防御匈奴，以及以关中为中心修筑延伸至四方的道路系统开始，甚至在此之前，工程建设都是国家事务的一个方面。为了保证工程建设的顺利进行，历朝均设官分职，以分掌其事。秦时已置将作少府（后改为将作大匠），主要负责国家重要工程的营缮。东汉时又有民曹，"典缮治、功作、盐池、苑囿、盗贼事"，[3]此后又为工程事而设起部曹、起部尚书。在隋唐的官职体系中，国家事务被大概分

---

[1] Patent Rolls, *Edward III*, *xii*, p.365.

[2] Alan Cooper, *Bridges*, *Law and Power in Medieval England*, *700—1400*, pp.80—148.

[3] （南朝宋）范晔：《后汉书》志卷二六《百官志》三"少府"条注引蔡质《汉旧仪》，中华书局1965年版，第3597页。

作六类,分别由吏、户、礼、兵、刑、工六部总领,工部所统领的工程事务是其一。尽管官职系统后来多有改变,但这六部却被一直延续至清末,这一定程度上表明将国家事务六分的做法,大体上是符合古代中国的实际情况的。同时,地方上的工程也有人负责,唐前期规定士曹参军主掌辖境内官府工程事务(士曹参军不置时,则由法曹参军兼掌)。其后,又恢复了由地方长官统领地方工程事务的传统。由于家国观念的影响,集中力量办大事成为古代中国的一项重要传统,桥道事与都城、宫室、陵墓等工程不同,是真正意义上的公共工程。交通畅通与否,不仅关系到政府,也与民众利益相关,赞颂或责怨由此而发,因此桥道事也被认为是地方官员的重要职掌之一,朝廷为此还设法立制,以便促成并管理此类事务。概言之,在千余年乃至数千年里,桥道等公共工程都是极为重要的国家事务,因此至少在理论上基本不会出现如诺丁汉特伦特河上桥梁事无人负责的情况。通过与其他国家的比较,可以更明晰地为古代中国的桥道事进行定位,由此,也可重新考虑古代桥梁的研究角度与路径。

桥梁所在之处,往往是交通要道的节点,或是重要军事据点,是汇集发散人员、物流之地,牵涉军事、法制、经济、社会等多个层面,因此有可能将桥梁营缮与唐宋国家及社会联系起来。从桥梁营缮切入研究唐宋相关法制与社会,不仅能够揭示出唐宋国家如何管理桥梁及其所沟通的交通运输系统,而且还能够借此考察桥梁与所在区域社会、经济发展、商业贸易、城镇兴衰之间的关系。

桥梁营缮是国家营缮事务的重要组成部分,由于桥梁根据重要性的差异而由不同的层级管理,其事在具体实施过程中涉及各级官府、社会各阶层各群体,因此能够以此为线索梳理出唐宋国家的行政机制、官府与社会之间的关系,及如何通过法制建设来规范治理社会的相关问题。同时,还可以探讨桥梁与仓、驿、镇、市场、场务等之间的关系,考察桥梁及其附近地区的空间职能,桥梁位置的改变对交通路线及驿、镇(包括军镇与市镇)的影响。在两个政权毗邻或交界区域,桥梁营缮与守护往往与军事行动同进退,与政权势力消长密切相关。黄河、长江上许多桥梁的兴废,都是如此。都城中的重要桥梁,不但是沟通河流两岸的通道,还是极为重要的公共空间,在政治、礼仪、社会等多个方面都发挥着功能。

历史不仅有时间特性,也有空间属性,桥梁是水陆交通汇集之处,是人员汇聚之地,承担着通行功能的同时,也因为其空间特性而成为古代社会中一个特别的公共空间。这一特性,也不仅限于古代中国。因此,将桥梁置入历史的时、空坐标之中,重新审视桥梁的角色与定位,将之视作了解唐宋国家与社会之间的一座"桥梁",应该能有不一样的理解与研究结果。

三、主题的阐释:桥梁、法制与社会

本书力图探寻新的研究角度与路径来考察桥梁在唐宋时期的特性。通过一些具体的研究,本书希望将"桥梁的营缮"变成连接法律制度及其运行、军事行动、经济开发与物质流通、社会互动、宗教传播的真正桥梁。研究主题并非局限在桥梁本身,而是将桥梁置于其所在的交通网络及其所在区域,聚焦在桥梁的营缮机制及其与各类群体、周边社会所发生的关联。这不同于以往从技术史的角度研究中国古代桥梁的类型、技术发展,而是将桥梁的营缮视作贯通上下的媒介,考察桥梁与国家、桥梁与社会、桥梁与聚落之间的关系,从一个崭新的角度来研究唐宋国家与社会。具体而言,主要探讨以下几个方面的内容:

第一,唐宋桥梁营缮的相关法律制度。包括桥梁营缮法制的思想渊源,唐以前桥梁法令制度,唐代桥梁营缮法制及其实际运行,宋代桥梁营缮制度的发展演变及其影响;分析各级官员在桥梁营缮中的角色及其制度背景,以揭示唐宋桥梁营缮在法律、制度建设上的特色,及其对桥梁建造及社会的影响。

第二,桥渡与唐宋重要陆路交通干线的连接。包括桥渡在唐宋交通中的重要地位与影响;考察《唐六典》所载十一桥与二十四渡所连接的以两京为中心的唐代陆路交通干线,并梳理其他桥渡以揭示唐后期陆路交通网络的变化,及民间力量在渡口经营、维持交通畅达上的重要作用。由于黄河、长江上的桥梁资料记载较为丰富，因此重点考察唐宋黄河、长江上的桥梁分布，探讨桥梁与军事、通使、交通等之间的关系，同时兼及黄河、长江上桥梁技术的发展演变。在考察这一问题时，对桥梁史界已厘清的问题即拱桥、浮桥、索桥等各类桥梁的分布及其技术的发展不做过多阐释，而是通过资料的整理与分析，通过地图数理统计法以数据、表格及地图呈现出唐宋不同时期的桥梁网络，尤其关注新建桥梁的兴修背景、技术来源，桥梁的兴建与当地交通的改善，中央政府与当地关系的加强，政府有效统治区域的扩大。并分析唐宋桥梁在空间分布、技术演变上的特点及其原因、影响，以便从宏观上考察桥梁与国家、社会之间的关系。

第三，唐宋桥渡及其附近空间里所设置的具有军事、经济等性质的职能机构与设施。主要包括桥渡与仓、军镇、戍、城、关、市、场务之间的关系。隋代创建的转运仓制度，多将转运仓建在近桥渡的高燥处，既取水陆交通之便，也利于士卒看护桥渡、粮仓。桥、渡控扼交通要道，这与军镇、戍、城、关等具有军事性质的单位在选址上较为相近，因此两者多有毗邻者，边境上的桥、渡因此也常是防御边境安全的重要地点，而内地的桥渡则多为稽查行旅之所。处于交通要道人来货往的桥梁及其附近地区，也容易发展出商业贸易活动，成为商品交易的场地，这就是桥市。随着桥市的发展、商业交易的扩大，官府为征收商税，也多将场务设在靠近桥、渡处，通过拦锁等方式拦截水陆商旅。此前设于桥渡处以稽查行旅的军镇，其职掌渐变为兼掌甚至主掌商税征收，加上交易区域的形成、交易活动的常态化，军镇逐渐变为市镇。这是镇在唐宋间的一个重要演变。

第四，桥梁与唐宋城市公共空间及社会文化。桥梁及其附近区域是一个较为特殊的空间，在都城中轴线上的桥梁，常被命名天津桥、天汉桥，如同牵牛载紫微星渡银河，是象天原则在都城设计与布局中的具体体现。正因为此，处于中轴线上的桥梁及其附近区域也是比较重要的政治空间。这里常会举行一些重要的礼仪活动,或枭首示众,以维护统治秩序。桥梁还是极为重要的社会公共空间,唐时的中桥承载了人们的共同记忆,而到了宋代,桥门市井更是城市里最为繁华的地方,市民的活动时间、空间大为拓展。

作为公共工程的桥梁营缮,不但被政府官员视为分内之事,也被僧侣视作渡人渡己、抵达彼岸的必要途径,因此修桥者众,颂扬者亦众。桥梁以其功能之美、艺术之美,广泛进入了中国文学作品,其意境既有象牵牛渡银河,更有小桥流水人家,是中国文化极具内涵与魅力的一个符号。

综括言之,自隋代始,包括桥梁营缮在内的广大营缮事务被逐渐纳入国家事务,并在尚书六部的中央行政体制中设置工部,唐代承继这一制度,设律令格式,从机构、法令等层面对全国的营缮事务进行统一管理规范。桥梁作为道路系统的重要组成部分及水陆交通的交汇点,在营缮事务中占有特殊地位,两京及地方各州,都对桥梁的营缮颇为重视。与唐代相比,宋代尤其是南宋桥梁营缮活动更为频繁,既便利了各地交通、经济往来,也极大地加强了各地与中央政府的联系。通过梳理唐宋及以前与桥梁相关的法律制度,分析其制度渊源及其影响,既可补充唐宋法制研究,也可为唐宋国家居于同时期世界先进提供更为具体的解释。有关桥梁营缮的各项制度,表面看来虽小,然而影响甚巨,唐宋国家之所以在道路交通系统、商业经济上领先于世界,桥梁的连接之功不可忽略。基于此,便有必要也有可能考察唐宋时期桥梁的相关法制及营缮机制,既能将国家政策、行政运作、社会反应机制串联起来,也可通过不同历史时期桥梁的地理空间分布态势,来分析区域社会的发展情况,考察桥梁与社会、经济之间的关系。

在资料的采择上,本书运用了墓志、碑刻桥记等石刻资料,笔记小说、考古挖掘报告及地方志中的相关资料。以往从技术史关注古代桥梁问题,资料基本取材于传世典籍及图像,而对石刻资料及新出的考古报告运用较少。实际上,不断整理出来的石刻资料有不少内容涉及桥梁的营缮过程,包括筹建者与建造者,行政运作如申上、牒下等与公文往来相关的内容,也有提供劳役的广大民众,尤其是桥梁附近区域的居民及僧人所起的积极作用。石刻、地方志及文集中的这类材料,不但有助于揭示桥梁的营缮过程,而且还能够将桥梁及其连接的道路与相关区域内的市镇、社会联系起来,从而丰富、深化相关研究。

第一章　桥梁营缮的法制
渊源与分层管理

聚落临水而建,桥渡沟通水流两岸,因此桥渡很早就是人类聚落建筑的一部分。位于陕西西安东部浐河东岸的半坡遗址,距今约六千年,文化遗存有房屋遗存四十五座,还有圈栏、窖穴、制陶窑址、墓葬等遗迹。在遗址周围,挖有深宽各约5—6米的壕沟,这条沟的作用应该是为了防御野兽和其他聚落的进攻,因此当年沟中应有水。居民出行,壕沟之上应有桥梁。在半坡聚落东南部外壕转角处的形状较为特殊,壕沟修整得比较规整,坡度较大,沟口也比他处为窄,仅1—1.5米,而在外壕底部还发现了3根碳化的木柱,间距各约4米,保存最长者为1.3米。这一地点或在聚落中居于特殊位置,或是附近设有其他防御性设施,很有可能是哨所或桥梁。① 这类环壕在南方地区比较常见,湖南澧县彭头山文化晚期遗址②、城头山文化遗址也有壕沟。③ 江苏淹城春秋

---

① 钱耀鹏推测为浮桥(参见钱耀鹏:《关于半坡遗址的环壕与哨所——半坡聚落形态考察之一》,《考古》1998 年第 2 期)。考虑到此处壕沟宽度仅有 1—1.5 米,很多成年人甚至可一跃而过,架桥(木排)于两岸,应该是比设浮桥更加实用而合适的办法。

② 裴安平:《澧县发现我国最早聚落围壕与围墙》,《中国文物报》1994 年 12 月 4 日;陈冬仿:《环壕的发展与城的起源》,《中原文物》2015 年第 6 期。

③ 郭伟民:《城头山城墙、壕沟的营造及其所反映的聚落变迁》,《南方文物》2007 年第 2 期。

晚期三重城壕还是这种做法。① 既有壕沟，则必须考虑生活在壕沟内之人的出行问题，考虑到后世的聚落结构与布局，推测壕沟较窄处的防御设施所在处有可能便是桥梁或渡口所在之处。又，各大小聚落遗址都靠近河流，如半坡遗址西距现代河床约八百米。根据对西安附近古河道演变情况的研究，全新世以来，大约在春秋时期，半坡遗址所在的浐河下游河道有由东向西移动的迹象，但并未波及遗址西侧，也就是说，半坡遗址的残存部分距离当时的浐水河床可能也在八百米左右或稍近一些。② 半坡聚落居民或许也能渡浐水西行，这也需要依靠桥渡来实现。

《管子·乘马》云："凡立国都，非于大山之下，必于广川之上，高毋尽旱而水用足，下毋近水而沟防省。"③这一择址原则适用于国都、城镇、村落等各类聚落。择水而居，而有河流阻隔，设渡建桥以交通两岸，古今中外概莫能外。由于桥渡对于沟通陆路交通极为重要，因此关于桥渡建设很早就被纳入国家法令中。据传世文献及考古资料，有关桥梁建设的规定，最早可追溯到《夏令》，秦汉唐宋以降，直到明清，国家法令都保存了与桥梁的相关规定。

第一节　唐宋《营缮令》"津桥道路"条探源

唐宋《营缮令》"津桥道路"条并非唐令首创，而是渊源有自，近绍汉律，远祖战国秦律，最早可追溯到《夏令》。《夏令》中的"九月除道，十月成梁"历来被视为先王之教，是评判为政者施政是否得道的标准之一。至晚在战国秦朝，这一古训已被采纳入律，后又为汉律沿袭。为了道路通达，秦汉律在"九月除

---

① 参见南京博物院等编著：《淹城：1958—2000年考古发掘报告》，科学出版社2014年版；容雪：《淹城：1958—2000年考古发掘报告》，《考古》2015年第5期。这类环壕，不独存在于中国早期城遗址里，也存在日本、东南亚城市遗址里。

② 钱耀鹏：《关于半坡遗址的环壕与哨所——半坡聚落形态考察之一》，《考古》1998年第2期。

③ 赵守正注译：《管子注译》，广西人民出版社1982年版，第39页。

道,十月成梁"之外还做出了道路即坏即修的规定,体现出遵守时令兼及"达其道路"的务实精神。这两方面都为唐宋令所遵循,不同的地方有二。一是有关桥道营缮之规定,在战国秦、西汉时期为律,而在唐宋则为律令并存。这一改变与魏晋时期"律以正刑定罪""令以设范立制"的律令分途有关。二是常规营缮时间,战国秦律、汉律谨遵九月、十月的古训,而唐宋推迟到"九月半"则应与租庸调制下九月上旬为地方输庸调绢布之时及当时长江流域实行稻麦复种制、农时后延有关。

一、三条律、令的比较

津桥道路事关交通大事,唐宋《营缮令》设专条法令规范其营缮问题。牛来颖先生复原的唐《营缮令》第 23 条,内容与《天圣营缮令》宋令第 19 条一致,其复原当是正确的。这也体现出唐、宋津桥道路营缮制度的沿袭。为行文简洁,以下将唐《营缮令》第 23 条、宋《营缮令》第 19 条统一简称为"津桥道路"条。"津桥道路"条制度并非唐令首创,兹列相关资料如下:

青川木牍《更修为田律》有文曰:

> 九月,大除道及阪险。十月,为桥,修波(陂)堤,利津梁,鲜草离。非除道之时而有陷败不可行,辄为之。①

张家山汉简《二年律令·田律》第 246—248 号简有文曰:

> 九月大除道□阪险;十月为桥,修波(陂)堤,利津梁。虽非除道之时而有陷败不可行,辄为之。乡部主邑中道,田主田道。道有陷败不可行者,罚其啬夫、吏主者黄金各二两。□□□□□及□土,罚金二两。②

---

① 四川省博物馆、青山县文化馆:《青山县出土秦更修田律木牍——四川青川县战国墓发掘简报》,《文物》1982 年第 1 期;胡淀咸:《四川青川秦墓为田律木牍考释——并略论我国古代田亩制度》,《安徽师范大学学报(社会科学版)》1983 年第 3 期。

② 张家山二四七号汉墓竹简整理小组:《张家山汉墓竹简(二四七号墓)释文修订本》,文物出版社 2006 年版,第 42 页。

《营缮令》"津桥道路"条云：

> 诸津桥道路，每年起九月半，当界修理，十月使讫。若有阬、渠、井、穴，并立标记。其要路陷坏、停水，交废行旅者，不拘时月，量差人夫修理。非当司能办者，申请。①

以上三条资料均涉及桥道的营缮规定，包括常规及不定期修缮，从战国秦律、汉律至唐令的沿袭痕迹甚为明显，且时代愈后，信息愈详细，考虑得愈周全，操作性愈强。具体而言，则有几个问题需要明辨：

第一，上述三条律、令的修订时间。青川木牍系四川青川县郝家坪战国墓群 M50 出土，纪年明确，系秦武王二年（前 309 年）律，而学界基本认同《二年律令》系吕后二年（前 186 年）的律令。由此，青川木牍及《二年律令》中两条律文的时间则可以确定。

关于唐令"津桥道路"条的时间，则需推定。虽然有学者认为《天圣令》所附《唐令》为开元二十五年令或《建中令》，②但关于上举唐《营缮令》"津桥道路"条，至迟在永徽时期应已入令。按，《养老营缮令》"津桥道路"条，除"若有阬、渠、井、穴，并立标记"，其余文字与《天圣令》同，《养老令》修成于日本元正天皇养老二年（713 年），是在制定于 701 年的《大宝令》的基础上完善修成的。虽然《营缮令》首次列入唐令见于《唐六典》所载唐令篇目，③一般认为《唐六典》正文所载制度为开元七年（719 年）之律、令、格、式，但不管是《养老

---

① 牛来颖、蒋天圣：《营缮令》宋令第 19 条复原为唐《营缮令》第 23 条，内容一致。参见《天圣〈营缮令〉复原唐令研究》，《天一阁藏明钞本校证（附唐令复原研究）》，中华书局 2006 年版，第 668 页。

② 讨论这一问题者甚众，戴建国、[日]坂上康俊等人认为是开元二十五年令，参见戴建国：《天一阁藏明抄本〈官品令〉考》，《历史研究》1999 年第 3 期；[日]坂上康俊：《〈天圣令〉蓝本唐令的年代推定》，刘后滨、荣新江主编：《唐研究》第 14 卷，第 29—39 页；黄正建认为是唐后期制度，参见黄正建：《〈天圣令〉附〈唐令〉是开元二十五年令吗？》，《中国史研究》2007 年第 4 期；卢向前、雄伟则认为是唐德宗时期删定的《建中令》，参见卢向前、雄伟：《〈天圣令〉所附〈唐〉为建中令辨》，袁行霈主编：《国学研究》第 22 卷，北京大学出版社 2008 年版，第 1—28 页。

③ （唐）李林甫：《唐六典》卷六《尚书刑部》，陈仲夫点校本，中华书局 1992 年版，第 183—184 页。

营缮令》的修成时间还是《营缮令》在汉文典籍中的首次出现,都要早于开元七年。在永徽四年(653年)修成的《律疏》之中,有关于《营缮令》的摘录,如《擅兴律》"兴造不严上待报"条律疏即引《营缮令》:"计人功多少,申尚书省听报,始合役功"。① 因此,可以确定,至迟在成于653年的《永徽令》中就已经有了《营缮令》,而且,极有可能在《永徽令》中也已有了与津桥道路相关的法令条文,否则《养老营缮令》"津桥道路"条便无从溯源。在《永徽律令》修订之后,《养老律令》制定之前,日本齐明女皇、天智天皇、文武天皇曾多次派遣唐使,也正是经过这一段时期的学习,日本仿照大唐律令制定了适用于日本的律令,日本自此进入律令制时代。因此,可以推定效仿唐律令而修订的《养老营缮令》"津桥道路"条应是效仿《永徽营缮令》的对应令条而来。

又,考虑到秦武王时期《更修为田律》及《二年律令》已有相关内容,很有可能唐《营缮令》"津桥道路"条在魏、晋、梁、齐等(《律》)《令》中已有相关条文,只是今已踪迹难寻。

第二,营缮道桥等事的法律规定,在秦武王二年《更修为田律》及《二年律令·田律》中均为律,而唐"津桥道路"条则为令。换言之,与桥道相关的法制在战国、汉代归入《田律》之中,而在唐宋时期则一分为二,一部分依旧保留在律(《杂律》)中,另一部分则收录到《营缮令》之中。

桥道营缮法制在战国、汉代归入《田律》,这是因为道路、桥梁、陂堤多有在田野之间者,关系到农业工作的正常进行及官府赋税的顺利征收。同时,也与秦汉律驳杂不纯、支离散漫的特点相关。这有必要考虑秦汉法典体系的特征及变化,秦汉时期律、令混杂,律、令之间界限不清,令可以转化为律,律篇内容也可以归入令篇,一直到曹魏时期,这一状况在陈群、刘劭等人制定《新律》时才得以改变。《新律》一改汉律驳杂之风貌,代之以追求逻辑严谨、讲求法

---

① (唐)长孙无忌撰,刘俊文笺解:《唐律疏议笺解》卷一六《擅兴》,中华书局1996年版,第1208页。

律原则、崇尚简约。①《新律》将汉律三十三篇②简化为十八篇③。曹魏律更改变了此前律令混杂的局面,将律与令明确区分开来。④

桥道相关法制由战国秦、汉代的《田律》转变为并存于唐《杂律》与《营缮令》,一方面与汉魏间法典体系的这一变化有关,另一方面则与营缮事务的法规从散见于多篇《律》中到律令分离的背景下逐渐集中有关。营缮事务因繁杂多样,在秦代分布在《工律》《工人程》《均工》之中,到汉代则散见于《田律》《徭律》《金布律》等律篇中。在魏晋律令分离之后,营缮事务的法律法规也分为“正刑定罪”及“设范立制”两个部分,其中“正刑定罪”之律文散见于《毁亡律》《兴擅律》等律篇,而“设范立制”之令文则可能置于《杂令》当中。经过隋代的失败试验,营缮事务法规,最终在唐代形成了“设范立制”部分入《营缮令》,“正刑定罪”部分入《擅兴律》《杂律》的分布格局。⑤

具体而言,战国秦律仅涉及桥道等事的常规营缮时间及非定时即坏即修的规定。而汉律则比战国秦律多出了邑中道、田道的主管者及对渎职者(啬夫、吏主者)的惩罚。从曹魏制定《魏律》时律、令的性质即“律以正刑定罪,令以设范立制”的区分标准来看,⑥这条汉律明显具备律、令合一的特点,即“设范立制”与“正刑定罪”合一。而至唐令“津桥道路”条,则仅保留并细化了“设范立制”的部分,涉及“津桥道路”的常规营缮时间、主管者及要路应随坏随修的变通原则,也要求标记“阬、渠、井、穴”以免人畜陷入危险,并指导“当

---

① 韩树峰:《汉魏法律与社会》,社会科学文献出版社 2011 年版,第 84—85 页。

② 张忠炜总括张家山汉简、西北汉简、睡虎地汉墓及传世文献所涉西汉律之篇目,共计三十三种,分别是贼、盗、具、告、捕、亡、收、杂、钱、置吏、均输、传食、田、□市、行书、复、赐、户、效、傅、置后、爵、兴、徭、金布、秩、史、朝、祠、葬、赍、囚、厩律。另外,条例出越宫律、尉律、酎金律、左官律,或疑为律编名,或因无法佐证而存疑。张忠炜:《秦汉律令法系研究初编》,社会科学文献出版社 2012 年版,第 107 页。

③ [日]滋贺秀三:《西汉文帝的刑法改革和曹魏新律十八篇篇目考》,刘俊文主编:《日本学者研究中国史论著选译》(第八卷),中华书局 1992 年版,第 88 页。

④ 孟彦宏:《秦汉法典体系的演变》,《历史研究》2005 年第 3 期。

⑤ 彭丽华:《唐〈营缮令〉形成史论》,《法制史研究》2015 年第 28 辑。

⑥ 孟彦宏:《秦汉法典体系的演变》,《历史研究》2005 年第 3 期。

司"若无力解决"当界"的津桥道路之事,可申请上司(县申州、州申尚书省等)处理。关于汉律中对渎职者的惩罚,属"正刑定罪"部分,是以也就不见于《营缮令》"津桥道路"条,而保存在《唐律疏议·杂律》之中,其文云:

> 其津济之处,应造桥、航及应置船、筏,而不造置及擅移桥济者,杖七十;停废行人者,杖一百。
>
> 《疏》议曰:"津济之处,应造桥、航",谓河津济渡之处应造桥,及航者,编舟作之,及应置舟船,及须以竹木为筏以渡行人,而不造置及擅移桥梁、济渡之所者,各杖七十。"停废行人",谓不造桥航及不置船筏,并擅移桥济,停废行人者,杖一百。①

知"津桥道路"正刑定罪部分至唐时已被另编入律,正是"律以正刑定罪,令以设范立制"的具体体现。

第三,关于渎职内容,从汉律中的"道"转向了唐律中的"津桥"。汉、唐律关于渎职内容及渎职者的处罚均有差异。汉律对渎职者啬夫及吏主者的处罚为罚金二两,唐律则变为杖刑,视情况的轻重而有杖七十、杖一百之分,体现出汉唐法律官吏渎职罪上的处罚差异。

就渎职内容而言,汉律集中在"陷败不可行"之"道",此"道"指的是陆路,或亦涵括桥梁,而唐律则指向津济之处的桥、航、船、筏的造置及擅移桥济。关于因陆路陷败致停废行人,唐律并无明文规定,但应该并非全无处罚,恐亦与津济之处的处罚一样。这体现出汉、唐律在处罚桥道的渎职者时,考察的重点从"道"转向了"津桥"。这种转变与汉唐间道路系统的改变、干道或要路上桥梁数量的增加、桥梁在交通网中重要性的提升应有密切关系。

汉代交通干线上的桥,见于典籍记载的虽不算少,②但西汉以长安为中心

---

① (唐)长孙无忌:《唐律疏议》卷二七《杂律》,刘俊文点校,中华书局1983年版,第505页。

② 如巨鹿水上之桥。(汉)司马迁:《史记》卷三《殷本纪》有"盈巨桥之粟",南朝宋裴骃《史记集解》服虔曰:"巨桥,仓名"。许慎曰:"巨鹿水之大桥,有漕粟也。"《史记》三家注本,中华书局1959年版,第107页。

的关中交通干线上的桥,主要是三渭桥即中渭桥(横桥、横长桥)、东渭桥、西
渭桥及灞桥、河桥。① 中渭桥相传始作于秦昭襄王,秦始皇时复作,用以连接
渭河南北兴乐宫与咸阳宫,汉初复作;东渭桥系汉高祖时所作,以通栎阳道;西
渭桥系汉武帝建元三年初作,又称便桥或便门桥,位于长安西北二十里,以通
茂陵。② 灞桥是东出长安的必经之道,位居灞河之上,初作于秦,两汉存,王莽
地皇三年二月,灞桥因火灾而毁,后新修之桥改名曰长存桥。③ 河桥系秦昭襄
王五十年(前257年)初作,紧邻晋关,是沟通秦晋之要道。④ 东汉移都洛阳,
南面洛水,有桥沟通洛水南北。

　　唐设东西两京,以两京为中心的交通干线上,重要桥梁较之西汉时期更为
密集,黄河、洛水、渭水、灞水上均有修建,《旧唐书·职官志》载:

　　　　凡天下造舟之梁四,(河则蒲津、大阳、河阳,洛则孝义也。)石柱
之梁四,(洛则天津、永济、中桥,灞则灞桥。)木柱之梁三,(皆渭川,
便桥、中渭桥、东渭桥也。)巨梁十有一,皆国工修之。其余皆所管州
县随时营葺。⑤

　　三渭桥及灞桥沟通关中及关中东行的交通,而洛水上的孝义、天津、永济、

────────────

①　(汉)司马迁:《史记》卷五《秦本纪》载"河桥",(唐)张守节:《史记正义》注曰:"此桥在
同州临晋县东,东渡河至蒲州,今蒲津桥"。
②　(汉)司马迁:《史记》卷一〇《孝文本纪》载"渭桥",《史记集解》苏林曰:"渭桥在长安北
三里"。《索隐》引《三辅故事》曰:"咸阳宫在渭北,兴乐宫在渭南,秦昭王通两宫之间作渭桥",
此为中渭桥。《三秦记》:"汉之东渭桥,汉高帝造,以通栎阳道。"《汉书》卷六《武帝纪》载建元三
年"初作便门桥"。苏林注"便门桥"曰:"去长安四十里";服虔曰:"在长安西北,茂陵东";颜师
古注曰:"便门,长安城北面西头门,即平门也。古者平便皆同字。于此道作桥,跨渡渭水以趋茂
陵,其道易直,即今所谓便桥是其处也"。《史记索隐》曰:"案今渭桥有三所:一所在城西北咸阳
路,曰西渭桥;一所在东北高陵道,曰东渭桥;其中渭桥在古城之北也。"《史记》卷一〇二《张释之
冯唐列传》,第2756页。
③　(汉)班固:《汉书》卷九九下《王莽传下》,中华书局1962年版,第4174页。
④　关于河桥的修建年代,史书有四种说法,即秦昭襄王五十年、后魏、隋及唐。陆敬严先生
断定后魏、隋唐虽都修建了蒲津桥,但初作时间应在秦昭襄王时期。这一论断当无问题,故从。
参见陆敬严:《蒲津大浮桥考》,《自然科学史研究》1985年第1期;(唐)张守节:《史记正义》注
"河桥"曰:"此桥在同州临晋县东,渡河至蒲州,今蒲津桥也",第219页。
⑤　(后晋)刘昫:《旧唐书》卷四三《职官志》,中华书局1974年版,第1841—1842页。

中桥则肩负沟通洛阳及洛阳南下的交通。蒲津桥,最早见于《左传》鲁昭公元年(前541年),当时秦公子咸奔晋,"其车千乘,造舟于河"。其后,昭襄王及后周时均又在此修浮桥。① 太原乃李唐龙兴之地,扼守长安与太原交通要塞的蒲津桥得到了前所未有的重视。唐代开元九年至十二年(721—724年),唐玄宗任命兵部尚书张说主其事,改木桩为铁牛、易筚索为铁链,疏其船间,倾国力对蒲津桥进行了大规模的改建。蒲津桥肩负起连接关中与太原的重任。大阳桥(太阳桥)位置在今河南省三门峡市西北的黄河上,临近陕郡大阳关,是沟通长安与洛阳的重要通道。《新唐书·地理志》载,"陕有大阳故关,贞观十一年造浮桥"。李吉甫《元和郡县图志》称,"大阳桥长七十六丈,广二丈,架黄河为之,在县东北三里"。河阳桥,亦称孟津桥或盟津桥,位置在今河南省孟津县西南,是沟通河南河北的重要通道。这十一座架(铺)在渭河、灞河、黄河、洛水上的桥梁既沟通了关中与洛阳,还保证了北上太原、河北及南下的道路通畅。可以说,唐代以长安、洛阳为中心的交通网络的畅通与否,直接受制于这些桥梁的存亡,这便是唐律关注的重点在桥梁而非道路的根本原因。

第四,战国秦律、汉律要求"九月除道及阪险,十月为桥",而唐令则概言"津桥道路",其常规营缮时间为每年"起九月半,十月使讫"。这里有两个疑点:

一是秦、汉律中的"九月除道及阪险,十月为桥"是该理解为互文,还是应该按月系事明确区分桥、道的营缮时间? 而这事实上也影响到后面的律文"非除道之时而有陷败不可行,辄为之"的理解,即"非除道之时"中的"道"指的仅是陆路之"道"还是也包括"桥"?

二是唐令"津桥道路"常规营缮的起始时间为何推迟至"九月半"? 这一变化是始自何时? 背后有何考虑? 下文分别讨论。

---

① (汉)司马迁:《史记》卷五《秦本纪》,第219页。

二、九月除道、十月成梁

不管是战国秦律、汉律"九月大除道及阪险，十月为桥"，还是唐令"津桥道路"条"起九月半，十月使迄"的时间断限，均与"九月除道，十月成梁"有关。

"九月成道，十月成梁"首见于《国语·周语》单襄公语所引《夏令》。其文曰：

> 定王使单襄公聘于宋。遂假道于陈……火朝觌矣，道茀不可行也。侯不在疆，司空不视涂，泽不陂，川不梁……单子归，告王曰："陈侯不有大咎，国必亡。"王曰："何故？"对曰："夫辰角见而雨毕，天根见而水涸，本见而草木节解，驷见而陨霜，火见而清风戒寒。故先王之教曰：'雨毕而除道，水涸而成梁，草木节解而备藏，陨霜而冬裘具，清风至而修城郭宫室。'故《夏令》曰：'九月除道，十月成梁。'……今陈国火朝觌矣，而道路若塞，野场若弃，泽不陂障，川无舟梁，是废先王之教也。"①

焦天然对"九月除道，十月成梁"进行了详尽的文献追溯，并制成下表：

文献来源	季春（三月）	孟秋（七月）	季秋（九月）	孟冬（十月）
《国语》			九月除道	十月成梁
《礼记·月令》	是月也，命司空曰："时雨将降，下水上腾，循行国邑，周视原野，修利堤防，道达沟渎，开通道路，毋有障塞。"	命百官始收敛，完堤防，谨壅塞，以备水潦。修宫室，坏墙垣，补城郭。		坏城郭，戒门闾，修键闭，慎管籥，固封疆，备边竟，完要塞，谨关梁，塞徯径。

---

① 徐元诰：《国语集解》卷二《周语》，王树民、沈长云点校，中华书局 2002 年版，第 63—65 页。

续表

文献来源	季春(三月)	孟秋(七月)	季秋(九月)	孟冬(十月)
《吕氏春秋》	是月也,命司空曰:"时雨将降,下水上腾,循行国邑,周视原野,修利堤防,道达沟渎,开通道路,毋有障塞。"	百官始收敛,完堤防,谨壅塞,以备水潦;修宫室,附墙垣,补城郭。		坯城郭,戒门闾,修楗闭,慎关籥,固封玺,备边境,完要塞,谨关梁,塞蹊径。
《更修为田律》			九月,大除道及阪险。	十月,为桥,修波(陂)堤,利津梁。
《二年律令·田律》			九月大除道口阪险。	十月为桥,修波(陂)堤,利津梁。
《淮南子·时则训》	命司空,时雨将降,下水上腾,循行国邑,周视原野,修利堤防,导通沟渎,达路除道,从国始,至境止。	命百官,始收敛,完堤防,谨障塞,以备水潦,修城郭,缮宫室。	通路除道,从境始,至国而后已。	修城郭,警门闾,修键闭,慎管籥,固封玺,修边竟,完要塞,绝蹊径。
《四时月令诏条》	修利堤防,道达沟渎,开通道路,毋有[障塞]。	[完隄]防,谨雍[塞]。		附城郭,戒门闾,修键闭,慎官钥,固封印,备边境,完要[塞,谨关梁,塞][徯径]。

他注意到记载夏令的《大戴礼记·夏小正》与记载周礼月令的《礼记·月令》均无"九月除道,十月成梁",但《礼记·月令》孟秋条有"完堤防,谨壅堵,以备水潦",仲秋条有"水始涸",孟冬条有"完要塞,谨关梁"之语,因此认定"九月除道,十月成梁"与《夏小正》与《礼记·月令》所载事宜在时间上是吻合的。① 然而,仔细比对上表内容,便可以发现,有关道路、桥梁的制度渊源有二:一是以《国语·周语》所载《夏令》"九月除道,十月成梁"为源,《更修为田

---

① 焦天然:《"九月除道,十月成梁"考——兼论秦汉月令之统一性》,《四川文物》2013年第1期。

律》《二年律令·田律》乃至唐末《营缮令》承袭并因时制宜、有所改变；二是以《吕氏春秋·十二纪》《礼记·月令》为源，为《淮南子》及《四时月令诏条》沿袭。两者不可简单等同。

关于《夏令》，三国东吴韦昭（曜）注曰："夏后氏之令，周所因也。"清人汪远孙认为《夏令》即"夏正"，"小正皆夏记时之书"。[①] 关于《月令》，贾逵、马融、王肃等人云《月令》系"周公所作，未通于古"，但反对者众。鉴于《吕氏春秋·十二纪》与《礼记·月令》的高度相似性，且《礼记·月令》之中官名、时事多不合周法，而与秦法合，因此断定《月令》系秦时之法，如郑玄、卢植、高诱等人均认为后者源出前者。[②] 考虑到前引秦武王二年律与汉律的性质，及其对《夏令》"九月除道，十月成梁"的继承，可以断定《夏令》当为政令性文献。

《夏令》与《吕氏春秋·十二纪》《礼记·月令》之间的关系，虽然今日已难以厘清，但从"九月除道，十月成梁"这一条来看，后者并未因袭前者，而是大有区别。前者九月除道，而后者将除道之事安排在季春；前者十月重在利用水涸之际"成梁"，而后者"谨关梁"之中虽包含"成梁"之事，但联系上下文"坏城郭，戒门闾，修键闭，慎管籥，固封疆，备边竟（境），完要塞，谨关梁，塞徯径"（《吕氏春秋·十二纪》个别字略有不同），可以明确知道这些措施的重点与目的并非桥梁的修建，而在于边境防御与国防安全，"谨关梁"只是加强边境防御的一个方面，其意旨与"十月成梁"以利民涉水迥然有异。基于这种差异，愚以为，《更修为田律》《二年律令·田律》"道桥"条取法《夏令》，而非《礼记·月令》或《吕氏春秋·十二纪》。

《吕氏春秋》《礼记·月令》等所载"开通道路"之事，与"修利堤防、导（道）达沟渠"一样，都在季春（三月）。这里的"开通道路"，除了除道修路以利通行之外，恐还有另一层含义。郑玄注曰："沟渎与道路，皆不得不通，所以

---

① 徐元诰：《国语集解》卷二《周语》，王树民、沈长云点校，第 63—65 页。
② 参见（唐）孔颖达：《礼记正义》，中华书局 1957 年版，第 659 页；徐复观：《两汉思想史》第二卷，华东师大出版社 2004 年版，第 9 页。

除水潦，便民事也"。① 是说开通道路与导达沟渎都是为了防备水潦。按，"古者沟上有路"，②也即路上有沟以利水行，尤其是在夏季雨多水盛之季，道路上有沟渎供水流通便更加必要。此应是季春三月开通道路、导达沟渎的另一层含义。孙希旦对修堤防、导沟渎、开道路之间的关系阐释得更加详细："时雨将降者，夏时恒多水潦，故于此预备之也。堤防所以蓄水，故备水，堤防为先。然水潦之既盛，有非可专恃乎堤防者，故于沟渎则道达之，所以使田间之水得以达于川也；于道路则开通之，所以使平地之水以归于畎浍也。障者，开通之反；塞者，道达之反。障塞则水无所归，必泛溢于沟渎而害禾稼，停积于道路而妨车徒也。"③开通道路，是为了待到夏雨至水潦盛时，平地之水能够流归畎浍水沟，以免停积于道路，既坏道路，又妨车徒，进一步说明季春"开通道路"还含有导水入沟、不害禾稼、保护道路之意。这与《夏令》"九月除道，十月成梁"的考虑并不相同。

为何要"九月除道，十月成梁"？其理由有二：

第一，气候的影响。《周语》曰："雨毕而除道，水涸而成梁"，④"辰角见而雨毕，天根见而水涸"，郑玄释曰："辰角见，九月本，天根见，九月末"。⑤ 九月本，谓九月之初。按《律历志》角十二度，亢九度，天根在亢之后，辰角与天根相去二十一度有余，日校一度，则九月本与九月末相去二十一日有余也。九月雨毕，除道、修堤防之后，无水浸冲毁之虞；待到九月末，受雨毕之影响，沟渠河道久无雨水补充而水位渐低，乃至干涸，也为造桥提供了有利条件。

第二，九月、十月间，农事已毕，此时进行除道、修桥等工役，无伤农时之患。《礼记·月令》载，季秋之月"农事备收"，备，即尽也，言农事毕。⑥ 据《齐民要术》可知，八月大麦已种下，虽然其后还有些杂事，但至九月，农事已基本

① （唐）孔颖达：《礼记正义》卷一五《月令》，第484页。
② （唐）孔颖达：《礼记正义》卷一五《月令》，第484页。
③ （清）孙希旦：《礼记集解》，沈啸寰、王星贤点校，第432—433页。
④ 徐元诰：《国语集解》卷二《周语》，王树民、沈长云点校，第63页。
⑤ （唐）孔颖达：《礼记正义》卷一六《月令》，第529—530页。
⑥ （唐）孔颖达：《礼记正义》卷一七《月令》，第533页。

完毕。"不违农时,谷不可胜食也"的约束力延及后世,所以工役之事必须在农事完毕之后再进行。这在不同时代都被普遍强调。农事毕,工役行,亦可序礼仪,《魏书·高祖纪下》载孝文帝太和十一年(487年)冬十月甲戌诏曰:"乡饮礼废,则长幼之叙乱。孟冬十月,民闲岁隙,宜于此时导以德义"。①

"九月除道,十月成梁"是判断治民者是否知为政、施法度的标准之一。《国语·周语》将这类以月系事之令称为"先王之教"。先王之教亦称先王之政、先王之治,是各国施政之纲,至战国沿袭不衰。《孟子·离娄》载:

> 子产听郑国之政,以其乘舆济人于溱、洧。孟子曰:"惠而不知为政。岁十一月,徒杠成;十二月,舆梁成,民未病涉也。君子平其政,行辟人可也,焉得人人而济之? 故为政者,每人而悦之,日亦不足矣。"

周历十一月,即夏九月也。周历十二月,夏十月也。孟子非议子产"不知为政",评判的标准正是《夏令》"九月除道,十月成梁"。孟子以为,子产以乘舆济人渡河,仅是私恩小利,而非"有公平正大之体,纲纪法度之施焉",因为"国中之水,当涉者众,岂能悉以乘舆济之哉"?② 是将"九月除道,十月成梁"上升为治民者是否知为政、识纲纪、施法度的标准了。

又,《夏令》《月令》等均是按月系事的政令,③而《更修为田律》《二年律令》的律法性质更是确定无疑,那么除道及险阪之事当在九月,而为桥之事在十月,应是可以明确的。《周语》曰:"水涸而成梁",十月而水涸,十月为桥有自然条件的便利。而且,较之除道,桥梁建造需要专门的技术,这应是政令、律法规定除道、为桥分月建造的原因。

然而,在操作中,桥梁并不都在十月建造。"岁十一月,徒杠成;十二月,舆梁成,民未病涉也",杠,方桥也。徒杠,可通徒行者。梁,亦桥也。舆梁,可通车舆者,知"为桥"的时间并不绝对固定在十月。桥是道路的延伸,是道路的

---

① (北齐)魏收:《魏书》卷七《高祖纪下》,中华书局1974年版,第162页。

② (南宋)朱熹:《孟子集注》卷八《离娄章句下》,浙江古籍出版社2014年版,第226页。

③ 汤勤福:《月令祛疑——兼论政令、农书分离趋势》,《学术月刊》2016年第10期。

一部分,桥若不成,至少有部分道路不通。《夏令》虽有"九月除道,十月成梁"的规定,《更修为田律》《二年律令·田律》亦然,但在实际操作过程中,除道与为桥二事可以且应需同时进行,这从"非除道之时而有陷败不可行,辄为之"也可以推测出来。出土文献与传世史籍中对桥、道之修也往往相提并论,如:

> 《岳麓书院所藏秦简肆》151/1255、152/1371、153/1381 载:"繇(徭)律曰:补缮邑院、除田道桥、穿汲(波,即陂)池、渐(堑)奴苑,皆县黔首利殹,自不更以下及都官及诸除有为殹,及八更,其晥老而皆不直(值)更者,皆为之。冗宦及冗官者,勿与。除邮道桥、驼(驰)道行外者,令从户□□徒为之,勿以为繇(徭)。"①

> 《二年律令·徭律》简 413—414 云:"补缮邑□,除道桥,穿波(陂)池,治沟渠,堑奴苑;自公大夫以下,勿以为繇(徭)。市垣道桥,命市人不敬者为之。"②

> 《汉书·高惠高后文功臣表》载斳石于太始四年(前 93 年)"坐为太常行幸离宫道桥苦恶,大仆敬声系以谒闻"。③

> 汉武帝时"公卿议封禅事,而天下郡国皆豫治道桥,缮故宫"。④

以上资料表明,桥道因所在地点的不同而有田道桥、邮道桥、市垣道桥之分,虽由不同的人营缮,但修缮时间则应是一致的。又,设官分职时,桥道事务的掌管者实为同一官,而非有所区分。至迟在东汉时,已设立了专职官道桥掾,如《汉碑集释·耿勋碑》下题记有"熹平三年四月廿日壬戌,西部道桥掾下辨李翕造"字样。⑤ 至晋时,道桥掾隶属于司空。⑥ 隋唐时,桥道事也一并归

---

① 陈松长主编:《岳麓书院藏秦简(肆)》,上海辞书出版社 2015 年版,第 118 页。
② 张家山二四七号汉墓竹简整理小组:《张家山汉墓竹简(二四七号墓)释文修订本》,第 64 页。
③ (汉)班固:《汉书》卷一六《高惠高后文功臣表》,第 493 页。
④ (汉)司马迁:《史记》卷三〇《平准书》,第 1439 页。
⑤ 高文:《汉碑集释》,河南大学出版社 1997 年版,第 415 页。
⑥ (南朝梁)沈约:《宋书》卷三九《百官志上》,中华书局 1974 年版,第 1221 页。

将作大匠(将作监)管理。正是出于此故,到唐《营缮令》"津桥道路"条,已对桥、道的营缮时间不做区分,统一规定为"起九月半,十月使迄"。

三、唐宋为何推迟到"九月半"

由于史料阙如,我们不能从文献上确定营缮桥道的常规时间由九月推迟到"九月半"是袭自隋令,还是唐令首创(且为宋令所承袭)。但这可能与租庸调制有关。

《通典》卷六《食货典·赋税》载:

> 诸庸调物,每年八月上旬起输,三十日内毕。九月上旬各发本州,庸调车舟未发,间有身死者,其物却还。其运脚出庸调之家,任和雇送达。

> 诸租,准州土收获早晚,斟量路程崄易远近,次第分配。本州收获讫发遣,十一月起输,正月三十日内纳毕。(若江南诸州从水路运送,冬月水浅,上埭艰难者,四月以后运送,五月三十日内纳了。)其输本州者,十二月三十日内纳毕。①

九月上旬官府需将民众八月缴纳的庸调自本州发运京都或指定库藏、边军、都督府、都护府,此事关系重大,官府需集中精力全力办成此事。而且,运输庸调的脚力"出庸调之家",若欲和雇他人送达,法亦允之,也会占据部分民力,是以官府无力在九月初便组织人力进行津桥道路修缮事。各州输送租的时间,是从十一月发遣至京都或指定储仓。② 因此,官府起输庸调事毕,或已至九月半,待发遣租时,已至十一月,九月半至十一月之间,正好有一个时间空档,官府有余力在这一空档间处理津桥道路事。

---

① (唐)杜佑:《通典》卷六《食货典》,王文锦等点校,中华书局1984年版,第109页。
② (唐)李林甫:《唐六典》卷三《尚书户部》"度支郎中员外郎"条下"凡物之精者与地之近者供御,谓之(支)纳司农、大府、将作、少府等物。物之固者与地之远者以供军,谓支纳边军及诸都督、都护府"。具体例证,则可见吐鲁番地区所出各地庸调布,参见王炳华:《吐鲁番县出土唐代庸调布研究》,《新疆历史论文续集》,新疆人民出版社1982年版,第165—181页。

　　后来,租庸调制崩溃,两税法取而代之,而在"九月半"营缮桥道事的规定却被延续了下来,则与唐代南方地区农时的后延有关。

　　至迟在唐高宗时期,南方长江流域一些发达地区已出现了稻麦复种制。① 稻麦复种制的出现与中、晚稻品种的形成紧密相连。尽管在汉代已存在两年三熟制,农民收完粟谷即种小麦,收割完小麦又种粟谷或豆菽,②许倬云先生还从《四民月令》描述的工作日程里发现了农民在八月一面出售小麦,一面购买粟谷,他认为农民买进粟谷是因为八月收获季节粟谷价格低廉,而出售小麦则可解释为八月正是小麦下种的季节。③ 但从大范围来看,唐代以前,农作物基本为一年一熟制,或两年一熟制。④ 而且秦汉时期,北方为统治中心及赋役的主要承担区域,所种植的主要农作物据《氾胜之书》载,是以稻、麻、禾、黍、秫、小麦、大麦、小豆、大豆为九谷,其中尤以稻、禾即粟、小麦、豆为主。即便是晚种之粟,到季秋八月,也是"农事备收"。这也应是秦汉律将"大除道及险阪"事定在九月,"为桥"事定在十月的考虑之一。

　　司马迁《货殖列传》载,"楚越之地,地广人希(稀),饭稻羹鱼,或火耕而水耨",⑤可知南方江淮地区至西汉中期还是地广人稀,农业经营方式为火耕水耨,以一年一熟的稻作农业为主。⑥ 东吴等六朝时期,南方得到开发,经济发

---

　　① [日]古贺登:《夏税、秋税的源流》,《东洋史研究》1960 年第 19 辑第 2 期;[日]古贺登:《唐代两税法的地域性》,《东方学》1962 年第 17 辑;李伯重:《我国稻麦复种制产生于唐代长江流域考》,《农业考古》1982 年第 2 期。
　　② [日]米田贤次郎:《〈齐民要术〉中的两年三熟》,《东亚史研究》1959 年第 17 辑第 4 期。
　　③ 许倬云:《汉代农业:中国早期农业经济的形成》,程农、张鸣译,江苏人民出版社 1998 年版,第 117 页。
　　④ 李伯重:《我国稻麦复种制产生于唐代长江流域考》,《农业考古》1982 年第 2 期。
　　⑤ (汉)司马迁:《史记》卷一二九《货殖列传》,第 3271 页。
　　⑥ 多有学者认为火耕水耨是粗放式农业经营,但张荣芳指出,火耕水耨只是南方种植水稻的耕作方式,并不等同于原始粗放。他结合传世文献与画像砖等图像资料,重新解释了"火耕水耨",火耕就是在播种前放火焚烧树木杂草和干枯的稻秆,火耕还有除草、施肥和防治稻田病虫害的作用。水耨就是水田除草,包括用手拔草及用足踩草。参见张荣芳:《汉至六朝时期南方农业经济发展的文化阐释》,郑州大学历史研究所编:《高敏先生七十华诞纪念文集》,中州古籍出版社 2001 年版,第 19—30 页。

展速度较快,稻、麦种植面积增加,但除了少数地区农业经营趋于集约化,大部分地区仍是农业经营粗放,不管是主要农作物的种类,还是单位产量,依然以北方为胜。[1] 有学者认为,六朝后期已出现了"再熟之稻""三熟之稻",[2]但近代的水稻早、中、晚三大品类及人属于它们的多数品种,是直到唐代才形成,[3]即便南朝后期有"再熟之稻""三熟之稻",也是偶尔出现在极少部分地区的特殊情况,未推广开来。

早、中、晚稻的研发与推广,对同一面积实现一年二熟有着极为重要的意义。早稻移栽多在三四月(成熟期约需八十天),中稻多在五月(成熟期约需九十天),晚稻多在六月(成熟期约需一百天以上),李伯重先生指出,正是因为中晚稻品种的培育与推广,在冬小麦收割之后,五月、六月间便可在同一片土地上种植中晚稻,待到八九月间,中晚稻收割之后,又可播种冬小麦。因此,北方冬小麦多在八月播种,而气候温暖的长江流域则可推迟到九月,甚至十月亦有播种冬麦者。稻麦复种制在唐高宗时期已在长江流域推广开来。[4] 这极大地提高了单位面积的粮食产量,供应新增加的人口。杜甫笔下"忆昔开元全盛日,小邑犹藏万家室。稻米流脂粟米白,公私仓廪俱丰实"的盛唐景象,应与农业生产的这一划时代进步相关。这也是中唐尤其是安史之乱之后,在河北等地藩镇跋扈、供赋不入于朝廷的前提下,唐中央依恃江淮财赋,依然能够延续百年的基础之一。

在稻麦复种制下,长江流域的农时延后,不同于北方季秋八月农事备收,

---

① 郑学檬:《中国古代经济重心南移和唐宋江南经济研究》,岳麓书社 1996 年版,第 4、9 页。

② 张荣芳:《汉至六朝时期南方农业经济发展的文化阐释》,郑州大学历史研究所编:《高敏先生七十华诞纪念文集》,第 22 页。

③ [日]加藤繁:《中国稻作的发展——特别是品种的发展》,《中国经济史考证》第三卷,吴杰译,商务印书馆 1973 年版,第 174—180 页。

④ 李伯重:《我国稻麦复种制产生于唐代长江流域考》一文引用《作物栽培学》(南方本)及农业部编《农业生产技术基本知识》对唐代江淮地区的作物种类及种植情况进行了推测,《农业考古》1982 年第 2 期。

南方的九月、十月依然农事犹忙。开元七年令（开元二十五年令亦同）规定了交接职田时收获权的归属问题，其文曰：

> 诸职分陆田限三月三十日，稻田限四月三十日，以前上者并入后人，以后上者入前人。其麦田以九月三十日为限。若前人自耕未种，后人酬其功直；已自种者，准租分法。①

李伯重先生解释说，之所以以三月三十日、四月三十日及九月三十日为限，是因为粟、稻、小麦的一般播种时间分别是三月上旬、四月上旬和八月中旬前，大麦是八月下旬前，在南方播种时间可再推后一些，也就是说一般而言，在三、四、九三个月月底之前，应该播种完毕。将三月三十日、四月三十日及九月三十日定为播种时间，其说并无疑义。换言之，唐时，九月依旧为农时，南方地区尤其如此。

在稻麦轮种制的耕作方式下，九月既是收割晚稻之季，也是播种冬麦之季。晚稻的收割时间，南方有些地区甚至晚至十月。元稹作《赛神》诗批判岳州民俗因好巫风事妖神结妖社而耽误了收割，其诗曰："年年十月暮，珠稻欲垂新……岁暮雪霜至，稻珠随陇湮"。稻成熟之后，若两周之内没有收割，稻秆便会软化倒伏于地，十月暮即十月末，"珠稻欲垂新"说明当时岳州谷粒尚在稻穗上，稻秆还未曾伏地，这是晚稻无疑，成熟期应在九月末至十月初或中旬。由此知，长江中游十月正是稻熟收割季。

整个长江中下游气候相似，洞庭湖平原岳州如此，其他地区亦相差不大。由于稻麦复种制的推行，南方地区九、十月间依旧为农时，一直要到十一月，农事才结束。建中元年推行的两税法，要求"夏税勿过六月，秋税勿过十一月"，反映的是南方而非北方的收获季节，而这也反映出南方地区已成为唐帝国的财赋重心。②

---

① （唐）杜佑：《通典》卷二《食货典》，第32页。
② 有学者认为，两税法的改革是伴随着黄河以南经济的发展，经济发展起来的南方成为唐政府的财税中心。最早提出这一观点的是日本学者古贺登，他注意到华北和江南在经济上的差

《营缮令》将营缮津桥道路的时间推迟至"九月半",一方面是秉承先王之政"九月除道,十月成梁"的古训,另一方面则与隋及唐前期的赋税制度有关。在租庸调制下,九月初是各州官府发运庸调的时间,此乃大事,官府必当全力以赴。这是唐代津桥道路事推迟到九月半的重要原因。租庸调制并非唐代首创,而是袭自隋制。或许,津桥道路事推迟至九月半的制度始自隋代,亦有可能。尽管后来租庸调制被两税法取代,但随着南方地区稻麦复种制及经济重心、赋税重心的南移,南方地区农时后移,津桥道路事推迟至九月半也为宋代沿袭不替。

唐《营缮令》"津桥道路"条关于"起自九月半,十月使迄"的规定,至少在文献层面上为有唐一代所遵。《县令不修桥判》虽为拟判,但多少反映出律令制度对时人思想与认识的影响。该判文称长安、万年县令因不修城内桥,而被推按,不伏科罪。其判有"既愆十月之期,须明三典之坐"云云。① 又,《文苑英华》卷五四五《私雇船渡人判》针对的是洛阳县令杨忠未修中桥,私雇船舫于津所渡人,有判文批判"杨忠莅斯剧县,辄树私恩,不遵十月之规,有损二周之化"②。白居易撰有《不修桥判》称,"得丁为刺史,见冬涉水者哀之,下车以济之。观察使责其不顺时修桥,以徼小惠。丁云恤下"。《判对》曰:"津桥不修,何以为政;车服有命,安可假人。……启塞既阙于日修,揭厉徒哀其冬涉。事关失政,情近沽名,宜科十月不成,庶辨二天无政。"③三条判文中的"既愆十

<hr />

异,认为两税法的出现,与唐代经济发展重心转移到江南有关。参见[日]古贺登:《夏税、秋税的源流》,《东洋史研究》1960 年第 19 辑第 2 期;[日]古贺登:《唐代两税法的地域性》,《东方学》1962 年第 17 辑。其后,有学者认为,两税法的产生与南方地区经济的发展有特定的关系。他们认为安史之乱后,南方地区垦田增多、经济发展、钱币在交换中普遍使用,具备"按赀纳税"和"以钱为税"的条件。参见袁英光、李晓路:《唐代财政重心的南移与两税法的产生》,《首都师范大学学报(社会科学版)》1985 年第 3 期;郭传义:《唐代两税法改革的财政背景考察》,《中南财经政法大学研究生学报》2013 年第 3 期。

①　(清)董诰、阮元等编:《全唐文》卷九八〇《对县令不修桥判》,中华书局 1983 年版,第 5997—5998 页。

②　(清)董诰、阮元等编:《全唐文》卷九五五《对私雇船渡人判》,第 5856—5857 页。

③　(唐)白居易:《白居易集》卷六七《判》,中华书局 1985 年版,第 1415 页。

月之期""不遵十月之规""宜科十月不成",所依据的正是"十月为梁"的古训
与"十月使迄"的法令规定。

　　需要注意的是,由于法律既规定了常规营缮时间,也要求"要路陷坏、停
水,交废行旅者",需即坏即修,因此事实上唐宋营缮桥梁的时间并未局限在
九月半至十一月间。这在多篇桥记中也可找到依据,如崔祐甫所撰《汾河义
桥记》云,唐代绛州稷山县南汾河义桥,系绛地一义子历经三年而修成,曾遭
七月秋雨毁坏,后待到八月白露雨毕之后再修,终成其功。① 常州义兴县令刘
某作长桥,该桥"冬而裁,明年暮春而毕"②。北宋康定二年(1041 年)冬十月,
宣化军使张景云作清河桥,经九十七日而桥成,是时已至十二月或次年正
月。③ 益州通惠桥"经始于崇宁三年(1104 年)十月甲子,落成于大观元年
(1107 年)二月丁酉"④,时间跨度长达三年有余。南宋绍兴二十六年(1156
年)季冬至二十七年四月,潼川府太守张南卿筑城郭,从东北隅筑至南门;当
年十一月,潼川路提点刑狱司兼权知潼川府王之望到任之后,于十一月继续筑
城,接续前功,自南门而西,至于北门,又缮修捍水长堤,补隍岸之缺,并在东、
南、西三门外建石桥,三桥分别架于涪江、凯江及九曲河上,功成于绍兴二十八
年(1158 年)二月。⑤ 隆兴元年(1163 年)冬十月,天台县令王琰应民所需新
作桥于县西之溪,至次年闰月丙辰告成,桥名"临川桥"。⑥ 以上案例有单建桥
梁者,也有在营堤岸、城隍、郭墙时一起营造桥梁者,且多遵循"十月为桥"之
制,这表明"十月成梁"这一古训的长久生命力。另外,《营缮令》虽有"起自九

---

　　① (五代宋初)李昉、徐铉等纂:《文苑英华》卷八一二《汾河义桥记》,第 4291 页。
　　② (清)董诰、阮元等编:《全唐文》卷八八二《常州义兴县长桥记》,第 9223 页。
　　③ 曾枣庄、刘琳主编:《全宋文》卷六三二《石介·宣化军新桥记》第 15 册,巴蜀书社 1991
年版,第 364 页。
　　④ (清)黄廷桂等修,张晋生等纂:《四川通志》卷四一《袁辉·通惠桥记》,文渊阁《四库全
书》影印本,第 561 册,第 368a—368b 页。
　　⑤ (宋)王之望:《汉滨集》卷一四《潼川修城堤三桥记碑阴》,文渊阁《四库全书》影印本,
第 1139 册,第 862a—863a 页。
　　⑥ (宋)林表民:《赤城集》卷一三《陈骏·天台临川桥记》,(台北)新文丰出版社 1948 年
影印本,第 14—15 页。

月半,十月使迄"之规定,然而工程有大小,役工有长短,还有人事、资金、材料、水流、气候等多种因素的影响,要求所有"津桥道路"都必须在九月半至十月末的时间区间内完成,事实上只能是制度层面的理想设计,现实操作中则难以遵行,唐宋皆然。

总而言之,一时代有一时代之问题,制度宜因时因事而常新,但也有不少制度拥有漫长的生命,沿用上千年,乃至更久。这些"通用"制度,奠定了古代中国的一些根本特征,塑造了中华文明的基本面貌。唐宋法律制度,有不少都可以在先秦、秦汉法律文献中找到渊源。从唐宋《营缮令》"津桥道路"条来看,道路、桥梁的营缮制度,兼顾了不违农时与不废行旅,遵循了《夏令》"九月除道,十月成梁"的古训,同时为了适应现实,也有所更改。这一做法也为元代所继承,《通制条格》载,"至元七年九月,中书省。近钦奉圣旨节该:'都水监所管河渠、堤岸、道路、桥梁,每岁修理。'钦此。照得九月间平治道路,合监督附近居民修理,十月一日修毕。其要路陷坏、停水,阻碍行旅,不拘时月,量差本地分人夫修理。仍委按察司以时检察"。① 我们发现,较之唐宋《营缮令》,元代河渠、道桥等工程的常规营缮时间又有所改变,集中在九月间,要求十月一日修毕。元代版图之广胜过唐宋,江淮地区的农作方式延续了唐宋而有改进,何以将桥道堤岸的常规营缮时间定在九月? 或与该条制度的施行、适用地区为中书省所管辖的地区为"腹里"即山东、山西、河北等地有关,或还有他故。至明清,津桥道路的营缮规定依然存于法律,《大清律例·工律》最后一条为"修理桥梁道路"条,其要旨与唐宋《营缮令》"津桥道路"条大致相同。②

---

① 方龄贵:《通制条格校注》卷三〇《营缮》,中华书局2001年版,第740页。
② (清)三泰:《大清律例》卷三九《工律·河防》,张荣强等点校,天津古籍出版社1993年版,第666页。

第二节　桥梁的分层营缮与管理

一、京城当城门街及全国交通干线上重要桥梁的营缮与管理

从负责营缮的机构来论,京城内桥梁可分为两类,即当城门街者与其他,唐宋皆然。当城门街者归中央营缮部门负责,唐为将作监,宋为八作司或将作监(元丰改制时桥道等营缮事复归将作监)。《天圣营缮令》宋令第 18 条云:

> 京城内诸桥及道当城门街者,并分作司修营,自余州县料理。

牛来颖先生经过仔细考证与精心研究,将上条令文复原为唐令第 22 条,其内容为:

> 诸两京城内诸桥及道当城门街者,并将作修营,自余州县料理。[1]

她认为唐代将作监仅负责位于城门街的桥梁和道路的修缮,而京城内其他各处桥梁则由长安、万年县料理,这一判断应是符合实际的。但是她说城中的桥因为处于长安、万年县的辖区内,所以要追究县令的责任,而将作监在总体上需要负责包括桥梁在内的外作,在赵和《判对》中,明确桥梁"事合属于将作",即修桥为将作监的职权所管范围,所以也有不容推卸的监管责任,因此要追究连带责任,[2]这一解读应是有误。

为了厘清将作监、长安县、万年县关于京城内诸桥的修缮权责问题,有必要将相关的资料引证如下。《县令不修桥判》云:

> 长安、万年县坐去岁霖雨,不修城内桥,被推按。诉云各有司存,不伏科罪。

---

① 牛来颖:《天圣〈营缮令〉复原唐令研究》,《天一阁藏明钞本〈天圣令〉校证(附唐令复原研究)》,第 668 页。

② 牛来颖:《〈营缮令〉桥道营修令文与诸司职掌》,井上彻、杨振红编:《中日学者论中国古代城市社会》,第 178—197 页。

佚名《判对》曰：

天开紫极，地列镐京，渭水即饮龙之津，横桥得牵牛之象。而二县称剧，两城攸壮，望双阙而如云，对九途而若厉。频年淫雨，中遂泥泞，石梁隳构，铁镅（锁）不修，马惜连干迟回于欲渡，人嗟揭厉叹息于无良，既愆十月之期，须玷三典之坐。然则据地虽从县管，修桥乃合监营。……请准此状，各牒所由。

崔翘《判对》略云：

遂使鹊桥牢落，虹影欹倾，石杠沉而铁锁暗移，旧枝坏而新查乱坠。两城之内，是曰帝居，作漕（曹）自合修营，赤县元非管属。辄被推按，乃涉滥刑；至于司存，事资惩罚，牒问由绪，方正科条。

赵和《判对》曰：

中京帝宅，上洛星桥。宫城俯临，九重密迩，康庄或断，一切停留。……修构既在，科须差遣，诚归正典。事合属于将作，不可责以亲（旁）人。诉者有词，请停推劾。①

对比判文命题与判对内容，可知判文给出的命题是长安、万年县令因未修城内桥而被推按追责，但二县令不服，因为桥事本应另由他司管理，罪不在己。阙名、崔翘、赵和三人的判对虽然文采、内容各异，但观点一致，"修桥乃合监营""作曹自合修营""事合属于将作"，都认为修桥应归将作监，不应追究万年、长安县令之责。三人的《判对》都要求停止对二县令的推按，崔翘《判对》更指出"辄被推按，乃涉滥刑"，要求"牒问由绪，方正科条"，清晰地表明长安、万年县令对判文命题中的"城内桥"并无营修责任。

就《县令不修桥判》而言，不管是判文命题，还是《判对》，都未明确桥的具体位置。从佚名《判对》"渭水即饮龙之津，横桥得牵牛之象"来看，似有一座桥指的是"横桥"即中渭桥，中渭桥旁有临皋驿，为西行第一驿，距长安西面北

---

① 以上《判文》《判对》均见李昉等编：《文苑英华》卷五四五《县令不修桥判》，中华书局1966年版，第2784页。

侧第一门开远门二十里。若判文命题中的桥指中渭桥,则无疑为当街城门桥。然而,佚名、崔翘《判对》又言:"石梁隳构,铁镮不修""石杠沉而铁锁暗移",似乎该桥为石梁桥,又系铁索,而中渭桥并非石梁桥,而是木梁桥,传世文献及考古挖掘均可印证。① 京兆府内巨梁,仅有灞桥为石梁桥。按佚名《判对》言"中途泥泞",所指当非小道,而是大路,即当城门街者。考虑到判文的性质,不能当作真实的律、判例来用,②这或许也是上述判文命题及三则《判对》在提及桥梁时指向不明的重要缘故。尽管如此,这些判依然具有重要的参考价值,虽然判文命题并未明确指出这些桥的具体位置,但三则《判对》无一例外均视其为当街城门桥。崔翘等人之所以如此判断,是因为考虑了判文命题中县令"诉云各有司存,不伏科罪"的反应,按唐令,若是他处之桥,县令被推按之后自当伏罪受罚,但其之所以"不伏科罪",是因为判文命题中所指的那些桥为当街城门桥,原非其职所管,而是"各有司存"。这反而进一步证明了城门街桥由将作监修营的唐令规定。

洛阳城内"当街城门"的天津桥、中桥相关资料较多,可以丰富我们关于当城门街桥修营权责的认识。天津桥、中桥隋代营建洛阳时已建,唐多次改建。贞观十四年(640 年),"更令石工累方石为脚",③为石梁桥。杜佑《通典》载:"其天津桥、中桥石脚,并长寿中中书侍郎李昭德造。"④《新唐书》载:"洛有二桥,司农卿韦机徙其一直长夏门,民利之,其一桥废,省巨万计。然洛水岁淙啮之,缮者告劳。昭德始累石代柱,锐其前,厮杀暴涛,水不能怒,自是无患。"⑤这里明确指出,唐高宗时期先后负责营缮二桥的是中书侍郎李昭德、

---

① (唐)李林甫:《唐六典》卷七《尚书工部》,第 226—227 页。《旧唐书》卷四三《职官志》,第 1841—1842 页;徐龙国:《唐长安城太仓位置及相关问题》,《考古》2016 年第 6 期。

② Yang Jidong, *The Making, Writing, and Testing of Decisions in the Tang Government: A Study of the Role of the "Pan" in the Literary Bureaucracy of Medieval China*, *Chinese Literature: Essays, Articles, Reviews* (*CLEAR*), Vol.29 (Dec., 2007), pp.129-167.

③ (唐)李吉甫:《元和郡县图志》卷五《河南道》,中华书局 1983 年版,第 132 页。

④ (唐)杜佑:《通典》卷一七七《州郡典七》,第 4653 页。

⑤ (宋)欧阳修、宋祁等:《新唐书》卷一一七《李昭德传》,中华书局 1975 年版,第 4255 页。

司农卿韦机，而非司理当街城门桥的将作监。这是因为两人先后被委任修建东都、规划并营建东都宫室的重要工作，李昭德主持修建天津桥、中桥事发生在显庆时期高宗改洛阳为东都后，韦机改造二桥、并移改中桥桥址，是在咸亨三年（672年）负责规划、营建东都宫室时。这两次建桥，都非独立事件，而是作为修建或规划并新建整个东都宫室重大工程中的一部分。一方面，当时将作监随朝廷长驻长安；另一方面，显庆、咸亨年间营缮洛阳这样的重大工程需要大量的财政与人力支持，这是任命中书侍郎、司农卿为负责人的重要考虑，其修缮的天津桥、中桥，只是整个工程中的一部分。

到武则天永昌元年（689年）洛阳宫室修缮完毕、朝廷长驻洛阳后，负责修缮中桥的便又是将作监。史载将作少匠刘仁景修中桥，桥成之后，改名为永昌桥。

唐后期，掌管洛阳当街城门桥修缮工作的机构似有一些变化。白居易所拟判文云："得洛水暴涨，冲破口桥，往来不通，人诉其弊。"河南府云："雨水犹涨，未可修桥，纵苟施工，水来还破，请待水定。"可知中桥营缮事归河南府。又，《对私雇船渡人判》云：洛水中桥破，绝往来渡，县令杨忠以为时属严冬，未可修造，遂私雇船舫，于津所渡人。百姓杜威等连状举忠将为干济。廉使以忠懦弱，不举职事，以邀名科罪。不伏。"[1]判文"洛水中桥破"中的"中桥"确指南当长厦门的"中桥"，而非泛者洛水上之桥。与《县令不修桥判》的三则《判对》对县令加以维护的态度不同，《对私雇船渡人判》的所有《判对》无一例外对洛阳县令杨忠大加指责，言其"苻斯剧县，辄树私恩，不遵十月之规，有损二周之化"，"虽当冬月，况属闲时，造桥用功，冀暂劳而永逸，渡船费力，但有损而无成。官桥自可官桥，何开县长私船？"[2]但细校《县令不修桥判》《对私雇船渡人判》的《判对》内容，可以发现前者主要针对的是长安、万年县令是否应修当街城门桥，而后者则重在北判县令杨忠私雇船渡人以邀名誉，与《不修桥判》中批判刺史丁"见冬涉者，哀之下车，以济之。观察使责其不顺时修桥，以

①　（唐）白居易：《白居易集》卷六七《判》，第1404页。
②　（宋）李昉等撰：《文苑英华》卷五四五《对私雇船渡人判》，第2785页。

微小惠"①的判断标准是一致的。但是,这条判文及其《判对》也传达出这样的信息,即河南县令杨忠对当街城门的中桥负有修缮之责。这与唐令"诸两京城内诸桥及道当城门街者,并将作修营"的规定有违。因此,我推测将作监负责当街城门桥的修营规定,可能在唐后期有所变化。《县令不修桥判》《对私雇船渡人判》应非作于同时,反映的制度或有唐前期与后期之别。唐后期,京兆府、河南府也对当街城门桥负有修缮之责。而这有可能是从京兆府、河南府负责营修位于陆路交通干线上的桥梁上延伸而来的,也与桥道等营缮事务的管理体制发生改变有关。

开元九年(721 年)高陵县东渭桥的修营工作,便是由京兆尹主持的。东渭桥位于高陵县南十八里处,②是东出长安城往中原的交通要冲,属于唐代的十一巨梁之一。十一巨梁,指的是位于以两京为中心的全国陆路交通干线上十一座桥梁。《唐六典·尚书工部》云:

> 凡天下造舟之梁四,(河三,洛一。河则蒲津;大阳;盟津,一名河阳。洛则孝义也。)石柱之梁四,(洛三,灞一。洛则天津、永济、中桥,灞则灞桥也。)木柱之梁三,(皆渭川也。便桥、中渭桥、东渭桥,此举京都之冲要也。)巨梁十有一,皆国工修之。其余皆所管州县随时营葺。③

这十一座巨梁,也包括京城内的几座当城门街桥梁,沟通的是以关中、洛阳为中心的天下陆路交通干线。渭水上有桥三,即东、中、西三渭桥,为木梁桥,灞水上有灞桥,为石桥,皆在长安。洛水上有天津、永济、中桥,皆为石桥,其中天津桥位当洛阳御街、定鼎门,而中桥正对外城长厦门。此外,洛水上还

① (清)董诰、阮元等编:《全唐文》卷六七三《不修桥判》,第 6875 页。
② 参见(宋)宋敏求:《长安志》卷一一《万年县》、卷一七《高陵县》,《宋元方志丛刊》第 1 册,中华书局 1990 年版,第 132、178 页。孙德润、李绥成、马建熙:《渭河三桥初探》,《考古与文物》编辑部:《陕西省考古学会第一届年会论文集》,1983 年。
③ (唐)李林甫:《唐六典》卷七《尚书工部》,第 226—227 页;(五代)刘昫:《旧唐书》卷四三《职官志》,第 1841—1842 页。

有一座浮桥,即孝义桥。黄河上共有三桥,即沟通太原与长安的蒲津桥、陕与太原的大阳桥及盟津黄河南北岸的河阳桥。这些或当城门街,或在全国性的重要交通干线上的"巨梁",对保证陆路交通干线的畅通极为重要,所以"皆国工修之"。

所谓国工,《考工记·庐人》曰:"六建既备,车不反复,谓之国工"。《考工记·舆人》载,"良盖弗冒弗纮,殿盲而驰不队(坠),谓之国工",①是谓车、轮制作得最精最好,非国工而不能,即制车、轮等技术、手艺最高超者为国工。这些国工,名籍隶属于将作监,"将作监匠一万五千人,散出诸州,皆取材力强壮、伎能工巧者……其巧手供内者,不得纳资,有阙则先补工巧业作之子弟",②是从各州挑选上来的能工巧匠,他们往往子承父业,乃巧匠世家,负责在京城内外做事。③

关于这十一"巨梁"如何营缮,出土文献给我们提供了一些重要信息。1967年在高陵县耿镇白家嘴村西南处出土了唐代富平县尉达奚珣所撰的《东渭桥记》,记该碑系开元九年十一月十八日所立,时东渭桥修建工程已竣工。刻录《东渭桥记》之石为幢柱,正六面体,下部微残。碑文楷书,六面刻字,现存共四百三十五字,为我们了解开元九年东渭桥的建造情况提供了极为宝贵的资料。根据碑记所载,主持东渭桥营建之事的为京兆尹孟春礼。④ 筹备建桥之前,孟春礼曾上奏玄宗,碑文记曰:

开元中,京尹孟公以清风□□□□□□

故事,可以成梁。上闻于天,□□□□□□

---

① (汉)郑玄注,(唐)贾公彦疏:《周礼注疏》卷四一《考工记》,北京大学出版社1999年版,第1147页;《周礼注疏》卷四二《考工记》,第1189页。

② (唐)李林甫:《唐六典》卷七《尚书工部》,第222页。

③ 彭丽华:《也论〈营缮令〉之分类》,《魏晋南北朝隋唐史资料》第27辑,第490—491页。

④ 关于岑仲勉对孟春礼的详细考证,参见(唐)林宝撰,岑仲勉校记:《元和姓纂四校记》卷九,郁贤皓、陶敏整理,中华书局1994年版,第1336—1339页;辛德勇:《唐〈东渭桥记〉碑读后》,《古代交通与地理文献研究》,中华书局1995年版,第106—112页。

帝用嘉心。明制既下,指期有日。总统群务、□□□□□

工徒,详力役,经远迩,度高卑。前规率由,具物□□□□□

雷霆,瑰材所聚,隐居山岳。曾未逾月,其功乃□□□□□

由于东渭桥位居交通要道上,又近长安,京兆尹计划修桥之前,先"上闻于天",待"明制既下"后,便"总统群务""庀工徒,详力役,经远迩,度高卑",纠集工匠、征发力役、调度材料、审核桥样等事,无一不总。而佐助京兆尹处理东渭桥事的人,有:

京兆府士曹彭城刘惟超　高陵令太原□□□□

奉先尉渤海吴贯之　高陵尉河南□□□□

美原尉弘农杨慎余　同官尉京兆□□□□

华原尉太原祁玉恽　三原尉吴郡□□□□

高陵主簿彭城刘绾　富平尉河南□□□□□①

这十个留名于石柱上的官员,除了京兆府士曹参军刘惟超外,其他九人的身份有县令、县尉、县主簿,来自高陵县、奉先县、美原县、同官县、华原县、三原县、富平县七县。因为东渭桥在高陵县内,修东渭桥是高陵县当时的重大事务,因此高陵县令、尉、主簿悉数在列。其他六县均位于渭河北岸、长安城东北方向,应是修建东渭桥时工役征集的范围。之所以会征集这些地区的人力,一是因为邻近高陵县;二可能是因为生活在这些地区的人若出入长安须经东渭桥。

开元九年修东渭桥的是京兆府、高陵县各级官员及毗邻东渭桥诸县县尉,而非法律规定的将作监。这是什么缘故呢?

这可能与当年将作监的工作重心在改建蒲津大浮桥上有关。《唐会要》曰:"开元九年十二月九日,增修蒲津桥,絙以竹笮,引以铁牛,命兵部尚书张

---

① 董国柱:《陕西高陵县耿镇出土唐东渭桥记残碑》,《考古与文物》1984 年第 4 期;李绥成:《渭河三桥寻踪》,《文物天地》1998 年第 4 期;辛德勇:《唐〈东渭桥记〉碑读后》,《古代交通与地理文献研究》,第 106—112 页。

说刻石为颂"，①可推测至十二月间，蒲津桥改建工程已基本竣工，因此玄宗才令张说刻石为颂。而《东渭桥记》立碑时间明确记为十一月十八日，因此，京兆尹率领士曹、高陵诸县营缮东渭桥时，黄河上蒲津桥的改建工作正在进行当中，负责其事的便是将作大匠，张说在后来所写的《蒲津桥赞》云，"于是大匠莅事，百工献艺"。②

虽然开元九年十二月张说已受命刻石为颂，但事实上蒲津桥的改建工作从开元九年一直延续到开元十二年。关于蒲津桥的改建时间，由于史料记载不一致，这也影响了部分学者的认识。③ 为确定蒲津桥的改建时间，现将相关资料罗列于下：

> 《资治通鉴》记开元九年十二月"新作蒲津桥，熔铁为牛以系絙"；④
>
> 《唐会要》记"开元九年十二月九日，增修蒲津桥，絙以竹笮，引以铁牛，命兵部尚书张说刻石为颂"；⑤
>
> 张说《蒲津桥赞》明确作"开元十有二载"，"俾铁代竹""结而为连锁"；⑥
>
> 《通典》载"大唐开元十二年，河两岸开东西门，各造铁牛四，铁人四，其牛下并铁柱连腹入地丈余，并前后铁柱十六"。⑦

---

① （宋）王溥：《唐会要》卷八六《桥梁》，中华书局1955年版，第999页。

② （清）董诰、阮元等编：《全唐文》卷二二六《蒲津桥赞》，第2262页。

③ 关于改建蒲津桥的时间，史书记载有出入，《唐会要》《资治通鉴》记为开元九年十二月，张说《蒲津桥赞》及《通典》《太平寰宇记》则记为开元十二年。王元林认为杜佑是唐朝人，而张说更是增修蒲津桥的主持者，所以《通典》《蒲津桥赞》的说法应更可靠，故而应以开元十二年为准(参见王元林：《蒲津大浮桥新探》，《文物季刊》1999年第3期)。而樊旺林、李茂林则认为蒲津桥可能分两次改建，开元九年是一次作用不大的小规模改建，十二年是达到最终成效的大规模改建(参见樊旺林、李茂林：《蒲津桥始末》，《山西文史资料》1999年第Z1期)。

④ （宋）司马光等：《资治通鉴》卷二一二，唐玄宗开元九年十二月条，中华书局1956年版，第2605页。

⑤ （宋）王溥：《唐会要》卷八六《桥梁》，第999页。

⑥ （清）董诰、阮元等编：《全唐文》卷二二六《蒲津桥赞》，第2262页。

⑦ （唐）杜佑：《通典》卷一七九《州郡典》"蒲州河东县"，第4726页。

对照以上几份资料可以发现,《资治通鉴》《唐会要》所载开元九年十二月蒲津桥维系脚船的索依旧为絙,"絙以竹苇",是以竹索引铁牛。而张说作于开元十二年的《蒲津桥赞》则是"俾铁代竹""结而为连锁",维系码头铁牛、铁柱等索已改为铁索。综括言之,开元九年蒲津桥的改造革新,主要是铸造铁人、铁牛以稳固浮桥的四个码头。至开元十二年,蒲津桥竹索又改为铁索。对蒲津桥再次进行技术升级,似乎是玄宗的主意,由于浮桥受风浪冲击而残破,"皇帝闻之曰:'嘻,我其虑哉!'乃思索其极,敷祜于下,通其变,数纤不倦;相其宜,授彼有司"。① 在开元十三年之前,蒲津桥、东渭桥等多座桥梁都进行了重建、改建或修缮,这些桥梁工程建设或许是为了玄宗泰山封禅而做准备。

蒲津桥的这次改造,主要体现在两个方面:

第一,在浮桥的四个码头铸造了八个铁牛、铁人,每个码头的左右两边各安置两个铁人、铁牛,铁牛下有铁山,"铸八牛,牛有一人策之,牛下有山,皆铁也。夹岸以维浮梁",②"黄河两岸开东西门,各造铁牛四,并前后铁柱十六。其牛下并铁柱连腹,入地丈余",③每头铁牛前后还有铁柱两根以系铁牛。铁人、铁牛、铁山、铁柱的造型,虽取厌水法,即取牛会游泳之意寓意浮桥不沉不坏,但更实际的目的是增强码头对浮桥的牵拉力,以抵抗河水的冲力及风浪的吹、撞之力。

第二,将维系浮桥脚船的竹索改为铁索。张说《蒲津桥赞》云:

> 于是大匠藏事,百工献艺,赋晋国之一鼓,法周官之六齐,飞廉煽炭,祝融理炉,是炼是烹,亦错亦锻,结而为连锁……金鑠斯缆,何惧于层冰皅峨。④

竹索容易散开、断裂,松动的竹索无力维系脚船,散开的脚船撞击两旁的脚

① (清)董诰、阮元等编:《全唐文》卷二二六《蒲津桥赞》,第2262页。
② (宋)欧阳修、宋祁等:《新唐书》卷三九《地理志》,第689页。
③ (唐)杜佑:《通典》卷一七九《州郡典》"蒲州河东县",第4726页。
④ (清)董诰、阮元等编:《全唐文》卷二二六《蒲津桥赞》,第2262页。

船,从而可能导致一整座浮桥在短时间内破损。而改用铁索,则大大增加了结实度与力度,能够拉扯住大船,脚船的间距也可增加。这让"疏其舟间,画其鹢首,必使奔渐不突,积凌不隘"①成为可能。改用铁索、增大脚船间距,不但减少了脚船的数量,而且还减少了脚船过密导致风浪之下脚船相互冲撞的可能性。

蒲津桥是唐代黄河上最重要的一座浮桥,而且开元年间对蒲津桥的改造,是前所未有的一次工程技术大升级。改建的主要目标是增强码头的牵拉力,因此铸造铁牛、铁人、铁山。这需要转运大量的铁矿石、木材、煤炭,还需要冶炼、铸模等技术工匠。②后来,又冶炼铁索,以置换维系舟船及码头铁牛等的竹索,将水面上浮桥与码头的铁牛、铁人、铁山及深入地下的铁柱串联成一个整体,这一改造工程才最终完成。皇帝、宰相及将作监的精力都聚集在这个实验、使用新技术的大工程中。相比之下,规模较小、木构技术成熟的东渭桥,不管在技术要求还是工程难度上,都远小于蒲津桥。因此专司工程建造的将作监被调拨去全权负责蒲津桥之改建工程,而东渭桥的营缮则由京兆尹负责。

不过,后来中渭桥的营建,也是由京兆尹而非将作监负责的。乔谭《中渭桥记》云:"当务农之暇,司金司土鸠而集也,水工木工速而至也。挥刃落雪,荷插成云。京兆尹紫绶而董之,邑吏墨绶以临之。"该篇桥记作于"赤奋岁流火之月也"③。赤奋岁,是太岁纪年法,指岁阴在丑。④乔谭生卒年不详,天宝十三年(754年)进士,官陆浑尉,其余不详。《中渭桥记》亦无乔谭的身份信息,以乔谭中进士年往前后推,自丁丑年开元二十五年(737年)至癸丑年大历八年(773年),共有四次赤奋岁,中间还有乙丑年天宝八年(749年)、辛丑年

---

①　(清)董诰、阮元等编:《全唐文》卷二二六《蒲津桥赞》,第2896页。

②　(清)刘于义修,沈青崖纂:《(雍正)陕西通志》卷四三载"韩城有铁,后周置铁冶设官,相沿以至于宋,犹有冶务七百余户",三秦出版社2012年版,第8616页。唐代陕西韩城煤田也已得到开发,参见李进尧、吴晓煜、卢本珊《中国古代金属矿和煤矿开采工程技术史》,山西教育出版社2007年版,第263页。

③　(清)董诰、阮元等编:《全唐文》卷四五一《中渭桥记》,第4614页。

④　(汉)司马迁:《史记》卷二七《天官书》载:"赤奋若岁:岁阴在丑,星居寅,以十二月与尾、箕晨出,曰天晧",第1316页。

上元二年(761 年)。因此,推测乔谭所撰《中渭桥记》最早不早于开元中期,至晚则在大历时期或稍后。换言之,在这段时期负责修建中渭桥事宜的也是京兆尹。

综合洛阳中桥、长安东渭桥及中渭桥的营缮负责人,可以发现从开元初年开始,京兆尹在当街城门桥及全国性陆路交通干线上桥梁营缮过程中发挥了重要角色。这突破了唐《营缮令》的规定,但与府州县长吏总领辖境内事务的常规则相合。

关于全国陆路交通干线上的其他桥梁的营缮与管理,P.2507《水部式》残卷规定得甚为详细,也极具操作性,①《唐六典》亦有明确记载,②今录其相关内容如下:

113. 河阳桥每年所须竹索,令宣、常、洪三州□□

114. 匠预造。宣、洪州各大索廿条,常州小索一千二百条。

115. 脚以官物充,仍差纲部送,量程发遣,使及期

116. 限。大阳、蒲津桥竹索,每三年一度,令司竹监给竹,

117. 役津家水手造充。其旧索每委所由检覆,如

118. 斟量牢好,即且用,不得浪有毁换。

  ……

123. 诸浮桥脚船,皆预备半副,自余调度,预备

124. 一副,随阙代换。河阳桥船于□、洪二州役丁匠造

125. 送。大阳、蒲津桥船,于岚、石、隰、胜、慈等州折丁

126. 采木,浮送桥所,役匠造供。若桥所见匠不充,亦

127. 申所司量配。自余供桥调度并杂物一事以□,

128. 仰以当桥所换不任用物回易便充。若用不足,即

129. 预申省,与桥侧州县相知,量以官物充。每年出

---

① 刘俊文:《敦煌吐鲁番唐代法制文书考释》,中华书局 1989 年版,第 334—335 页。
② (唐)李林甫:《唐六典》卷七《尚书工部》,第 226—227 页。

130. 入破用,录申所司勾当。其有侧近可采造者,役

131. 水手、镇兵、杂匠等造贮。随须给用,必使预为支

132. 拟,不得临时阙事。

......

142. 孝义桥所须竹篾,配宣、饶等州造送。应须袦

143. 塞系篾,船别给水手一人,分为四番。其洛水(中桥)

144. 竹篾,取河阳桥故退者充。①

《唐六典》亦载:

河阳桥所须竹索,令宣、常、洪三州役工匠预支造,宣、洪二州各大索二十条,常州小索一千二百条。大阳、蒲津竹索,每年令司竹监给竹,令津家、水手自造。其供桥杂匠,料须多少,预申所司,其匠先配近桥人充。浮桥脚船,皆预各半副;自余调度,预备一副。河阳桥船于潭、洪二州造送;大阳、蒲浧桥于岚、石、隰、胜、慈等州采木,送桥所造。河阳桥置水手二百王十人,大阳桥水手二百人,仍各置木匠十人,蒲津桥一十五人。孝义桥所须竹索,取河阳桥退者以充。②

河阳桥、蒲津桥、大阳桥沟通黄河,而孝义桥沟通洛水两岸,四桥均为舟桥,均以船为脚,竹笼亘之。③ 由于浮桥是由独立的脚船并列、上铺木板而成,受到河水与风的冲击,脚船、竹索易受损,有必要定期或不定期更换。为了不阻交通,舟桥的替换脚船需要事先供应,"皆预备半副",半副指的应是一处浮桥所有脚船的一半数量。河阳桥船先在潭、洪二州造好,而后沿长江东驶至江都,转大运河一路向北航行,驶进黄河达孟津舟桥,以供更换之用。而蒲津、大阳桥所需脚船,则在近桥处打造。造船的木料来自岚、石、隰、胜、慈等州,采木

---

① 刘俊文:《敦煌吐鲁番唐代法制文书考释》,中华书局 1989 年版,第 334—335 页。
② (唐)李林甫:《唐六典》卷七《尚书工部》,第 226—227 页。
③ 《元和郡县图志》卷五"河南道河阳县"载河阳"浮桥架黄河为之。以船为脚,竹笼亘之"。

之后,顺黄河水而下,流至蒲津桥、大阳桥所在之处。

每年所需固桥竹索,大阳桥与蒲津桥则是由司竹监供应,而河阳桥由宣、常、洪三州工匠预先制造。关于这种差异,爱宕元认为是为了避开三门砥柱之险,不得不选择将竹木顺着黄河与渭水漂流运输到二桥。① 这是正确的判断。河阳桥所需竹索,其中二十条大索由宣、洪二州提供,一千二百条小索由常州供应。"孝义桥所须竹索,取河阳桥退者以充",及 P.2507《水部式》"其洛水(中桥)竹篾,取河阳桥故退者充",②表明河阳桥替换下来的竹索、竹篾也还极为结实,因此才可用在规模较小的孝义桥、中桥上,由此可知官府为河阳桥准备的是顶级配备。

这也体现在水手人员的配置上,河阳桥共安排了二百五十名水手,包括十名竹木匠。水手及竹木匠从八等以下户白丁、会水者选取,其中河阳县一百人,其余一百五十人则来自河清、济源、偃师、汜水、巩、温等县。这二百五十人分为四番,日夜守护河阳桥。这比大阳桥水手要多五十人。相比之下,蒲津桥所配水手人数,就要少得多,见下表:

桥梁	水手数量	竹木匠数量	水手/竹木匠来源
河阳桥	250	10	河阳县 100 人,其余出河清、偃师、汜水、巩、温县
大阳桥	200	10	本州
蒲津桥	15	无	本州

原因很可能在于开元十二年(724 年)蒲津桥进行了技术升级,改用铁索来将脚船连成一体,无须时时更换,也无须制作竹索,因此蒲津桥不仅将水手减为十五人,而且不置竹木匠。

---

① [日]爱宕元:《关于唐代桥梁和津渡的管理法规——以敦煌发现唐〈水部式〉残卷为线索的研究》,杨一凡主编:《中国法制史考证》丙编第 2 卷,中国社会科学出版社 2003 年版,458—492 页。

② 刘俊文:《敦煌吐鲁番唐代法制文书考释》,第 335 页。

河阳桥、大阳桥等水手为终身制,开元《水部式》记这些水手"一补以后,非身死遭忧,不得辄替"①,很可能也是世代承袭。

受黄河结冰、凌汛的影响,每年十月以后,在黄河水面凌冰冻结之前,应解开浮桥,以免脚船、桥身受损。P.2507《水部式》载:

133. 诸置浮桥处,每年十月以后,凌牡开解合

134. 抽正解合,所须人夫采运榆条造石笼及緪索等

135. 杂使者,皆先役当津水手及所配兵。若不足,兼

136. 以镇兵及桥侧州县人夫充。②

关于"诸置浮桥处,每年十月以后,凌牡开解合"的句读,王永兴先生认为应在"凌牡"后断开,即"每年十月以后凌牡,开解合"。③ 他猜测是黄河结冰坚实后,就不再需要连结脚船的竹篾。韩榕桑认为应该断作"每年十月以后凌,牡开解合"。④ 这一句断更为合适。"凌"应可理解为冰凌,"牡"有锁、闭之意。至十月以后,黄河有些河段已然结冰。冬冰既坚,状如积雪,可通车马,俗名冰桥。⑤ 既有冰桥,浮桥可拆,如此既可保护浮桥不受冰凌之害,又节省了冬季的维护费用与人力。因此,在每年的农历十月份河面出现冰凌以后,"牡开解合",逐次根据黄河水面冰冻情况,解开连接脚船的锁簧。冬解春合过程中所需的人力,是各桥所配的水手与匠人。若人力不足,则可临时役使镇兵及桥梁所在或附近州县的民力。若守护不力、巡查不周、维修不及时而导致桥有所损坏,水手有罚"决卅",即笞三十下。这些水手因护桥而可免课役,也不在征防、杂抽役使及简点之限。⑥

---

① 刘俊文:《敦煌吐鲁番唐代法制文书考释》,第330—331页。

② 刘俊文:《敦煌吐鲁番唐代法制文书考释》,第335页。

③ 王永兴先生推测"牡"为"壮"的误写。王永兴:《敦煌写本唐开元水部式校释》,北京大学中国中古史研究中心编:《敦煌吐鲁番文献研究论集》第三辑,北京大学出版社1986年版,第41—68页。

④ 韩榕桑:《唐〈水部式〉(敦煌残卷)》,《中国水利》1993年第7期。

⑤ 唐寰澄:《中国科学技术史·桥梁卷》,第591页。

⑥ 刘俊文:《敦煌吐鲁番唐代法制文书考释》,第330页。

与浮桥需时常更换脚船、竹索及冬解春合等较强的维护工作不同,石梁桥、木梁桥的维护管理更为简单。中桥、天津桥因接天街皇城,因此安排了卫士负责洒扫。桥边、桥头及天街两侧若有穿穴掘窟,在工程完成后也需即刻回填。灞桥、永济桥由有残疾者及中男分番守护,守护灞桥者每番五人,守护永济桥者每番两人,另有勋官、兵部散官负责检校巡查,每季一换。

三木桥即东、中、西三渭桥配备了守桥丁与木匠,每桥有守桥丁三十人,木匠八人,守桥丁从精习水性的白丁、中男中选取。守桥丁与木匠分作四番,每番守桥丁七人或八人,木匠两人。每年五月至九月中旬即洪水高发期,守桥丁与木匠(即便不当番)都应留守渭桥附近,"不得去家十里",每水大涨,即奔赴渭桥。一则看护桥梁,二则巡察水面,看能否接得公私材木筏等。若桥被大水所侵,本处守桥丁与木匠人手不足,其他两处的守桥丁与木匠也有责任立马开拔奔赴受损桥梁处相助。若人力依然不足,则由三桥所在县即长安、万年、高陵县令差拨人力。这些守桥丁与木匠专职护桥,相关官司不得简点他们去承担他役或杂徭。

若有战争,或皇帝出巡、先皇或太后灵柩下葬等要事,也常任命桥道使或桥道置顿使修缮途经桥道。在这一情况下,对沿路桥道事负主要责任的为桥道使。但将作监等机构也应参与,负责具体事务。如贞观十八年(644年),将作大匠阎立德随军征高丽,"填道造桥,兵无留碍,太宗甚悦"。① 开元四年(716年),玄宗将幸东都,以太常少卿崔子璟充桥道使,"自华州东北趋同州,于渭水造一浮桥"。② 宪宗元和十年(815年),庄宪太后崩,以京兆尹李翛为山陵桥道置顿使。李翛为节省费用,每事减损,"灵驾至灞桥顿,从官多不得食。及至渭城北门,门坏。先是,桥道司请改造渭城北门,计钱三万,翛以劳费

---

① (五代)刘昫:《旧唐书》卷七七《阎立德传》,第2679页。
② (宋)王钦若:《册府元龟》卷一一三《帝王部·巡幸二》,中华书局1960年版,第1353页。

不从,令深凿轨道以通灵驾"。① 这里的"桥道司",应为将作监等专职营缮机构。《旧唐书·职官志》记将作监职掌曰:

> 凡两京官殿、宗庙、城郭、诸台省监寺廨宇、楼台、桥道,谓之内外作,皆委焉。②

《唐六典》亦载:

> 凡山陵及京·都之太庙、郊社诸坛·庙,京、都诸城门,尚书·殿中·秘书·内侍省、御史台、九寺、三监、十六卫、诸街使、弩坊、温汤、东宫诸司、王府官舍屋宇,诸街、桥、道等,并谓之外作。③

将作监所掌管的内外作,均包括桥道。因此,遇皇帝巡行、灵驾出行下葬等事,即便临时任命他官为桥道使,但具体负责营缮事务的,依然为将作监。又,宝历二年(826 年)四月,京兆尹刘栖楚上奏弹劾前任京兆尹崔元略,说崔在兼任桥道使造东渭桥时,"被本典郑位、判官郑复虚长物价,抬估给用,不还人工价直,率敛工匠破用,计赃二万一千七百九贯"。④ 崔元略兼任桥道使,是为唐穆宗皇帝灵驾下葬光陵而修路建桥。

隋唐"土木工匠之政、京都缮修"之事,至宋时"皆隶三司修造案"⑤。关于三司对桥梁等营缮事务的统筹,《天圣营缮令》宋令第 17、20 条云:

> 三京营造及贮备杂物,每年诸司总料来年一周所须,申三司,本司量校,豫定出所科备、营造期限,总奏听报。

> 诸在外有合营之处,皆豫具录造作色目、料请来年所须人功调度、丁匠集期,附递申三司处分。⑥

---

① (五代)刘昫:《旧唐书》卷一六二《李儒传》,第 4241 页。
② (五代)刘昫:《旧唐书》卷四四《职官志》三"将作监"条,第 1896 页。
③ (唐)李林甫:《唐六典》卷二三《将作都水监》,第 594 页。
④ (五代)刘昫:《旧唐书》卷一六三《崔元略》,第 4261 页。
⑤ (元)脱脱等撰:《宋史》卷一六二《职官志二》,中华书局 1977 年版,第 3809 页。
⑥ 天一阁博物馆、中国社会科学院历史研究所天圣令整理课题组校证:《天一阁藏明钞本天圣令校证》,中华书局 2006 年版,第 346—347 页。

包括桥梁在内的诸营缮事务的物料预算、造作色目、人功调度、丁匠集期等皆需上申三司,以编制国家总预算、勾检审计。具体而言,负责桥梁预算、勾检、审计等事务的是三司的户部修造案与度支发运案。户部修造案"掌京城工作及陶瓦八作、排岸作坊、诸库簿张,勾校诸州营垒、官廨、桥梁、竹木、排筏"①,掌管的并非具体营造事务,而是京城及诸州营垒、官廨、桥梁、竹木、排筏等事务的"簿张"与"勾校",即账目、审计等事。而度支发运案"掌汴河、广济、蔡河漕运、桥梁、折斛、三税"②,掌管的桥梁仅局限于汴河、广济渠及蔡河上的,也非具体营造,而是与桥梁、漕运等相关的账目等事。

具体掌管"京城工作及陶瓦八作"的实为东西八作司。《宋史·职官志》载,东西八作司"掌京城内外缮修之事"③。《宋会要辑稿》记载了一则资料,言汴河上木梁桥受汴水之悍激冲力,不利于桥,而水中桥柱又有阻拦、坏舟之虞,为保护桥梁及来往舟船,内殿承制魏化基献上无脚木桥(即虹桥、拱桥)的设计图纸,建议在汴河上营造无脚桥。其文曰:

> 天禧元年(1017年)正月,罢修汴河无脚桥。初,内殿承制魏化
> 基言,汴水悍激,多因桥柱坏舟,遂献此桥木式,编木为之,钉贯其中。
> 诏化基与八作司营造,至是三司度所废工逾三倍,乃请罢之。④

承接营造汴河无脚桥工作的"八作司",即东西八作司,亦简称"作司"。真宗大中祥符五年(1012年)五月,八作司请于汴京"城东纽筜维舟以易汴桥。诏开封府规度,且言经久之利,其献计兵匠,迁一资。桥成未半岁,覆舟者数十,命毁之,仍劾献计者罪,造桥如旧制"⑤。《宋会要辑稿》载,大中祥符五年

---

① (元)脱脱等撰:《宋史》卷一六二《职官志二》,第3809页。
② (元)脱脱等撰:《宋史》卷一六二《职官志二》,第3809页。
③ (元)脱脱等撰:《宋史》卷一六五《职官志五》,第3919页。
④ (清)徐松:《宋会要辑稿》方域一三之二〇,刘琳等点校本,上海古籍出版社2014年版,第9543页。
⑤ 《续资治通鉴长编》卷七七,真宗大中祥符五年五月丙子。

九月,"新置汴河浮桥,未及半年,累损公私船",①所言应该正是此事。该浮桥正对着汴京内城南面城墙最东边的保康门,保康门与安远门南北相对,无疑是当城门街者,因此由八作司修营。天禧五年(1021 年)七月,作司又"修保康门相直汴河广济桥,改名曰延安",并"创惠民河新桥,名曰安国",正对着汴京内城新门。作司营建汴河延安桥及惠民河新桥时,真宗曾乘车亲往观之。当年九月,由于"京城通津门外新置汴河浮桥,未及半年累损,公私船经过之际,人皆忧惧",因此"令阎承翰规度利害,且言废之为便,可依奏废拆"。② 通津门也叫东水门,是汴京外城东面城墙南边第二门,汴河由此入城,浮桥在东水门外,系"当城门街者",故由作司负责。阎承翰为内侍,颇有才干,长于工程,曾在八作司理材木,建议于都城之西设置材木场,专理治材,以供京师所需。太宗雍熙之后,阎承翰迁为西京作坊副使。真宗即位,改西京作坊使、内侍左班副都知。后又主持治河、修堤埽等事务。

元丰改制之后,汴京当城门街者桥梁改由将作监负责。"元丰官制行,始正职掌……(将作)监掌宫室、城郭、桥梁、舟车营缮之事,少监为之贰,丞参领之,凡土木工匠板筑造作之政令总焉",③东西八作司等掌修缮、建筑材料等机构也改隶将作监。元丰二年(1079 年)十二月二十五日,"诏改开远门外浮桥毕,赐知将作监吴处厚银绢及使臣、吏人有差",④将作监吴处厚受赏,是因为主持营建了开远门外浮桥。

根据《东京梦华录》所载,汴京四河上共有桥梁三十五座,其中汴河上桥梁十四座,蔡河上十三座,五丈河上五座,金水河三座桥梁。⑤ 具体情况见下表:

---

① (清)徐松:《宋会要辑稿》方域一三之二〇,刘琳等点校本,第 9543 页。
② (清)徐松:《宋会要辑稿》方域一三之二〇,刘琳等点校本,第 9543 页。
③ (元)脱脱等撰:《宋史》卷一六五《职官志五》,第 3919 页。
④ (清)徐松:《宋会要辑稿》方域一三之"桥梁",刘琳等点校本,第 9545 页。
⑤ (宋)孟元老撰,伊永文笺注:《东京梦华录笺注》卷一《河道》,中华书局 2006 年版,第 24—25 页。

北宋开封城河流与桥梁

汴河	蔡河	五丈河	金水河
虹桥	观桥	小横桥	白虎桥
顺成仓桥	宣泰桥	广备桥	五王宫桥
东水门便桥	云骑桥	蔡市桥	念佛桥
下土桥	横桥子	青晖桥	
上土桥	高桥	染院桥	
相国寺桥	西保康门桥		
州桥	龙津桥		
浚仪桥	新桥		
兴国寺桥	太平桥		
太师府桥	棵麦桥		
金梁桥	第一座桥		
西浮桥	宜男桥		
西水门便桥	四里桥		
横桥			

上表中标粗者为当街城门桥，共有十一座，由作司修营。《天圣营缮令》宋第18条云：

京城内诸桥及道当城门街者，并分作司修营，自余州县料理。

京城内桥梁非当城门街者，则与作司无涉，由开封府县修营。开封府辖县十六，其中赤县二，畿县十四。负责京城内非"当城门街者"诸桥及道营缮的，是开封县与祥符县（原名浚仪县，大中祥符三年改为祥符县），前为京城东南区，后为京城西北区。换言之，《东京梦华录》所载东京三十五座桥梁，有二十四座是由开封府祥符县与开封县负责营缮的。

开封府十四畿县，陈留是其一。陈留县汴河土桥的修缮是一个能够诠释《天圣营缮令》宋第18条规定的突出例子。

　　天禧四年(1020 年)六月,陈留汴河土桥桥柱因与水势相戾,往来舟船多致损溺,真宗诏令改换桥址。① 开封府及陈留县将桥移至原来桥址的东边。此事影响极广,延续时间甚长,一直到宋仁宗庆历四年(1044 年),朝中还为此事争论不休。直接参与陈留汴河土桥事的有开封府知府吴育、陈留知县杜衍、开封县主簿杨文仲、陈留等县催纲李舜举等人。先是陈留等县催纲李舜举因为该县南镇土桥有倾覆舟船之患,为催纲督运之便,请求将土桥西移至以前的桥址。这一桥址便是天禧四年之后经真宗确定的地址。权知开封府吴育先派遣陈留知县杜衍、开封县主簿杨文仲前去考察,而后同意了李舜举的建议,将移桥的设计方案上奏仁宗。仁宗也派了人前去考察,之后便许可了开封府的移桥申请。② 其后,吴育让陈留县拆毁现存土桥,将之西移。可是,因为土桥下有陈留大姓、卫尉寺丞卢士伦的邸店,因桥被移走,导致其邸店被废、生意倒闭,卢士伦心下不服,故向朝臣请托,最后演变成一个震惊朝野的大案件。此案牵连虽广,但具体负责土桥改址、重建工作的,是开封府知府、陈留知县等人,与宋《营缮令》"州县料理"的规定一致。

　　至于全国性交通干线上的重要桥梁,如黄河上的澶州浮桥、滑州浮桥、河阳桥等桥的营缮与管理,北宋前后期有一些改变。北宋前期由诸州长吏、通判自决之。太祖于乾德六年(968 年)末,"命川、陕诸州长吏、通判并兼桥道事",③桥道之事不役民力,以州卒代之。其实,在此之前,宋代也基本是这样处理的,如"(乾德)三年秋,大雨霖,开封府河决阳武,又孟州水涨,坏中潭桥梁,澶、郓亦言河决,诏发州兵治之"④。其后,景德二年(1005 年)八月庚寅,"上之驻跸澶渊也,枢密使陈尧叟忧放骑侵轶,建议令缘河悉撤桥梁,毁船舫。

---

　　① (清)徐松:《宋会要辑稿》方域一三之二〇,刘琳等点校本,第 9543 页。
　　② (宋)李焘:《续资治通鉴长编》卷一四八载范仲淹之奏,言"朝廷不知先朝有诏,失于检详,遂许移之",第 3584 页。
　　③ (宋)李焘:《续资治通鉴长编》卷八,宋太祖乾德六年十二月己巳,第 197—198 页。
　　④ (元)脱脱等撰:《宋史》卷九一《河渠志》,第 2257 页。

稽缓者论以军法。河阳、河中、陕府皆被诏"，①也是河阳、蒲津、大阳桥所在州府长史、通判承诏撤桥。但作为汴京防御门户的澶州浮桥若毁于水，为了尽快建成恢复交通，朝廷也会派作司前去主持营建事务。淳化元年（990 年），黄河决于澶州，州城圮，浮桥断，即命西京作坊使、内殿崇班阁承翰前去主持修复事务，澶州长史、通判从旁协助、支持。②

随着黄河、汴河水文情况的变化，至仁宗时期，为治河而专门新设了河渠司，都水监在此前由各州县主管的黄河、汴河上的非当城门街的桥梁营缮与管理上发挥了重要角色。仁宗皇祐三年（1051 年）五月二十三日，"三司请置河渠一司，专提举黄、汴等河堤功料事，从之"。③ 都水监由河渠司统辖。至嘉祐三年（1058 年）十一月，又"诏置都水监，罢三司河渠司"④。为修护黄河河堤、黄河浮桥，都水监先后在澶州、滑州置"外监"，即外派机构，"轮遣丞一人出外治河埽之事，或一岁、再岁而罢，其有谙知水政，或至三年。置局于澶州，号曰外监"。⑤ 澶州都水外监的主要职责是提举河堤事，兼管澶州浮桥。根据现存资料记载，澶州浮桥至少在淳化元年（990 年）、景祐元年（1034 年）、庆历八年（1048 年）、嘉祐五年（1060 年）、熙宁二年（1069 年）、熙宁十年（1077 年）都曾毁坏。澶州浮桥不仅是汴京的门户，而且还是汴京北去河北最便捷的通道，因此有必要保持澶州浮桥的畅通，而这也是都水外监的职责之一。后来，由于澶州曹村黄河改道，宋廷被迫于滑州系浮桥以通北使、经营河北。元丰七年（1084 年）七月，因滑州齐贾下埽"河水涨坏浮桥"，精通黄河水事及造船事务的都水监丞范子渊受命前去勘察地势、选择桥址。范子渊："相度滑州浮桥

① （宋）李焘：《续资治通鉴长编》卷六一，宋真宗景德二年八月庚寅，第 1358 页。
② （宋）夏竦：《文庄集》卷二九《魏威信墓志铭》，文渊阁《四库全书》（集部三）影印本，第 5 页。
③ （宋）徐松：《宋会要辑稿》职官五之"河渠司"，刘琳等点校本，第 3141 页。
④ （宋）徐松：《宋会要辑稿》职官五之"河渠司"，刘琳等点校本，第 3141 页。
⑤ （元）脱脱等撰：《宋史》卷一六五《职官五》"都水监"，第 3921 页。

移次州西,两岸相距四百六十一步,南岸高崖地杂胶淤,比旧桥增长三十六步半。"①表明都水监在营缮黄河桥梁上的重要作用。

都水外监的驻地先后设置在澶州、滑州,但并不意味着仅管澶州、滑州河事。《宋会要辑稿》载:

> 元丰五年八月二十四日,前河北转运副使周革言:"熙宁中,外都水监丞程昉于滹沱河中渡系浮桥,比旧增费数倍,乞罢之,权用船渡。"从之。②

表明都水外监亦管河北路"滹沱河中渡系浮桥"事。由于都水外监的设置,都水监的职权范围大为扩张,从中央到地方,凡与河岸堤埽、桥道相关之事,都在其管辖之内。荥泽河堤、澶州曹村埽、洛口广武埽、大名府元城埽、冀州南宫五埽等有决溢、塌毁,都是都水监、外监前去主持治理工作。元丰五年(1082 年)八月七日,又"诏应诸处广济桥道并隶都水监"③,广济河沿线道路、广济河上桥梁及其连接的道路等相关事务也一并被交给了都水监总领。由于北宋黄河情况变动大,与清闲的唐代都水监不同,北宋都水监是一个事务极为繁剧的机构,与将作监或作司、地方诸州的关系也颇为密切。徽宗朝滑州、通利军三山浮桥的营建,也是由都水监主持的。

南宋建炎以后,将作监并归工部,营缮之事,"多俾府尹、畿漕分任其责"。④ 都水监在高宗时虽置使者,并于应天府、东京置南、北丞领其司,但在绍兴十年,"诏都水事归于工部,不复置官"。⑤ 中央有所营造,由尚书工部统领。隆兴以后,宫室、器甲之造渐少,且各分职掌,部务益简。工部下辖六案,即工作案、营造案、材料案、兵匠案、检法案与知杂案。后又设一专案负责御前

---

① (宋)徐松:《宋会要辑稿》方域一三之"桥梁",刘琳等点校本,第 9545 页。
② (宋)徐松:《宋会要辑稿》方域一三之"桥梁",刘琳等点校本,第 9545 页。
③ (宋)徐松:《宋会要辑稿》方域一三之"桥梁",刘琳等点校本,第 9545 页。
④ (元)脱脱等撰:《宋史》卷一六五《职官志》"将作监"条,第 3918 页。
⑤ (元)脱脱等撰:《宋史》卷一六五《职官志》"都水监"条,第 3921 页。

军器。① 而临安府桥道事,则"多俾府尹、畿漕分任其责"。如孝宗乾道四年(1166 年)十二月诏令转运司、临安府于清湖闸堰及北郭税务北各创建一座木桥。北郭税务厨屋北的木桥建成之后,由于众人常常将舟停在附近,木桥成了缚绳维舟之所,颇为不便,因此又让临安府拆除木桥,改建浮桥。②

概括言之,法制规定唐代京城内当城门街者及全国交通干线上的重要桥梁,由主管营缮事务的将作监负责,其余桥梁则由州县负责。但将作监、州县都需承尚书工部的政令而行事。但从具体案例来看,自开元时期,京兆府、河南府尹在当城门街及全国性重要陆路交通干线上的桥梁营造中,也发挥了重要作用。宋代京城桥梁的营缮,在承袭唐制的基础上有所变化。在元丰改制前,尚书工部虽有其名,但包括营缮桥梁在内的各色事务的统筹实际上是由三司、东西八作司负责的。元丰改制之后,将作监领京城当城门街之桥梁事,偶尔承接诏令修缮黄河浮桥。非当城门街之桥梁,则由桥梁所在地的州县负责。处于全国交通干线上的重要桥梁,如澶州、滑州浮桥,则多由提举河事的都水监、都水外监与当地长吏、通判共同负责。到了南宋,京城及全国交通干线上的重要桥梁基本由府尹、畿漕、转运司及州县分任其事。

二、地方普通桥梁的营缮与管理

地方普通桥梁指的是除当城门街及位于全国性陆路交通干线上的桥梁之外的其他桥梁,包括府、州、县城内及其周边的众多桥梁,也包括城外位于交通线上的桥梁,甚至村野小道上的简易小桥也包括在内(这部分资料甚少,不作讨论)。

据初步统计,见于记载的唐代桥梁仅有百来座。③ 这当然无法反映唐代桥梁的全貌。而且,留存下来的资料又以京城及交通干线上的桥梁为主。关

---

① (元)脱脱等撰:《宋史》卷一六五《职官志》"将作监"条,第 3920 页。
② (宋)徐松:《宋会要辑稿》方域一三之"桥梁",刘琳等点校本,第 9547—9548 页。
③ 据笔者统计,见于记载的唐代所有桥梁(包括吐蕃与唐交界处桥梁,这些桥梁有时属吐蕃,有时则归唐),剔除重复者,共有 122 座。

于地方的桥梁营缮与管理,仅有零星记载。所谓聊胜于无,只能有一论一,不求完备,仅作存正。到了宋代,不管是对于桥梁的记载还是桥梁的数量都大幅增加,因此也就为我们了解桥梁与地方社会的关系提供了窗口。

诚如前引法令规定,"巨梁十有一,皆国工修之。其余皆所管州县随时营葺","京城内诸桥及道当城门街者,并将作(分作司)修营,自余州县料理",除位于全国交通干线上的那些重要桥梁外,地方其他桥梁均由"所管州县随时营葺""州县料理"。从文本来看,料理地方桥梁的,多为地方长官,具体而言,在唐为刺史、县令,在宋为知府、知州、知县等。兹举数例如下:

《旧唐书·韦景骏传》载:景骏明经举。神龙中,累转肥乡令。……漳水旧有架柱长桥,每年修葺,景骏又改造为浮桥,自是无复水患,至今赖焉。……县中廨宇、学堂、馆舍、堤桥,并是明公遗迹。①

《四明图经·桥梁》载:鄞江跨江浮桥,在县东南二里,旧曰灵现桥,亦曰灵建桥,唐长庆三年刺史应彪建,太和三年刺史李文孺重建。初建桥于东渡门三江口,江阔水驶不克成,乃徙今建桥之地。经始桥基云中微有形弯环如虹,众以为异,因建桥于其下。皇朝开宝中康宪公钱亿复新之,旧有范的所撰碑,后沈(沉)于江,而尚书谨温其所作碑亦不存也。乾道四年,太子直阁张公津重修。今名东津桥。②

《安福县重修凤林桥记》曰:元丰县令上官公颖、崇宁县令上官合增修于二十年之间……吏惰财殚,葺不以时或葺勿良于工,故易坏也。庆元改元,令施广厚适莅其坏,而尉陈章复能委身任责,相与抡材二举大舫……士民咸出力,相其复起于季春,成于仲夏。③

大部分桥都系地方长官所作,尤其是从宋代留传下来的大量桥记可知,地

① (五代)刘昫:《旧唐书》卷一八五《韦机传附韦景骏传》,第4797页。

② (宋)张津:《四明图经》卷二《桥梁》,《宋元方志丛刊》第5册,中华书局1990年版,第4884页。

③ (宋)周必大:《文忠集》卷五八《安福县重修凤林桥记》,亦参见曾枣庄,刘琳主编:《全宋文》卷五一四九《周必大·安福县重修凤林桥记》第231册,第235—236页。

方长官主持建造桥梁的比率更是高达百分之九十五以上，①其间虽有集民财而成者，但绝大部分桥梁还是由官府主持、官府出资建成，这与认为宋代水利采取"官督民办"②的管理模式的观点有异。在桥梁工程上，宋代官府依然占据着主导角色。桥记文本信息所呈现出来的这种特征，有几个原因：

一是中国存世史料的特性。存世史料多为官方性质，或为官方文献，或作者为官员身份，因此在采择材料时受到立场、身份的影响，关注官方、官员者多而关注其他身份者少。即便有些桥记作者并无官府身份，然而由于政府在地方社会上的影响力，及官方在桥梁营缮事务中的主导性作用，作者主动或受人之托作桥记，也是关注官方者多。即便有为民众所建桥梁或地方其他工程作文称颂者，若不能进入官方传播、流传渠道，也很难保存至今。

二是善皆归于君、功皆归于上的惯常做法。自从法家提出"有功则君有其贤，有过则臣任其罪"之后，董仲舒又将其改造为"君不名恶，臣不名善；善皆归于君，恶皆归于臣"③。随着董儒学说的发扬光大，这一观念就在传统中国扎下根并蔓延开来，为其做注脚者史不绝书。司马光曰："自古人臣有功者谁哉？愚以为，人臣未尝有功；其有功者，皆君之功也。"④其实，不唯传统中国如此，这一原则也存在世界其他文化当中。如英国普通法中有一条基本原则便是"国王永无过错"⑤。在这一观念的熏陶之下，一州一县大小事务，有功

---

① 笔者在整理唐宋桥记时，根据统计数据得出的结论。

② 参见赵璐璐：《唐代县级政务运行机制研究》，社会科学文献出版社2017年版，第188—190页。

③ （汉）董仲舒：《春秋繁露》卷一一《阳尊阴卑》，中华书局1975年版，第297页。

④ （宋）司马光：《司马温公文集》卷一三《功名论》，中华书局1985年版，第291页。

⑤ 这是1627年"五骑士案"发生之后，检察总长（Attorney General）罗伯特·希思（Robert Health）在法理上论证了国王特权，他提出，"国王是正义的源泉，其特权是绝对的，'国王永无过错'（King Can do no Wrong）是普通法的基本原则"。"国王永无过错"，其理论渊源在于"司法权源于国王"。参见邵政达：《革命与司法：17世纪英国普通法法院的独立》，《世界历史》2018年第4期。而"司法权源于国王"是一条源于盎格鲁——撒克逊时代的古老原则。国王是司法正义的源泉，法官只是国王司法权的代理人。Sir Frederick Pollock, Frederic William Maitland, *The History of English Law Before the Time of Edward*, Cambridge University Press, 1968, p.2。

则归于长官。文中所载桥梁绝大多数为地方长官所修所建,也有这个因素使然。

三是官府确实在地方事务尤其是位于交通干线上的桥梁营缮中发挥了重要作用。"雨毕理道,水涸成梁,莫不率由旧章,抑亦编诸甲令",理道成梁是为政者之重要职责,前引职官典、律、令、格、式、敕,已表明此点。唐令规定各地桥梁由"所管州县随时营葺""州县料理"。若州县不曾料理,或料理失当,根据唐律亦有所罚。对河津济渡之处应造桥、置舟船、竹木筏而不造置,及擅自移动桥、渡位置,或移走渡船、竹木筏的失职行为,其处罚是"杖七十",若造成了"停废行人"之后果,则处罚加等,"杖一百"。① 这条唐律的处罚对象,主体是官员。虽然"擅移桥济"也兼及其他身份性群体,但"应造桥、航及应置船、筏"的主体只能是官府人员。

《唐六典》载,京兆、河南、太原府及上、中都督府都置有士曹,上州置司士参军,士曹、司士参军掌"津梁、广车、舍宅、百工众艺之事"。中、下州虽不置士曹,但士曹事却不可废,由司法参军兼掌司士事。② 在县级层面,仅有京畿县置司士佐,③他县无专掌桥梁等土木工程事之官,但制度规定由县令总掌其事,④表明作为亲民官的县令对所辖县境内的一切事务都负有总管之责。

唐代制度虽未明言都督、刺史应掌桥梁事,但文献却有刺史因不顺时修桥而受责的案例。《全唐文》卷六七三白居易《不修桥判》载:

> 得丁为刺史,见冬涉者,戋之下车,以济之。观察使责其不顺时
> 修桥,以微小惠。丁云恤下。
>
> 其判文云:"津梁不修,何以为政? 车服有命,安可假人? 丁职

① （唐）长孙无忌等撰:《唐律疏议》卷二七《杂律》,刘俊文点校,第 505 页。
② （唐）李林甫撰:《唐六典》卷三〇《三府督护州县官吏》,陈仲夫点校,第 743—749 页;李方:《关于唐西州都督府是否有"士曹"问题》,《敦煌吐鲁番学研究》第八卷,中华书局 2005 年版,第 115—125 页。
③ （唐）李林甫:《唐六典》卷三〇《三府督护州县官吏》,第 752 页。
④ （唐）李林甫:《唐六典》卷三〇《三府督护州县官吏》,第 753 页。

是崇班,体非威重,轻汉臣之宠,失位于高车,徇郑相之名,济人于大水,志虽恤下,道昧叶中。与其熊轼涉川,小惠未遍,曷若虹桥通路,大道甚夷? 启塞既阙于日修,揭励徒哀其冬涉,事关失政,情近沽名,宜科十月不成,庶辨二天无政。"①

此虽是判文,所论之事未必真实发生,但所依据的却是当时实行的制度,因此能够反映当时的现实。在这则判文里,刺史丁将自己乘坐的车子让给冬日里的涉水者,其哀愍小民的行为非但没有获得赞扬,反而被观察使责罚。白居易的判文表明,刺史被罚,是因为渎职失政。其所渎之职、所失之政则是"启塞阙于日修",未能建"虹桥"以"通路"。所谓"宜科十月不成",指的是"十月成梁"之古训。

制度规定府、州掌桥梁事者为士曹、司士参军,但从白居易所作《不修桥判》来看,未顺时修桥,受责罚的却是作为长吏的刺史,当然,这并非意味着士曹、司士参军不受罚,按四等官制下的责任连带制度,士曹、司士参军应据问题主要出在哪个环节、责任的轻重而受责罚。但判文问责刺史,是因为作为长吏的唐代府州都督、刺史和县令,实际上是所辖领地各种事务的总负责人,他们对辖境内的各种事务有绝对的领导权。尽管制度没有明确规定都督、刺史有主管桥梁事务的责任,但在都督、刺史总领的诸事中,有"考核官吏"②一项,便是指作为长官的都督、刺史对实际负责营缮事务的士曹、司士参军有监督、考核权,若监督不力,按律"诸同职犯公坐者,长官为一等,通判官为一等,判官为一等,主典为一等,各以所由为首"③,长官需受惩罚。而且,文献对京兆、

① (清)董诰、阮元等编:《全唐文》卷六七三《白居易·不修桥判》,第6875页。
② (唐)李林甫:《唐六典》三〇《三府督护州县官吏》载京兆、河南、太原牧及都督、刺史等职掌为"掌清肃邦畿,考核官吏,宣布德化,抚和齐人,劝课农桑,敦谕五教。每岁一巡属县,观风俗,问百姓,录囚徒,恤鳏寡,阅丁口,务知百姓之疾苦",第749页。
③ (唐)长孙无忌:《唐律疏议》卷五《名例律》,第120页;李锦绣:《唐后期的官制:行政模式与行政手段的变革》,黄正建编:《中晚唐社会与政治研究》,中国社会科学出版社2006年版,第82—107页;王孙盈政:《再论唐代尚书省四等官制的执行——以长官、通判官任职情况为中心》,《求是学刊》2010年第6期。

河南、太原牧及都督、刺史等长官还有"若……兴造之便宜,符瑞之尤异,亦以上闻,其常则申于尚书省而已"之规定,其中"兴造之便宜",便是州县长官申尚书省或奏闻等上行文书中的内容之一。即便在唐中后期,使职差遣制盛行,偶尔也有因先皇、太后等人驾崩,或皇帝出巡,设山陵桥道使或桥道置顿使,但地方桥梁事务依然是由州县长官主管。如咸通时期河东高壁镇通济桥是在河东节度使的主持下、咸通观音主法普安的号召下,集众人之力修成。①

五代时期,州县桥道之修,亦是长官之责。后唐庄宗同光三年,庄宗生母曹氏崩,葬坤陵。庄宗幸陵作所,而道路泥涂,桥坏。庄宗追究责任,坤陵所在县即河南县令罗贯因此被下狱,'狱吏榜掠,体无完肤"。明日,传诏杀之。重臣谏曰:"贯罪无佗(他),桥道不修,法不当死。"庄宗怒曰:"太后灵驾将发,天子车舆往来,桥道不修,卿言无罪,是朋党也!"②罗贯之死,虽是因为此前得罪了宦官、伶人,毁谤不绝于君心,且最终却还是因桥道不修而死。后晋义武节度使王周在任,定州桥坏,覆民租车,王周曰:"桥梁不修,刺史过也。"乃偿民粟,为治其桥。③

五代战乱频仍,桥梁尤其是大江大河上桥梁修建往往与战事相关。主持修建这类桥梁的,也多是节度使或行军统帅。这在唐末便多如此,唐昭宗天祐二年(905 年),朱温派杨师厚率兵讨伐襄阳赵匡凝,杨师厚行军至谷城西童山,砍伐木材、造浮桥于汉水以进军。④ 又如杨村浮桥、德胜渡浮桥,也都是因为战争而建造。杨村浮桥建于后梁贞明时期,主持兴建者为后梁开封尹、北面行营招讨使王瓚。杨村浮桥在晋军(指以河东为中心,以李克用、李嗣源为首的晋军,而非后晋)澶州黄河的上游。杨村浮桥建成之后,对位于下游的晋军

---

① 李合群:《中国古代桥梁文献精选》,华中科技大学出版社 2008 年版,第 69—70 页。
② (宋)欧阳修:《新五代史》卷二四《郭崇韬传》,中华书局 1974 年版,第 249 页。
③ (宋)欧阳修:《新五代史》卷四八《王周传》,第 547 页。
④ (宋)薛居正等:《旧五代史》卷二二《梁书·杨师厚传》,第 296 页。

带来了严重的威胁。为加快澶州两岸兵力调动、物资供应,以抗衡梁军,解除威胁,振武节度使李存进改渡口为浮桥。① 后晋天福时期,黄河滑州胡梁渡修建了浮桥,名为大通桥,并置大通军,也是出于军事用途,主持其事的也是滑州节度使。甚至,唐明宗时,为修河阳桥,还曾按亩征桥道钱,"河阳管内人户,每亩旧征桥道钱五文",长兴元年诏令罢免,"今后不征"。②

五代时大江大河上的桥梁多为战事而修,也同样适用于南方。而且,由于政权林立,都城数量大为增加。为树立国都形象、弘扬国威,被选作都城的南方城市交通设施得到了极大的改善,如建康秦淮河上有新桥(宋时改名饮虹桥)、长干桥、铜桥,均系吴时所建;首造于淮水上的五城桥在广明元年(880年)毁于大火,南唐保大十年(952年)又予以重造。③ 同时,各地的地方长官为了改善本地交通,也建造了一些桥梁。

宋代地方官制变化甚大,府、州并无士曹或司士,《天圣营缮令》宋第18条虽明确规定地方桥梁由"州县料理",但《宋史·职官志》所记两宋地方机构,并未明确桥梁事归哪个曹司专掌,然而知府、知州"掌总理郡政","总其纲要","凡属县之事皆统焉",县令"掌总治民政",④与唐并无差异,尤其是乾德六年(968年)末,太祖"命川、陕诸州长吏、通判并兼桥道事"。⑤ 这一诏命是采纳了襄州知州边光范的建议。此前,宋廷尝遣使治道襄州,每年征发民众五六次,钱虽费了不少,但路却没有修成,因为朝廷所费之钱并未用在道路及修路的民众身上,而是落入了奸吏的腰包里,"吏缘为奸,多私取民课",即虚报修路人数以领取经费,"所发不充数,道益不修"。因此,边光范建议此后修道由长吏、通判直接负责,以州卒

① (宋)司马光等:《资治通鉴》卷二七〇,后梁均王贞明五年(919年)八月乙未条,第8848—8849页。
② (宋)薛居正:《旧五代史》卷四一《唐书·明宗纪》,第560页。
③ (宋)马光祖、周应合修纂:《景定建康志》卷一六"桥梁",《宋元方志丛刊》第2册,第1544—1545、1547页。
④ (元)脱脱等撰:《宋史》卷一六七《职官志七》,第3972、3977页。
⑤ (宋)李焘:《续资治通鉴长编》卷八,宋太祖乾德六年十二月己巳,第197页。

代民,官给器用。如此可不役使民众,也杜绝了奸吏上下其手巧取豪夺。①

宋代地方桥梁数量较之唐代大为增加,地方长吏在桥梁营缮事务中发挥了极为突出的作用。如宋太祖时期,因洛水暴涨,漂坏桥梁。建隆二年(961年),西京留守向拱"重修天津桥成",四月,"具图来上,降诏褒美"。该桥的工程技术,"叠巨石为脚,高数丈,锐其前以疏水势,石纵缝以铁鼓络之"。② 对比唐代天津桥的技术,③可知建隆时期重修的天津桥继承了唐代武则天时期李昭德将桥之柱脚迎水之面砌成尖角的做法,这一技术是为了减少水流所带来的冲击力,从而减少桥柱所受之力,以保护桥柱。向拱所建之桥,技术较之唐代有所改进的地方是在"锐其角"之外,还"石纵缝以铁鼓络之",即用铁将桥柱之石箍成一个整体,以免个别石块被水冲走。向拱建天津桥时,职为西京留守,是洛阳府长官。开庆元年(1259年),叶梦鼎在建宁"作桥梁,置驿舍"④,是其复知建宁府时,亦是一府长官。

清代学者沈垚曾评价了唐、宋地方长官在营缮事务中的能动性,认为唐代地方长官较之宋代拥有更强的独立性,"唐时州县兴造之事,听长吏自为,宋后动须上请,一钱以上州县不得擅用,所请不能称所需,则所作往往不坚固。于是长吏始有借助富民,民之好义者有助官兴造之举"。⑤ 相比而言,宋代因事为之防、曲为之制的制度设计,地方上分立监司,漕司、帅司、宪司、仓司各司其职,互不统属相互牵制,知府、知州确实不若唐代刺史尤其是后来的节度使那般可总揽一地军事、财政、监察甚至司法权,但具体到工程营缮尤其是桥梁上,沈垚的判断却颇有以偏概全之误,并不符合事实。宋代由于材料比较丰富,从桥梁事来看,地方长官在其中发挥主导性作用,或力排众议或倡导富民捐资捐物营

①　(宋)李焘:《续资治通鉴长编》卷八,宋太祖乾德六年十二月己巳,第197—198页。

②　(元)脱脱等撰:《宋史》卷九四《河渠四》"洛河",第2336页。

③　(唐)杜佑:《通典》卷一七七《州郡典七》,第4653页;(宋)欧阳修、宋祁等:《新唐书》卷一一七《李昭德传》,第4255页。

④　(元)脱脱等撰:《宋史》卷四一四《叶梦鼎传》,第12434页。

⑤　(清)沈垚:《落帆楼文集》,上海古籍出版社1918年版,第21页。

缮桥梁等工程,在决策、筹集物料、资金等方面展现出极强的自主行动能力。

兹以蔡襄《万安渡石桥记》①、陈骙《天台临川桥记》②为例驳论之。皇祐五年(1053年)蔡襄为泉州太守时,"距州二十里万安渡,绝海而济,往来畏其险",③万安渡在洛阳江入海口,随着泉州海外贸易的发达,万安渡越发繁忙,然"绝海而济",人多畏之。庆历年间,洛阳江上曾建有浮桥,但因遭风浪之侵,很快便不堪使用。后有僧人宗己及郡人王实、卢锡倡议于此创建石桥,以利民渡,然因故"未就"。蔡襄到郡之后,大力促成此事,终于成其功,花费"金钱一千四百万",于嘉祐四年(1059年)二月建成,历时近六年。该桥的规模极大,"长三千六百尺,广丈有五尺",笔者实地测量其长度为八百三十四米,宽七米,④桥的两边有护栏,"翼以扶栏,如其长之数而两之"。这样规模的跨江连海石桥,在11世纪实为罕见。

万安桥不仅规模宏大,而且技术也极为高明,历来为人所赞颂,乃至有"万安天下第一桥"之称。万安桥极为坚固,尤其是其桥基,屹立千年而不坏。其主要原因就在于蔡襄建桥后,在桥墩上种蛎以固其基。"以蛎房散置石基,益胶固焉"。这为后世所继承,"元丰初,王祖道知州事,奏立法,禁取蛎房"。⑤ 牡蛎簇聚而生,紧挨着彼此,且多有相互叠层而生者,桥墩上长年累月附生的坚硬的牡蛎就像一道保护壳,尽管下有淤泥,又有海浪冲打,但万安桥墩在蛎房的保护下却毫不动摇。

临川王琰于绍兴末年任天台知县,上任次年,即隆兴元年(1163年)便谨奉"十月成梁"之古训,欲在天台县西作新桥。其实在王琰之前,曾有县尉李

---

① (宋)蔡襄:《端明集》卷二八《万安渡石桥记》,文渊阁《四库全书》影印本,第1090册,第575d—576a页。

② (宋)林表民《赤城集》卷一三《陈骙·天台临川桥记》,文渊阁《四库全书》影印本,第1356册,第732c—733b页。

③ (元)脱脱等撰:《宋史》卷三二〇《蔡襄传》,第10400页。

④ 泉州洛阳桥后虽经多次重修,但桥址、桥基、桥墩及桥墩间距未改,桥梁长度和宽度与北宋时相差甚小。

⑤ (清)方鼎、朱开元等纂修:《晋江县志(乾隆)》卷二《桥渡志》,1945年晋江县文献委员会铅印本,第19—20页。

琰、李昪也有建桥之志,先作"百丈堤以捍冲溢",即先固堤岸,再图作桥,虽役民使力,事却未成。有此先例,后来的县令知难而退,不敢再生造桥之心。王琰到任之后,遵秉桥为知政者之职,考量往事,认定前桥不成,非为他故,乃是因为"大抵锐于土功者,利在亟成以要虚名",即前任诸公不肯慢工细活以坚其基,却一心意在桥梁速成以邀名利。而他不但想要建成此桥,更要让此桥稳固长存。因此,为了筹集经费,他率先拿出俸禄四十万。在他的影响下,很快就筹集了五百万钱。有了充足的建桥资金,便勘选桥址、奠定桥基,营建桥梁。这次建桥,并非如常役使农民,所谓"有稽事者与乎?有焉,毋纳其力",指的便是农民忙于而且通常也仅精于稼穑事,造桥非其所长,因此为长远计,"毋纳其力"。由于县令王琰手里有充足的资金,因此天台此次建桥募集了"斫者、凿者、陶者、墁者、楎者、筑者"等各色工匠,建造了一座"穹石以为楹""巨木以为梁""甓以培石""魁以涂甓"的石墩式木梁桥。桥墩由大岩石及石块砌成,如此精益求精,追求的就是"植之屹如""横之妥如""欲其坤""欲其确"即坚不可摧、牢不可破的效果。因为桥板为木梁,为了保护木梁不朽坏,又在桥上建有亭子以遮风挡雨。王琰所建之桥,规模虽不大,长五十尺,宽十九尺,高二十五尺,但极为结实。是以过了几十年,到南宋中期还在使用。

除知州、县令等州县长官外,也有县尉参与桥梁事务者,如天台县西之桥,"前后尉李琰、李昪,俱有建桥之役,作百丈堤以捍冲溢"。[①] 修建于庆历八年(1048 年)、号称为吴地之绝景的吴郡垂虹桥也是由"县尉王庭坚所建也"[②]。宋代县尉的事务虽集中为捕盗之事,但县内交通要道上桥梁营缮,多为一县要事,又因"九月除道、十月成梁"的古训约束,被官员视作分内之职,因此县内建桥,知县、县尉或县主簿多共理其事,如袁州分宜县浮桥、南康军建昌县修江

---

①　(宋)林表民:《赤城集》卷一三《陈骙·天台临川桥记》,(台北)新文丰出版社 1948 年影印本,第 7—15 页。

②　(宋)朱长文:《吴郡图经续记》卷中《桥梁》,《宋元方志丛刊》第 1 册,第 652 页。

桥、淳安县青溪上百丈桥等桥，①都是如此。

元人卢镇在宋人孙应时的基础上修成《琴川志》，设有"桥梁"目，在篇首，作者表达了自己对于县令修桥的观点，曰："尝观宋天圣三年芜湖令董黄中浮桥政成，仁宗嘉其有爱民之惠，诏县民爱护以图永便。则知县有桥，所以便民也。为令者，亦不可不于此究心焉？"②这代表了时人的普遍看法，即县令理应修桥便民，此乃其本职工作。这在地方志中多有体现，建康、吴郡、新安、华亭、仙溪等地桥梁，多由知州、知县所建。

两宋乡村桥道事，由基层社会负责。实行保甲法之后，都、副、保正、大保长等或耆长有管理乡里烟火、桥道堤岸等事之责。神宗熙宁八年（1075 年）有敕曰："凡盗贼、斗殴、烟火、桥道等事，责都副保正、大保长管勾"。③ 高宗绍兴四年（1134 年）《明堂赦文》云："福建路保正副、大小保长唯管缉捕逃亡军人及私贩禁物、斗讼、桥路等事"。④ 嘉定十七年（1224 年）"道路堤岸、桥梁摧毁去处，仰日下量给公费，委州县官及本乡保正等，公共相视，措置修治"⑤。孝宗乾道八年（1172 年）"在法，乡村盗贼、斗殴、烟火、桥道公事，并耆长干当。今欲有耆长处依旧例，无耆长处保正同"⑥。都、副、保正、大保长、耆长等负责的桥道事，桥梁的营修与管理都应该包括在内。

三、转运司与宋代地方桥梁的营缮

与唐代不同的是，转运司在宋代地方桥梁营造事务中占据了较为重要的

① （宋）陈傅良：《止斋集》卷三九《袁州分宜县浮桥记》，文渊阁《四库全书》影印本，第1150 册，第 806a—806d 页；（宋）陈宓：《修江桥记》，曾枣庄、刘琳主编：《全宋文》卷六九六五《陈宓·修江桥记》第 305 册，第 223—224 页；（宋）胡朝颖：《重修百丈桥记》，曾枣庄、刘琳主编：《全宋文》卷六四一四《胡朝颖·重修百丈桥记》第 283 册，第 22—23 页。
② （宋）孙应时纂修，鲍连增补，（元）卢镇续修：《琴川志》，《宋元方志丛刊》第 2 册，第 1159 页。
③ （宋）李焘：《续资治通鉴长编》卷二六三，宋神宗熙宁八年闰四月乙巳，第 6437 页。
④ （清）徐松：《宋会要辑稿》食货一四之二二——二三，刘琳等点校本，第 6277 页。
⑤ （清）徐松：《宋会要辑稿》方域一〇之一〇，刘琳等点校本，第 9468 页。
⑥ （清）徐松：《宋会要辑稿》食货一四之四七，刘琳等点校本，第 6291 页。

角色。多有资料记载转运使或上奉诏令差选官吏疏导道路、修治桥梁，或承接一路州县之请调拨米谷材料助建桥道。其实，不独桥道，在宋代地方城墙、堤堰、仓库、壁垒、军寨等几乎所有基础设施的营缮中，都有转运司的活动。这与宋代转运司的职责及转运使几为一路地方行政长官的角色是分不开的。

转运使，唐代始置，《文献通考》对转运使的设置、演变做了一番梳理，①在此基础上，何汝泉、徐庆全、黄寿成等人先后作文讨论唐代转运使的设置、职掌、治所、发展、演变等。②

五代时，转运使渐成常职。至宋，转运司作为路级行政机构之一，机构完整、属官恒定。转运司的主要官职有转运使、转运副使、转运判官，三者常以朝官充任，宋太宗时更是"转运使皆人主亲自选择"。除使、副使、判官之外，转运司的属官还有"主管文字一员、干办公事人员"，又有"准备差遣，员多寡不一"，负责管勾文字、勾当公事、管勾账司等。北宋开国之初，转运使的职责"初无定制，所掌者军需粮饷而已"。太平兴国之后，太宗改道为路，"边防、盗贼、刑讼、金谷、按廉之任，皆委于转运使"，职责极为广重，"转运使于一路之事无所不总"，③几乎成为一路最高行政长官。④ 至道元年（995 年）八月，太宗曰："大臣品位虽崇，若在外藩，即在转运使所部要系州府，不系品位。此朝廷典宪，未可轻改，并仍旧贯"，⑤强调即便品位尊崇的京官大臣前去外藩，也不能随意干预转运使关于地方的管理，由此可见转运司于地方管理的权责

　　① （元）马端临：《文献通考》卷六一《职官考》，中华书局 2011 年版，第 1846 页。

　　② 何汝泉：《唐代转运使初探》，西南师范大学出版社 1987 年版；徐庆全：《关于唐代转运使设置的年代》，《社会科学辑刊》1992 年第 4 期；董咸明：《唐代盐铁转运使述论》，《云南民族大学学报》1989 年第 4 期；黄寿成：《关于唐代盐铁转运度支等使的问题》，《陕西师范大学学报》1999 年第 2 期。

　　③ 参见（元）马端临：《文献通考》卷六一《职官考》"转运使"条，第 1847—1849 页。

　　④ 关于宋代转运使的研究成果甚丰。如方宝璋：《宋代在财经上对转运使的监督》，《中国社会经济史研究》1993 年第 3 期；戴扬本：《北宋转运使考述》，上海古籍出版社 2007 年版；汪圣铎：《宋代转运使补论》，《中国史研究》2004 年第 1 期等。关于近年来转运使的研究综述，参见胡沿柳：《近年来宋代转运使研究综述》，《卷宗》2017 年第 20 期。

　　⑤ （清）徐松：《宋会要辑稿》食货四九之转运司，刘琳等点校本，第 7097 页。

之重。

也正是因为转运使职务广、权责重,所以关乎物料筹备、人力役使、一方交通、物资人员运输,又与民众关系也极为密切的桥梁营缮,也与转运使有着剪不断的关系。史籍中关于转运司参与地方桥道修建的诏敕有很多,如:

仁宗天圣三年(1025 年)七月,兴元府褒城知县窦充"乞于入川路沿官道两旁,令逐铺兵士每年栽种地土所宜林木,准备向去修葺桥阁",其后仁宗诏令陕西及益州路转运司相度施行。①

神宗元丰七年(1084 年),都水使者范子渊"相度滑州浮桥移次州西,两岸相距四百六十一步,南岸南崖地杂胶淤,比旧桥增长三十六步半",诏范子渊与京西河北转运司、滑州同措置修治。②

徽宗大观元年(1107 年)七月,以京城霖雨,水浸民居,道路不通,遣官分督疏导,是月又诏:"自京至八角镇,积水妨行旅。转运司选官疏导,修治桥梁,毋使病涉"。③

转运司在地方桥道事务中的角色,在南宋体现得更为明显。南宋建炎以后,临安及诸路营缮之事"多俾府尹、畿漕分任其责"④,进一步肯定了转运司在地方营缮事务中的角色。"先是,(曾)怀等欲于清湖闸堰及北郭税务人使厨屋北各创木桥一",孝宗乾道四年(1166 年)十二月诏令转运司、临安府营度。⑤ 类似的诏令不胜枚举。

宋代不少诏敕都有可能被编修成为通行的法典,即编敕。编敕在宋代法典体系的地位甚为重要,几乎每个皇帝在位时期都有编敕。神宗以后凡律所未载,皆断以敕,以敕破律极为常见,编敕、附令敕是通行的法典,乃至唐代的

①　(清)徐松:《宋会要辑稿》方域一〇之"道路",刘琳等点校本,第 9463—9464 页。
②　(清)徐松:《宋会要辑稿》方域一三之"桥梁",刘琳等点校本,第 9545 页。
③　(元)脱脱等撰:《宋史》卷九四《河渠四》,第 2344 页。
④　(元)脱脱等撰:《宋史》卷一六五《职官志五》,第 3919 页。
⑤　(清)徐松:《宋会要辑稿》方域一三之"桥梁",刘琳等点校本,第 9547—9548 页。

律、令、格、式为宋代的敕、令、格、式所取代。① 以上有关转运使选官修治桥梁之诏敕,事实上具有法典意义。以上诏敕表明,在改善道路、规划桥阁修茸、改移黄河浮桥、创建木桥等事中,转运司都是重要参与者,或与府州、都水监合作,或独挑大任。其实,除了桥道营缮之外,转运司还广泛参与了城墙②、水利③、粮寨仓库④、祠堂⑤、家庙⑥、宫宇⑦、军兵营房⑧等各类工程的营缮。转运司在这些工程中所负责的工作,也颇为丰富,概而言之,包括信息与决策上请下达、计置钱物、征发人役、采买物料等事宜。

1. 信息上传下达

在桥道事务中,转运司上传下达信息,沟通中央与地方州县。一方面是接

---

① 戴建国:《唐宋时期法律形式的传承与演变》,《法制史研究》2005 年第 7 期;戴建国:《天圣令两题》,《上海师范大学学报》2010 年第 2 期。

② (宋)李焘:《续资治通鉴长编》卷二八四"熙宁十年九月己巳"条"诏真定府路安抚司专一提举修盖诸州军摧塌城壁,其人工物料令转运司疾速应副",第 6964 页。

③ (清)徐松:《宋会要辑稿》方舆一四之"治河·二股河"载,"神宗熙宁二年(1069 年)八月六日,诏张茂则、张巩与转运司再同相度二股河下流堤岸利害及计工以闻",刘琳等点校本,第 9563 页。

④ (清)徐松:《宋会要辑稿》兵六之"营垒"载,孝宗乾道四年(1168 年)十一月六日,"诏荆南、鄂州出戍军马家小,并津发前去就粮屯驻。合用寨屋,令湖北转运司于荆南大军营寨相近踏逐系官空闲地段,疾速措置修盖。合用钱物,于本司应管官钱内支给",刘琳等点校本,第 8727 页。《宋会要辑稿》食货五四之"诸州仓库"载,神宗元丰元年(1078 年)闰正月九日,"赐度僧牒百道,付河北东路转运司买材木,应副大名府、澶州修仓",刘琳等点校本,第 7237 页。

⑤ (清)徐松:《宋会要辑稿》帝系二之"秀王"载,光宗绍熙元年(1190 年),"诏伯圭赐第久弊,兼合就建秀王祠堂,令两浙转运司同临安府应办修盖,听从本府措画",刘琳等点校本,第 69 页。

⑥ (清)徐松:《宋会要辑稿》后妃二之"皇后皇太后杂录二"载,孝宗乾道元年(1165 年)五月八日,"诏皇后家庙令两浙转运司随宜修盖",刘琳等点校本,第 287 页。

⑦ (清)徐松:《宋会要辑稿》礼一三之"神御殿"载,徽宗崇宁三年(1104 年)五月,"前京西路提点刑狱孙馨言:伏见南京鸿庆宫有祖宗三圣御容,今屋宇例皆损漏,乞支降祠部度牒增修。诏委京东转运司,仍降度牒二百道",刘琳等点校本,第 722 页。

⑧ (清)徐松:《宋会要辑稿》兵六之"营垒"载,徽宗宣和五年(1123 年),"诏江浙被贼州县军兵营房多有焚毁,仰转运司检计兴修。其合用工料,并官为应副,或有所阙,听以系省钱顾买,不得因此搔扰。如依限了当,特与褒赏;弛慢灭裂,并仰转运司劾奏",刘琳等点校本,第 8725 页。

收本路州县桥道上请,并上报中央,另一方面又将朝廷决策、物资与人力调拨信息下达州县并将相关决策具体落实。州县桥梁若有所营,县令上告知州,知州也多有先呈转运司知者。倘若事大,花费大而役功多,转运司不可自作定夺,需奏上候报。天圣《营缮令》宋27条云:

> 诸别敕有所修造,令量给人力者,计满千功以上,皆须奏闻。①

宋代工程若所需人多,为安全计,地方需先奏闻朝廷,取得应允,方可动工。现实操作中,这条令文也被严格遵循。史籍中这类案例不胜枚举。清代沈垚说"唐时州县兴造之事,听长吏自为,宋后动须上请,一钱以上州县不得擅用,所请不能称所需",当也是本源于此。较之于唐代,宋代地方长吏可自决的工程,其役使人功量确实比唐代地方长吏为少,这在法律条文上也有反映。笔者复原的唐《营缮令》第30条云:

> 诸近河及大水,有堤防之处,刺史、县令以时检行。若须修理,每秋收讫,量功多少,自近及远,差人夫修理。若暴水泛溢,毁坏堤防,交为人患者,先即修营,不拘时限。应役一千人以上者,且役且申。(若要急,有军营之兵士,亦得通役。)所役不得过五日。

唐时,地方遇到诸如"暴水泛溢,毁坏堤防,交为人患者"的危急情况需维修地方水利工程时,若所役人功在"应役一千人以上者""所役不得过五日",即五千功以上,地方长官可一边役使人功一边申尚书省,若在五千功以下,则无需当即申省听候朝廷意见,长吏可自决,只需在年终将役功情况附帐申上即可。② 较之宋代的千功之限,唐代地方役功申上的标准线是五千功。

关于工程所需物料多寡,转运司也需检计、总计。《宋会要辑稿》载政和年间诏令曰:"诸营缮廨宇、馆驿、马递铺、桥道及什物之类,一就检计","营造材料所支钱及百贯,或创造三十间(每间以四椽计)"以下,譬如县新创三间或

---

① 牛来颖:《天圣营缮令复原唐令研究》,《天一阁藏明钞本天圣令校证》,第650—654页。
② 彭丽华:《论唐代地方水利营缮中劳役征配的申报——以唐〈营缮令〉第30条的复原为中心》,《文史》2010年第3期。

修缮十间,县申转运司,由转运司自决调度或购买。若支用钱百贯、创造三十间以上,转运司无权定夺,需申尚书工部。若创造百间及以上,则应上奏听旨。①

正是因为宋代朝廷对于地方役使人功的控制更为严密,对物料、钱之支取的多寡界限也有明确规定,所以转运使在信息上传下达中发挥了极为明显的作用。仁宗天圣七年(1029年)六月,京东转运司奏上莱州知州关于黄河坝子、桥梁的修建情况,并提出由沿岸县佐官时常巡护、淘出泥沙、栽种榆柳以加固河堤的建议。② 哲宗元祐元年(1086年),因为澶州浮桥被水冲毁,京西转运司上奏契丹国使改由驿道西路入京等事。③ 转运司将营缮工程所涉及的造价、选址、物料、钱数、兵夫等情况上报中央。④ 徽宗宣和元年(1119年)五月,因永兴军界"浐水河并灞海",每经大雨,山水合并,两河泛涨,别无桥路。及水势稍息,往往病涉,多伤人命。因此,诏令"陕西路转运司相度,如不可置桥渡,即乞以过马索引路。今所属县分多差水手救护,专委本路漕臣张孝纯相度,措置闻奏"⑤。

---

① (清)徐松:《宋会要辑稿》方域一〇之"驿传杂录·递铺",刘琳等点校本,第9480页。

② (清)徐松:《宋会要辑稿》方域一三之"桥梁"载天圣七年六月京东转运司言:"近准差知莱州、虞部郎中阎贻庆等部辖开修夹黄河,勘会所开河桥梁埧子,除北旧、朦胧埧子两座水势添涨,候开春减退修置外,其余桥埧并已修置。欲令缘广济河并夹黄河县分,令佐常切巡护,逐年检计工料,圆融夫力,淘出泥土,修贴堤身,于牵路外栽种榆柳。如河堤别无决溢,林木清活,具数供申,年终辇运司点检不虚,批上历子,理为劳绩。如公然慢易,致堤岸怯弱颓缺,栽种失时,亦乞勘逐科罚",刘琳等点校本,第9544页。

③ (清)徐松:《宋会要辑稿》礼三七之"宋缘陵裁制"载元祐元年四月四日工部上言,曰"京西转运司奏,北使经由道路近为浮桥解拆,改入京西路,务要不见山陵。今相度得河阳南至偃师东,由凤台、孝义次巩县,最为顺便,者有亭驿,止是望见山陵林木,恐不须回避",刘琳等点校本,第1576页。

④ (宋)李焘:《续资治通鉴长编》卷五一七,宋哲宗元符二年十月丁巳,第12302页。《宋会要辑稿》食货六二之"诸州仓库"载宁宗庆元元年十二月,"淮东转运司言:本司计料到起盖和籴桩管朝廷米斛仓廒二百八十三间,合用竹、木、砖、瓦、钉、灰、芦、簟物料,人工钱米,及周回墙围填迭地基,每间约价钱三百贯文,共享八万四千九百贯文。乞于本路桩管交子、铁钱内支降,应副起盖","诏令本司于真州见桩管铁钱内支拨四万二千四百贯文",刘琳等点校本,第7588页。

⑤ (清)徐松:《宋会要辑稿》方域一三之"桥梁",刘琳等点校本,第9547页。

若是所建之桥极为重要,转运使还会先向朝廷呈送“桥样”。洛阳虽为北宋西京,但早在宋太祖时,就不时想要将都城从汴京迁往洛阳。其后,迁都之论不绝于书。因此,位于洛阳中轴线上的天津桥的营建,是当时一件极为重要的事情。徽宗政和四年(1114年)八月十日,京西路计度都转运使宋升奏“河南府天津桥依仿赵州石桥修砌,令勒都壕寨官董士輗彩画到天津桥,作三等样制修砌图本一册进呈”。徽宗在接到这三种不同的桥样图本之后,“诏依第二桥样修建,许于新收税钱内支拨粮米,本司应办,仍不立名行遣。仍诏孟昌龄同宋升措置”。① 当然,宋升在主持河南府洛阳天津桥的修建之前,先向徽宗呈奏三种天津桥桥样以供徽宗选择,不排除深谙徽宗心理特征、崇信徽宗在工程美学上的造诣等因素。在此诏中,徽宗要求与宋升共同措置天津桥营建工作的孟昌龄,是当时极为重要的工程师。他设计并主持了黄河大浮桥三山浮桥的创建,这是徽宗朝的一项重大国家工程。② 其子孟揆又是营建著名皇家园林艮岳的总设计师。③ 由此可知孟氏父子家传其技,其技术造诣应为当时之峰。

天津桥并非宋升、孟昌龄当时在洛阳主持的唯一工程。《宋会要辑稿》载,在奏上天津桥的修缮方案后,宋升又奏:

“西京端门前,考唐《洛阳图》,旧有四桥。曰谷水,曰黄道,在天津桥之北;曰重津,在天津桥之南,并为疏导洛水夏秋泛涨。岁月寖久及自经坏桥之后,悉皆湮没。今看详,见修天津桥居河之中,除谷水已与洛河合为一流外,其南北理当亦治二桥以分其势。盖不如是,则两马头虽用石段砌垒,两岸之水东入桥下,发泄不快,则两马不无决溢之患。又桥之上十里有石堰曰分洛,自唐以来引水入小河东南流入于伊。闻之耆旧,每暴涨则分减其势。若今来修建(大)[天]津

① (清)徐松:《宋会要辑稿》方域一三之“桥梁”,刘琳等点校本,第9545页。

② 周宝珠:《宋代黄河上的三山浮桥》,《史学月刊》1993年第2期。

③ 伊永文:《孟元老考》,《南开学报(哲学社会科学版)》2011年第3期。

桥而不治分洛堰，不能保其无虞。臣前项所乞止是天津一桥，今欲如旧制添修重津并黄道桥，及置分洛堰，增梁以疏其流于下，作堰以分其势于上，实为永久之利。"从之。①

宋升此奏，改变了此前仅修天津桥的设想，转而考虑了洛阳城的水流走向，参考唐《洛阳图》得知唐代洛阳城的桥梁分布，因而重新提出了一套筑洛堰、修洛堤及并营天津、重津、黄道桥的新方案。这是综合考量洛阳水文条件及前代东都洛阳工程历史而作出的蓝图规划，其工程规模之巨，及其给洛阳城所带来的变化，是翻天覆地的。这样一项包括桥、堤、堰在内的工程，一定程度上至少在洛水两岸及沟通洛水上恢复了洛阳作为唐代东都的盛况，而且经过综合治理可保新建三桥之使用寿命，"实为永久之利"。考虑到这一综合工程的设计高度，联系孟昌龄后来设计的黄河三山浮桥，宋升此奏，很可能采纳了孟昌龄的设计思想。

朝廷虽有"无得擅行"②之要求，但转运司在本路桥梁事务上，还是拥有相当大的决策权。这是因为地方欲有所营建，州县常先知会转运司。营建与否，取决于地方的财力、人力等实际情况。役功多、花费大的工程，法律虽要求转运司必须申上候报，但除极少数情况，工程所需人力、财力还需本路承担。因此，在转运司申尚书工部或上奏之前，其实已做出了建或不建的决策。申上、奏闻皇帝，不过是按章行事的必要程序。绝大部分地方工程的营缮，都是转运司先做了决策再上报朝廷。朝廷或有否决者，但除却极少部分宫观祠庙或交通要道上的桥道外，中央朝廷极少主动提出要在地方营建某一基础设施。正是这一缘故，转运司事实上在地方工程营建中具有极大的决策权。宋仁宗时期，宣化军清河有舟渡而无桥，舟子每邀人截利，为患不小，"京东转运使张公奎始谋毁舟建桥，授谋于县"。③　熙宁七年，齐州泺源县久旱复久雨，"淫潦继

---

① （清）徐松：《宋会要辑稿》方域一三之"桥梁"，刘琳等点校本，第9545—9546页。
② （清）徐松：《宋会要辑稿》方域一〇之"道路"，刘琳等点校本，第9463页。
③ （宋）石介：《徂徕石先生文集》卷一九，中华书局1984年版，第229页。

作,桥遂大坏"。泺源知县施辩向齐州知府请求于泺水上修石桥以便渡民,知府"用其言,以告转运使"。转运使自作定夺,支拨经费、下令建桥。①

2. 调拨钱物、募发人力

转运使在宋代地方桥道事务中的角色如此重要,主要原因乃是其掌一路之财权。转运使的主要职责虽然是转运本路财权以上供朝廷或支援边军,但也需顾及本路州县城垣廨舍、营垒仓库、桥道堤堰等基础设施的建设,因为这些是保证该地区政治、经济、社会等活动正常进行的公共产品。神宗元丰七年(1084年),河南府韩绛上奏"近被水灾,自大内天津桥、堤堰、河道、城壁、军营、库务等皆倾坏",意在请求分出部分经费以维修这些重要的基础设施。其后,朝廷诏令"转运司于经费余钱支十万缗"措置其事。② 徽宗政和四年(1114年),前文所论京西路计度都转运使宋升所主持营建的洛阳桥、堤、堰等重大工程,其经费系以"新收税钱内支拨粮米"。③ 熙宁七年,齐州泺源县欲建石桥,"以告转运使得钱二十七万,以具工廪之费"。④ 建宁府欧宁于西溪修石桥,"部使者议给公钱五十万使营之",⑤ 都是转运使支拨经费助本路州县修桥之例。

南宋亦然。本路属县若有桥梁营缮,亦多见转运司在其中的作用。如南宋中期袁州分宜县浮桥的创建,便系"前转运判官刘公(颖)经始,副使直龙图阁赵公(善俊)成之"。袁水将分宜县分为南北两部分,北岸是地势较低的县治所在地,而上供仓则建在地势高平的南岸。未建浮桥之前,输租者常为运粮至对岸而遍寻舟船,颇为不便,危险亦存。而且,由于市设在北岸,居于南岸的民众欲入市,受一江之隔大多望水兴叹。一旦袁水漫涨,北岸低洼,"民骑屋

---

① (宋)苏辙:《栾城集》卷二三《齐州泺源石桥记》,上海古籍出版社1987年版,第500页。
② (清)徐松:《宋会要辑稿》方域一之"西京杂录",刘琳等点校本,第7279页。
③ (清)徐松:《宋会要辑稿》方域一三之"桥梁",刘琳等点校本,第9545页。
④ (宋)苏辙:《栾城集》卷二三《齐州泺源石桥记》,第500页。
⑤ 曾枣庄、刘琳主编:《全宋文》卷五四二〇《袁枢·万石桥记》第242册,第313—315页。

危望岸南爽垲",却"咫尺不得往避"。因此,县民早已希望建桥以通两岸。后江南西路转运使刘颖起意创建浮桥,转运副使赵善俊继而成之。为建该桥,江南西路转运司共拨款一百余万,以佐州县之费,并"率三岁以五千钱当河渡之入",以河渡钱充修桥之资。其后,又委任转运司属官干办公事杨潜能主持具体事务,分宜县主簿刘孟容"视其役",迄自桥成,而未扰民。分宜浮桥的营建,转运司起了关键作用。浮桥成后,袁州知州黄劭、分宜知县邓友龙始上任,"恨不在役中",因此,"州率岁储钱二十万以待修缮",浮桥的维护之资也因此具备。此桥建成后,分宜县民皆大欢喜、奔走相告。这座浮桥,对分宜县而言极为重要,因为它将被袁水阻隔的分宜县连接成一个整体。鉴于转运司上下齐心、力建此桥,后来知州、知县又筹资维护,转运司与州县官员劳心劳力,一心为民,陈傅良为之作文,大加赞扬,文曰:

> 向使二部使者相,先后不同出一意,必且中辍,幸不中辍,而幕中赞不力,邑中治其役无具,即必不速就。虽速就,后之人恶莫己出,坏、弗坏,听自如何,则亦难久。余不足以知天下事,尝言以其小且易者,度其大且难者,当世君子诚同出一意如此,赞其画者昭其事者如此,后之人以勿坏为己责,又如此,往往天下或可为矣。①

该文指出,若非前后两任转运判官、转运副使"同出一意",后任继承前任未竟之事业,分宜浮桥的营缮便无法继续。若非分宜县诸官同心协力,该桥也无法快速建成,即便建成了,若无后任官员的维护,浮桥也无法长存。

泉州城西南临漳门(新门)外晋江下游笋江上有石筍桥,该桥曾为浮桥,始建于仁宗皇祐元年(1049年),系泉州知州陆广所造,初名履坦桥。元丰七年(1084年)转运判官谢仲规又再修,断舟以续梁道,改名通济桥。

在以工代赈时,桥梁营缮常与其他工程同时进行。如雨坏桥道堤防、城墙,雨又伤农引发饥荒,或久旱之后,政府便常以工代赈等方式来收赈灾、兴工

---

① （宋）陈傅良:《止斋集》卷三九《袁州分宜县浮桥记》,文渊阁《四库全书》影印本,第1150册,第806a—806d页。

之效。在此情况下,转运使受令调拨米谷赈济饥民,修缮桥、堤等水利工程。神宗熙宁五年(1072 年)"赐两浙转运司常平谷十万石,赈济浙西水灾州军,仍募贫民兴修水利"①;熙宁七年(1074 年)因淮南灾起,淮南东路转运司"乞增赐上供粮十万石,募饥人修水利",诏司农寺与上供粮五万石;②元丰五年(1082 年)"诏泾原路经略司给封桩军赏绢二十万匹与转运司,准备筑城修堡"③。绍兴二十六年(1156 年)始,在转运判官王之望的倡议下,潼川开始修城墙、护城壕之堤岸及城壕上的东、南、西三桥,工程经费由王之望调拨,"盎图之库有,某钱庾有,某粟以具,版筑费后得"。其后,梓地发生了旱灾,转运司又以工代赈,"募民俾食其力,民欢趋之",④最终开仓放粮招募饥民完成了潼川府修城墙、缮长堤、起石桥的重大工役。转运使有时调拨部分经费,同时出私钱倡议众人捐资以修桥。光宗绍熙三年(1192 年),桐庐县有桥当驿道,因不治而废十余年矣。知县孙叔豹立志重修该桥,他首先出私钱,以望调动民间资本的参与。摄郡事计度转运使沈公诜听闻后,也拿出了私钱,并调拨了部分经费。重修该桥的总花费为"缗钱七十万",然而在转运使、知县的倡议下,其中来自官府的钱仅占十分之一,其余十分之九均为民财。⑤

　　除了调拨谷、米、绢等实物外,转运使也售卖朝廷所赏赐的度牒以筹集修缮桥梁等地方设施之费用。度牒包括度僧牒与道士牒,由礼部发放,故又称作"礼部牒",是官府颁发给想要出家为僧道、女冠之人的许可证。出卖度牒,是宋代筹集财政经费的方式之一,⑥始于仁宗嘉祐初年,广泛运用在各类经费的筹集上。熙宁四年(1071 年)十二月,"赐河北转运司度僧牒五百,紫衣、师号

① (宋)李焘:《续资治通鉴长编》卷二三〇,宋神宗熙宁五年二月壬子,第 5586 页。
② (宋)李焘:《续资治通鉴长编》卷二五八,宋神宗熙宁七年十二月辛未,第 6298 页。
③ (宋)李焘:《续资治通鉴长编》卷三二六,宋神宗元丰五年五月甲辰,第 7856 页。
④ (宋)王之望:《汉滨集》卷一四《潼川修城堤三桥记碑阴》,文渊阁《四库全书》影印本,第 1139 册,第 862a—863a 页。
⑤ (宋)孙应时:《烛湖集》卷九,《钦定四库全书》第 1166 册,台湾商务印书馆 2008 年版,第 627—628 页。
⑥ 汪圣铎:《两宋财政史》上册,中华书局 1995 年版,第 348—349 页。

各二百五十"，以"开修二股河上流，并修塞第五埽决口"①，紫衣、师号指的是道士牒，这是以出售度牒来筹集修河堤、埽口的经费。神宗元丰元年（1078 年）"赐度僧牒五十，付京东西路转运司市修桥木"②，由转运司售卖度牒筹集经费以购买修桥之木料。元丰六年（1083 年）"诏给度僧牒千"，以修京城水门。③

除了调拨经费外，转运司也肩负计度工料、募发人力事。元丰六年（1083 年），河东路有当修城壁，工料浩大，转运司"度工料，发民夫"④以成其事。哲宗元祐四年（1089 年）河北转运司"专领河事，以年例兵夫、物料修立西堤"⑤。在诸物料中，计置、转运、使用木材最为常见。《续资治通鉴长编》载：

> 种谔乞计置济渡桥筏椽木，令转运司发步乘运入西界。诏："凡出兵深入贼境，其济渡之备，军中自有过索、浑脱之类，未闻千里运木随军。今谔计置材木万数不少，如何令转运司应副步乘。纵使可以应副，亦先自困。令种谔如将及河造筏，贼界屋并可毁拆，或斩林木相兼用之，如更不足，以至桔橰皆可济渡。"⑥

此事在元丰四年（1081 年），种谔时任鄜延经略安抚副使，为取西夏，欲造舟桥、木筏渡河，因而请求转运司运木至河。此乃战时措施，所需材木数量多至万数，转运司回应说难题有二：数目太大，难以应付，况且千里运木必先自困其军。因此，提出了让种谔就近取材、便宜济渡的建议。渡河作战之前，种谔提出让转运司转运木材修桥造筏，是因为转运材木、修建工程乃转运司分内事。熙宁四年（1071 年）诏令"京西转运司每年拨钱一万贯，买材木修西京大

---

① （清）徐松：《宋会要辑稿》方域一四之"治河·二股河"，刘琳等点校本，第 9564 页。《宋会要辑稿》方域一五之"治河"载元丰元年（1078 年）"赐度牒二百道付河北转运司，以市年计修河物料"，元丰五年（1082 年）"赐京西转运司度僧牒二百，应副原武埽"，第 9567、9572 页。

② （宋）李焘：《续资治通鉴长编》卷二八八，宋神宗元丰元年二月己卯，第 7049 页。

③ （宋）李焘：《续资治通鉴长编》卷三三三，宋神宗元丰六年二月己酉，第 8014 页。

④ （宋）李焘：《续资治通鉴长编》卷三三九，宋神宗元丰六年九月甲寅，第 8166 页。

⑤ （宋）李焘：《续资治通鉴长编》卷四二一，宋哲宗元祐四年正月辛卯，第 10193 页。

⑥ （宋）李焘：《续资治通鉴长编》卷三一六，宋神宗元丰四年九月己亥，第 7643 页。

内"①。元丰元年（1078 年）又赐"度僧牒百付河北东路转运司买材木，应副大名府澶州修仓"②。

转运司还为地方桥梁营缮募集工匠与普通劳力。宋时军队尤其是厢军人众，因此在施工过程中，转运司优先征发的人力往往为士兵，役兵不够才雇募民夫。前引元丰七年（1084 年）知河南府韩绛上奏洛阳因遭水灾，天津桥、堤堰、河道、城壁、军营、库务等均为水所毁，其后组织人力进行工程修缮，便是先"役兵于本路，划刷二千人"，"如不足，即雇工"。③ 仁宗景祐四年（1037 年）五月，广南东路转运司因"城壁摧塌""乞差人夫添修"，诏"广州更不差夫，只那合役兵士"。④ 元丰二年（1079 年）荆湖南路转运司整修潭州楼橹，也是"役兵不足"后才"许募民夫"。⑤ 熙宁九年（1076 年）因修缮邕州城墙，"转运司多方募人供役"。⑥ 之所以先兵后民，除了宋代厢军的特性之外，还与役民有妨农事有关。仁宗康定元年（1040 年），朝廷之所以以役兵渐次修茸高阳关城壕，是因为"差率人夫，致妨农务"⑦。因此，即便募兵不足，需役民力，也应遵循不违农时之训。

若役民夫，则应折免工程参与者的力役甚至租税，元丰元年（1078 年）诏"河北路转运司昨发塞决河急夫，候发春夫计日折免，更蠲五分"⑧。熙宁三年（1070 年）十二月李竦上《乞兴江淮荆楚水利奏》言，参与本地堤防陂堰修治的民夫"与免本户一次色役"。所募集而来之人若属"不该差役之人"，则"量给小可酒税场务充赏"。⑨

---

① （清）徐松：《宋会要辑稿》方域一之"西京杂录"，刘琳等点校本，第 7279 页。
② （宋）李焘：《续资治通鉴长编》卷二八七，神宗元丰元年正月甲申，第 7029 页。
③ （清）徐松：《宋会要辑稿》方域一之"西京杂录"，刘琳等点校本，第 7279 页。
④ （清）徐松：《宋会要辑稿》方域九之"广州府城"，刘琳等点校本，第 9459 页。
⑤ （清）徐松：《宋会要辑稿》方域九之"潭州城"，刘琳等点校本，第 9454 页。
⑥ （宋）李焘：《续资治通鉴长编》卷二七八，神宗熙宁九年十月庚子，第 6801 页。
⑦ （清）徐松：《宋会要辑稿》方域八之"修城"，刘琳等点校本，第 9426 页。
⑧ （宋）李焘：《续资治通鉴长编》卷二九〇，神宗元丰元年六月己酉，第 7088 页。
⑨ （清）徐松：《宋会要辑稿》食货七之二二，刘琳等点校本，第 7506 页。

转运使甚至会因未修桥而被罢黜。建炎元年(1127年),高宗幸建康,途次张桥。张桥在秦淮水上,是句容与上元县的分界线。时山水暴涨,堤损桥坏,势甚可畏,害得高宗一行战战兢兢。江南东路转运副使李谟、黄崇书因此"被劾,俱罢"①。此虽因事涉皇帝,又在特殊时期,不可等同于寻常,但也表明桥道事被视为转运司的分内职掌。

宋代转运司权广任重,转运使几为地方最高行政长官。桥梁事涉为政之职,牵涉到一方交通之畅达,关系到一方民众之切身利益,在为政者当"九月除道,十月成梁"的训导下,州县长官向来都重视桥梁之建。转运司(使)肩负转运一方金谷财物之重任,又系巡历一方考察州县官员之长官,在职责上与桥道等地方基础设施建设有着紧密的关系。转运司负责转运的物资除了供军国所用的粮草谷物外,还包括地方上供的金、银、绵、绢、材木等,物资转运直接受制于交通状况。这是转运使必须尽力于桥道建设的第一层因素。另外,作为一路之行政机构,不管是从发展亥路以便持续收簇物资的角度出发,还是从积攒声名仁政爱民造惠一方来看,转运司都有必要、有动力改善本路之交通,而建造桥梁无疑是收效最快的一种方式。

本 章 小 结

"国"与"家"的关系,是中国社会的基本关系。国是家的延伸,国由家构成,也由家来实现,国在本质上是众家之体现,即为大家。正是这种理念的影响,导致古代中国的国家职能较之古代英格兰等国更为广泛,几乎涉及民众生活的各个方面。

国家集中力量组织民力建设重大工程是国家职能之一。当然,这与国家财政取自于民,有义务也有能力营建各类工程有关。这种家国一体的政治理

---

① (宋)马光祖、周应合修纂:《景定建康志》卷一六《桥梁》,《宋元方志丛刊》第2册,第1546页。

念,一方面确实给权力阶层带来了大兴土木以满足私欲的便利,另一方面也使政府将营建、维护公共工程视作分内之事。桥道这类公共工程既造福民众,又大利于官府,既是维护自身统治的必须途径,也是展现统治合理的必要方式,而且政府财政取之于民、用之于民也符合儒家"因民之所利而利之"的善政追求,因此一直都为官府所重,营缮桥道被视作官府的基本职能。

桥梁作为道路系统的重要组成部分,事关古代国家交通与运输及国家对地方的治理与控制。皇帝出巡,官员上任、视察,政令传达,赋税上供,军队、丁匠、商旅往来等都离不开桥道等交通设施。因此,"九月除道,十月成梁"的古训早在《夏令》就已出现,表明早期国家或许就已明白除道建桥之事的重要性与必要性。桥道营建与否,成为判断为政者是否知政的一个标准。这一古训也被采入法律体系,已出土的简牍文献显示,在律令杂糅的秦汉时代,与桥道相关的规定收录在律中,如秦武王二年律、汉《二年律令·田律》之中都有相关规定。而到魏晋律令分途之后,关于桥道营修的规定虽不得见,但从唐代来看,有关桥道事的规定不但依旧存于《唐律·杂律》之中,而且也出现在中国历史上第一部关于国家工程事务规定的专篇法令《营缮令》之中。与秦武王二年律、汉律包括桥道事正面规定与惩罚措施相比,桥道法规在唐代一分为二,"设范立制"的正面规定存于《营缮令》,而"正刑定罪"的惩罚措施则存于《杂律》,而这与营缮事务的法规从散见于多篇律中到律令分离的背景下逐渐集中的演变过程是一致的,体现出官府对包括桥道事在内的工程事务的重视。《夏令》"九月除道,十月成梁"的古训影响深远,唐宋而后降至明清都继承了其立法原旨,但营缮桥道却并不局限在九、十两月,对于那些处于交通要道上的桥梁,其实是随坏随修。而且,唐前期由于租庸调制的影响,九月上旬正是州府转运庸调入京或至指定地区的时期,而唐中后期江淮地区成为赋税主要来源地,随着稻麦复种制的广泛推行,九月依然是江淮地区极为忙碌的农时,因此除道成梁的常规时间推迟为从九月半开始。常规修缮与随坏随修的法律规定结合了原则与变通,以解决事务为导向,以交通畅达、不废行旅为目标,体现出不废于事的务实精神。

由于桥道事关交通、影响及于国家统治,为了保证桥通道达,唐宋王朝一方面通过律、令、诏、敕等各类法律形式予以强调、规范,另一方面又设官分职,以确保有官员负责上至中央、下至地方的这类事务。

在制度设计中,唐代呈现出鲜明的等级性。这种等级性不仅体现在人的身份上,也体现在机构设置及同一类事务的分层上。人有良贱之分,机构有上下之别,事务也同样有主次轻重之辨。法制规定,唐代京城内当城门街者及全国交通干线上的重要桥梁,由主管营缮事务的将作监负责,其余桥梁则由州县负责。而无论是将作监还是州县,都需要遵从中央行政机构尚书工部(依托尚书都省)的政令。这便是严耕望所指出的政令与事务之分,尚书六部上承君相之制命,制为政令,颁下于寺监,促其执行,而为之节制;寺监则上承尚书六部之政令,亲事执行,复以成果申于尚书六部。① 另外,律令以事类命名,如律分《职制》《擅兴》,令有《赋役》《营缮》,辅之以格式,却全以机构名之,如《水部式》《户部格》。隋唐国家正是通过这一套设计出来的等级有序、上下有别的制度来治理国家,如此,即便是桥梁这样的小类事务,也通过这一方式而纳入等级分明的整体之中。尚书分六部,分掌六事类,州县行政机构也仿照中央六部设六曹掌六事类,士曹、司士与州县长吏的关系,犹如六部曹司与宰相的关系。州县再小、人口再少,六事类总是不变的,因此即便未设士曹、司士参军,也应有他曹兼领其事。这体现的不仅是设官分职,也是分司其职、不废于事。这就是京城内当街城门桥梁及位于全国交通干线上的重要桥梁由中央营缮机构将作监修营,其余桥梁由地方州县分理的制度背景。

虽然"唐宋变革论"自内藤湖南提出之后便影响日广,着力强调唐宋之间的变化,但从法制层面来看,唐宋之世虽有变化,但承袭性也是极为明显的。

① 严耕望:《论唐代尚书省之职权与地位》,黄清连主编:《制度与国家》,中国大百科全书出版社 2005 年版,第 139—205 页。

具体到与桥梁相关的制度而言,宋代基本承袭了唐代的相关法制,汴京内当街城门桥梁由作司修营,其余桥梁由州县分理。由于黄河河道变动频繁,再加上西夏、辽与北宋三国政权并立,黄河浮桥不仅是沟通河南、河北的交通要道,更是经营河北、防御四战之地汴京的重要工具,还是通辽的必经通道,因此北宋先是设立了河渠司,后又改置都水监(并置都水外监)来专门处理黄河堤埽、浮桥事,同时,相关州府长吏、通判也需积极配合都水监。其余州县位于交通要道的重要桥梁,尤其是与契丹或西夏毗邻之地,也通常由都水监负责。而普通桥梁,则由转运司、州县等负责营缮与管理。概而言之,北宋桥梁营缮与管理依然呈现出较为明显的层级性,这无疑是受到唐代制度的影响。到了南宋,情况发生了极大的改变。这一变化其实是承袭北宋制度而来。北宋与唐代不同的地方在于,转运司在地方桥梁事中发挥了重要的角色,掌管一路财权的转运使几乎为一路之最高行政长官,无论从财政还是从职务上,桥道事都与转运司关联密切。这是北宋转运司在地方桥道事务上发挥功用的原因。这为南宋所继承,至建炎时期,将作监并归工部,营缮之事,"多俾府尹、畿漕分任其责",京城桥道事由临安府及转运司筹划。另外,南宋建都杭州,远离黄河,黄河水患、决堤不足以为腹心之患,因此曾在北宋作为繁据机构的都水监被省,地方上的桥道事自然由转运司、州县负责。隋及唐初(唐承隋制)所确立的桥梁营缮与管理层级有别的制度至此已被摒弃,轻重、层级有别的分级营缮模式转变为平行负责制,临安府的桥梁与地方州县的桥梁均呈现出鲜明的长吏负责制特征。

既有国家的大力提倡,又有法制的要求与约束,再加上观念的影响,而且桥道事影响面又广,各级官员不管是出于为官职责还是为了个人官声,都乐于从事修桥铺路之事,因为这不仅是响应政府号令、知政善治的体现,也因为修桥铺路是实实在在的公共工程,受益者多,官员自然也就容易获得民众颂扬,既是个人价值的实现,也是晋升的台阶。这是唐宋乃至整个中国古代道路系统较为发达的又一个重要背景。

第二章 桥梁与重要交通干线的连接

第一节 桥、渡与唐代陆路交通干线的连接

交通为空间发展之首要条件。在古代社会,交通基本上可分水路与陆路两线。除了开挖运河,水路交通线基本上是自然天成的。与之相对的是,陆路交通线既受到地理形势的限制,如山谷走向、水流分布,同时也明显地受人为的影响,如陆路交通线的走向与分布,遇江河阻隔选择在哪将被水流截断的陆路连为一线,如何克服水流的阻断保证陆上交通线的畅通,一定程度上决定了一个地区的交通状况。

遇水建桥、设渡是延续至今人类渡过江河最普遍的两种方式。比较而言,在工程上,设渡易而建桥难。择滩实水缓之处,置船筏几只、渡子几人便可渡人、物、畜过水,甚至一人一筏也已。而建桥,不管是木石梁桥,还是无脚拱桥,或是舟桥,既受工程技术之限制,又极费财力人力,而且还时刻受到水文、天气的影响。建桥不易,守桥、维护也难。然而,在保证陆路通行的效率及安全性上,桥梁无疑远胜过渡船。从现有的资料来看,唐代十一座位于重要交通节点上的桥梁,是保证以两京地区为中心唐代交通干线畅通无阻的关键。此外,官府还在其他重要交通节点置船设渡,作为辅助。这些资料集中记载在《唐六典·尚书工部》"水部郎中、员外郎"条,其文曰:

　　凡天下造舟之梁四，（河三，洛一。河则蒲津；大阳；盟津，一名河阳。洛则孝义也。）石柱之梁四，（洛三，灞一。洛则天津、永济、中桥，灞则灞桥也。）木柱之梁三，（皆渭川也。便桥、中渭桥、东渭桥，此举京都之冲要也。）巨梁十有一，皆国工修之。其余皆所管州县随时营葺。

　　其大津无梁，皆给船人，量其大小难易，以定其差等。（白马津船四艘，龙门、会宁、合河等关船并三艘，渡子皆以当处镇防人充；渭津关船二艘，渡子取永丰仓防人充；渭水冯渡船四艘，泾水合泾渡、韩渡、刘棞坂渡、眭城坂渡、覆篱渡船各一艘，济州津、平阴津、风陵津、兴德津船各两艘，洛水渡口船三艘，渡子皆取侧近残疾、中男解水者充。会宁船别五人，兴德船别四人，自余船别三人。蕲州江津渡，荆州洪亭、松滋渡，江州马颊、檀头渡船各一艘，船别六人；越州·杭州浙江渡，洪州城下渡、九江渡船各三艘，船别四人，渡子并须近江白丁便水者充，分为五番，年别一替。）①

　　有不少学者用到了这段材料，称其是古代交通的桥梁法与津渡法，②建筑史家据此探讨唐代的桥梁类型，③也有学者由此探讨个别桥梁的具体情况。④事实上，这段资料还体现了唐中期以前官府尤其是中央官府视野中居于全国陆路交通干线上的桥渡。

---

　　①　（唐）李林甫：《唐六典》卷七《尚书工部》，第 226—227 页；（五代）刘昫：《旧唐书》卷四三《职官志》，第 1841—1842 页。

　　②　周魁一、谭徐明：《水利与交通志》，中华文化通志编委会编：《中华文化通志》第七典《科学技术·水利与交通志》，上海人民出版社 2010 年版，第 304—305 页。

　　③　茅以升主编：《中国古桥技术史》，第 149 页；唐寰澄：《中国科学技术史·桥梁卷》，第 16 页。

　　④　陆敬严：《蒲津大浮桥考》，《自然科学史研究》1985 年第 1 期；陈国灿：《吐鲁番所出唐代来自长安、洛阳的文书》，《陈国灿吐鲁番敦煌出土文献史事论集》，上海古籍出版社 2012 年版，第 151—152 页。

一、十一巨梁

首先来看桥梁。这十一座"巨梁",分布在黄河、渭水、灞水、洛水上。这四条水流正是唐代两京也就是关中、河南地区最主要的水流。在这些河流上建桥、在哪里建,直接关系到两京地区陆路交通的连接。

大阳桥(亦称太阳桥),在今河南省三门峡市西北的黄河上,临近陕郡大阳关,系贞观十一年(637 年)武侯将军丘行恭所造浮桥。《通典》载"陕郡陕县条"曰:"今郡西四十五里有曹阳涧……涧北大阳桥,贞观中,丘行恭造。"① 李吉甫《元和郡县图志》称,"大阳桥长七十六丈,广二丈,架黄河为之,在县东北三里"。《新唐书·地理志》载:"陕有大阳故关,即茅津,一曰陕津,贞观十一年造浮梁。"②陕州治所陕县,其城依山面河,三面悬绝,极为险固,是襟喉之地。自陕州经大阳桥北渡黄河至平陆后,可从虞城、夏县北至太原。从陕州向东有两道,一是正东偏北沿黄河南岸,经底柱、孟县至巩县而东,二是正东偏南至洛阳。③ 而自陕州西去可至长安。由此可知,陕州乃沟通洛阳、长安、太原的交通枢纽。这是选择于此地建浮桥的原因。有大阳桥沟通黄河南北,陕州便进一步牢牢控扼东西、南北交通要道。这也是唐代陕州为雄州、兵家必争之地(如安史之乱中)及陕州太守常兼防御使、后又兼转运使的缘故。正因其重要,大阳桥有护桥水手二百人,规模仅次于河阳桥。

蒲津桥,在今山西永济县内,近蒲津关(临晋关、蒲关、蒲坂),建造历史在黄河诸桥中最为久远,最早见于《左传》鲁昭公元年(前 541 年),当时秦公子咸奔晋,"其车千乘,造舟于河"。之所以选择在临晋关造桥,除了秦晋相邻外,当是因为此地黄河中间有一大长滩,将水面一分为二,跨河浮桥因此可分作两段,多出了两个牵拉浮桥的码头,极大地减少了造桥难度。其后,昭襄王、

---

① (唐)杜佑:《通典》卷一七七《州郡典》,第 4658 页。
② (宋)欧阳修、宋祁等:《新唐书》卷三八《地理志》,第 985 页。
③ 严耕望:《唐代交通图考》第一卷《京都关内区》"长安洛阳驿道",第 50、86 页。

北魏及后周也在此修造浮桥,蒲州因此而为地要雄州。至唐代,太原乃李唐龙兴之地,扼守长安与太原交通要塞的蒲津桥,角色极为重要,"关西之要冲,河东之辐辏,必由是也",①也得到了前所未有的重视。开元九年至十二年(721—724 年),唐玄宗任命兵部尚书张说主其事,改木桩为铁柱、易筞索为铁链,又铸铁人、铁牛以固桥基、码头,对蒲津桥进行了大规模的改造与技术升级。圆仁记载:"有蒲津关……渡黄河,浮船造桥,阔二百许步。黄河西(两)流造桥两处,南流不远两派合,却过七重门向西行五里到河西县。"②河中长洲上,还建有中潬城(西魏已建③),与黄河东岸的河东县、西岸的河西县,并为军事要地。开元九年改造浮桥后,又改蒲州为河中府,为中都,概因其居长安、洛阳、太原之中也。蒲津桥肩负起连接关中与太原的重任。

河阳桥,亦称孟津桥或盟津桥,在今河南省孟津县西南。孟津之南的洛阳,号为"天下之中","居五诸侯之衢,跨街冲之路也",④是各条水陆干线汇集的交通枢纽。孟津黄河与蒲津黄河一样,中间也有一大长洲,将黄河水道分作南北二流,有利于设渡,自殷周之时便是重要渡口,相传武王伐纣时曾于此会盟诸侯渡河,故称盟津。同时,河中有沙洲也便于造桥,自晋时杜预始造浮桥于此,其后北魏、北齐均曾于此建桥。唐代河阳桥与之前一样,因南北水道分流而由南北二桥组成,南北桥各有一码头设在中潬。

河阳既为交通枢纽,便为兵家必争之地。历代在黄河两岸及中间沙洲上筑城,以守卫这一交通、军事要地。北魏孝文帝迁都洛阳,河阳为其通北之要道及防御门户,因此于此重建浮桥,并在孟津北岸筑北中郎府城,后称北城或河阳城。东魏时又在孟津黄河中间长洲上筑城曰中潬城,孟津南岸筑城曰南

---

① (清)董诰:《全唐文》卷二二六《蒲津桥赞》,第 2262 页。
② [日]圆仁:《入唐求法巡礼行记》卷三,[日]小野胜年校注,白化文、李鼎霞、许德楠修订,花山文艺出版社 1992 年版,第 334 页。
③ (唐)令狐德棻等:《周书》卷三九《韦瑱传》载西魏大统八年已置中潬城,太祖令瑱以本官镇蒲津关,带中潬城主,中华书局 1971 年版,第 694 页。
④ (汉)桓宽:《盐铁论简论·通有篇》,马非百注释,中华书局 1984 年版,第 20 页。

城,以与西魏争夺洛阳的控制权。三城紧邻河阳南北二桥,①是防御洛阳的军事屏障。河阳桥失,洛阳无守。河阳桥为沟通河南、河北、河东的重要通道,是"天下之腰膂,南北之噤喉","都道所凑,古今要津"。② 既为兵家必争,因此屡建屡毁,又屡毁屡建。唐时河阳桥为天下第一大桥,为十一巨梁之冠。严耕望先生指出,"此桥规制宏壮,为当时第一大桥,连锁三城,为南北交通之枢纽。渡桥而南,直北上天井关,趋上党、太原;东北经临清关,达邺城、燕、赵;西北入轵关,至晋、绛,诚为中古时代南北交通之第一要津"。③

　　三渭桥均在渭河上。东渭桥在高陵县南十八里处,近桥置有渭桥镇。④东渭桥不仅是通往长安城及中原的交通要冲,而且至迟在玄宗开元二十二年(734 年)已于此旁置渭桥仓,⑤天下转输食粮储藏于此,⑥因此在唐代也是兵家必争地。永泰元年(765 年),吐蕃内犯关中,淮西节度使李忠臣曾率淮西勤王将士驻守此地防御。⑦ 德宗建中、兴元年间朱泚叛乱占据长安时,李晟上疏德宗请求移军东渭桥以分贼势,其后贼将李怀光进攻东渭桥。⑧ 晚唐黄巢率军攻入长安后,亦派干将朱温领兵屯东渭桥。⑨ 由此可见,唐代东渭桥在交通、军事上的重要地位。

---

　　① 参见宋杰:《两魏周齐战争中的河阳》,首都师范大学历史系编:《首都师范大学史学研究》第二辑,中国文史出版社 2004 年版,第 73—92 页。

　　② (清)顾祖禹:《读史方舆纪要》卷四六《河阳桥》,中华书局 1957 年版,第 1962 页。

　　③ 严耕望:《唐代交通图考》第一卷《京都关内区》"洛阳太原驿道",第 132 页。

　　④ (宋)宋敏求:《长安志》卷一一《万年县》卷一七《高陵县》,《宋元方志丛刊》第 1 册,第 132、178 页。孙德润、李绥成、马建熙:《渭河三桥初探》,《考古与文物》编辑部:《陕西省考古学会第一届年会论文集》,1983 年。

　　⑤ 有观点认为高宗咸亨三年已置东渭桥东。参见辛德勇:《隋唐时期陕西航运之地理研究》,《陕西师范大学学报(哲学社会科学版)》2008 年第 6 期。《唐会要》卷八七《漕运》载,"咸亨三年,关中饥,监察御史王师顺奏,请运晋、绛州仓粟以赡之。上委以漕运,河渭之间,舟楫相继。置仓于渭南东,师顺始之也。"(第 1596 页)"渭南东"即指渭水南岸,或在东渭桥处。

　　⑥ 黄寿成:《说唐代的东渭桥》,《中国典籍与文化》2003 年第 2 期。

　　⑦ (宋)司马迁等:《资治通鉴》卷二二三,唐代宗永泰元年九月丙午条,第 7178 页。

　　⑧ (宋)司马迁等:《资治通鉴》卷二二八,唐德宗建中四年十月丁巳条,第 7363 页;《资治通鉴》卷二二九,唐德宗建中四年十一月甲申条,第 7372 页。

　　⑨ (宋)司马光等:《资治通鉴》卷二五四,唐僖宗广明元年十二月壬辰条,第 8242 页。

关于中渭桥的位置,学界此前一直难以确定。文献中多把横桥称为中渭桥,①结合考古发掘,有人认为厨城门桥和洛城门桥均称中渭桥,②然而在2012年至2013年,汉长安城北渭河上发现三组七座古桥遗址,根据最新的渭桥遗址发掘资料及年代检测结果,厨城门三号桥年代大体相当于唐代,当为唐代的中渭桥。徐龙国指出,这与宋敏求《长安志》所载太仓的位置也颇为吻合。大白杨唐代粮仓遗址位于太极宫以西、中渭桥以南、唐代禁苑之内,与"(禁)苑西即太仓,北距中渭桥与长安故城相接"的记载相符。③ 中渭桥近长安西面北侧第一门开远门二十里。从开远门出城后经临皋驿,可西出河陇北达灵武、盐州,西南入巴蜀云南,皆以此为枢纽。④ 而临皋驿就在中渭桥旁,为西行第一驿。中渭桥之地位,由此可知。

西渭桥,初建于西汉建元三年(前138年),时称便门桥或便桥。唐时,便桥仍存,即西渭桥。有学者推测今咸阳市钓台乡资村、西屯和长安县靠子屯之间的沙河古道中的古桥遗址即汉唐西渭桥所在地。⑤ 但多有学者持有异议,如辛德勇指出,沙河古道上的二号古桥不可能是唐代西渭桥。西渭桥应在今咸阳市东南,⑥唐时从开远门向西北趋咸阳,经三桥往西渭桥入咸阳城。关于西渭桥的具体位置虽有争议,但该桥为汉唐间长安城去往西北方向的交通咽喉要地,⑦则无疑义。

灞桥在灞水(滋水)上,相传秦穆公时已在灞河上建桥。唐时灞桥驿近灞

① 参见陈直:《三辅黄图校证》,陕西人民出版社1980年版,第139页。
② 梁云、游富祥、郭峰:《汉渭河三桥的新发现》,《中国国家博物馆馆刊》2013年第4期。
③ 徐龙国:《唐长安城太仓位置及相关问题》,《考古》2016年第6期。
④ 严耕望:《长安西通安西驿道上:长安西通凉州两驿道》,《唐代交通图考》第2卷《河陇碛西区》,第416页。
⑤ 孙德润、李绥成、马建熙:《渭河三桥初探》,《考古与文物》编辑部:《陕西省考古学会第一届年会论文集》,1983年;段清波、吴春:《西渭桥地望考》,《文物与考古》1990年第6期。
⑥ 李之勤:《"沙河古桥"为汉唐西渭桥说质疑——读〈西渭桥地望考〉》,《中国历史地理论丛》1991年第3期;辛德勇:《论西渭桥的位置与新近发现的沙河古桥》,《古代交通与地理文献研究》,中华书局1996年版,第81—103页。
⑦ 辛德勇:《论西渭桥的位置与新近发现的沙河古桥》,《古代交通与地理文献研究》,第81、92页。

桥旁,后又设军镇把守防御。宋敏求《长安志》载:"灞桥镇在(万年)县东二十里,滋水驿疑在此。"①滋水驿即灞桥驿。李令福指出,灞桥镇位于京兆府万年县东向大道与灞河的交叉处。②灞桥最为长安冲要,凡自西东两方面入崤、潼关者必经此处,是长安通往中原的交通、军事要道。

洛水上的四桥,分别是孝义桥、天津桥、中桥与永济桥。

孝义桥是开元时期洛水上唯一的舟桥,位于今巩县黑石关渡东北五里。洛阳在洛水、黄河之间。唐时,从洛阳城东面北侧第一门上东门③出发,沿驿路东去,为洛水阻隔。沟通了洛水两岸的孝义桥,是洛阳东出北上的重要交通枢纽。

河南省交通志称孝义桥建于天宝七年(748年),④误。据已有资料,虽不知洛水孝义桥始建于何时,但从前引《唐六典》文,可知定早于天宝七年。河南省交通志误认为孝义桥建于天宝七年,应是受《通典》的影响:"天宝七载四月,河南尹韦济奏于偃师县东山下开驿路,通孝义桥,废北坡义堂路也"。⑤然而,《通典》此处"通孝义桥"并非指建孝义桥以供通行,而是因为经邙山坡的北坡道,需南接由偃师老城而来的驿路而达孝义桥的官道,迂回路远,因此改由老城向东修驿路,经"东山下",接旧道"通孝义桥"。⑥这是天宝七年偃师老城至孝义桥段驿路发生的变化,却非当时建造了孝义桥。唐时,孝义桥附近有孝义馆、孝义渡,⑦大中时期,巩县有孝义乡,⑧五代时有孝义宫,至迟在宋

---

① (宋)宋敏求:《长安志》卷一一《万年县》,《宋元方志丛刊》第1册,第132页。

② 李令福:《北宋关中小城镇的发展及其类型与分布》,《中国历史地理论丛》2014年第4期。

③ (唐)李林甫:《唐六典》卷七《尚书工部》载"东都城东面三门,北曰上东",第221页。

④ 河南省地方史志编纂委员会编纂:《河南省志》第38卷《公路交通志、内河航运志》,河南人民出版社1991年版,第152页。

⑤ (唐)杜佑:《通典》卷一七七《州郡典》"河南府偃师",第4656页。

⑥ 陈有忠:《唐五代洛阳开封间的交通路线》,《郑州大学学报》1985年第3期。

⑦ (宋)李昉:《太平广记》卷三一一引《传记》"太和处士肖旷,自洛东游,至孝义馆,夜憩于双美亭"。孟郊有诗题为《至孝义渡寄郑军事唐二十五》《送谏议十六叔至孝义渡后奉寄》。

⑧ 萧鼎所作《唐故兴元府南郑县丞扶风马府君墓志铭并序》载墓主于"大中十一年二月廿二日葬于河南府巩县孝义乡北誉村东原"之语。参见周绍良、赵超主编:《唐代墓志汇编》,上海古籍出版社1992年版,第2350页。

初,已有孝义镇。① 未知这是桥、渡因地而名,还是地因桥、渡而名。顾祖禹
《读史方舆纪要》卷四八河南府偃师县,记唐孝义桥在偃师县东二十里,后废。
欧阳修有诗《巩县陪祭献懿二后孝义桥道中作》,可知至北宋孝义桥尚存。巩
县为北宋皇陵所在之地,为国之重地,孝义桥道通皇陵,理当畅通,因此其被废
弃,应在北宋之后。

永济桥,在寿安(宜阳)洛水上,系隋炀帝大业三年(607年)置,隋末毁,
贞观八年(634年)重修,为舟桥,长四十丈三尺,广二丈六尺。② 开元四年
(716年),"(御史)中丞王怡以纠获赃钱叠石重造永济桥,以代舟船,行人颇
济焉。在寿安之西",③由舟桥改为石桥。严耕望先生指出,唐时寿安县治所
即今宜阳县治或县治稍西。永济桥实为陕、洛交通之要。④

天津桥、中桥都在洛阳城内洛水之上。洛水东西横贯,将洛阳城剖为南北
二部。北部以皇城、宫城为核心,附以东城、含嘉仓城等,是皇宫与衙署所在。
基于这一空间格局,不管是洛阳城内的沟通,还是洛阳想要布政四方,桥架洛
水都是首要任务。天津桥、中桥(隋称立德桥)都在隋代已造。天津桥,大业
年间营建洛阳时所建,在隋洛阳城中轴线上,南北横跨洛河,初为铺板舟桥,唐
太宗、武则天时先后改造为石桥,在皇城端门之南、定鼎门之北。正所谓"天
津桥御路之要",天津桥是沟通洛阳南北交通、实现君临天下、号令四方的一
座桥梁。2000年6月,在洛河北岸挖出连续排列的四个桥墩,跨度为十五米。
墩呈龟背形,长二十余米,估计桥宽约二十米,从中可一窥天津桥之规模。⑤

---

① (宋)薛居正:《旧五代史》卷七《梁太祖纪》载乾化二年(912年)五月癸未,梁太祖"夕次
孝义宫","又次偃师"。《太平寰宇记》卷五河南府巩县载孝义镇在"县西二十里"。
② (唐)李吉甫:《元和郡县图志》卷五《河南道》"寿安县",第141页。
③ (宋)钱易:《南部新书》戊,中华书局2002年版,第65页。
④ 严耕望:《唐代交通图考》第一卷《京都关内区》"长安洛阳驿道",第75—76页。
⑤ 关于唐代天津桥的具体研究参见赵振华:《隋唐东都天津桥研究》,《唐研究》第十二卷,
北京大学出版社2006年版,379—395页。关于天津桥的考古挖掘信息,参见刘建新、余扶危、俞
凉亘:《唐代天津桥发掘记》,《洛阳日报》2000年8月11日;中国社会科学院考古研究所洛阳工
作队:《隋唐东都城址的勘查和发掘续记》,《考古》1978年6期。

中桥位置,唐初沿袭隋代不改,但在唐高宗时期,中桥东挪至南对外郭城长厦门的位置,北通漕渠。[①] 天津桥、中桥因其交通位置重要,又在洛阳城中,尤其是天津桥更位居御道之上,因此也是隋唐时代的重要政治空间与社会公共空间。

总而言之,渭桥、灞桥沟通关中及关中东行西去之陆路交通线,蒲津桥沟通长安与太原,而洛水上的天津桥、中桥、孝义桥、永济桥沟通洛阳及洛阳南下、东行之陆路交通。陕郡大阳桥沟通洛阳、长安与太原,而河阳桥则沟通洛阳与黄河以北地区。这十一座架(铺)在渭河、灞河、黄河、洛水上的巨梁,既沟通了关中与洛阳,还保证了北上太原、河北及南下道路的通畅。可以说,唐代以长安、洛阳为中心的陆路交通网的构建,直接得益于这些桥梁的营缮,而陆路交通线路的畅通与否,则直妾受制于这些桥梁的存亡。

二、二十四渡

二十四津渡当中,三在渭水,冯渡、兴德津、渭津渡;五在泾水,合泾渡、韩渡、刘栓坂渡、眭城坂渡、覆篱渡;一在洛水;七在黄河,自西向东依次为会宁津、合河津、龙门津、平阴津、风陵渡、白马津与济州津;六在长江,是为荆州洪亭、松滋渡,蕲州江津渡,(九江)九江渡,江州马颊、檀山渡;一在赣水与袁水汇流处,为洪州城下渡;一在钱塘江即越州·杭州浙江渡。下面依次考证。

渭水上共设官渡三处。渭津渡是朝邑渡渭水至渭水南岸的渡口,近渭津关,在华阴县,近渭水入黄河处,临近永丰仓,东去潼关四里,《元和郡县图志》卷二华州华阴县曰"永丰仓在县东北三十五里渭河口,隋置。""潼关在县东北三十九里"。自华阴县治所而东北至永丰仓。仓当渭水入黄河之口,过渭津关渡,北通朝邑。[②] 兴德津在渭水,华阴县北,"兴德宫在县南三十二里,义

---

① 关于中桥的具体研究参见郭绍林:《洛阳天津桥、中桥与唐代社会生活》,《洛阳师专学报》1996年第6期。

② 严耕望:《唐代交通图考》第一卷《京都关内区》"长安洛阳驿道",第34页。

旗将趣京师,军次忠武园,因置亭子,名兴德宫"。① 严耕望先生考证,兴德宫在隋时属华阴,唐兴德津因此宫而名,是冯翊、华阴间的渭水津渡。② 渭水冯渡,③暂未能考出。

　　泾水上有合泾渡、韩渡、刘椊坂渡、眭城坂渡、覆篦渡五处官渡。眭城坂渡,在今泾阳县南三公里处泾河上。颜师古注《汉书》"长平坂"云:"泾水之南原,即今所谓眭城阪也"。如淳注曰:"上原之坂有长平观,去长安五十里"。④《元和郡县图志》云,"长平阪在泾阳县西南五里"。《长安志》云:"长平阪,俗名睦城阪"。由是可知,泾阳县西南五里有长平坂,为大道所经,坂下即是泾河,向东南流进入高陵县界。从咸阳或长安中渭桥趋泾阳,皆须经眭城坂,坂下泾河渡口名眭城坂渡。⑤ 眭城渡,是泾水上沟通咸阳与泾阳驿道之渡口。合泾渡,或为泔河与泾水汇合处。除《唐六典》外,史书未见"合泾渡"之名,但《长安志》载有泾甘渡,县西,而《醴泉县志》也载有泾泔渡,"在(醴泉)县东五十里泔河合泾处",⑥或与唐合泾渡相距不远? 韩渡、刘椊坂渡、覆篦渡暂未能考出。邠州临泾水,为长安西北屏障,应有渡口沟通泾水两岸。唐时数次战争均提到将士自邠州渡泾水,如广德二年,仆固怀恩与回纥、吐蕃进逼奉天,后又率众寇邠、泾二州,列阵于邠州北原,郭晞率众御之。其后,仆固怀恩等率残军"涉泾而遁"⑦,当是自邠州渡泾水而归。不知此处为何渡? 应是韩渡、刘椊坂渡、覆篦渡中之一。泾水纵流关中,至高陵而与渭水合,将关中陆路交通切割。渭水因临长安,故官渡于其上建桥,至于泾水则多设官渡,以沟通两岸。

---

① (唐)李吉甫:《元和郡县图志》卷二《同州冯翊县》,第37页。
② 严耕望:《唐代交通图考》第一卷《京都关内区》"长安洛阳驿道",第33页。
③ 黄现璠在《唐代社会概略》误将"冯渡"作"鸿渡",第221页。
④ (汉)班固:《汉书》卷八《宣帝纪》,第271页。
⑤ 穆渭生:《唐代关内道军事地理研究》,陕西人民出版社2008年版,第241页。
⑥ (宋)宋敏求纂修:《长安志》卷一七《桥渡》,《宋元方志丛刊》第1册,第177页;(清)舒其绅修、严长明纂:《西安府志·醴泉县志》,高叶青、党斌校点,三秦出版社2011年版,第196页。
⑦ (宋)司马光等:《资治通鉴》卷二二三引《汾阳家传》,唐代宗广德二年十月庚午,第7186页。

令人生疑的是《唐六典》中旳"洛水渡口",指的是洛水上的某一渡口,还是洛水上的所有官渡?唐时洛水上共有多少渡口,难以确知。但搜检典籍,有永济渡、黑石渡等。永济渡在永济桥处,可能是永济桥废则启用永济渡,但开元时期有永济桥,①故而洛水渡口当是另有他指。巩县西南的洛水上有黑石渡,因洛水之东有黑石山而名,山下有黑石关。黑石关渡控扼巩县、洛阳之中,是险要之关、交通要道。黑石渡之东北有虎牢关,虎牢关在今氾水县西,当洛水入黄河处,是洛水之口,形势险要,但未见虎牢关置渡之记载。白居易《三月三日祓禊洛滨》言洛水有"杨子渡",此外卢氏县南洛水上还有通津渡。从《唐六典》上下文而言,前面讲到黄河、渭水、泾水等渡口都指向明确、置船几艘,因此洛水渡口不似指所有洛水上的渡口,而是仅指某一处渡口。黄现璠也持这一见解。② 从见于记载的洛水渡口来看,以黑石渡最为重要,是军事与交通要道。因此,洛水渡口指的有可能是黑石渡。

沟通泾、渭、洛水关系到关中、河南地区的陆路交通。对于全国而言,黄河、长江、浙江、赣水等大江大河贯通其中,要沟通全国范围内的陆路交通,便有必要建桥设渡连接这些江河的两岸。黄河上设有官渡七,分别是:

会宁津,近会宁关,在今甘肃靖远县城东北,西魏、北周时已置,《元和郡县图志》卷四"关内道"曰会宁关"东南去州一百八十里",其西有乌兰关津。③会宁关津连接会州。严耕望先生指出,会州乃四会之地,南之原州,西之凉州,北之灵州,东之盐州,西南之兰州,乃西北之交通枢纽。④ 而会州往西行,必先经会宁津渡黄河。会宁、乌兰关津是长安通凉州北道之咽喉。P.2507《水部式残

---

① 《南部新书》载卢宏正《题柳泉驿》云:"余自歙州刺史除度支郎中,八月十七日午时过永济渡,却自度支郎中除郑州刺史,亦以八月十七日午时过永济渡。"参见(宋)钱易:《南部新书》乙,第 14 页。

② 黄现璠:《唐代社会概略》,吉林出版集团有限责任公司 2009 年版,第 221 页。

③ (唐)李吉甫:《元和郡县图志》卷四《关内道》,第 97—98 页。

④ 严耕望:《唐代交通图考》第二卷《长安西通安西驿道上:长安西通凉州两驿道》,第 412 页。

卷》云会宁关有渡船五十艘,按唐制,渡船各置渡子三人至五人,则会宁津有渡子二百人左右,每日渡人规模可以想见。会宁津乃西北黄河段的一个大渡口。

合河津,在岚州合河县,近合河关,在今山西省兴县西北七十里。北宋人宋白称,合河县城下有蔚汾水,西与黄河合,故称合河。① 合河津是沟通岚州和麟州的黄河渡口,也是边防要地,有助于巩固北都太原的安全。《资治通鉴》载:唐开元时期"叛胡潜与党项通谋,攻银城、连谷,据其仓庾",开元九年秋,"张说将步骑万人出合河关掩击,大破之",② 即从合河津渡河西击叛胡。

龙门津,近同州龙门关,在今山西河津市西北龙门山下。《元和郡县图志》载:龙门关"在县西北二十二里",关下有禹门渡,也即龙门关津渡。③ 此关早在西魏时已置,龙门津在唐代是韩城东去龙门往绛州的渡口。

平阴津,近平阴津关,在今河南孟津县东北白鹤乡白鹤村西北。与孟津黄河一样,平阴津黄河中也有一沙渚,因此很早就是黄河上的重要渡口。《史记正义》引《括地志》载:"平阴故津在洛州洛阳县东北五十里"。④ 平阴关、孟津关是守护洛阳的北大门。隋大业时杨玄感作乱,自黎阳曲起兵,令其弟帅先锋部队渡平阴津、克白司马坂,进围洛阳。

风陵渡近渭津关,正当潼关北,"有风陵堆,与潼关相对"。⑤《元和郡县图志》卷一二"河中府河东县"云:"风陵堆山在县南五十五里","风陵故关一名风陵津"。《元和郡县图志》卷二"潼关"言:潼关"上跻高隅,俯视洪流,盘纡陵极,实为天险,河之北岸,则风陵津,北至蒲关六十余里,山河之险,迤逦相接,自此西望,川途旷然"。潼关为长安东出第一险要之塞,而风陵渡则是出潼关北渡黄河的津渡。

① (宋)司马光等:《资治通鉴》卷二一二胡三省注引宋白语,唐玄宗开元九年七月己酉,第6746页。
② (宋)司马光等:《资治通鉴》卷二一二,唐玄宗开元九年七月己酉,第6746页。
③ (唐)李吉甫:《元和郡县图志》卷一二《河东道龙门县》,第335页。
④ (汉)司马迁:《史记》卷五四《曹相国世家》,第2024页。
⑤ (唐)杜佑:《通典》卷一七九《州郡典》"蒲州河东县",第4726页。

白马津在今河南滑县东北，古黄河南岸，因在白马山下而名，是黄河上一个古老而成熟的优良渡口，早在春秋时已存。由于隋开皇三年（583 年）置黎阳仓于对岸，故此津后亦称黎阳津。《元和郡县图志》卷八河南道滑州白马县："黎阳津，一名白马津，在（白马）县北三十里鹿鸣城之西城隅。"①从秦汉至魏晋南北朝隋唐时期，白马津都是兵家必争之地，也是行旅客商往来的重要南北通道。北宋熙宁年间，由于澶州黄河决堤，澶州浮桥被毁，改于此处修建滑州浮桥。②

济州津，济州黄河渡口，在今山东茌平县西南。济州治所卢县故城原称碻磝城，津在城西黄河上，因此该津在北朝时曾称碻磝津。后周武帝平齐后，在碻磝津置关，曰济州关。隋亡关废津存，唐初袭隋制，于此设津。济州东南的郓州，是"中原东通海岱辽东新罗道和海岱地区南北交通两道的交汇点"，郓济一线，南北用兵与通使多取此道。③ 由此可推知济州津在沟通陆路交通中的重要地位。天宝十三年（754 年），济州郡县城为河所陷，④济州所管县并入郓州，河流迁徙改道，近卢县故城的济州津应亦废，或改迁他处，"至唐代后期，故津河上，又有杨刘渡兴起，为郓、博间交通要津，形势如故"。⑤ 郓州黄河上的杨刘渡成为沟通中原往辽东的新通道。

以上七渡西至会宁，东至济州，沟通南北、东西黄河两岸，或为交通要道，或兼为边防重地，军事、交通地位突出，因此官府设津渡，并多置关卡、防人，以交通之，以镇守之，以管理之。

长江上设官渡六，自西而东依次为荆州洪亭、松滋渡，蕲州江津渡，（九江）九江渡，江州马颊、檀山渡。

---

① （唐）李吉甫：《元和郡县图志》卷八《河南道》"滑州白马县"，第 198—199 页。
② （宋）李焘：《续资治通鉴长编》卷二八四，宋神宗熙宁十年八月戊子，第 6951 页。
③ 严耕望：《唐代交通图考》第六卷《河南淮南区》，上海古籍出版社 2007 年版，第 2136 页。
④ 王仲荦：《北周地理志》卷八《河南下》"济州卢县"，中华书局 1990 年版，第 750 页。
⑤ 严耕望：《唐代交通图考》第六卷《河南淮南区》，第 2126 页。

蕲州江津渡,在今蕲州黄梅长江上,为沟通蕲州与江州的重要渡口。严耕望先生指出,大抵江西、岭南与河洛中原来往之行旅,多取蔡、申、安、黄、蕲、江州路,或蔡、光、黄、蕲、江州路,①因此,蕲、江二州实为南北交通之地。《舆地纪胜》卷四七"蕲州古迹"载"太子驿在黄梅县南七十五里,旧传,梁武帝于此得子,号太子驿,唐改临江驿"。江津渡在蕲州黄梅临江驿南之长江上,为蕲州渡长江之江州的渡口。苏味道有诗《九江口南济北接蕲春南与浔阳岸》,是从江州渡河往北去蕲春,"津吏挥桡疾",②当是由官渡渡江北上。疑江津渡对岸即长江以南九江郡内九江渡。九江渡属九江郡(天宝元年改九江郡为浔阳郡③)。宋黄庭坚作《承天宝禅师赞》云:"黄梅路口,雪里开花。九江渡头,无风起浪",④将黄梅、九江并称,而江津渡在蕲州黄梅县,隔江相对、地属九江郡的则应称九江渡。此渡或因袭唐名。因此,怀疑《唐六典》"洪州城下渡、九江渡"中间应有漏载或省略,九江渡不属于洪州,而应属于九江郡。或许是因为九江渡名与郡名重叠,不好写作"九江九江渡",故省略郡名,载作九江渡。

江州马颊、檀头渡应在今江西九江湖口县长江上。顾祖禹指出,马颊渡在都昌县北九十里,旁有檀山戍,唐武德五年,因此地为水陆之冲,故置檀山戍,与马颊渡相对。⑤盖马颊渡与檀山渡为同一津渡,在马颊渡对面者,因檀山戍

① 严耕望:《唐代交通图考》第六卷《河南淮南区》"洛阳郑汴南通汉东淮上诸道",第1853页。

② (唐)苏味道:《九江口南济北接蕲春南与浔阳岸》"江路一悠哉,滔滔九派来。远潭昏似雾,前浦沸成雷。鳞介多潜育,渔商几溯洄。风摇蜀柿下,日照楚萍开。近漱溢城曲,斜吹蠡泽隈。锡龟犹入贡,浮兽罢为灾。津吏挥桡疾,邮童整传催。归心讵可问,为视落潮回"。

③ (宋)欧阳修、宋祁等:《新唐书》卷四一《地理志五》,第1068页。

④ (宋)黄庭坚所作《承天宝禅师赞》,参见曾枣庄、刘琳主编:《全宋文》卷二三三〇,第107册,第335页。

⑤ (宋)乐史:《太平寰宇记》卷一一一《都昌县》载,"彭蠡戍,在县西北七十里,西临彭蠡湖,北连钓矶山。唐武德五年以江湖阔远,遂置镇。景龙元年复为戍,以为冲要。檀山废戍在县北90里,与马颊相对。武德五年,以水陆要冲置戍",中华书局影印本1999年版,第14页。顾祖禹:《读史方舆纪要》卷八四《江西》"四望山寨"条所载略同,中华书局2005年版,第3574页。

而称檀山渡。檀山则因檀道济尝领兵登此山巅而名。①

　　荆州松滋渡在松滋县长江南江(又称外江。长江流至枝江遇百里洲分为内外两道,百里洲北为北江、内江,百里洲南为外江、南江。南、北两江在百里洲东合流)上,沟通长江南北两岸。由于荆州江陵府自楚以来便为长江中游之大都市,唐代时人口常逾百万,长江东西水运与华北岭南之南北陆运交会于此,是当时中国四方舟车凑聚之地。② 松滋渡便是荆州江陵段连接长江两岸沟通南北陆运驿道的津渡。松滋渡亦名灌子口,《入蜀记》载乾道六年十月三日"泊灌子口,盖松滋、枝江两邑之间。……灌子口一名松滋渡"③。此渡既处江陵,为长江之大津渡,留下的资料自然也就较为丰富,众多文人骚客留下了与松滋渡相关的诗文。④ 然关于荆州洪亭渡,仅《唐六典》有载。严耕望先生因松滋县治之后有一江亭,江亭近渡口,或为驿馆,怀疑"洪亭"乃"江亭"之误。⑤ 不过,津渡的命名,同一个津渡或有两名,在水流的两岸各有一名,如白马津在黄河北岸又名黎阳津,江州马颊津在对岸则名檀头津,考虑到江亭在松滋县治之后,位置亦在南江之南,若同用南岸之名,称松滋渡为江亭渡,似不符合唐人津渡命名习俗。考虑到松滋渡在南宋时也名灌子口,那么洪亭有无可能是唐代松滋渡在南江北岸的另一个名称? 存疑。

────────────────

　　① (宋)乐史:《太平寰宇记》卷一一一《都昌县》载,"檀头山有石室,以宋檀道济尝领兵登望而名。其地盖与城山相近",第 14 页。

　　② 严耕望:《唐代交通图考》第四卷《山剑滇黔区》"成都江陵间蜀江水陆道",第 1134 页。

　　③ (宋)陆游:《入蜀记》卷五,中华书局 1985 年版,第 48 页。乾道六年(1170 年)十月陆游在松滋渡,作有《松滋小酌》一诗。参见钱忠联校注:《剑南诗稿校注》卷二《松滋小酌》,浙江教育出版社 2011 年版,第 120 页。

　　④ (唐)杜甫《泊松滋江亭诗》、孟浩然《秋日陪李侍御渡松滋江》《陪张丞相自松滋江东泊渚宫》、刘禹锡《松滋渡望峡中》《酬窦使君寒食日途次松滋渡先寄示四韵两诗》、司空图《松滋渡诗》等。

　　⑤ 严耕望:《唐代交通图考》第四卷《山剑滇黔区》"成都江陵间蜀江水陆道",第 1132 页。黄现璠认为洪亭乃一地名,松滋渡是江州与洪亭之间的津渡,其处理法,一如檀头渡,视檀头渡分别为马颊与江州之间的渡口(参见《唐代社会概略》,第 221 页),这无疑是错误的。按《唐六典》载位于杭州与越州间的浙江渡写作"越州·杭州浙江渡"可知,若松滋渡、檀头渡分别为荆州与洪亭间、马颊与江州间津渡,则应写作"荆州·洪亭松滋渡""江州·马颊檀头渡"。

洪州城下渡,疑即洪州萧滩镇(即今江西樟树市西南临江镇)赣水上渡口。嘉庆《江西通志》载临江府有城下渡五处,为一大渡。临江府,明代置,系改元代临江路而来。而元代的临江路又本源于始建于宋代淳化三年(992 年)的临江军,辖清江、新淦、新喻三县,以清江县为治所。清江县始置于南唐升元二年(938 年),治所在萧滩镇。而萧滩镇始置于唐武德八年(625 年),临江而置,故后改称临江军。换言之,萧滩镇自唐设置之后,一直是清江县、临江军、路、府的治所。萧滩设镇,与赣水、梅岭通道地位的上升有关。南北走向的赣水,是江州、洪州、吉州、虔州等地的天然交通线,尤其是在张九龄开梅岭道后,自长江南下赣水经梅岭入粤,这一交通路线日渐重要。此前,中原南下岭南,自秦通灵渠后,是由长江经洞庭湖沿湘水经灵渠通漓江,但随着梅岭古道的开通,由于江淮地区经济的发展与地位的上升,从今江西境内沟通岭南的交通路线后来者居上,超过长期以来的湘漓通道。唐设萧滩镇,是因为该镇所在之地,正当赣水与袁水合流之处。而袁水为东西走向,西流至袁州与萍乡之间,改取陆路之萍乡,可沿萍水(下游称渌水)入湘江,因此袁水、萍水(渌水)沿线早在唐代以前就是湘赣两省之间的重要通道。萧滩镇地当袁水与赣水合流之处,控扼南北、东西之交通,当南粤、虔、吉舟车四会之冲,唐于此设镇,目的在取其交通、军事要地之利便以防御地方、稽查行旅。这也是五代以萧滩镇为治所设县、宋置临江军的缘故。唐天祐二年(905 年)韩偓有诗《乙丑岁九月在萧滩镇驻泊两月忽得商马杨迢员外书》①,所指正是此镇。正因萧滩镇控扼袁水、赣水南北东西要道,唐于此置官渡。《唐六典》所云洪州城下渡,所指应是此渡。

越州·杭州浙江渡在杭州钱塘江上,钱塘江将越州、杭州厘开,杭州在江东北岸,对岸为越州。浙江渡是一处古渡,隋唐以后,由于京杭大运河的开通,杭州成了大运河南端的重要水陆码头和交通中心,浙江渡也因此变得

---

① 陈才智:《韩偓诗全集汇校汇注汇评》,崇文书局 2017 年版,第 86 页。

更加繁忙。《唐六典》载,唐朝开元、天宝时"钱塘江已有水驿之役",所言正是浙江渡水驿。至宋时,由于经济重心的南移,再加上南宋定都临安,浙江渡的角色进一步凸显,史料记载甚为丰富。"在浙江亭江岸,对西兴",①对岸西兴渡在唐时原称西陵渡,吴越武肃王(钱镠)以西陵非吉语,遂改曰西兴渡。"其渡江之处,自草桥门外江西岸渡者,曰浙江渡,对萧山县西兴(渡)",②浙江渡在候潮门外钱塘江西北岸,对岸称西兴渡,是钱塘江上最繁忙的渡口。

总括而言,以上十一巨梁、二十四渡,分布在泾、渭、洛水及黄河、长江、赣水、钱塘江等七条河流上。其中,泾水五渡,渭水三桥三渡,洛水四桥一渡,黄河三桥七渡,长江六渡,钱塘江一渡,赣江一渡。这是一张以京、都为中心的陆路交通网。首先是西京长安,分布在渭水、泾水、灞水及大阳桥以西黄河上的桥渡,都是为了沟通以西京长安为中心的陆路交通,三渭桥、灞桥、泾水五渡沟通的是长安与周边地区的陆路交通,会宁津沟通长安与凉州,合河津、龙门津、蒲津桥、大阳桥、风陵渡沟通黄河东西岸的岚州与麟州、韩城与龙门、朝邑至蒲州、陕城与平陆、潼关至河东之间的陆路线。其次是东都洛阳,黄河上的河阳桥、平阴津、白马津是为了沟通洛阳北上河东、河北的陆路线,天津桥、中桥、孝义桥、永济桥、洛水渡口等则是为了沟通洛阳城内及其与黄河以南周边地区的陆路线。诸桥渡保证了以京、都为中心的关内、河南道陆路交通畅通。此外,黄河东段的济州津连接的是中原与辽东,长江上的荆州洪亭、松滋渡连接中原与荆湖、岭南,蕲州江津渡与九江渡连接蕲州与江州,马颊檀头渡连接江州湖口及对岸,浙江渡连接越州与杭州,城下渡连接赣水、袁水南北、东西交通。十一桥梁、二十四渡口沟通了渭水、泾水、洛水、黄河、长

---

① (宋)吴自牧:《梦粱录》卷一一《堰闸渡》,《东京梦华录》(外四种),古典文学出版社1956年版,第225页。

② (宋)司马光等:《资治通鉴》卷二五〇,唐懿宗咸通元年三月辛亥条引胡三省注西陵渡,第8082页。

江、钱塘江、赣江等水流,形成了以长安、洛阳为中心向东、南、西、北四面辐射的陆路交通网络。

三、津渡的运营与唐后期新增重要桥渡

以上二十四津渡,根据津渡大小、渡水难易的不同,各津渡的船只数量、渡子人数也各有差异。列表如下:

津渡名	所在河道	渡船数	渡子数	渡子来源
白马津	黄河	4	4×3	以当处镇防人充
龙门津	黄河	3	3×3	
会宁津	黄河	3	3×5	
合河津	黄河	3	3×3	
风陵津	黄河	2	2×3	取侧近残疾、中男解水者充
平阴津	黄河	2	2×3	
兴德津	黄河	2	2×4	
济州津	黄河	2	2×3	
洛水渡口	洛水	3	3×3	
渭津渡	渭水	2	2×3	永丰仓防人
冯渡	渭水	4	4×3	取侧近残疾、中男解水者充
合泾渡	泾水	1	1×3	
韩渡	泾水	1	1×3	
刘栏坂渡	泾水	1	1×3	
眭城坂渡	泾水	1	1×3	
覆篱渡	泾水	1	1×3	

续表

津渡名	所在河道	渡船数	渡子数	渡子来源
江津渡	长江	1	1×6	取近江白丁便水者充
松滋渡	长江	1	1×6	
洪亭渡	长江	1	1×6	
马颊渡	长江	1	1×6	
檀头渡	长江	1	1×6	
九江渡	长江(？)	3	3×4	
城下渡	赣水与袁水汇合处	3	3×4	
浙江渡	浙江	3	3×4	

　　由上表可知,配备渡船最多的两个渡口是黄河上的白马津与渭水上的冯渡,共有四艘渡船。其次是龙门津、会宁津、合河津、洛水渡口,渡船三艘,越州·杭州浙江渡、洪州城下渡、九江渡,虽然也是三艘渡船,但每艘船有渡子四人,龙门津等地每船所配渡子为三人。渭津渡、济州津、平阴津、风陵津、兴德津船各两艘,兴德津每船四人,其余诸渡每船三人。泾水诸渡或许是因为人流量较之他处为少,故而合泾渡、斡渡、刘栓坂渡、睦城坂渡、覆篱渡各有渡船一艘,每船三人。

　　令人不解的是,繁忙的蕲州江津渡、荆州洪亭、松滋渡、江州马颊、檀头渡也只有渡船一艘。可以确定的是江州马颊、檀头渡系长江南、北相对两渡之名,也即两岸各设官渡船一艘,江津渡与九江渡①、荆州洪亭渡与松滋渡或许亦是如此。又,考虑到每艘船上配备的渡子人数最多,为六人,疑长江上的渡船较之黄河、渭水、泾水、洛水上的渡船要大。虽然部分渡口常见于诗文,但关于这些渡口的实际运营情况,却几无任何资料可供参考。荆州、蕲州都

---

　　①　但九江渡船数量与渡子人数配置有异,船3艘、每艘渡子4人,而长江上其他5渡均为船一艘,渡子6人,由此来看,似乎九江渡又不当指长江上渡。

是极为繁忙、重要的渡口。按常理来论,若该处长江江面仅有一只渡船运营,即便渡船规模较大,往返一趟时间甚长,一日之中,也来回不了几趟。过江客旅必定需要等候很长时间,寻常客旅还不打紧,若是军国紧急之事,必定极为不便。

然而,按苏味道《九江口南济北接蕲春南与浔阳岸》云:"江路一悠哉,滔滔九派来。……津吏挥桡疾,邮童整传催",既由"津吏"急速挥桡驱船前行,可知苏味道所乘必为官渡船,又言"邮童整传催",似蕲春—浔阳之间官渡船为邮驿之用。戴叔伦《留别道州李使君圻》有"泷路下丹徼,邮童挥画桡",写的是戴叔伦乘船过武溪时的情景,划桨者为邮童,或许是因为武溪未设渡子(津吏)之故? 但这提醒我们,长江等南方水流上的官渡船可能是为了邮驿等公务而设,当然也应兼供私人渡江之用,但并非专为客旅过江而设。

事虽有公私之别,但在渡江的目的上,却是一致的。像松滋渡这类临近大都会的渡口,过江者众,仅靠一两艘官渡船往来运送客旅,是难以满足实际需求的。若供求矛盾过于突出,必定难以长久。当配备的官船数量不能满足需求时,会有其他途径补充船只数量,以使津渡正常运营。这应是常理。

黄河上会宁津的渡船数量或许可供参考。

《唐六典》所载会宁津仅有渡船三艘,每船渡子五人,与敦煌文献所载该处渡船数量有很大的出入,这或许表明《唐六典》所载渡船数量并非会宁津实际运营数量。P.2507《水部式》残卷记载:

54. 会宁关有船伍十只,宜令所管差强了官检校。

55. 著兵防守,勿令北岸停泊。自余缘河堤渡处,亦

56. 委所在州军严加捉搦。①

会宁关下即为会宁津,该处运营的船只有五十只。通过梳理地名的变动,

---

① 刘俊文:《敦煌吐鲁番唐代法制文书考释》,第330页。

仁井田陞认为 P.2507 号卷子所载《水部式》的年代应在开元十三年（725 年）之后的开元年间，王永兴、刘俊文等人也认同这一观点。① 而《唐六典》所载唐代制度乃是以《开元七年令》为主，兼采开元七年格式以及武德以来的法制规定。② 由是可知，开元中后期，会宁关的船只数量大为增长。这有两种可能：

一是会宁津配渡船三艘，乃是开元前期或开元之前的规定，至开元中后期，由于渡口繁忙、行旅拥堵，所以船只大幅增长。

二是《唐六典》与《水部式》所载为同时期制度（这是很有可能的，从河阳桥、大阳桥等配水手数量及相关规定来看，《唐六典》有关桥渡的规定与《水部式》高度重合），但会宁津有三艘渡船及其渡子是由官府配置的，除这三艘官渡船之外，还有其他的渡船。

凉州至长安道在安史之乱以前极为繁盛，可与幽、并、荆、益并称。从西域经河西走廊入长安，道路有二，一为经天水南下至长安，是为南道，二是渡河经会州沿泾州至长安，是为北道。③ 会宁关津乃是西北地区的第一大关津渡口，是北道的交通枢纽。从《水部式》所披露的五十艘渡船来看，可以想见，该渡口的行旅人数众多，极为繁忙。既如此，在官配三艘渡船不能满足行旅过渡需求之时，不管是官府还是附近民众，都有扩大渡船规模的动机与需求。

在重要渡口除了官府配置的渡船、渡子之外，应该还有其他渡船，如此才可满足实际需求。如，荆州江陵府在唐代已是一大都会，从流传下来的诗文可

---

① ［日］仁井田陞：《中国法制史》第 3 部，东京大学出版会 1959 年版；王永兴：《敦煌写本唐开元水部式校释》，北京大学中国中古史研究中心编：《敦煌吐鲁番文献研究论集》第三辑，第 41—68 页；刘俊文：《敦煌吐鲁番唐代法制文书考释》，第 329—335 页。不过，赵吕甫却认为该《水部式》应作于乾元元年（758 年）或二年。赵吕甫：《敦煌写本唐乾元〈水部式〉残卷补释》，《四川师范学院学报》1991 年第 2 期。

② ［日］仁井田陞：《唐令拾遗》序论部分"《唐六典》"，第 61—65 页；高明士：《中国中古礼律综论——法文化的定型》，商务印书馆 2017 年版，第 411 页。

③ 严耕望：《唐代交通图考》第二卷《长安西通安西驿道上：长安西通凉州两驿道》，第 342 页。

以管窥当时渡江往来荆州的行旅如鲫;①又蕲州与江州浔阳之间的江津渡,也是交通要道。在这样繁忙的大江津渡,若是仅有官配渡船一两艘,应是难以满足实际需求。可以想见,在供求矛盾极端突出的情况下,渡船规模必须扩大,官府的选择有二,一是增加官府渡船,这需要投入大量的资金、物力与人力。二是允许民间力量进入津渡运营,官府只要加强管理即可。相比之下,后者明显是更为可取的办法。

会宁津的这五十艘渡船,不管是全部归官府所有,还是有诸如雇佣而来或民间私有,从"宜令所管差强了官检校"的要求来看,这些渡船在经营上都需要接受津吏调控与管理。之所以要"著兵防守,勿令北岸停泊"渡船,是因为会宁关黄河北岸有突厥等部族常来光顾,禁止渡船北岸停泊,是为了防御安全。"自余缘河堪渡处,亦委所在州军严加捉搦",表明黄河上存在私渡。此事寻常,不独存在于黄河,也应广泛存在于其他河流。

从宋代来看,津渡存在官渡、私渡及买扑河渡三种。② 买扑指的是河渡、坊场等采取税收承包的方式,投买民户向官府交钱以承包某一河渡等地的经营权。买扑河渡是由民间力量经营非边防、军事要地的内河渡口,先由民户投状申请,找人担保;投状申请递交后,官府择价高者给付。扑买者须在官府登记,办理资产抵押,并预交部分税款即课利钱,请人担保。如果扑买者之后不能及时缴纳税款,则由担保人支付,若担保人亦不能缴纳,之前竞买扑买权时所抵押资产便被官府没收。③ 扑买河渡时一般以本地民户为先,"两人已上,

---

① (唐)杜甫《泊松滋江亭诗》、孟浩然《秋日陪李侍御渡松滋江》《陪张丞相自松滋江东泊渚宫》、刘禹锡《松滋渡望峡中》《酬窦使君寒食日途次松滋渡先寄示四韵两诗》、司空图《松滋渡诗》等。

② 参见黄纯艳:《造船业视域下的宋代社会》,上海人民出版社2017年版,第427—445页。

③ 裴汝诚、许沛藻:《宋代买扑制度略论》,《中华文史论丛》1984年第1期;曹家齐:《宋代关津管理制度初探》,《西南师范大学学报》1999年第2期;杨永兵:《宋代买扑制度研究》,人民出版社2012年版。

给家业抵当最多之人,其所通抵产不得出邻州之外",①抵押资产既不得出邻州之外,便是限定了投状买扑者之由来。渡口所需舟船、渡子等一应材料人员,都由买扑者自备,但他们需接受监渡官的监督。宋代监渡官多为武臣,因为"文臣养亭(高)②自重,视本职为猥贱而不屑为",所以多由武选人、衙前役人充。监渡官的职责是在渡船离岸前点检人数、牲畜、挑担等数目,以免超载致使渡船覆溺,并监视艄公、水手按时出发、奉公守法、安全行渡。③

除了民办官管的买扑渡口外,更有大量的私渡。自宋太祖时始,不时有诏禁私渡,或放开私渡,诏令对黄河、滹沱河等位处边防前线河流上的私渡禁止尤其频繁,但随着南方的统一,长江等内陆河流上的私渡则逐渐放开,听民置私渡。④

由于买扑渡、私渡都以营利为主要目的,因此多有超载以致渡船翻覆。为此,除对民间力量所经营的渡口加强监管之外,仁宗天圣四年(1026年)四月,翰林学士夏竦还建言曰:

> 金山羊栏、左里、大孤、小孤、马当、长芦口等处,皆津济艰险,风浪卒起,舟船立至倾覆,逐年沉溺人命不少。乞于津渡险恶处官置小船十数只,差水手乘驾,专切袛应。其诸路江河险恶处,亦乞勘会施行。⑤

他希望在长江等江河险恶之处,官置救援船只、水手,以救助覆溺之人。史家多认为买扑虽盛行于宋,但很可能在唐后期就已出现。⑥

虽然关于私人经营的渡口,史籍亦未见明确记载,但按常理推测,也必定存在于唐代及以前的历史时期。根据宋敏求纂《长安志》所载,渭水上渡口较

---

① (唐)李焘:《续资治通鉴长编》卷四一九,哲宗元祐三年闰十二月丙辰。
② (清)徐松:《宋会要辑稿》方域一三之一六原载为"养亭自重",刘琳等点校的《宋会要辑稿》改为"养高自重",应是正确的,意为文臣养尊自重,不屑于担任监渡官,是以多由武选人充任,第9541页。
③ (清)徐松:《宋会要辑稿》方域一三之一一,刘琳等点校本,第9538页。
④ 关于宋代的私渡,参见黄纯艳:《造船业视域下的宋代社会》,第436—438页。
⑤ (清)徐松:《宋会要辑稿》方域一三之五"四方津渡",刘琳等点校本,第9535页。
⑥ 如裴汝诚、许沛藻:《宋代买扑制度略论》,《中华文史论丛》1984年第1期;李华瑞:《试论宋代榷酒制度中的买扑形式》,《西北师大学报》1991年第1期等。

之《唐六典》所载多出数倍,咸阳县有中桥渡、安刘渡、两寺渡、嘉麦渡,①栎阳县有田王渡、田家渡、周夏渡、圣力渡、万安渡、耿渡、孟渡等七渡。此外,栎阳县石川河上还有桥渡、粟邑渡。②《长安志》所载泾水渡也较《唐六典》为多,泾阳县泾水上有百光渡、宁甘渡、泾甘渡、临泾渡、眭城坂渡、刘洪渡、张茄渡、郭渡、孙渡等九渡。③《长安志》所载渭水、泾水上渡口,有些是《唐六典》已记载的,更多可能是在唐后期至宋代期间新增的,但也有可能有些渡口在唐前期就已存在。泾渭之地是唐王朝京畿所在,交通便利状况应该居全国前列,泾渭二水上的桥梁数量便较之宋代为多,推测唐代这一地区的渡口数量也不应该比宋代少太多。《唐六典》之所以未载,可能是因为其并非官渡而是私渡。

京畿地区尚且如此,想必其他地区的河流包括长江、淮河、湘江等流域在内,也应有私渡的存在。

纵观唐代整个陆路交通干线,还有不少水流横亘其中,也同样需要桥、渡来贯通。如河北赵县洨河上隋代李春所建的石桥在南北交通线上,北往燕蓟、南去温洛。④ 河东太原阳曲县有汾水渡、河北真定县滹沱水上有东垣渡、恒州东南滹沱水上有中度桥、西州交河县北行二百一十里至柳谷渡等。

唐代后期在藩镇割据的态势之下,江淮地区成为唐中央的主要赋税来源。随着南方经济的发展,交通状况也随之改善,南方桥、渡也必定增加。濠州淮水上有北津⑤、郢州长寿县汉水上有贾堑渡⑥、潭州长沙湘水上有湘西古渡

---

① (宋)宋敏求纂修:《长安志》卷一三《咸阳》,《宋元方志丛刊》第 1 册,第 146 页。

② (宋)宋敏求纂修:《长安志》卷一七《栎阳县》,《宋元方志丛刊》第 1 册,第 176 页。

③ (宋)宋敏求纂修:《长安志》卷一七《泾阳县》,《宋元方志丛刊》第 1 册,第 177 页。

④ 柳涣:《赵郡洨河石桥铭》,"北走燕蓟,南驰温洛",周绍良主编:《全唐文新编》卷二九八《柳涣》,吉林文史出版社 2000 年版,第 3379 页。

⑤ 北津即淮水北岸,在濠州。唐懿宗咸通十年(869 年),庞勋遣吴迥守濠州,屯兵北津以相应。后为淮南节度使、南面招讨使马举之军所破。《资治通鉴》卷二五一,懿宗咸通十年六月,第 8146 页。

⑥ 唐僖宗乾符四年(877 年)十二月,王仙芝率兵自贾堑渡汉水,袭荆南节度使杨知温。贾堑渡是汉水上的一个重要渡口,后于近旁设贾堑镇。参见(宋)司马光等:《资治通鉴》卷二五三,僖宗乾符四年十二月,第 8194 页。

等。就是《唐六典》已提及的长江、浙江、黄河等水流上，桥渡也远不止于十一桥二十四渡，如长江上还有宣州芜湖褐山矶①，当涂县牛渚山采石渡、和州横江渡，②扬州江都县南瓜州渡、润州蒜山渡及西津渡③，浙江上富春渡④、西陵渡（浙江渡对岸北渡称西陵渡）。又，宋时越州东小江上有曹娥百官渡、西小江上有钱塘渡，疑此二渡或在唐时已存。⑤黄河上有积石军洪济桥、濮州麻家渡⑥、滑州白皋渡⑦、澶州（唐时滑州）德胜渡（亦称胡梁渡、胡良渡）⑧、怀州野

---

① 胡三省注引张舜民《郴行录》云："褐（曷）山矶在大信口稍西，南去芜湖县四十余里"。参见（宋）司马光等：《资治通鉴》卷二六三，唐昭宗天复二年（902年）六月丁丑，第8575页。

② 采石渡对岸称横江渡，后文论及长江上的桥时将会详细讨论。

③ 唐肃宗上元元年（760年），原淮南节度副使、宋州刺史刘展因不安而生异心，朝廷改任其为都统淮南东、江南西、浙西三道节度使，以夺其势，为刘展所觉，刘展以宋州军七千人赴广陵。旧都统李峘及淮南东道节度使邓景山受令发兵拒之，李峘屯京口，邓景山将万人屯泗州徐城。刘展驻军于白沙，设疑兵于京口北固山对岸之瓜洲渡，刘展亲自率军由白沙渡济江，袭升州句容县北近江津渡之下蜀戍。李峘、邓景山惨败。平卢兵马使田神功及邢延恩受命将三千人军于瓜洲，从瓜洲渡济江，进攻刘展。刘展陈兵于蒜山（此有蒜山渡）应敌；田神功以舟载兵趣金山，会大风，五舟飘抵金山下，金山在大江中，南直西津渡口，去润州城七里。参见（宋）司马光等：《资治通鉴》卷二二一及卷二二二所记唐肃宗上元元年十二月至上元二年正月事，第7097—7104页。

④ 唐僖宗中和三年（883年），浙东观察使刘汉宏分兵屯驻婺、越二州之间的黄岭、岩下、贞女三镇，钱镠将八都兵自富春渡江击之，破黄岭，擒岩下镇、贞女镇二将，刘汉宏被迫逃走。参见（宋）司马光等：《资治通鉴》卷二五五，僖宗中和三年二月己丑，第8291页。

⑤ 唐宣宗大中末期，浙东裘甫起义，据剡县，浙东军郑祗德应对不力，向朝廷告急，并求助于邻道。浙西、宣歙派牙将率兵救之，渡东子江。东子江即东小江，出剡溪，至曹娥百官渡而东入海。西小江出诸暨，至钱清渡而东入于海。因浙江为大江，故称此二江为小江，或子江。参见（宋）司马光等：《资治通鉴》卷二五〇，懿宗咸通元年正月丙午，第8080页。

⑥ 贞明四年（918年），晋王李存勗自魏州奔赴杨刘渡，引兵攻略郓、濮而还，循河而上，军于麻家渡。由此可知，麻家渡应是在濮州上游，胡三省推测麻家渡在濮州界内。参见（宋）司马光等：《资治通鉴》卷二七〇，均王贞明四年七月乙丑，第8834页。

⑦ 乾元二年（759年），史思明使其子朝清驻守范阳，命诸郡太守各将兵三千挥师河南，兵分四道，"令狐彰将兵五千自黎阳济河取滑州，思明自濮阳，史朝义自白皋，周挚自胡良济河，会于汴州"。参见（宋）司马光等：《资治通鉴》卷二二一，唐肃宗乾元二年九月丁亥，第7081页。

⑧ 德胜渡，在濮州北，也名胡梁渡、胡良渡，其地位在唐后期、五代时期日渐重要，是兵家必争的军事要地与渡口，后建桥于此地。后文论及黄河浮桥时将会详细讨论。

戍渡(亦称野水渡)①、济州任城县鲁桥②、郓州杨刘渡;卫州漳水上有长桥③,
五代时期深州(景州)弓高县永济渠上有弓高渡、白桥④,是深、沧诸州之交通
要道;镇州滹沱水上有东垣渡⑤,博州黄河上有马家口、邹家口渡,淄州济水上
有邹平渡,汴河上还有中牟北的王汉渡等,这些桥渡也是连接陆路交通干线的
重要通道,多由桥、渡所在州县的官府负责管理。正是各地官员分司其职、建
桥设渡沟通河流两岸,串联起各个地区的交通路线,再加上十一桥、二十四渡
的连接,让唐代陆路交通干线保持畅通。这是大唐帝国政令四达、行旅无羁的
基本保障。

　　至宋时,由于以汴京为都城,政治中心东迁,各方路线改自从汴京向外辐
射,交通中心东移,⑥因此位于以长安、洛阳为中心的陆路交通干线上的十一
桥,有的便失去了唐时的核心作用,而渐被废弃。但宋代政府在临近汴京等
地,又修建了新的桥梁,如开封北边德胜渡上的澶州浮桥,及白马津滑州浮桥、
三山浮桥等,而在地方上,桥梁数量更是大为增加,从地方志所载《桥梁》目可

---

① (宋)司马光等:《资治通鉴》卷二二一载乾元二年(759年)二月事,"镇西兵自相州溃
还,段秀实时为行营留后,屯怀,帅将士妻子公私辎重,自野戍渡河,待命于河清南岸",第7070
页。顾祖禹:《读史方舆纪要》卷四九《河南孟津县》引杜佑言,"(孟津)县南临黄河,城侧有野水
渡,置戍守之,亦谓之野戍",中华书局2005年版,第2299页。

② 鲁桥在济州任城泗水上,唐懿宗咸通年间,庞勋乱,唐将曹翔退屯兖州"留沧州卒四千
人戍鲁桥"。参见(宋)司马光等:《资治通鉴》卷二五一,唐懿宗咸通十年六月,第8146页。曹翔
之所以设重兵驻扎鲁桥,便是因为该桥乃是控扼泗水南北的交通要道,《元丰九域志》载济州任
城县有鲁桥镇,疑鲁桥镇可能在唐代已设。

③ (宋)司马光等:《资治通鉴》卷二二七,唐德宗建元三年(783年)正月载魏博节度使田
悦遣人筑月城以守长桥,后魏博招讨使马璲率军进屯仓口,与田悦夹洹水(洹水与漳水分流,在
漳水之东)而军,最终渡洹水击败田悦军,第7313页。

④ 由景州过白桥往东北方向道通沧州,该路因桥而名"白桥路"。唐宪宗元和十二年(817
年)王承宗遣兵2万入景州东光县,断白桥路。白桥废后,则设渡,因县而名弓高渡。后梁乾化三
年(913年)杨师厚亦自弓高渡御河而东逼沧州。参见(宋)司马光等:《资治通鉴》卷二四〇,唐
宪宗元和十二年三月戊寅,第7732页;(宋)司马光等:《资治通鉴》卷二六九,均王乾化三年五月
己巳,第8772页。

⑤ (宋)司马光等:《资治通鉴》卷二七一,均王龙德二年五月,第8876页。

⑥ 曹家齐:《宋代交通管理制度研究》,河南大学出版社2002年版,第2页。

以清晰地看出这一变化。见于记载的渡口,也极为丰富,光《宋会要辑稿》所载"四方津渡",就多达数百处。① 这一方面当然是因为记载丰富,但另一方面也应是宋代桥渡数量较之唐代有所增加、陆路交通网络更加密集、交通状况得以改善的缘故。

第二节　桥梁与黄河、长江两岸的交通连接及其在战争、通使等中的作用

长江、黄河是阻碍古代中国陆路交通的天然屏障,不易逾越。然而根据文献记载,至迟在公元前 12 世纪,黄河支流渭水上已出现了浮桥。《诗经·大雅·大明》载周文王"亲迎于渭,造舟为梁",这通常被视为世界浮桥技术的最早记载。而黄河上的浮桥,见于记载的,最早可溯及春秋鲁昭公元年(前 541 年)秦公子鍼(针)奔晋,"造舟于河",即蒲津桥。长江上的浮桥,桥梁史家认为首见于西周穆王三十七年(前 965 年),当时在九江湖口一带"架鼋鼍以为梁",推测该桥为浑脱浮桥。② 相对于其他河流,黄河尤其是长江上的桥梁多是因军事攻防等目的而建,即便是黄河上临近京城的浮桥,在沟通两岸的同时也兼有强烈的军用工程色彩。关于长江、黄河上的浮桥,桥梁史家在资料梳理、工程技术上都做出了突出的贡献。此外,汤开建《北宋河桥考》③、周宝珠《宋代黄河上的三山浮桥考》④、陆敬严《蒲津大浮桥考》⑤、王元林《蒲津大浮

---

① （清）徐松:《宋会要辑稿》方域一三之五"四方津渡",刘琳等点校本,第 9534—9536 页。又,《宝庆四明志》载明州(庆元府)各县具有官渡 37 个;《淳熙三山志》载福州及周边各县有 63 渡。长江下游建康境内自采石至瓜步间,有烈山渡、南浦渡、龙湾渡、东阳渡、大城堰渡、冈沙渡等六渡,黄纯艳认为这是隶属于常平司和建康府司最重要的六大官渡。此外,建康府境还有石头津等 9 渡。参见黄纯艳:《造船业视域下的宋代社会》,第 428—429 页。

② 唐寰澄:《中国科学技术史·桥梁卷》,第 655 页。

③ 汤开建:《北宋河桥考》,《青海师范学院学报》1985 年第 3 期。

④ 周宝珠:《宋代黄河上的三山浮桥》,《史学月刊》1993 年第 2 期。

⑤ 陆敬严:《蒲津大浮桥考》,《自然科学史研究》1985 年第 1 期。

桥新探》①等,或梳理了黄河上的桥梁资料,或对个别浮桥进行了探究,但并未从战争、通使及经营河北等角度来讨论唐宋长江、黄河浮桥的兴废。

一、西线战事与黄河浮桥的营建、毁弃

关于唐与吐蕃、宋与西夏之间的战争,学界已经研究得很充分。受制于既有学术讨论的议题如军事史、交流史、国别史等划分标准,传统研究很难将桥梁作为一个独立因素提炼出来探讨桥与双方之间的战事。但事实上,双方之间的战争很多时候便是围绕桥梁展开的。桥梁的营建、废弃与战争及参战双方势力的进退有着密切关系。

唐代、吐蕃时期,黄河上共建有九座桥梁。蒲津、大阳、河阳(孟津、盟津)三座浮桥系唐所建,是军事重地,更是交通要道,是军民往来黄河东西、南北的通道,因地邻两京,又得唐官府大力维护,存续时间较长,是以声名显赫,几乎无人不知。黄河上的其他几座桥梁虽然也处于交通要道,但基本上都是因为战事而建,受战争形势影响或存或毁,且大多是由吐蕃人所建,相比之下汉文典籍记载不多。这些桥梁自上游至下游分别是洪济桥、骆驼桥、达化桥、盐泉桥、广武梁(应为把拶桥)、乌兰桥,②类型多为桥厉或河历(也写作"河厉",即单伸臂梁桥),也有浮桥、冰桥。

洪济桥在洪济城黄河上,大漠门城黄河上则有骆驼桥,由吐蕃所建。时为睿宗景云元年(710 年),唐嫁金城公主于吐蕃,以河西九曲地为公主汤沐邑,吐蕃置洪济城、大漠门城以守之。为迎公主入城,吐蕃建桥河上,又置独山、九曲二军,距唐积石军二百里。《元和郡县图志》卷九十载,"金天军,在积石军西南一百四十里洪济桥"。开元二年(714 年),唐、吐蕃约定两国复以黄河为

---

① 王元林:《蒲津大浮桥新探》,《文物季刊》1999 年第 3 期。
② 关于 8—10 世纪吐蕃在黄河上所建桥梁,刘秉德考证出洪济桥、骆驼桥、达化桥、盐泉桥、通化桥五桥,唐寰澄经过辨析,认为通化桥实系清代桥名,最后确定为洪济桥、骆驼桥、达化桥、盐泉桥、广武梁、乌兰桥。参见唐寰澄:《中国科学技术史·桥梁卷》,第 611—622 页。

界,因此毁废了洪济桥。① 安史之乱后,唐军势力内撤,河湟地区渐归吐蕃占有,吐蕃再次兴建洪济桥,是吐蕃自九曲地区渡黄河的重要通道。长庆二年(822 年),刘元鼎出使吐蕃,经洪济桥往返,《旧唐书·吐蕃传》载:"元鼎往来渡黄河,上流在洪济桥西南二千余里"。表明该桥直至唐后期还依旧是吐蕃控扼九曲地区的重要往来通道。

随着吐蕃势力向陇右地区扩展,河、鄯等州也被吐蕃控制。大中三年(849 年),吐蕃宰相论恐热与鄯州节度使尚婢婢相争,曾在鄯州黄河上建达化桥、盐泉桥,但盐泉桥很快被尚婢婢焚毁。吐蕃据有金城(今兰州)后,在金城黄河上建广武梁。刘元鼎出使吐蕃,曾经广武梁渡河。广武梁,应即喀罗川口把拶桥②。吐蕃为防御唐军自会州、会宁关出兵,还在盐州黄河建乌兰桥。贞元十六年(800 年),唐军于乌兰桥下破吐蕃军。宪宗元和八年(813 年),吐蕃又欲作乌兰桥,"先贮材于河侧",然被朔方军所阻扰,"朔方常遣人投之于河,终不能成。虏知朔方、灵盐节度使王铱贪,先厚赂之,然后并力成桥,仍筑月城守之。自是朔方御寇不暇"。③ 乌兰桥成之后,为吐蕃进犯会州、朔方提供了极大地便利。

除了以上九座桥梁,黄河上见于史籍记载的还有一座桥,是安禄山在灵昌郡(滑州东郡)黄河所"造"之桥。天宝十四年(755 年)十二月丁亥,"安禄山自灵昌渡河,以緪约败船及草木横绝河流。一夕,冰合如浮梁"。④ 这可算是一座冰桥,无疑也是为了军用。冬季,若冰层冻到一定程度,人马可直接从冰面过河,这样的冰桥自然天成,多处有之,因此本书并未将安禄山

---

① （宋）欧阳修、宋祁等:《新唐书》卷二一六上《吐蕃传》,第 6082 页;刘满:《西北黄河古渡考(一)》,刘满:《河陇历史地理研究》,甘肃文化出版社 2009 年版,第 2—3 页。

② 汤开建认为,刘元鼎出使吐蕃逾成纪、武川,过兰州至龙支城所经"广武梁",即喀罗川口的古浮桥,也就是吐蕃人所称的把拶桥。汤开建:《北宋河桥考》,《青海师范学院学报》1985 年第 3 期。

③ （宋）司马光等:《资治通鉴》卷二三九,唐宪宗和八年九月丁未,第 7701 页。

④ （宋）司马光等:《资治通鉴》卷二一七,唐玄宗天宝十四年十二月丁亥,第 6937 页。

的灵昌冰桥计算在内。

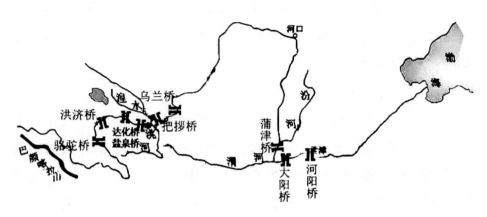

唐代黄河浮桥分布图

北宋时,黄河上的浮桥数量较之唐代为多,汤开建考证出十三座浮桥,自上游至下游依次为积石军桥(即吐蕃所建洪济桥)、廓州大通城桥、河州安乡城桥、兰州京玉关桥、兰州金城关桥、府州定羌军桥、延州宁和桥、河中府大庆桥、陕州太阳桥、孟州河阳桥、滑州黄河桥、浚州天成桥、澶州黄河桥。[①] 而张步天在此基础上还增加了黎阳桥与圣功桥,共统计出十五座黄河浮桥。[②] 实际上,黎阳桥为滑州白马津浮桥之别称。白马津又名黎阳津,在黄河南岸名白马津,黄河北岸则名黎阳津。在徽宗政和年间令孟昌龄于大伾山修建永久浮桥之前,滑州浮桥都建在白马津,史书中所谓黎阳桥,实为滑州白马津浮桥之别称。而浚州天成桥与圣功桥,实为同一浮桥的南北两段。由于此桥以大伾山为码头,浮桥各有一个码头系于大伾山上,因此一段称天成桥,另一段称圣功桥,犹如河中府蒲津桥、孟州河阳桥以黄河中沙渚将黄河水一分为二,浮桥也因之分成两段。徽宗时期,都水使者孟昌龄之所以选择在浚州创建黄河浮桥,其主要原因就是此地可在黄河水流中间为浮桥增加两个码头,即将大伾山

---

① 汤开建:《北宋"河桥"考略》,《青海师范学院学报》1985 年第 3 期。

② 张步天:《中国历史地理》,湖南大学出版社 1988 年版,第 273—274 页。

当作浮桥码头的受力点,以仿河阳、蒲津之效。为了达到这一目的,孟昌龄开挖了两条人工河道,引黄河水绕大伾山分南、北二道东流。因此,与滑州浮桥、黎阳桥一样,天成桥、圣功桥也应视作同一桥。

除了以上十三桥之外,黄河的上游支流即熙州洮河①还有一座浮桥。因此,北宋黄河上共有浮桥十四处。其中,积石军、大通城、河中府、陕府、河阳五处浮桥唐及以前已建,澶州浮桥系后晋所建,宋均予以重修,其余八处浮桥均系宋代新创。

宋代黄河浮桥较之唐代大为增多,一个重要原因是受到西线战事的影响。河州安乡城桥、廓州大通城桥、兰州京玉关桥、兰州金城关桥、府州定羌军桥、延州宁和桥的兴建与积石军浮桥的重建,均与此相关。

河州安乡城北及延州永宁关黄河渡口浮桥,始建于神宗熙宁六年(1073年)。当年,为经略西事,神宗于十月十三日连下二诏,要求于河州安乡城北及延州永宁关两处造浮桥。其文曰:

> 诏河州安乡城黄河渡口亦置浮梁,筑堡于河之北。上曰:"安乡城,鄯、廓通道也。滨河戎人,尝刳木以济行者,艰滞既甚,何以来远?"故命景思立营之。②

> 又诏延州永宁关黄河渡口亦置浮梁。永宁关与石、隰州跨河相对,尝以刍粮资延州东路城寨,而津渡阻隔,有十数日不克济者,故又命赵卨营置,以通粮道,兵民便之。③

河州安乡城北有安乡关(又名城桥关),是鄯州、廓州间交通要道,在今甘肃永靖和临夏之间。浮桥即建在安乡关的黄河上,黄河北边又修筑了军事堡垒。此桥头堡成为北宋军队进攻西夏的一个楔子,并兼有保护浮桥、招徕远人

---

① 洮河是黄河上游的一条大支流,发源于青海省黄南藏族自治州河南蒙古族自治县西倾山东麓,于甘肃省永靖县汇入黄河刘家峡水库。

② (宋)李焘:《续资治通鉴长编》卷二四七,宋神宗熙宁六年十月壬申,第6019页。

③ (宋)李焘:《续资治通鉴长编》卷二四七,宋神宗熙宁六年十月壬申,第6020页。

之效。该桥建成后,成为北宋河西走廊经黄河通青海之交通要道,得以不断维修,至宋末尚存。元祐二年(1087年)宋与吐蕃交战,宋将姚兕曾夜断浮桥,以拒吐蕃军渡河,但很快该桥又被修复,至元符二年(1099年)仍存不废,当时宋将姚雄在炳灵寺西黄河南岸筑安乡关,该桥因寺而名炳灵寺桥。元符三年正月癸亥,"同呈河州修安乡城桥,开厢禁军等并五百特支",①继续修护该桥。

延州,隋开皇间置州,唐宋袭之,州治在今陕西延安县。延州西面有永宁关。宋元符二年在延安府置绥德军,永宁关隶绥德军,据黄河西岸,为宋防御西夏之重镇。汤开建认为,《续资治通鉴长编》云延州永宁关桥于熙宁六年十月十三日才诏令修建的记载与事实有违,他根据《玉海》所载,指出当时该桥已建成,赐名永和桥。② 这是正确的判断。此桥修成之后,似未能长存,按《宋会要辑稿》载:

> (熙宁)九年五月十九日,鄜延路经略安抚使李承之言:"延州新修宁和桥,乞依旧存留,若解拆后遇大水,蹙凌吹失,更不添修,依旧置渡。"从之。③

李承之上言,待该桥自然朽败之后,便不再维修,桥废而依旧设渡。元丰四年(1081年)鄜延经略安抚副使种谔为发兵攻西夏米脂,请求转运司运木随军,以便于黄河上造筏或建桥。由此推测,宁和桥此时或已破败。否则,宋军进取西夏可从永和关渡河。永和桥修成于熙宁六年(1073年),至元丰四年已历经九年,熙宁九年(1076年)鄜延路经略安抚使李承之已言永和桥"若解拆后遇大水,蹙凌吹失,更不添修",于永和关"依旧置渡",推知当时永和桥尚存,只是在这之后不曾添造舟船竹索,因而至元丰四年(1081年)时永和关已无桥,因此才有种谔为率大军渡河而求请转运司运木造筏之事。

兰州京玉关桥是神宗开边之后北宋一方为了巩固对河湟地区的统治而修

---

① (宋)曾布:《曾公遗录》卷九,(台北)文海出版社1981年版,第327页。

② 汤开建:《北宋"河桥"考略》,《青海师范学院学报》1985年第3期。

③ (清)徐松:《宋会要辑稿》方域一三之"桥梁",刘琳等点校本,第9545页。

建的。虽然此前北宋已在河州安乡城北黄河上修建了浮桥,但"自河州安乡城过黄河入邈川,虽属洮西,而道险饷艰"①,为了解决"道径迂险,搬运艰难"的问题,经略大臣孙路、胡宗回等人提出了于兰州之西喀罗川口修建浮桥的建议,其文如下:

> 兰州之西喀罗川口有古浮桥旧基……乞于喀罗川口修复浮桥。

(孙路)

> 乞于兰州西关堡系桥通路直入邈川,不惟其道坦夷,且邮置殊近,可以互相照应。(胡宗回)②

喀罗川口在兰州西关堡西北不远,该处黄河曾有古浮桥旧基,应该便是吐蕃所建把拶桥之旧址。③ 这一建议被采纳之后,宋元符二年于此处开始建桥,次年正月建成。《曾公遗录》卷九载:"(元符三年正月)乙丑,同呈兰州修把拶度桥开军兵并五百特支(亦通湟州度也)"。绍圣四年(1097 年),北宋又在兰州金城关北面黄河上修建了浮桥。《宋会要辑稿》载:

> 元丰四年四月九日,枢密院言:"兰州近修复金城关,系就浮桥"。④

汤开建认为此处系年有误,因为元丰四年九月宋才收复兰州,他怀疑是绍圣四年之误,甚是。《续资治通鉴长编》载绍圣四年三月辛酉事云"西上门使苗履权知兰州兼管勾边公事,申乞造熙河浮桥,建金城关","三月七日,履申乞造浮桥、金城关",又,绍圣四年四月壬辰记,"枢密院言,兰州近日修复金关,系就浮桥,本州边面已经牢固"。⑤ 主持营造该桥的,除苗履外,还有钟傅,

---

① (宋)李焘:《续资治通鉴长编》卷五一六,宋哲宗元符二年九月丙子,第 12272 页。
② (宋)李焘:《续资治通鉴长编》卷五一六,宋哲宗元符二年九月丙子,第 12272 页。
③ 汤开建认为,此桥即唐时吐蕃所修的把拶桥,指出唐代刘元鼎出使吐蕃逾成纪、武川,过兰州至龙支城所经至"广武梁",即喀罗川口的古浮桥把拶桥。汤开建:《北宋河桥考》,《青海师范学院学报》1985 年第 3 期。
④ (清)徐松:《宋会要辑稿》方域一九"诸寨杂录·修建城寨",刘琳等点校本,第 9672 页。
⑤ (宋)李焘:《续资治通鉴长编》卷四八五,第 11522 页。

"傅造浮梁以济师,遂作金城关",①"诏傅所置将苗履统精兵三万,集泾原至灵平城,夏人力战以拒我师。傅提步率二万,骑兵三千,出不意为浮梁以济河,作金城关,六日而就。自是夏国右厢兵马不复集矣"。② 建造此桥,是为了从兰州进击西夏灵州。兵贵神速,钟傅、苗履倾尽所能,在短短六日之内便建成金城关及金城关桥。

廓州大通城桥不知始建于何时,大通城唐时称米川城,在黄河南岸,廓州在黄河北岸,为吐蕃所陷后,其名不改。元祐四年(1089 年)五月,熙州知州刘舜卿上言说廓州之主罗尊遣使来告,说"欲拆河桥归汉",此河桥应为廓州段黄河浮桥。元符二年(1099 年),宋以廓州为宁塞军,不久又废,其地为吐蕃所有。宋徽宗崇宁二年(1103 年)八月,宋军准备进攻廓州,吐蕃得悉后"焚桥遁去"③。崇宁三年(1104 年),熙河经略安抚使王厚主持修复大通城河桥,"厚修桥欲济,贼酋心牟掩提复来扼据津渡",双方围绕大通城桥展开斗争,桥成之后,宋军渡河收复廓州。然而,至崇宁四年,局面生变,"罗撒复入寇,永年战死,羌焚大通河桥以叛"。④ 由此可见,宋代廓州大通河桥的存与废,与宋代攻取或失去廓州密切相关。

由于安乡城北浮桥、大通城浮桥及京玉关浮桥的建成,宋为进军河湟地区打通了三条道路,即一由安乡城渡河至炳灵寺北至湟州;二由大通城渡河至廓州而直达鄯州;三是由京玉关渡河沿湟水西进而至湟州。⑤

除此之外,熙州洮河浮桥的修建也与河湟开边有关。熙宁六年(1073 年)四月十七日,宋于熙河置熙河路经略安抚使,洮河浮梁成,赐名永通桥。⑥ 熙

---

① (元)脱脱等撰:《宋史》卷三四八《钟傅传》,第 11037 页。
② (宋)李焘:《续资治通鉴长编》卷四八五,宋哲宗绍圣四年四月甲午,第 11527 页。
③ 《续通鉴纪事本末》卷三八,甘肃人民出版社 2005 年版,第 883 页。"癸酉,厚引军赴米川城(即大通城),遇蕃贼三千余骑,与战,破之,贼焚桥遁去。"
④ (元)脱脱等撰:《宋史》卷三二八《王厚传》,第 10584 页。
⑤ 汤开建:《北宋河桥考》,《青海师范学院学报》1985 年第 3 期。
⑥ (清)徐松:《宋会要辑稿》方域一三之"桥梁",刘琳等点校本,第 9544 页。

河治熙州(原名镇洮)。洮河是黄河上游的一条主要支流,阻隔了熙州与河州之间的陆路交通。熙宁五年,王韶献《平戎策》改被动防御为积极进取西夏,后王韶知熙州,积极经营对西夏进攻事宜。永通桥的营建,就是为了宋军自熙州渡过洮水进取河州,军事目的极为明显。

以上黄河诸桥,在熙河开边时修建的有安乡城北浮桥、延州永和桥、兰州京玉关桥及熙州洮河浮桥。北宋河湟开边能够取得重大战绩,包括黄河上所建的这些浮桥在内的军事工程,无疑在其中发挥了重要作用。

府州、定羌军黄河浮桥也是宋军为了防御西夏的战事而修建的。太宗太平兴国七年(982年),李继迁起兵反宋。为防御西线战事、转运粮草,宋真宗令河东转运使郑文宝于府州、定羌军之间修桥,"上尝访使边者,言河裁阔数十步,乃诏文宝于府州、定羌军径度置浮桥,人以为便"。① 定羌军(景德后改为保德军)在黄河东南,与府州夹河相对。该地有渡口沙谷津,属河东路保德军。唐代该地有合河津,近合河关,曾是沟通岚州和麟州的重要渡口,也是边防要地。② 府州、定羌军黄河浮桥建成后,有利于宋军自河东路调兵、转运物资快速渡河,支援府州,从而在对西夏防御战中占据主动。

二、军事用途与长江上的桥

长江上建桥,历史颇为悠久。根据唐寰澄的资料梳理与研究,宋代以前长江上的桥梁类型有藤桥、索桥与浮桥三种,共有玉树藤桥、大渡河浮桥、岷江成都浮桥、夔州夔门浮桥、西陵镇峡索桥(安罗城索桥)、五道锁江索桥(虎牙浮桥)、江陵浮桥、樊口浮桥、东西梁山浮桥等十一座。③ 长江上的这些桥梁,绝大部分是出于军事目的才建造的。

---

① (元)脱脱等撰:《宋史》卷二七二《郑文宝传》,第9428页。
② (宋)司马光等:《资治通鉴》载,唐开元时期,"叛胡潜与党项通谋,攻银城、连谷,据其仓廪",开元九年,并州长史"张说将步骑万人出合河关掩击,大破之"。(唐)李林甫:《唐六典》卷七《尚书工部》载,黄河重要津渡有合河宁,第226—227页。
③ 唐寰澄:《中国科学技术史·桥梁卷》,第645—656页。

这些桥梁见于史籍，除了西周穆王三十七年（前965年）在九江湖口一带"架黿鼍以为梁"之外，其余较早的可溯至东汉，如岷江成都浮桥在37年吴汉率军攻蜀时已存，《水经注》载吴汉自广都乘胜进逼成都，与其副将刘尚南北相望，夹江为营，浮桥相对。① 其后，历代均有所建。如大渡河浮桥曾是南诏多次北上与唐争夺西川的主要通道。乾符元年（874年）十一月，南诏寇黎州，作浮梁济大渡河。其文曰：

> 南诏寇西川，作浮梁，济大渡河。防河都知兵马使、黎州刺史黄
> 景复俟其半济，击之。蛮败走，断其浮梁。蛮以中军多张旗帜当其
> 前，而分兵潜出上下游各二十里，夜作浮梁。诘朝，俱济，袭破诸城
> 栅。景复还黎州，设伏以待，蛮至败却，追至大渡河南。会蛮归至之
> 罗谷，遇国中发兵继至，新旧相合，在越卫南复寇大渡河，与唐夹水而
> 军，诈云求和，又自上下流潜济，与景复战连日。西川援军不至，蛮众
> 日益，景复不能支，军溃。②

唐将黄景复与南诏多次交战，每次战败，南诏便南渡而去，等待时机凭借浮桥迅速渡过大渡河北上，最终取得胜利，攻陷黎州、进邛崃关，攻取雅州。而唐军为大渡河所阻，望水兴叹。可以说，大渡河浮桥让南诏军队进可攻、退可安，是南诏最终取胜的重要原因。唐寰澄推测，南诏在大渡河上搭建浮桥如此快捷而容易，该类浮桥极有可能是皮船或浑脱浮桥。③ 此类浮桥技术早已见诸史载。《后汉书补逸》载邓训进攻羌地时，曾在归义城黄河上令人"缝革为船，置于革（箪）④上以渡河"，邓训所造之船即是以竹箪为骨架，外面蒙上皮革缝成的皮船。唐《元和郡县图志》载越嶲县（今西昌）曰："泸水，在县西百一

---

① （北魏）郦道元：《水经注校》卷三三《江水》"岷江"条，王国维校，袁英光、刘寅生整理，上海人民出版社1984年版，第1042页。

② （宋）司马光等：《资治通鉴》卷二五二，唐僖宗乾符元年十一月，第8171页。

③ 唐寰澄：《中国科学技术史·桥梁卷》，第647页。

④ 唐寰澄考证"革"字应为"箪"字之误，"箪"意为小筐，圆形曰箪，方形曰筒。参见唐寰澄：《中国科学技术史·桥梁卷》，第583页。

十二里。诸葛亮征越巂,上疏曰'五月渡泸,深入不毛'谓此水也。水峻急而多石,土人以牛皮作船而渡,一船胜七八人。"①白居易也有诗描绘巂州皮船与绳桥,云"泛皮船兮渡绳桥,来自巂州道路遥"②。这类皮船以竹木为骨架,先制作出圆形或方形的轮廓,而后在外面蒙上缝制的畜皮,蒙皮时架底朝上,置皮于箪或筒上。这样的皮船极为轻巧,可用头顶手托而行。浑脱浮桥,与皮船不同,是另一类型。浑脱也名囫囵,是将整只牛、羊之皮完整地剥脱下来,放在水里浸泡数天,而后灌入盐和清油,暴晒成皮胎,用时吹气使其胀大。牛皮浑脱船内可藏一人过河,外还可带一人扶托浮游过河。羊皮浑脱船则仅可供一人过河。③ 乾符元年,南诏进攻黎州,之所以能五渡大渡河与唐军作战,所凭借的渡河工具不应是如唐军在黄河等江河上所造舟船,因为舟船需先造船、筏,又需竹索连舟,较为复杂,而且不易维护,难成而易毁,这也应是唐军未在大渡河上造舟船浮桥的原因之一。南诏将士的渡河浮桥若是由这种皮船或浑脱连接而成,那么便很容易理解。皮船、浑脱可在他处造好,渡河前军士每人头顶一艘,将皮船串联成线,很快就能建成一座浮桥,供人快速通过,满足兵贵神速之要求。或众军士凭借浑脱渡水,也是可行的。

　　从史料记载来看,于长江上创建浮桥,在地方割据、各方争夺势力范围时较之大一统、和平时代更加多见。因此,这些浮桥也多建在易守难攻的军事要地,且多处于上游,以阻击敌方从下游来犯。如荆门山、虎牙山之间的浮桥(即荆门、虎牙浮桥)便是因为蜀主公孙述部将为阻汉兵西进而建。《后汉书·岑彭传》载建武九年(33年)汉蜀战争,其文曰:

　　　　公孙述遣其将任满、田戎、程汎将数万人乘枋箪下江关击破冯峻

　　　　及田鸿、李玄等遂拔夷道、夷陵。(战而得)据荆门、虎牙。横江水起

　　　　浮桥、斗楼。立攒柱绝水道,结营山上,以拒汉兵。彭数攻之不利,于

---

①　(唐)李吉甫:《元和郡县图志》卷二二,第 823 页。

②　彭定求主编:《全唐诗》卷四二六《白居易·蛮子朝》,中华书局 1960 年版,第 4697 页。

③　唐寰澄:《中国科学技术史·桥梁卷》,第 584—585 页。

是装直进楼船,冒突露挠数千舟……十一年春……彭乃令军中募攻浮桥,先登者上赏……时天风狂急,彭寄船逆流而上,直冲浮桥……因飞炬焚之、风怒火盛,桥楼崩烧。彭复悉军顺风并进,所向无前。蜀兵大乱,溺死者数千人。①

事情缘起于刘秀得陇望蜀,在攻取陇右隗嚣之后,便派军去夺取公孙述的蜀地。建武九年(33 年),公孙述令翼江王田戎、大司徒任满、南郡太守程汎等人将数万兵马沿江乘“枋箄”(即竹木编排的浮筏)至江关(今重庆市奉节东白帝城南),击破了刘秀的威虏将军冯俊等部,攻下了巫县、夷陵、夷道(今湖北宜都),占据今湖北宜昌东南的荆门山、虎牙山。荆门山在南,虎牙山在北,长江从中而过,形势险要,自古被视作楚之西塞。二山犹如天然门户,仅有中间水道可供通行,蜀军因此“横江水起浮桥、斗楼,立攒柱绝水道,结营山上,以拒汉兵”。“横江水起浮桥”仅是这一军事工程的一部分,此外还在浮桥两头建造了可供驻军的斗楼,统称桥楼。蜀兵凭借依山而建的荆门、虎牙桥楼,又有浮桥沟通两岸,方便蜀军调动、两岸呼应,享有一夫当关万夫莫开之地利,从下游来攻的汉军无奈败退。一直等到建武十一年(35 年),汉军改变策略,岑彭采取火攻,“飞炬焚之、风怒火盛,桥楼崩烧”,浮桥与斗楼被火焚毁,汉军才乘势进攻。失去了荆门山、虎牙山桥楼防线,西蜀失去了南部屏障,最终被汉兼并。

唐代统一之前,辅公祏腹心将领冯慧亮、徐绍宗、陈正通等曾在宣州当涂县博望山、和州历阳县梁山之间架设浮桥,锁断江路,筑却月城,结垒江西以阻官军。②

至唐大一统时期,长江上的桥梁几不可见。尽管《新唐书·地理志》载长江上游支流牦牛河上有藤桥,但该藤桥在多弥国界内。多弥国是隋唐时期西北地区的一个部族或小国,在今青海金沙江上游通天河一带,西羌族,役属吐

---

① (南朝宋)范晔:《后汉书》卷一七《岑彭传》,第 660—661 页。
② (宋)司马光等:《资治通鉴》卷一九〇,唐高祖武德七年三月丙戌,第 5980 页。

蕃,贞观时期为吐蕃兼并。① 牦牛河上藤桥在今青海玉树,乃羌人所建,与唐政权并无干系。

唐代政府虽在长江上设置了一些官渡,如荆州洪亭、松滋渡、蕲州江津渡、江州马颊、檀山渡等,于大江大河上建造桥梁的技术也颇为成熟,如在渭河、洛水上建造了木、石梁桥,黄河上也兴建了一些浮桥,尤其以开元年间改建的蒲津大浮桥,技术最为精湛,但唐政府却似乎并无兴趣将浮桥技术推广至长江上。

直到唐末,长江上才新建了两座浮桥,即鄂州樊口浮桥、夔州夔门浮桥,但是,这些浮桥都是地方割据势力为了在军事攻势上取得便利才创建的。鄂州樊口浮桥,系朱温之侄朱友恭所建,《资治通鉴》载唐昭宗乾宁四年(897年)五月事,"朱友恭为浮梁于樊港,进攻武昌寨。壬午,拔之,执瞿章,遂取黄州"。② 关于"樊港",胡三省注曰:"武昌西三里有樊山,山下有樊溪,注于江,谓之樊口。朱友恭盖跨江为浮梁抵樊口,以攻武昌也"。③ 时武昌节度使杜洪依附朱全忠,绝东南贡献路,唐朝廷因此以杨行密为江南诸道行营都统,令其率军讨伐杜洪。面对杜洪的求援,朱全忠派出两路援军,其中一路便是朱友恭,往黄州方向进发。黄州刺史瞿章听闻朱友恭大军将至,弃城,拥众南保黄州要塞武昌寨。④ 朱友恭于樊浩建浮桥,正是为了直线渡江以取武昌寨。浮桥成,破武昌寨。

夔州夔门浮桥系蜀主王建所营。西川节度使王建节度蜀地之后,积极拓展版图,经过东征西战,占有两川、三峡及山南西道,于天复三年(903年)被唐昭宗封为蜀王。在唐末军阀割据的局面下,王建铁锁夔门,防御外敌自长江下游来犯。夔门在瞿塘峡,因地属古夔国,所以州称夔州,峡称夔门。长江从瞿

① 严正德、王毅武主编:《青海百科大辞典》,中国财政经济出版社1994年版,第117页。
② (宋)司马光等:《资治通鉴》卷二六一,唐昭宗乾宁四年五月辛巳,第8504页。
③ (宋)司马光等:《资治通鉴》卷二六一,唐昭宗乾宁四年五月辛巳,第8504页。
④ (宋)司马光等:《资治通鉴》卷二六一,唐昭宗乾宁四年五月辛巳,第8503页。

塘峡流过,两侧山高千余米,郭璞《江赋》云"绝岸万丈,壁立赪驳"①,赪为红霞色,驳指青白色马,此处借此青白色,因色名山,两侧山便分别名为赤甲山与白盐山。此地早在春秋战国时便为军事要地,置有江关,并筑有赤甲城,"巴楚相攻,故置江关,旧在赤甲城,后移江南岸,对白帝城古基"。自后,蜀地若建有地方政权,必定于此锁峡,倚作门户,以御外敌。唐昭宗天祐元年(904年),忠义节度使赵匡凝率军来犯。王建部将万州刺史张武"作铁絙绝江中流,立栅于两端,谓之'锁峡'"②。所谓"锁峡"并非仅在水中置铁索以阻断舟船,而是在铁索中间还有浮桥以供两岸守军来往。《资治通鉴》载均王乾化四年(914年)正月事,其文曰:

> 高季昌以蜀夔、万、忠、涪四州旧隶荆南,兴兵取之,先以水军攻夔州。时镇江节度使兼侍中嘉王宗寿镇忠州,(蜀置镇江军节度,领夔、忠、万三州。)夔州刺史王成先请甲,宗寿但以白布袍给之。成先帅之逆战,季昌纵火船焚蜀浮桥,招讨副使张武举铁搭拒之,船不得进。会风反,荆南兵焚溺死者甚众。③

此处的夔门浮桥,应亦是张武"锁峡"时所建。浮桥不仅方便两岸蜀军沟通、调度,在敌人进犯时,蜀军还能以浮桥为阵地,当江攻击来敌。乾化四年正月,从下游进攻的荆南节度使高季昌欲"纵火船焚蜀浮桥"时,蜀招讨副使张武军队正是站在浮桥上"举铁搭拒之",使火船不得靠近。对于纵火船焚烧浮桥,张武应是早有防备。因此,当火船出现时,张武军队直接"举铁搭拒之",挫败了敌军的计谋。浮桥在战时成为蜀军抗击外敌的阵地。后因风向改变,火船焚烧蜀军浮桥不成,倒被风吹向己方,荆南舰队反受其害,溃败而逃。有了锁峡及浮桥之助,张武率军守护瞿塘峡江关数十年。后唐时,尚书令、南平王高季兴欲取三峡,畏蜀峡路招讨使张武威名,不敢进。庄宗同光三年(925

---

① 冯莉:《〈文选〉赋研究》,北京语言大学出版社2016年版,第158页。
② (宋)司马光等:《资治通鉴》卷二六五,唐昭宗天祐元年五月乙亥,第8633—8634页。
③ (宋)司马光等:《资治通鉴》卷二六七,后梁纪均王乾化四年正月壬子,第8782页。

年），后唐先取秦陇地，高季兴乘得胜之兵势，使其子行军司马高从诲权知军府事，自将水军上峡取施州。张武以铁锁断江路，高季兴派遣勇士乘舟斫之。会风大起，舟挂于锁，进退不能。张武率兵向唐军射发矢石，坏其战舰，高季兴狼狈而逃、轻舟遁去。① 蜀凭借夔门浮桥、兵栅之工事，打退了外敌一次又一次的进攻，整个五代时期，安保无虞，直到宋乾德二年（964 年），在内忧外患、内外夹击之下才被攻破。北宋灭蜀之后，夔门浮桥也不复存在。

综括论之，宋代及以前长江上的桥梁多为军事需要而建。这些桥梁，在失去军事价值之后，并未留下来以做官用、民用。这就导致在大一统时期，尽管技术能够实现于长江上建桥，但由于缺少军事需求，浮桥的维护成本过高，长江上反而无桥，长江两岸的交通往来、官民过江需求常由摆渡满足。战争需求与技术传承、更新换代之间的紧密关系，由此可见。宋初修建的采石矶大浮桥，也是这样。

三、采石矶浮桥与宋灭南唐

采石矶在今安徽马鞍山西南长江东岸，因产彩石，故名采石矶，又因其形状如蜗牛，有"金牛出渚"之说，故又名牛渚矶。采石矶对岸为和州横江。横江、采石矶是长江上的一个古渡口，在和州称横江渡，在采石矶称杨木渡。采石矶在南京之南，是防御南京的南面门户。采石矶峭壁千寻，绝壁临空，突兀江流，扼据大江要冲，地势险要，因此，很早便是军事要地。东汉末，孙策攻刘繇于牛渚营。其后孙权又使孙瑜自溧阳移兵屯驻牛渚。采石矶为军事重镇，历两晋、宋、齐、梁、陈而不改，历朝均置兵设营以守之，如陈便在此屯兵设戍，名采石戍。开皇九年（589 年），韩擒虎自横江宵济长江至采石矶，拔陈采石戍，与攻取京口南下的贺若弼二军并进、南北夹击，陈随后亡国。其后，隋于此地置牛渚圻镇。贞观初，改镇为戍，是为牛渚圻戍（亦习称采石戍），戍城在牛

---

① （宋）司马光等：《资治通鉴》卷二七三，后唐庄宗同光三年戊子，第 8942 页。

渚山上,与和州横江渡对。乾符五年(878 年)七月,黄巢军攻下采石戍城,而后自此渡江至秋州,围天长、六合县,所向披靡。五代时,由于战乱频仍,该处地位较之前朝更为紧要。

北宋在兼并其他割据势力之后,于开宝七年(974 年)决意进攻南唐、吞并江南。南唐国土,或因被攻,或因被献,而渐缩至以长江为界。浩荡宽阔的江面,被南唐视作天然屏障。不意樊若水投敌献策,在采石矶江面造出史无前例的一座长江浮桥来。宋军正是通过这座浮桥,大举渡江进而灭亡南唐。

樊若水,原是南唐人,曾多次举进士,不第,又曾上书言事,亦无回音,因此愤而投敌。于采石矶建桥以助宋渡军过江,是他为转投北宋而奉上的诚意。投敌之前,他以钓鱼为幌子,测得了采石江面的确切宽度,《续资治通鉴长编》载其"用小舫载丝绳维于南岸,而疾棹抵北岸,以度江之广狭,凡数十往反而得丈尺之数,遂诣阙,自言有策可取江南"①。建造军用浮桥,预先确知浮桥的精确长度很重要,一定程度上决定了战争的成败。与民用浮桥可边造边改不同,两军交战之际,若靠军用浮桥渡河,一旦过短,很有可能遭遇灭顶之灾。《隋书·何稠传》载,大业八年(612 年),隋炀帝征高句丽,"时工部尚书宇文恺造辽水桥不成,师不得济,右屯卫大将军麦铁杖因而遇害。帝遣稠造桥,二日而就"。② 为过辽水,宇文恺先在辽水西岸造好浮桥,战时便引浮桥趋东岸。为保护浮桥,隋军必须随桥前行。由于未能精确掌握辽水宽度,浮梁短了丈余。隋军虽想拉回浮桥增加长度再济辽水,却是欲而不得。面对高句丽密集的箭矢,隋兵无奈,只得赴水接战。高句丽据地利于岸上猛击水中隋军,隋前锋右屯卫大将军麦铁杖寡不敌众,遇害身亡,隋军死伤惨重,败退收兵。其后,何稠改造接桥,使桥之长度与水之宽度等同,隋军顺利渡桥作战,从而击溃了高句丽军。由此可见,两军对战,浮桥长度精确吻合水面宽度的重要性。这一长度,不仅仅是直线距离,还必须考虑浮桥受不同风力、水力的冲击而出现的

---

① (宋)李焘:《续资治通鉴长编》卷一五,宋太祖开宝七年七月戊辰,第 321—322 页。

② (唐)魏徵:《隋书》卷六八《何稠传》,第 1598 页。

曲面长度,及风力、水力影响下脚船之间的合适距离。距离过窄,风浪一来,脚船容易互撞,距离过宽,船板难寻,而且脚船易散。这些都需要在精确地测量之后再经过仔细的推演与计算。这应该也是樊若水在采石矶江面测量了数十遍的原因。

在确定江面宽度、风速、流速等地理因素及浮桥长度之后,樊若水献计于宋太祖。大喜过望的宋主令荆、湖地区的相关机构按照樊若水的设计,提前"造大舰及黄黑龙船数千艘"。其中,大舰为荆门、潭州所造,而黄黑龙船多为朗州(今湖南常德)所造。

之所以于荆、湖造"大舰及黄黑龙船数千艘",有以下原因:

第一,船舶是荆、湖地区的主要交通工具,潭州与下游的饶、洪、江数州在唐代便是重要造船基地。① 位处长江中游的荆湖地区,支流、湖泊众多,出行大多靠船只。李峤《为第二舅让江州刺史表》曰:"荆门东会,舳舻相接。"②荆门至夏口四百里的水路上,"士民工商,连樯如云,必将沿于斯、溯于斯……输其缯钱、鱼盐、丹漆、羽毛"。③ 潭州"丹槛缭郭千艘屯"④,地理特征决定了交通工具的选择,再加上荆、湖地区林木密集,造船原料充沛,尤其是富有制造大舰的巨型木料,造船业自然而然发展起来。贞观年间征伐辽东前,朝廷令潭州造大舰。《唐鉴》卷三载,朝廷"输直雇潭人造船……大船一艘庸绢二千二百

---

① 唐代的造船地点可分为沿海和内陆两大区域。席龙飞指出,沿海地区历来是建造海船的主要地区。北方主要有登州、莱州,南方则以扬州、明州(今宁波)、温州、福州、泉州、高州(今属广东茂名)、琼州(海口市一带)和交州(今属越南)等地最为著名。内陆广大地区设有造船工场。有文献可参考的有江南的宣州(今安徽省宣州市)、润州(今江苏镇江市)、常州、苏州、湖州、杭州、越州(今浙江丽水市)、江州(今江西瑞昌市)、洪州(今南昌市)、饶州(今江西波阳县)以及剑南道(今四川境内)沿江各地。从他的研究来看,唐代造船地点未提潭州。参见席龙飞:《中国造船通史》,海洋出版社2013年版,第141页。他所撰写的《中国造船简史》(大连海事大学出版社2018年版)、《中国古代造船史》(武汉大学出版社2015年版)等书在讨论唐代造船地点时,亦未关注到潭州。其实,潭州是唐代的一个重要造船基地,尤其是大舰的制造。

② (清)董诰:《全唐文》卷二四四《李峤·为第二舅让江州刺史表》,第2467页。

③ (清)董诰:《全唐文》卷六八九《符载·土洑镇保宁记》,第7083页。

④ (唐)沈传师:《次潭州酬唐侍御姚员外游道林岳麓寺题示》,周振甫主编:《全唐诗》,黄山书社1999年版,第3452页。

三十六匹"。王赛时指出,潭州能够承建大吨位的船舶。① 这一技术应也延续至宋,是以宋太祖下令于荆、湖造大舰。

第二,荆、湖位处长江中游,船只顺水而下,极为便利。潭州造好大舰,可沿湘水、洞庭湖至长江。负责制造"黄黑龙船"的朗州,即为武陵,刘禹锡称武陵"拥楫舟为市",位居沅水下游,东接洞庭湖。船在朗州造好后,可沿沅水入洞庭而后进入长江,甚为便利。

第三,建造浮桥的必备材料除了脚船之外,还有大量竹索或铁索。由于采石矶浮桥是临时性的军用设施,制造铁索费时较长,造价过高,因此采用材料易得、成品更快的竹索维舟,无疑是更合理的选择。采石矶江面宽阔,小船、小竹索都无力抵抗江面风浪、水流的冲击,非大舰、大竹索不足以承其力、维其舟。荆湖地区在古代虽是产竹区,但制作竹索尤其是大竹索技术极为成熟的其实是荆湖之左的江、洪地区。《唐六典》载唐代第一大浮桥——河阳桥所需竹索,"令宣、常、洪三州役工匠预支造,宣、洪二州各大索二十条,常州小索一千二百条"。② 宋、南唐并存的局面下,洪州是可为宋军提供大竹索的地区。因此,大舰在荆、湖造好之后,装载维系浮桥所需的小竹索,驶至江州之后,又可接上洪州制作的大竹索。如此,浮桥所需材料基本备齐。

其后,八作使郝守浚率丁匠自荆南以大舰装载巨竹顺江而下,于采石矶跨江为浮梁。由于采石矶江阔水深,自古从未在此建造浮梁,众人对此皆有怀疑。《续资治通鉴长编》载:

> 初为浮梁,(南唐)国主闻之,以语清辉殿学士张洎,洎对曰:"载籍以来,无有此事,此必不成"。国主曰:"吾亦谓此儿戏耳"。

认知决定行为乃至命运。南唐君臣以"载籍以来,无有此事",料定宋军此事"必不成",因此便不以为意,未做任何应对,只是督促水、陆两军准备迎

---

① 王赛时:《论唐代的造船业》,《中国史研究》1982 年第 2 期。

② (唐)李林甫:《唐六典》卷七《尚书工部》,第 226—227 页;(五代)刘昫:《旧唐书》卷四三《职官志》,第 1841—1842 页。

战。可以说,宋军营建长江大浮桥的消息虽早已被南唐探知,但并未受到对方一兵一卒的干扰,工事进行得极为顺利。因为对于这前所未有的工程是否能够成功,宋军也有疑虑,因此决定先在采石上游的石牌口(今安徽怀宁县石牌镇)做番实验。结果实验成功,石牌口浮桥顺利建成,其后,前汝州防御使陆万友率军前往守护。

脚船、竹索及铺船木板均在上游准备妥当,但维系浮桥所用的码头却不能提前准备,必须选在采石矶、和州长江两岸。《续资治通鉴长编》未载采石矶长江浮桥以何为码头,但南宋陆游《牛渚山记》所作追溯,或可作参考。陆游将樊若水记作范若冰,"若冰不得志于李氏,诈祝发为僧,庐于采石山,凿石为窍,及建石浮图……其后,若冰自陈母妻在江南,朝廷命煜护送,煜虽愤切,终不敢违,厚遗而遣之。然若冰所凿石窍及石浮屠皆不毁,王师卒用以系浮梁"。[①] 揣摩陆游此意,开宝七年十一月宋军所建采石矶浮梁所用之东面码头,乃樊若水提前凿成之孔窍。然而,考虑到徽宗政和年间营造三山浮桥,曾调拨大量兵力于大伾山凿石为码头,樊若水能否以一人之力凿成浮桥东面码头所需孔窍,实在令人怀疑。此窍或许系宋军移桥至采石矶之前集群力造好,又或许以巨竹索绑缚山石以作支撑,又或许早已备好巨石、巨木,临时置于长江两岸,加以人力或畜力,以作浮桥受力支点。采石矶长江浮桥作为宋灭南唐的重要军事工程,不但具有军事价值,在桥梁工程史上,亦有巨大的开创性价值。关于具体的工程技术,史书未载其详,甚为可惜。

另外,宋太祖令曹彬与诸将准备伐唐,所由司于京师熏风门外大造屋宇以备南唐君臣。开宝七年十月,曹彬等人奔赴荆南,先自蕲阳过江,攻破南唐峡口寨。曹彬被委任为升州西南面行营马步军战棹都部署,潘美为都监,曹翰为先锋都指挥使。同时,太祖还任命吴越王钱俶为升州东南面行营招抚制置使,其前锋部队是禁兵步骑,实有监军之效,以促使吴越王钱俶能够竭力辅助曹彬

---

① (宋)陆游:《入蜀记》卷二《牛渚山记》,商务印书馆 1936 年版,第 4 页。

攻南唐。①

曹彬率军攻下池州、铜陵之后,往采石矶推进。十一月甲申,"诏移石牌镇浮梁于采石矶,系缆三日而成,不差尺寸,王师过之,如履平地"。其后,宋军拔新林寨、新林港、利城寨,下常州、宣州,直至金陵,南唐国灭。②

顺带一提的是,绍兴三十一年(1161年),兵强粮足的金军在完颜亮的率领下,兵分四路,大举南侵,企图一举吞并南宋。金军自和州渡江攻宋,虞允文率领军民在对岸采石矶大败金军。完颜亮却不肯罢休,逼迫益急,引发兵变,完颜亮被弑,南宋危机就此解除。采石之战是南宋抗金斗争的重要战役之一,南宋在此后得享国祚百余年。

宋及以前长江(包括上游支流)上桥梁(从上游至下游)

桥名	所在水流	桥梁类型	存在年代	资料出处
玉树藤桥	吐蕃牦牛河	藤索桥	唐	《新唐书·地理志》
泸水(大渡河)浮桥	泸水(大渡河)	皮船或浑脱浮桥	唐、五代(三国时或已有)	《新唐书·南诏传》《元和郡县图志·越嶲县》
成都浮桥	岷江	浮桥	东汉、宋	《水经注》《后汉书·公孙述传》
夔州夔门浮桥	长江	浮桥	唐末、五代、宋初	《资治通鉴》《续资治通鉴》
西陵锁峡浮桥	长江	铁索桥	晋、南朝梁、陈	《资治通鉴》
荆门虎牙浮桥	长江	浮桥	东汉初	《后汉书·岑彭传》
江陵浮桥	长江	浮桥	三国	《三国志》《资治通鉴》
鄂州樊口浮桥	长江	浮桥	唐昭宗时建	《资治通鉴》

---

① (宋)李焘:《续资治通鉴长编》卷一五,宋太祖开宝七年十月——十二月,第324—330页。

② (宋)李焘:《续资治通鉴长编》卷一六,宋太祖开宝八年正月,第333—335页。

续表

桥名	所在水流	桥梁类型	存在年代	资料出处
芜湖东西梁山浮桥	长江	浮桥	唐初	《资治通鉴》
采石矶浮桥	长江	浮桥	宋初	《续资治通鉴长编》《宋史》

四、通辽、经营河北与澶州、滑州浮桥

1. 河阳浮桥

宋代为经营河北、通使辽朝而修建的黄河浮桥自上游至下游有河阳桥、滑州浮桥、滑州通利军三山浮桥及澶州浮桥。

在这四桥之中，河阳桥修建历史最早，在晋代便由杜预所建。在唐前期，河阳桥是黄河上规模最大、技术最高的桥。官府为守护该桥所配备的水手最多；浮桥舟船先在潭、洪州造好，而后再长途沿水路驶至孟津黄河；所需竹索由宣州、洪州、常州提供。河阳桥换下来的竹索，择其可用者供孝义桥使用。在开元九年（721 年）改造蒲津桥之前，河阳桥号称唐代黄河第一桥。唐代之所以如此重视河阳桥，与河阳桥的地理位置和交通价值是分不开的。河阳桥是守护"天下之中"洛阳的北边门户，肩负沟通中原南北交通之重任。这一角色，至宋依然。河阳为北宋重镇，设河阳三城节度使，驻守河阳者多为重臣，如韩令坤、赵普、崔彦进、富弼、曾公亮等均曾屯兵河阳或判河阳事。河阳桥的修缮，也是河阳三城节度使等人的重要职责。

宋太祖乾德三年（965 年）秋七月，"孟州水涨，坏中潬桥梁"。① 所谓"坏中潬桥梁"，指的应该是中潬上维系南北二浮桥的码头被水冲毁。考虑到河阳桥在连接河南河北交通的重要作用及唐代已有修缮河阳、蒲津等全国性重

---

① （元）脱脱等撰：《宋史》卷九一《河渠志》，第 2257 页。

要桥梁的制度先例,在水退之后,宋代政府理应组织人力修缮河阳桥。史书虽未明言,但根据前后文"(乾德)三年秋,大雨霖,开封府河决阳武,又孟州水涨,坏中潬桥梁,澶、郓亦言河决,诏发州兵治之"①,应是当年即已诏令修桥。浮桥易建,也易坏,若无战乱或特殊情况,河阳桥应随坏随修,方可保证交通不辍。景德二年(1005 年)八月庚寅,"上之驻跸澶渊也,枢密使陈尧叟虑放骑侵轶,建议令缘河悉撤桥梁,毁船舫。稽缓者论以军法。河阳、河中、陕府皆被诏"。② 因为真宗出行,便撤毁河阳、河中、大阳三大浮桥,实为特殊举措,由此也可想见,景德元年被主战派寇准、高琼等人裹挟至澶州北城给真宗留下的心理阴影。待真宗返京之后,三桥又重新系上。其后,河阳浮桥长期维系不废。熙宁十年(1077 年)秋,由于"大雨霖,河洛皆溢,浊流汹涌",又"坏孟津浮梁"③。因河阳桥对沟通黄河南北、经营河北极为重要,是以屡坏屡修。

汤开建认为宋代"只在南河修建一桥"④,其说不确。按政和七年(1117年)都水监孟扬所言,"旧河阳南北二桥皆有浮梁,顷缘河北淤淀,止于南河修筑一桥,水势冲激,多致损坏。请开修北河如旧,修系南北二桥",⑤可知,河阳桥北桥不修,仅建南桥应该只是暂时举措。由于中潬之北水道淤堵,因而北桥有段时间未建。到徽宗政和年间,又重新修复河阳南北二桥。

2. 澶州浮桥

澶州浮桥在德胜渡。唐代澶州原治顿丘县。后晋天福三年(938 年),"移澶州及顿丘县于德胜,以防河津","徙澶州跨德胜津",即南移顿丘城至黄河边,为德胜渡口北城,澶州治所濮阳为南城,如此一来,德胜渡黄河南北两岸分别筑有一城,澶州也因此首次跨黄河而治。做出这一重要改变的目的是为了

---

① (元)脱脱等撰:《宋史》卷九一《河渠志》,第 2257 页。
② (宋)李焘:《续资治通鉴长编》卷六一,宋真宗景德二年八月庚寅,第 1358 页。
③ (宋)孙洙:《澶州灵津庙碑文》,《宋文鉴》卷七六,商务印书馆 1937 年版,第 1036 页。
④ 汤开建:《北宋"河桥"考略》,《青海师范学院学报》1985 年第 3 期。
⑤ (元)脱脱等撰:《宋史》卷九三《河渠志》,第 2314 页。

防御契丹。德胜渡即所谓"河津之要"①,是当时黄河上最重要的渡口。

开运元年(944 年)二月,契丹南下攻下贝州、博州后,在古顿丘城(即唐顿丘县治,在黄河北岸)埋伏精兵,意欲攻晋军于不备。奈何天不作美,霖雨旬日,契丹伏兵人马俱疲。在此进退为难之际,赵延寿向契丹国主耶律德光进言曰:

> 晋军悉在河上,畏我锋锐,必不敢前;不如即其城下,四合攻之,夺其浮梁,则天下定矣。②

耶律德光采纳了这一建议。其后,后晋与契丹之间爆发了一场大战,战场便在黄河南岸澶州治所濮阳。史载耶律德光"自将兵十余万阵于澶州城北",而晋主也是倾全国之力,驻军戚城(今河南濮阳北)。由于契丹因戚城、马家口之败愤而施行"所得民,皆杀之,得军士,燔炙之"的残忍行径,导致晋人对契丹恨之入骨。晋主所率军队,正是这样一支义愤填膺的复仇之师。尽管耶律德光以精兵悍将迎战晋主所领之中军,但晋军毫无所惧、拼死抗击,成功打退了契丹军队的进攻。看到晋军同仇敌忾顽强抵抗,耶律德光叹曰"杨光远言晋兵半已馁死,今何其多也"。这一场决战,让契丹灭亡后晋、统治中原进而一统天下的梦想化为泡影。契丹大败后,能够全军渡河北归的关键,便在于大战之前耶律德光听取了赵延寿建议,即"夺其浮梁",德胜浮桥保证了契丹败军能够顺利北返。

澶州德胜浮梁,始建于后梁贞明元年(915 年)八月,系晋振武节度使李存进所建。当此之时,后梁开封尹、北面行营招讨使王瓒与晋兵两军对峙。王瓒将兵五万,先自黎阳津渡河,意欲乘其不备攻取澶、魏二州,东行至顿丘后,发现晋兵防备森严,王瓒无奈退去。为加快渡河速度、保证后勤供应,以便在对

---

① (宋)司马光等:《资治通鉴》卷二七〇,后梁均王贞明五年(919 年)春正月辛巳条引胡三省注,第 8842 页。

② (宋)司马光等:《资治通鉴》卷二八四,后晋齐王开运元年(944 年)二月壬戌,第9267 页。

战晋军时占据先机，王瓒在德胜黄河上游十八里的杨村"夹河筑垒，运洛阳竹木造浮桥，自滑州馈运相继"。见此情形，晋蕃马步副总管、振武节度使李存进也做出了造浮梁于德胜渡的决策。由于德胜渡此前从未建造过浮桥，而且浮梁所需"竹笮、铁牛、石囷"①，王瓒可从洛阳运至杨村，可晋师"皆无之，何以能成？"尽管众人质疑不断，维系浮梁之竹笮，及系竹笮之铁牛石囷也确实未备，但面对王瓒因杨村浮梁带来的沉重军事压力，李存进临渴掘井，事急从权，改以他法，"以苇笮维巨舰，系于土山巨木"，德胜浮梁"逾月而成"，人服其智。② 可以说，建造德胜渡浮梁，是李存进在巨大军事压力下，为了己方能够快速渡河反击梁军而做的应急工事。否则，一旦被梁军剪断澶州与太原、河北的联系，澶州守军必将孤掌难鸣、为人鱼肉。

澶州德胜浮梁在建成之后，军事价值急剧上升，成为五代时期兵家之必争。发生在德胜浮梁南北的大小战事不胜枚举。由于德胜渡浮梁与开封临近，因此成为晋王李存勖虎视后梁都城开封的前沿阵地，给开封城带来了直接威胁。至后晋时，德胜浮桥是沟通开封、河北的便捷通道，成为防御都城开封的军事要塞，常驻重军。这也是天福三年晋高祖移顿丘县、澶州治所濮阳城至德胜浮桥黄河南北两岸的根本原因。及至契丹南下，高祖在"澶州、邺都之间，更筑德清军城"，德清军在故澶州城，以为翼助。这在后周、北宋时期，都被继承下来。

澶州浮桥及其连接的南北二城作为开封北边门户，肩负着防御开封的重要功能。北宋景德元年(1004 年)所发生的澶州之战，也是一个有力的佐证。时契丹南侵，真宗诏"河北、河东诸路部署各谨边备"，又"徙河北近南州军兵屯澶州"。八月丁酉，真宗与辅臣商议亲征事宜。毕士安上言真宗"必若戎辂亲行，宜且驻跸澶渊"，而且考虑到澶渊郛郭较小，又濒临前线，建议真宗还是

① 铁牛、石囷都是当作浮桥码头、受力支点的工具，以维系浮桥不被水流、风浪冲走。
② (宋)司马光等：《资治通鉴》卷二七〇，后梁均王贞明五年(919 年)八月乙未，第 8848—8849 页。

放弃亲征为好。但寇准等人为鼓舞士气，建议真宗暂幸澶渊。[1] 其后，朝廷重臣各执一词，真宗亦不欲亲征，待契丹进军深、祁二州之后，参知政事王钦若等人甚至提出了南迁金陵或幸蜀之议。寇准等以澶州乃兵防重地，澶州若不守，汴京则失防护，届时必定不保，即便南逃也将大势已去，在此存亡之际，不若积极备战、奋起抵抗，才是自救生存之道，因此力劝真宗亲至澶州。十一月庚午，车驾北巡。数日后，真宗车驾至黄河南岸、澶州浮桥南城，停驻在驿舍内。寇准固请渡桥幸北城，曰"陛下不过河，则人心益危，敌气未慑，非所以取威决胜也"。殿前都指挥使高琼亦固请。真宗遂幸北城。车驾至浮桥，辇夫犹迟疑不进。《续资治通鉴长编》载：

> 琼乃执挝筑辇夫背曰："何不亟行！今已至此，尚何疑焉！"帝乃
> 命进辇。既至，登北城门楼、张黄龙旗，诸军皆呼万岁，声闻数十里，
> 气势百倍，敌相视益怖骇。[2]

真宗虽是被裹挟着从南城渡澶州浮桥至北城，但北城守城将士并不知内情，看到黄龙旗升起、觉知皇帝亲临前线，因此倍感激励，众人慷慨激昂、士气直冲云霄。加上辽将萧达览误中弩箭而亡，见宋军众志成城、兵势极盛，萧太后无心恋战，急于北返，故宋辽议和。

澶州浮桥及南北二城既是汴京的北边门户，也是宋代经营、安定河北的前哨，朝廷多选择重臣、能臣知澶州，并多兼管澶州河埽、浮梁事。另一方面，河北但欲作乱，必图谋先断澶州浮桥，如太宗端拱初年，"（索湘）知相州，时有群盗聚西山下，断澶州浮桥，入攻磁、相州"，[3]仁宗庆历七年（1047 年）冬，贝州王则作乱，"州吏张峦、卜吉主其谋，党连德、齐诸州，约以明年正旦断澶州浮梁，乱河北"。[4] 断澶州浮桥，河北所受北宋朝廷之压力便可大为减轻。

---

① （宋）李焘：《续资治通鉴长编》卷五七，宋真宗景德元年八月丁酉，第 1256—1257 页。
② （宋）李焘：《续资治通鉴长编》卷五八，宋真宗景德元年十一月甲戌，第 1287 页。
③ （元）脱脱等撰：《宋史》卷二七七《索湘传》，第 9420 页。
④ （宋）李焘：《续资治通鉴长编》卷一六一，宋仁宗庆历七年十一月戊戌，第 3890 页。

澶州浮桥还是契丹使臣自析津府南下汴京最便捷的通道。北宋时开封与析津府之间，共有两条驿路，一条是西路，即从汴京陈桥门往东北方向前行，经班荆馆（开封迎钱契丹使臣之所），而后经长垣、韦城，过滑州浮桥，经通利军黎阳县，沿太行山东麓北行经相州、磁州、邢州、赵州，往东北行至瀛洲、雄州，渡白沟河，进入契丹国境，北行抵达契丹南京析津府。另一条更为近捷的驿路是东路。从开封出陈桥门至韦城一段与西路相同，过韦城后，继续朝东北方向前行至卫南再行至黄河南岸，经澶州浮桥过河，而后经德清军过大名府，经河北中部的恩、冀、深、瀛、莫、雄州，北达析津府。① 因为经澶州浮桥过河更为近捷，为节省沿路招待开支，宋前期两国通使，大多取东路。然而，澶州浮桥或因天灾，或因人祸，常被断毁。如太平兴国四年（979年）九月，澶州河涨，陷浮梁。端拱初，时有群盗聚西山下，断澶州浮桥，攻磁、相州。② 为了保持驿路的畅通，宋朝廷花费了大量物力、民力来修护浮桥。如淳化元年（990年），黄河决于澶州，州城圮，浮桥断，太宗命令精于工程建造的内殿崇班阁承翰主持修复。③ 澶州浮桥所需脚船，原在温州造就，仁宗天圣六年（1028年）三月己酉，京西转运使杨峤进言：

> 澶州浮桥用船四十九只，自温州历梁、堰二十余重，凡三二岁方达澶州。请自今于秦、陇、同州伐木，磁、相州取铁及石灰④，就本州岛造船。⑤

澶州浮桥所需脚船在温州造好后，长途航行两三年之后，方至澶州黄河。花费太大不说，脚船从温州航行至澶州已是使用数年之旧船，于浮桥寿命有损。因此，杨峤建议自此之后，脚船不再从温州驶来，改于澶州就地造船。造

---

① 王文楚：《宋东京至辽南京驿路考》，王文楚：《古代交通地理丛考》，第239—247页。

② （元）脱脱等撰：《宋史》卷二七七《索湘传》，第9420页。

③ （宋）夏竦：《文庄集》卷二九《魏威信墓志铭》，文渊阁《四库全书》（集部三）影印本，第5页。

④ （宋）李焘：《续资治通鉴长编》卷一〇六"仁宗天圣六年三月己酉"条注云：磁相州取铁及石灰，"石灰"原作"石炭"，据宋本、宋撮要本及《宋会要辑稿》方域一三之二一改，第2488页。

⑤ （宋）李焘：《续资治通鉴长编》卷一〇六，宋仁宗天圣六年三月己酉，第2467页。

船所需材木从黄河上游的秦、陇、同州砍伐,木材顺水而下至澶州。造船所需的铁、石灰也被运至澶州。这与唐代于岚、石、隰、胜、慈等州采木顺水运至蒲津、大阳关造浮桥①,是同样的考虑,既省力,又能有效延续浮桥的使用寿命。

然而,澶州浮桥常被水所坏,维护成本极高。天圣七年(1029 年)六月,河北大水,坏澶州浮桥。② 当年,澶州及邻近诸州在朝廷的大力支持下将被毁浮桥修复。景祐元年(1034 年),澶州横陇埽黄河又决口,导致澶州北城圮,浮桥断。③ 因为重修澶州北城、浮桥的花费过高,近十年间浮桥都未能修复。直至庆历二年(1042 年),由于契丹遣使刘六符来朝,驿路东道不通,河北都转运使李昭述征调附近八万民力,紧急修缮澶州浮桥。④ 然而,不数年之后,澶州黄河再次决口。据史料记载,此后澶州浮桥在庆历八年(1048 年)、嘉祐五年(1060 年)、熙宁二年(1069 年)、熙宁十年(1077 年)频繁遭损,宋廷为修护浮桥而疲于奔命。至熙宁十年,澶州浮桥被迫废弃,因为当年黄河水涨,澶州曹村河埽决堤,黄河改道南流。宋廷不得不另寻他处系桥,以通北使并兼经营河北。

3. 滑州浮桥

熙宁十年(1077 年)七月黄河改道,数十个州县遭遇水灾。澶州上言:

> 北流断绝,河道南徙,又东汇于梁山张泽泺,分为二流:一合南清河入于淮,一合北清河入于海。凡灌州县四十五,而濮、齐、郓、徐尤甚,坏官亭、民舍数万,田三十万顷。⑤

自此黄河南流至梁山张泽泺,而后分南北二道,一沿南清河汇入淮水,一沿北清河经德州入海。在这之后,澶州浮桥的修缮变得极为困难。因为黄河

---

① 刘俊文:《敦煌吐鲁番唐代法制文书考释》,第 334—335 页。
② (宋)李焘:《续资治通鉴长编》卷一〇八,宋仁宗天圣七年六月甲寅,第 2518 页。
③ (元)脱脱等撰:《宋史》卷九一《河渠志》,第 2267 页。
④ (宋)李焘:《续资治通鉴长编》卷一三六,第 3248 页。
⑤ (宋)李焘:《续资治通鉴长编》卷二八三,第 6940 页。

改道,欲建浮桥,得先修筑河堤,工程量极大。若欲修固澶州黄河堤防,需先加固澶州上游黄河堤防。因此,神宗"诏入内都知张茂则、权同判都水监刘瑾同相度闭塞","选便道口岸系桥",即另勘他址兴建浮桥。熙宁十年八月,张茂则等人经过仔细勘探,综合驿路走向与黄河两岸地质条件,最终选定白马津,言"北使驿路可以出澶州之西黎阳,由白马县北,可相度系桥"。① 选择白马津新建浮桥,有三个原因:

第一,白马津在澶州黄河上游,不受曹村埽决之影响。而且,建桥同时,必定加固两岸堤防,有利于下游黄河两岸的河堤防护。

第二,白马津是一个古老而优良的渡口,《水经注》载:"白马济之东南,有白马城,卫文公东徙渡河,都之,故济取名焉",②可知自春秋时已是沟通黄河天险的通道。虽然白马津在隋、唐、五代未曾建桥,但其作为黄河上重要津渡的角色从未改变。白马县临白马津,控扼黄河,北与黎阳津隔河相望。商旅云集,是人口聚居之地,颇为富庶。又,该地居黄河南北之要塞,世为兵家必争之地。

第三,宋以前滑州黄河造浮桥有过先例。东魏武定五年(547 年),时白马关属黎阳郡,"高齐文襄征颍城,仍移石济关于此,即造桥焉,改名白马关",③高氏在白马津建桥。该地河道狭窄,相对而言,浮桥长度不必过长,两岸码头受力不必太大,因此系桥难度不算太高。五代后晋天福四年(939 年),也在此创建了大通浮桥,胡三省注引《薛史》载"天福六年,诏以胡梁渡月城为大通军,浮桥为大通桥",并置有大通军把守。

由于要在白马津造浮梁,神宗于元丰四年(1081 年)九月己巳下诏复白马县为滑州(熙宁五年曾废滑州,以白马、韦城、胙城三县隶开封,隶京西路),同时委派强干得力之人,"以朝请大夫周革知州,奉议郎苏注通判州事",明确指

---

① (宋)李焘:《续资治通鉴长编》卷二八四,宋神宗熙宁十年八月戊子,第 6951 页。
② (北魏)郦道元:《水经注》卷五,中华书局 1991 年版,第 274 页。
③ (唐)李吉甫:《元和郡县图志》卷一六《河北道》"卫州",第 463 页。

出滑州知州、通判"如速办无扰，事毕优与推恩"，①以此督促官府尽快经营滑州浮桥、州城与营垒。九月己巳，周革为了速成其事，一方面向朝廷求乞"钱三二十万缗"，同时又请求于开封府界、京西、河北三路差兵，以修滑州桥及城。然而，根据旧例，滑州先前所系浮桥，人力仅出本州。周革急于求成，乃至违反陈例，其要求为朝廷所驳。朝廷不但未予钱及三路兵，而且还以周革力不能任为由，改知陈州，委任朝请郎俞希旦知滑州。此事神宗元丰四年九月己丑诏所言甚明，其文曰：

> 昨曹村河决，值北使至，已尝于白马权系桥，专委将作监，绝不费力，今滑州修系工力，宜与前役不殊。今周革陈乞事目，甚多滋张，必难委以办事，可差降授，革依旧知陈州。②

该诏指出此前因曹村河决，白马津曾"权系桥"。由此可知，宋廷于白马津系浮桥，并不首创于元丰四年③，而是起自熙宁十年，工程或亦延至元丰元年（1078 年）。不同的是，熙宁末年在滑州创建浮桥，只是权宜之计。澶州桥坏，北使南下，不得不另寻一处尽快系桥以过河。而元丰四年的这次营建，朝廷已决意将滑州浮桥改为常设。诏文中的"昨曹村河决，值北使至"指的便是熙宁十年七月曹村河决，澶州浮桥被毁，契丹使臣无法沿旧路南下至汴京。因此，诏令张茂则、刘瑨等人于他处勘察桥址，尽快系桥以通使路。张茂则等人勘定白马津，系桥事由将作监掌管，未曾滋扰他处。正因为有前例可循，待元丰四年再修滑州浮桥时，知州周革却要钱要人，因此能力遭疑、职位被降改。

主持滑州浮桥营建的是将作监。这也是元丰三年官制改革前后所发生的新变化。熙宁之前，将作监徒有其名，将作监、少监、丞等官员莅其官而不任其

①　（宋）李焘：《续资治通鉴长编》卷三一六，宋神宗元丰四年九月己巳，第 7643 页。
②　（宋）李焘：《续资治通鉴长编》卷三一六，宋神宗元丰四年九月己丑，第 7644 页。
③　汤开建在《北宋"河桥"考略》指出，宋滑州桥建于神宗元丰四年（1081 年）十一月十六日，其说有误。元丰四年当是滑州浮桥再建。参见《青海师范学院学报》1985 年第 3 期。

职,只作寄禄之用。以官制"正名"为目标的元丰改制,①将此前作为寄禄官的唐代职事官衔恢复为职事官,将作监因此恢复了执掌土木工程之本职。学界一般认为元丰官制改革是从元丰三年六月开始的,②将神宗下令于中书设立"详定官制局",仿照《唐六典》制定新的职官制度为改革标志。但是,从元丰四年九月己丑诏云熙宁十年、元丰元年于白马津浮桥"专委将作监"来看,将作监恢复土木工程职事之职掌,要比"详定官制局"的设立早上二三年。将作监或许并非特例,推测有些机构是先恢复了职掌,而后再在元丰三年及之后统一"正名"。于滑州白马津营建浮桥,是宋代将作监恢复本司职掌后所负责的一件大事。将作监也完成得极为出色,是以神宗后来面对周革要钱要人的要求时,颇为不满,因为之前将作监修滑州浮桥"绝不费力","今滑州修系工力,宜与前役不殊"。第二次即元丰四年营建滑州浮桥时,依然由将作监负责其事。当年十一月十六日,"滑州浮桥成",十二月,赐"知将作监、丞□处厚银、绢,及使臣、吏人银、绢有差,以系滑州浮桥毕推恩也"。③ 此外,还在黄河岸浮桥旁新作一驿,名"通津驿",供迎钱辽使之用。④ 元丰五年(1082年)三月,又诏司农寺"于大名府公使库钱内拨钱千缗与相州,及于恩、冀二州公使钱内各拨钱千五百缗与邢、赵、磁三州,候辽使行旧路日依旧"⑤。这是滑州浮桥建成后,通辽驿路的供应情况。

三年之后,元丰七年(1084年)七月,由于黄河水涨,滑州浮桥又坏,《宋会要辑稿》载:

> 滑州言齐贾下埽河水涨坏浮桥,诏范子渊相度以闻。后范子渊

---

① 刘后滨:《正名与正实——从元丰改制看宋人的三省制理念》,《北京大学学报》2011年第2期。
② 秦邕江:《试论北宋元丰年间的官制改革》,《学术论坛》1983年第4期;龚延明:《北宋元丰官制改革论》,《中国史研究》1989年第4期;葛桂莲:《论元丰改制在中国古代官制发展变化中的作用》,《甘肃社会科学》1996年第4期等。
③ (宋)李焘:《续资治通鉴长编》卷三二一,神宗元丰四年十二月戊辰。
④ (清)徐松:《宋会要辑稿》方域一〇之一五,刘琳等点校本,第7481页。
⑤ (宋)李焘:《续资治通鉴长编》卷三二四,第7808页。

言："相度滑州浮桥移次州西,两岸相距四百六十一步,南岸高崖地
杂胶淤,比旧桥增长三十六步半。"诏子渊与京西河北转运司、滑州
同措置修筑。①

自此,滑州浮桥营造事再归都水监。都水监丞范子渊建议将滑州浮桥移
至滑州州治西,这里的黄河宽四百六十一步,较之白马津黄河要宽三十六步。
宋代一步为五尺。宋尺有木尺、木矩尺、铜尺等之别,根据考古所发现的宋尺
实物,其具体长度有 31.4 厘米、30.91 厘米、30.8 厘米、32.93 厘米等多种尺
度,②因此该处浮桥长度约为 143 米,比白马津浮桥长约 11 米,大概是两艘脚
船所能够维系的长度,难度虽胜过白马津,但也没有太大的影响。

每次创建滑州浮桥,所费不少,而黄河水涨频繁,浮桥由于结构脆弱,每次
涨水都会对浮桥造成很大的损毁。③ 考察澶州、滑州等黄河浮桥被毁的缘由,
除了少数几次是因为人祸或因为特殊缘故而故意断毁,其余都是为大水所漂
坏。因此,为了保护滑州浮桥,元丰七年之后,都水监择取了新办法,即水涨则
拆,大水过后则系。《宋会要辑稿》载元祐元年(1086 年)四月四日工部言曰:

京西转运司奏:北使经由道路,近为浮桥解拆,改入京西路,务要
不见山陵。今相度得河阳南至偃师,东由凤台、孝义,次巩县,最为顺
便,皆有亭驿,止是望见山陵林木,恐不须回避。从之。④

由此可见,元祐元年即已施行夏秋之时水涨即拆的办法。此事离元丰七
年范子渊于滑州州治西黄河上系浮桥不过三年。根据京西转运司所奏,当年
四月,入夏黄河水涨,为保护滑州浮桥不为大水所毁,故而"浮桥解拆"。辽使
南下,绕路改道从河阳桥过河。由于先祖帝陵在巩义,不宜为外臣勘知,因此
宋廷要求京西转运司相度辽使东向入汴京路线。最后转运司上奏辽使渡河阳

---

①　(清)徐松:《宋会要辑稿》方域一三"桥梁",刘琳等点校本,第 9545 页。
②　国家计量总局主编:《中国古代度量衡图集》,文物出版社 1984 年版,第 31—32 页。
③　唐寰澄:《中国科学技术史·桥梁卷》,科学出版社 2000 年版,第 658 页。
④　(清)徐松:《宋会要辑稿》礼三七之三四,刘琳等点校本,第 1336 页。

桥后,可先至偃师安顿宿歇,而后"东由凤台、孝义,次巩县",此路不但通达,沿路皆有亭驿,而且辽使沿此路前行,只能"望见山陵林木",不能窥视山陵内部。

"水涨辄拆"的办法,在元祐之后被继承下来,一直到徽宗初年。大观三年(1109年)十月七日尚书度支员外郎王革言曰:

> 滑州比年以来修整浮桥,所费工力、物料万数浩瀚,每岁虏使到河,或不及事,或仅能了当,致一一上烦朝廷措置。乞诏都水监与滑州、通利军当职官,于沿流上下从长相视,同状指定可以系桥去处,权暂系桥,水涨辄拆,以备后用。或令河北、京西路转运司相度增五宿顿,使虏使由孟津趋阙下。俟具办集,检会元丰四年因避冀州济渡改路诏旨施行,实为长久之利。①

元祐之后,若当滑州浮桥解拆之际,辽使自河北西路经河阳(孟津)浮桥渡河再由京西西路东折汴京,已成常态。河北西路、京西西路因此新增了接待辽使公事。外交无小事,契丹、宋两国在澶渊之盟后,南北交使常年往来,使者沿路所见所闻,事实上是两国了解对方国力、态度等大事,不仅关系到国家颜面,也是两国实力的暗中较量。由此可知,辽使改从河阳桥渡河之后,河北西路、京西西路新增了很多事务,包括确定沿路供给、安保、道路整修、城乡面貌及辽使宿顿等事,因此才有王革上述建言。而这,都是解拆滑州浮桥所带来的附加问题。

水涨则拆,不但给河北西路、京西西路带来了供应辽使的压力,而且每年解拆、重修浮桥都花费了巨大人力、物力。政和四年(1114年)十一月二日,都水使者孟昌龄上了一道文书,统计了政和元年、二年、三年解拆滑州浮桥所费工料、钱数,其中政和元年兵士一万余工、钱七万余贯,政和二年兵士三万余工、钱八万余贯,政和三年兵士四万工、钱七万余贯,②可见解拆滑州浮桥的花

---

① (清)徐松:《宋会要辑稿》方域一三之"桥梁",刘琳等点校本,第9545页。

② (清)徐松:《宋会要辑稿》方域一三之"桥梁",刘琳等点校本,第9546页。

费几乎是年年递增。由于政和四年水涨不曾解拆，节省了一大笔开支，据孟昌龄估计，当年省下了八万一千余工、钱二十二万八千余贯，因此他一方面请求朝廷赏赐相关官吏、做头等人，一方面萌发了一个全新的想法，即将滑州浮桥由临时性浮桥改建为长久性浮桥。

4. 徽宗朝的三山浮桥

要改建成长久性浮桥，取决于两个方面，一是建桥地址，二是浮桥技术。黄河浮桥使用寿命较长的有两处，一是蒲津浮桥，二是河阳浮桥。这两座浮桥都有一个共同的特征，那就是黄河流经这两处时都一分为二，中心的大沙渚即"中潬"可建造浮桥码头，从而将浮桥分作二座。于此修建浮桥，可建四个码头，大幅提升了码头对水面浮桥的牵拉力，增强了浮桥的牢固性。[1] 唐代开元时曾对蒲津浮桥进行了技术大升级，将维系脚船、护栏及桥板的竹索改为铁索，同时还铸造了八大铁牛、铁人、铁柱以固定浮桥。较之唐代，宋代浮桥在技术上并无大的突破。但是，蒲津、河阳桥的地理特征，却给了孟昌龄启发。他最后勘定了滑州对岸通利军境内的大伾山，要将大伾山当作中潬使用，以增建浮桥码头。《宋史·河渠志》载：

> 昌龄又献议导河六伾，可置永远浮桥。谓："河流自大伾之东（应为西）而来，直大伾山百而止，数里方回南，东转而过，复折北而东，则又直至大伾山之东，亦止不过十里耳。视地形水势，东西相直径易，曾不十余里间，且地势低下，可以成河，倚山可为马头，又有中潬，正如河阳。若引使穿大伾大山及东北二小山，分为两股而过，合于下流，因是三山为趾，以系浮梁，省费数十百倍，可宽河朔诸路

---

① 后赵石虎曾欲作河桥于灵昌津，为增加码头，便从河岸采石为中潬，无奈石下辄随水流走，用功五百余万而桥不成，石虎怒而斩匠，却不得不作罢。由此可见，蒲津、河阳黄河中的天然中潬对于建造浮桥的便利。参见司马光等：《资治通鉴》卷九七，第3062页。

之役。"①

大伾山亦名黎阳东山,或青坛山,坐落在今浚县城东。明清时期,大伾山高四十丈,周五里(一作十五里)。② 黄河自西向东流至大伾山时,河水为山所阻,沿着大伾山之西向南流,而后折向大伾山之北再往东流。也就是说,黄河水道因为大伾山的阻隔而在此处形成了一个弯道。在大伾山北,有一座小山,名为居山,在大伾山黄河南岸,也有一座小山,名为汶子山,可用作两岸浮桥码头。孟昌龄的设想是,在大伾山南北各开挖新的河道,引黄河水从大伾山南北两侧河道流过,如此大伾山便犹如"中潬",既可用作码头以系浮桥,又可建城驻军以便防御。黄河北面浮桥系在大伾山与居山之间,而南面浮桥则系在大伾山与汶子山中间。由于三山地势高出河岸,多石,地质硬实,黄河即便涨水,浮桥也不会被两岸的泥沙冲毁,无疑是天然的优良码头。孟昌龄十一月二十二日奏曰:"请于通利军依大伾等山徙系浮桥,其地势下可以成河,倚山可为马头,又有中潬,正如河阳长久之利",③看中的正是三山可作浮桥码头的优势。

鉴于政和四年因未解拆浮桥而省下了巨额人工、钱数,若在大伾山建桥,又能缩短辽使至汴京的路程,孟昌龄的创举受到了同样醉心于艺术设计与工程建造的徽宗的认可与支持。因此,在次年春,徽宗便设置了提举修系永桥所,令孟昌龄负责修建这一工程。具体的施工环节包括"凿山""酾渠""为梁跨址"及黄河改道、修堤和迁移通利军城等。④ 桥成之后,为了维护新建之桥,又在南北二桥各设置了一个桥道司(或曰桥道指挥司),所管守军一千人,分番巡视看护新堤、南北二桥的码头、脚船、桥面等,⑤若有损坏,则随时替换。

---

① (元)脱脱等撰:《宋史》卷九三《河渠志》,第 2312 页。
② 参见周宝珠:《宋代黄河上的三山浮桥》,《史学月刊》1993 年第 2 期。
③ (清)徐松:《宋会要辑稿》方域一三之"桥梁",刘琳等点校本,第 9546 页。
④ 周宝珠:《宋代黄河上的三山浮桥》,《史学月刊》1993 年第 2 期。
⑤ (清)徐松:《宋会要辑稿》方域一三之"桥梁",刘琳等点校本,第 9546 页。

至冬春结冰时，他们还负责"打凌"，即破冰，以免脚船遭冰块冻结遭损，及桥面结冰致滑。此外，还有人负责守夜。政和六年正月一日，提举三山天成桥河事孟扩（孟昌龄之子）建言提高桥道司守军的薪酬，以便吸引军士投充。①

孟昌龄主持营建的滑州、通利军浮桥，是北宋黄河上的重大国家工程。徽宗为此下了好几道诏令，并赐嘉名。居山至大伾山浮桥，赐名天成桥。大伾山至汶子山浮桥，赐名荣充桥，后又改为圣功桥。天成与圣功，体现出徽宗对大伾山浮桥的中意与自得。而且，徽宗还特意为该桥降颁《三水永桥成河北京东西德音》，其文曰：

> 门下：朕受天明命，若昔大猷，永惟神宗杰立于三代之后，深悼禹绩，寝泪于六国之初，经渎坏于曲防，造舟废而病涉。通迫先志，蔽自朕心，凿山酾渠，循九河既道之迹，为梁跨趾，成万世永赖之功。役不二时，虑无衍素，人绝往来之阻，地无南北之殊。灵抵怀柔，庶民舞蹈。眷言朔野，爰暨近畿，奋锸繁兴，薪刍转徙，民亦劳止，朕是悯之。宜推在宥之恩，仍广镯除之惠。应河北、京东西路云云。于戏，承天下之大利，以济不通，得万国之欢心，兹惟作解，更在百执，共思远图，壁妨功惑众之夸，守暂费永宁之实，不懈于位，永孚于休。②

该德音写出了徽宗朝营建该桥的理由：

第一，遵循大禹及周代圣王之志，疏导水流、桥梁沟渠，为此"凿山酾渠""为梁跨趾"，架浮梁以通天堑，万民再无病涉之患。

第二，滑州浮桥地近京畿，乃交通要道，往年滑州浮桥常坏常修，民众"奋锸繁兴，薪刍转徙"，颇受滋扰，这让徽宗心生怜悯，常思改变。营建三

---

① （清）徐松：《宋会要辑稿》方域一三之"桥梁"，刘琳等点校本，第 9546 页。

② 《宋大诏令集》卷一八〇《政事·营缮下》，中华书局 1962 年版，第 653 页。该诏《宋史》卷九三《河渠志》亦有节录，时间为政和五年六月癸丑，降德音于河北、京东、京西路，其辞曰："凿山酾渠，循九河既道之迹；为梁跨趾，成万世永赖之功。役不逾时，虑无愆素。人绝往来之阻，地无南北之殊。灵祗怀柔，黎庶呼舞。眷言朔野，爰暨近畿，奋锸繁兴，薪刍转徙，民亦劳止，朕甚悯之。宜推在宥之恩，仍广镯除之惠。应开河官吏，令提举所具功力等第闻奏"，第 2313 页。

山浮桥,是为了"成万世永赖之功",虽暂时花费甚大,但桥成之后却能得"永宁之实"。

第三,黄河阻隔,地分南北,人绝往来。往岁浮桥冲毁,诸国之使不得交通汴京。如今大伾山桥成,"得万国之欢心",将该桥视为便利外使来朝、维护宋代朝贡体系的重要工具。

由于徽宗视三山浮桥为万世之圣功,因此在政和、重和至宣和年间,为营建、守护该桥而下发了大量诏敕,其内容牵涉到桥梁的选址,成立建桥的机构,工料与各色人员的配备,桥梁的防护,蠲免河北、京东、京西数路,封赏建桥相关人员等。① 修成之后,孟昌龄父子及相关人员得到了迅速的迁升。后来三山浮桥修护小有不力,相关官司、人员所受惩罚也令人瞩目。宣和三年八月二十五日诏曰:

> 天成、圣功两桥已奏毕功,本处当职官失职与免勘,监桥官二员各降两官,都大一员降一官、展二年磨勘,滑州知、通二员各降一官,应当(官职)[职官]各展三年磨勘,提举官、都大司人吏、滑州当行人吏、监桥官下军司桥匠、作头等,各科杖一百。②

从滑州知州、通判、监桥官、提举官、当职官、都大司到桥匠、作头各有惩罚,或免勘,或降官,或展磨勘年限,或身受百杖之责。"提举官、都大司人吏、滑州当行人吏、监桥官下军司桥匠、作头等,各科杖一百"的法律依据来自大观三年(1109 年)正月二十九日诏"应系桥渡,官为如法修整,今后擅置及将官桥毁坏者徒二年,配一千里。其官渡桥不修整者杖一百"③。为一桥事,惩罚面如此之广,整个宋代,唯有陈留移桥狱可与之媲美。但陈留移桥狱牵涉到宰臣、谏官之争,乃至祖宗之法与今上之诏效力之争,案件极为曲折,缘故甚为复杂。而宣和年间三山浮桥,原委明晰事情简单,之所以惩罚如此之众、重,其实

---

① (清)徐松:《宋会要辑稿》方域一三之"桥梁",刘琳等点校本,第 9545—9546 页。
② (清)徐松:《宋会要辑稿》方域一三之"桥梁",刘琳等点校本,第 9545 页。
③ (清)徐松:《宋会要辑稿》方域一三之"桥梁",刘琳等点校本,第 9545 页。

体现了这一工程在徽宗心目中的分量。

遗憾的是,徽宗虽在工程建设与书画艺术上颇有作为,但不善理国、不知为君,国内民怨沸腾,边备举措失当,再加上不明国际形势,结海上之盟而引狼入室,最终在宣和七年(1125 年)金军南下。当年十二月二十六日,徽宗虽派武威军节度使内侍梁方平率军七千人驻扎浚州以守三山浮桥,然而,梁方平等守桥宋军望见金军旗帜(其实郭药师率领的这支金军先锋部队,人数不过两千人)便惊惧不安,放火烧桥,而后仓皇逃至黄河南岸。此时南岸守军也已溃散。① 不过,惊恐的宋军在仓皇之际,仅仅烧断了桥缆,脚船并未受到实质损害,因桥缆断而浮散水面。后来金军搜集河面脚船稍加修葺便顺利渡河。等到金兵从开封退兵时,还依然依靠此桥渡河北还。② 徽宗朝花费巨大代价营建的三山浮桥,本意是要"成万世永赖之功""得万国之欢心""取永宁长久之意",可最终却成为渡金军南下汴京、灭亡北宋的便捷通道,着实讽刺。

第三节　移桥案与北宋重要桥梁的位置勘定与更改

桥梁的选址关系到水陆交通的交互与衔接,从古至今都是桥梁建设及交通连接中的重中之重。虽然有关近现代桥梁选址的研究成果极多,但对于宋代之前乃至其后,相关研究却屈指可数。史料记载的缺漏应是主因。值得庆幸的是,典籍保存了庆历四年(1044 年)发生在陈留的移桥一案,对于我们了解北宋重要桥梁(指的是连接交通要道的桥梁)的位置勘定及更改、宋代国家如何管理桥梁及其所沟通的交通运输系统提供了可能。

---

① 黄以周、王治寿、冯一梅辑注:《续资治通鉴长编拾补》卷五二,钦宗靖康元年正月丁卯,文物出版社 1987 年影印本,第 1—2 页。

② 周宝珠:《宋代黄河上的三山浮桥》,《史学月刊》1993 年第 2 期。

一、移桥案始末

宋仁宗庆历四年（1044 年）发生了一件震惊朝野的小事。这便是陈留县的移桥一事。事情仅关陈留县一座桥梁的位置移动，但直接卷入此案的人却包括三司使王尧臣、权开封府知府吴育、户部判官慎钺、权户部副使郭难、陈留知县杜衍、开封县主簿杨文仲、陈留等县催纲李舜举、提点在京仓草场兼殿中丞陈荣古、监察御史王砺、都官员外郎王淏、卫尉寺丞卢士伦等人。此外，辅弼大臣范仲淹、谏官欧阳修都就此事长篇累牍地上表议论。

关于此案的梗概，《宋会要辑稿·桥梁》载：

> 庆历四年四月，诏责罚定夺陈留县移桥官吏。先是，催纲右侍禁李舜举请移陈留南镇上桥于近南旧弛桥处，以免倾覆舟船之患。开封从其请，而移桥则废县大姓之（氏）[邸]舍，遂因缘以言于三司使王尧臣，以为无利害而徒费。三司遣提点仓草场陈荣古相之，荣古请于旧桥西展水岸五十步，擗水入大洪，而罢移桥。知府吴育固争之，朝廷遣御史按之，御史言移桥便，且系三司受请，置司推勘。于是自尧臣以下皆罚金焉。[①]

《续资治通鉴长编》更加详细地记载了此案的始末及众臣的上疏[②]，文多不录，今简述其事情经过如下：

陈留等县催纲、右侍禁李舜举因为陈留县南镇土桥有倾覆舟船之患，为催纲督运之便，遂建言将土桥西移至以前的桥址。权知开封府吴育差陈留知县杜衍、开封县主簿杨文仲前去考察，之后，认可了李舜举的建言，并将移桥的想法上奏仁宗，待接到移桥许可后，吴育便让陈留县拆毁现行土桥，行移桥

---

① （清）徐松：《宋会要辑稿》方域一三之二一，中华书局 1957 年影印本，第 7541 页。
② 案件内容参见（宋）李焘：《续资治通鉴长编》卷一四八，宋仁宗庆历四年四月，第 3583—3589 页。

之事。①

然而,移桥在施行过程中却遭到了三司使王尧臣的阻拦,一是因为三司"去年新曾添修,今又破材料"。既然去岁曾费钱费力维修该桥,如今尚未尽其用便行拆毁,拆毁之后还得重建,实在浪费。二是都官员外郎王淇言:"移桥于官无利害,又桥柱未尝坏舟船,安用更张为?"现桥尚固,又未曾撞坏舟船,因此桥不必移。王尧臣本与王淇有同年之好,闻得此语,便谓户部判官慎钺曰:"自移陈留桥,仅三十年,今忽议徙故处,动费官钱不赀"。慎钺因而帖下陈留县,禁止拆毁土桥。开封府自然不服,上表申论。

在开封府与三司争论不休之际,殿中丞陈荣古受仁宗之命前往土桥视察。经仔细勘察,他认为土桥的位置确实不必更改。这样的结果与吴育的初衷相悖,他再次上表争论,仁宗因此再派监察御史王砺前去考察。与陈荣古的意见不同,王砺认为开封府拆废现桥、移桥于旧址的举动合宜。与此同时,他还揭发了一件不利于三司使之事。此前三司使之所以反对拆毁土桥,原因之一便是称桥下有官私屋宅,而实际情况是,桥下仅有陈留大姓、卫尉寺丞卢士伦的邸店,并无官舍。据此,王砺认为,三司使禁止移桥,内中恐有私相授受之请托。

闻讯,仁宗便令工部郎中吕觉立案侦查,从而将此案上升为一件诏狱。宋代所谓诏狱,乃是由皇帝下诏差官审理重大案件的刑狱机构,有时也泛指皇帝下诏差官审理的重大案件。② 调查发现,原来邸店业主卢士伦因为不甘邸店生意随着土桥的拆毁而尽废,便请求曾因在陈留监税、租赁其邸舍而居的都官员外郎王淇相助,因此方有王淇向王尧臣汇报移桥不便一事。然而,当王淇向王尧臣汇报移桥不便时,并未言及桥下有卢士伦邸舍,因而王尧臣、慎钺等人

---

① （宋）李焘:《续资治通鉴长编》卷一四八载范仲淹之奏,言"朝廷不知先朝有诏,失于检详,遂许移之",第3585页。

② 戴建国:《宋代诏狱制度述论》,《岳飞研究——岳飞暨宋史国际学术研讨会论文集》,中华书局1996年版,第489—505页。

事先对此恐怕并不知情。经审刑院、大理寺的审理与裁决,此事的处理结果是"权三司使王尧臣罚铜七斤,权户部副使郭难,知陈留县、太子右赞善大夫杜衍,开封县主簿杨文仲,陈留等县催纲、右侍禁李舜举,并罚铜六斤,皆以公罪坐之。都官员外郎王渎追一官,卫尉寺丞卢士伦追一官,仍罚铜十斤,并以私罪坐之"。这一处理结果,对争论是否要移桥的双方各打五十大板。陈荣古为迎合王尧臣之意,而隐瞒了庆历二年曾有船触碰桥柱而破毁之事,故以私罪论,罚铜十斤。慎钺则因派人前往王砺处暗访刺探移桥相关事务,故也遭到了罚铜七斤的处罚。

然而,参知政事范仲淹却认为这一处理结果有不妥之处,因为土桥今址是奉"真宗皇帝亲诏"而选定,王尧臣认为"移桥不便"并非接受王渎之请托,一方面出于实际考虑即桥址不必改,另一方面也是谨遵先帝之制。而且"三司使主天下大计,在天子股肱之列",其若有罪"不可使法吏以小过而辱之",建议仁宗下旨赦免王尧臣之罪名,并派中使传宣放罪。又,卢士伦因为王渎曾在本县为官,故欲借宅给他,但王渎坚持出钱赁居,每月仅减得房钱一千。想当初王渎既坚持出资赁舍,如今又岂肯因一两千钱,而为其行请托之事?而且,王砺奏言王渎为此去请托王尧臣也是子虚乌有。因此,王渎被追一官的惩罚过于严重,建议改为罚铜。陈荣古勘察之后,认为土桥可不移,其实并无不妥,一则谨遵先朝诏命,二则移桥之后不过月余,已损坏过往舟船,桥柱亦被撞折,表明土桥确不应移。观其处置此事,本因公事,并无私心,故不宜判为私罪,而建议改为公罪。至于慎钺,在王砺受令重行定夺移桥事之后,他派人探问移或不移,也是他作为户部修造案判官的本职分内事,并无其他情弊,故也建议改作公罪。范仲淹的以上建议,仁宗悉数接受,免除了王尧臣之罪,减轻了王渎、陈荣古、慎钺三人的处罚,特诏免追王渎一官,改为罚铜二十斤,改陈荣古及慎钺之罪为公罪。

与此同时,知谏院欧阳修连上两道札子即《论陈留桥事乞黜御史王砺札子》及《论王砺中伤善人乞行黜责札子》弹劾监察御史王砺,指出了王砺的几大罪状:

第一,真宗朝曾明确下旨将土桥移至当前位置,但王砺却说移桥是权臣受贿所致,乃肆意毁谤先朝之政;

第二,因移桥这样一件小事,诬告重臣王尧臣徇私受托,妄兴大狱;

第三,慎钺派人询问移桥案情,本是例行公事,却被他污蔑为刺杀朝廷命官,妄图陷人于死罪。

欧阳修指出王砺不但谤黩先朝之政,而且中伤重臣、劳能之臣王尧臣、慎钺,其作为乃是"欲借国威,以报私忿"[①]。范仲淹的奏文中也说到,王砺之所以全力想要坐实王尧臣等人接受请托,乃是因为他素与王尧臣交恶,遂行诬告诋毁之事。王砺因此被黜免,外贬为邓州通判。震惊朝野、牵连甚广的移桥案就此告一段落。

二、北宋重要桥梁的位置勘定与更改

1. 梁桥、拱桥

移桥案的核心是陈留县南镇土桥的位置问题。陈留是开封府属县之一,在开封城东南郊,汴河穿此而过。开封位于大运河、黄河交汇处,汴河、金水河、惠民河、蔡河、五丈河五水汇聚,让汴京水路交通畅通发达。南镇土桥横跨汴河之上,不仅连接陆上交通路线,而且往来汴京的船只无一例外都要穿桥而过,是陈留县的交通枢纽,地理位置十分重要。土桥原不建在今址,而在今址之西,大中祥符四年(1011 年)因为往来船只动辄冲撞桥身,所以当时便打算重新选址,移建新桥,[②]三年后,终于在原址之东建造新桥,即庆历四年移桥案所涉之土桥。

陈留等县催纲、知开封府等人坚持拆毁现桥,将桥移回西边旧址,而三司

---

① (宋)欧阳修:《欧阳修文集》卷一〇五《奏议·论陈留桥事乞黜御史王砺札子》,李逸安点校,中华书局 2001 年版,第 1604—1606 页。

② (清)徐松:《宋会要辑稿·方域》,"大中祥符四年六月,诏:'如闻陈留有汴河桥,与水势相戾,往来舟船多致损溺,令府界提点经度修换,其利害以闻'",刘琳等点校本,第 7540 页。

使、户部判官等人则认为移桥不便,禁止拆移。范仲淹更明确指出,该桥是当初宋真宗"为损舟船,遂遣使经度而迁之",也就是说目前的位置,早已经过了详细审慎的勘察。欧阳修亦云:"真宗皇帝亲谕王旦移桥一事,乃是先帝知民间利病,移得此桥为便,故史官书之,以彰圣政,为后世法。"①这也证明真宗朝在新建土桥时,先仔细勘定了位置,"先知民间利病",再选取一个便利的地址。所谓桥址勘定时"先知民间利病"应该包括桥上及桥下的交通情况,桥上不废行旅当是基本要求。而在汴河上,桥下的情况要复杂一些,应该涉及以下几种情况:

第一,尽可能降低过往舟船因桥致损的概率,减少损却人命、陷没财物的数量。据《续资治通鉴长编》所载范仲淹《奏辩陈留移桥》云:"陈荣古定夺桥事,据案帐上开说,所损舟船五十五只内,五十只因风并相磕撞致损,只有五只因桥致损。……又根究得元乞移桥状内,所说损却人命及陷没财物,并是虚诳,所以荣古定夺,更不移桥。"陈荣古之所以反对开封府移桥的决定,是因为位于东边的这个土桥所损舟船并不多。虽然该桥共损坏了五十五只舟船,但是其中仅有五只确实"因桥致损",其余五十只都是因为风力的影响互相碰撞才损坏的。东边土桥仅致五只舟船受损,而且不曾损却人命、陷没财物,因此不可断定该桥"不便",故而移桥的理由也就不当。而这也是王洙、王尧臣等人不主张移桥的理由,即"桥柱未尝坏舟船"也。

第二,桥柱、桥身受损的概率小。开封府后来将桥移回西边,不过月余,便"损却舟船,撞折桥柱",故而"新桥不利",位置不当。尽可能减少桥柱、桥身的受损概率是桥梁选址、规范行舟的重要考量。

此外,还要考虑到涨水对桥梁的损毁。北宋王辟之《渑水燕谈录》记"青州城西南皆山,中贯洋(阳)水,限为二城。先时跨水植柱为桥。每至六七月

---

① (宋)欧阳修:《欧阳修文集》卷一〇五《奏议·论陈留桥事乞黜御史王砺札子》,第1604—1606页。

间,山水暴涨,水与柱斗,率常坏桥,州以为患"①,激流而下的山水冲击桥柱、高涨的水面淹没桥柱而导致桥坏。故而,选址之时,要尽可能避免山洪泄口,这在丘陵地带尤其紧要。

为了保护桥柱、桥身进而延长桥梁的使用寿命,桥梁技术不断发展创新,木梁桥渐渐演变为飞桥。宋代江河上的第一座飞桥,即虹桥,建于宋仁宗明道时期(1032—1033年)的青州。"明道中,夏英公(竦)守青,思有以捍之。会得牢城废卒,有智思,叠巨石固其岸,取大木数十相贯,架为飞桥,无柱。至今五十余年桥不坏。"②在这之后的庆历(1041—1048年)年间,汴河上出现了第一座虹桥,"庆历中,陈希亮守宿,以汴桥坏,率常损官舟、害人,乃命法青州所作飞桥。至今汾汴皆飞桥,为往来之利,俗曰虹桥"。③ 此后,飞桥技术推广开来,自汴京至泗州,飞桥遍现。《宋史·陈希亮传》云:"希亮始作飞桥,无柱,以便往来,诏赐缣以褒之。仍下其法,自畿邑至于泗州,皆为飞桥。"④可知,桥梁技术的发展,尤其是从木梁桥演变为飞桥,桥柱的消失相当程度上是为了保护桥身及通行的舟船。

第三,遇到涨水季节,不影响重船的过往。范仲淹的上表中提到,土桥迁回旧址后,遇"水势稍恶",便有"重船过往不易"之困,以此作为反驳移桥的有力证据。而在之前,陈荣古也曾受令前去勘察,他认为桥址不应移动,但面临舟损桥柱的问题,他提出的解决办法是"请于旧桥西展木(水)岸⑤五十步,僻水入大洪",于旧桥西边另开一渠,以便在水涨时节,将水分流,降低桥下航道的水平面。这样做的目的,正是为了解决水涨船高之时舟船尤其是载重量大的重船、大船无法从桥下通行或勉强穿桥而过却不免损伤桥身的困境。

① (宋)王辟之:《渑水燕谈录》,中华书局1985年版,第70页。
② (宋)王辟之:《渑水燕谈录》,第70页。
③ (宋)王辟之:《渑水燕谈录》,第70—71页。
④ (元)脱脱等撰:《宋史》卷二九八《陈希亮传》,第9919页。
⑤ (清)徐松:《宋会要辑稿》方域一三之二二作"水岸",疑是,刘琳等点校本,第7541页。

综上所论,陈留土桥的选址,至少涉及桥面与陆上交通线的关联、该段河岸的曲直情况及该段水域的水流状况、桥下水面的涨落情况及其影响下的桥身与水面之间的宽度高度变动等。勘定陈留土桥位置的这些因素,事实上适用于建造跨越江河水面兼顾水陆交通、有舟船通行的大部分桥梁,包括木梁桥、石梁桥及各式拱桥。

2. 浮桥

与梁桥、拱桥一样,浮桥在勘定位置时也很重视与陆上交通要道的衔接。如宋初营建澶州浮桥,便是考虑到这个位置是在开封北上契丹南京析津府最便捷的一条路上,但风险亦大,因为这条驿路常常遭受黄河决溢改道的危害。宋廷为了保持驿路的畅通而花费了大量代价来修护浮桥。在熙宁十年七月黄河再次于澶州曹村决口,浮桥被毁驿路断绝之时,宋廷不得不另选黄河津渡改辟新路。

与梁桥、拱桥选址时的考量因素不同,浮桥在选址时,更加重视考量营造、维修的难度与代价。关于北宋浮桥的选址,最有代表性的是滑州浮桥。《续资治通鉴长编》载"枢密院委张茂则、刘璹选便道口岸系桥,以河水坏澶州桥故也"。张茂则等人经过勘察,最终选定滑州白马津为新系黄河浮桥之址,即"北使驿路可以出澶州之西黎阳,由白马县北,可相度系桥"[1]。驿路改由澶州之西黎阳横渡白马浮桥,以达东京。尽管至元丰元年(1078年)澶州浮桥修复之后,北上驿路仍经澶州,但元丰四年澶州黄河再决、浮桥又断,黄河改道流经大名府、恩州、冀州,大名府及恩州均被河患之灾,宋辽驿路再断,因此当年九月神宗下诏启用新开驿路,"将来北使经过新路州军,守臣内有审官常格、新差材品凡钝,难以酬接北人者,可以中书预选官移易,其知赵州史宗范,磁、相、邢、赵州通判,令河北转运司体量人材,如不堪接待人使,即于辖下选官对移,

---

① (宋)李焘:《续资治通鉴长编》卷二八四,宋神宗熙宁十年八月戊子,第6951页。

并候人使回日依旧"。① 又,当年十二月,"滑州言:新作辽使驿,已题为武成驿,诏改为通津"。② 元丰五年三月,又"诏司农寺,于大名府公使库钱内拨钱千缗与相州,及于恩、冀二州公使钱内各拨钱千五百缗与邢、赵、磁三州,候辽使行旧路日依旧"③。先是在沿途赵、磁、相、邢等州选任善于接待辽使的官员,后又新建供辽使歇顿的武成驿,又从原通辽驿路上的大名府及恩、冀二州拨钱至新开驿路经过的相、邢、赵、磁四州。这条经由滑州浮桥的新驿路就此确立,取代了原来的旧路,因在原路的西边,故也被称为"西路"④。

　　滑州浮桥的桥址选在白马津,是因为白马津河道狭窄,是一个古老而成熟的优良渡口,也是一个依凭黄河天险的重要南北通道,自春秋时已有之。《水经注》载:"白马济之东南,有白马城,卫文公东徙渡河,都之,故济取名焉。"⑤秦汉因之。秦二世元年(前209年),陈胜吴广起义于大泽乡,继而遣部将武臣、张耳、陈余等领兵从白马津北渡黄河,攻取赵地。《史记·荆燕世家》载:"(汉王)使刘贾将二万人,骑数百,渡白马津入楚地。"刘邦派人从白马津入楚以断绝楚军粮道,并派兵镇守白马津。建安五年(200年),袁绍派大将颜良渡河进攻驻扎在白马城的东郡太守刘延,自己则进军黎阳,企图从白马津渡河与曹军主力一决高下。⑥ 总之,从秦汉至魏晋南北朝隋唐时期,白马津都是兵家必争之地,也是行旅客商往来的重要南北通道。

　　白马津作为历史悠久的交通要道,附近很早就建有城池,是人口聚居之地。《水经注》载白马济之东南有白马城,卫文公东徙渡河之后曾定都于此。《太平寰宇记》卷九《滑州》载:"滑州灵昌郡,今理白马县",又引《左传》云:

---

① (宋)李焘:《续资治通鉴长编》卷三一六,第7652页。
② (清)徐松:《宋会要辑稿》方域一○之一五,第7481页。
③ (宋)李焘:《续资治通鉴长编》卷三二四,第7808页。
④ (宋)李焘:《续资治通鉴长编》卷三三○载元丰五年十月"兼去年准朝旨,国信旧路以河决不通,今已改就西路",此中之"西路"所指,正是元丰四年改经相、邢、赵、磁州及滑州白马津浮桥而过的新驿路,第7948—7949页。
⑤ (北魏)郦道元:《水经注》卷五,中华书局1991年版,第274页。
⑥ (西晋)陈寿:《三国志》卷一《魏书·武帝纪》,中华书局1999年版,第13—14页。

"狄入卫,卫立戴公以庐于曹",注云:"曹,卫下邑"。《西征记》云:"白马城者,古卫之曹邑。戴公东渡河,处曹邑。"①从春秋至北宋,白马城的位置虽有更改,但均离白马津不远。白马城临白马津控黄河,北与黎阳津隔河相望,居河南北之要塞,世为兵家必争及商贾行旅云集之地。

基于以上两个因素,宋廷在勘定滑州浮桥位置时,选择了白马津。然而,滑州黄河河道狭窄,涨水季节河水便轻易漫上岸来,导致河岸易溃。受季节性涨水的影响,在河道较窄的枯水季节用船只搭建的滑州浮桥常被损毁。面对这一困境,宋廷尝试了两种解决办法:

第一,根据水位情况解拆、重装浮桥。元丰六年二月,工部郎中范子奇言:"滑州浮桥每年涨水以前权拆,秋深复系,岁费财力"。②每年涨水之前拆开浮桥,等到涨水之后,再搭建新的浮桥,此时的滑州浮桥事实上是一种暂时性浮桥。然而这种拆了又搭的解决办法耗费了大量的人力物力,如宋徽宗大观三年(1109年)十月七日,尚书度支员外郎王革言:"滑州比年以来修整浮桥,所费工力、物料万数浩瀚"。③除此之外,解拆浮桥还给交通带来阻断之扰。契丹国使来京路绝,不得不绕道河阳桥从京西驿路而后东行至开封。如元祐元年八月二日,诏河阳创修北使驿亭,温县宿顿以至德,河阳县中顿以清沇,氾水县中顿以行庆馆为名。④绕道而行不但延长了契丹使者的行程及时间,还给宋朝大小官员带来了许多麻烦。宋徽宗大观三年(1109年)十月七日,尚书度支员外郎王革称:"每岁虏使到河,或不及事,或仅能了当,致一一上烦朝廷措置"。⑤

第二,将浮桥稍移至河道宽阔处。鉴于每年解拆、重修浮桥的不便及巨大

---

① (宋)乐史:《太平寰宇记》卷九《河南道九·滑州》,王文楚等校点,中华书局2007年版,第159页。

② (宋)李焘:《续资治通鉴长编》卷三三三,第8023页。

③ (清)徐松:《宋会要辑稿》方域一三之二三,刘琳等点校本,第7541页。

④ (宋)王应麟辑:《玉海》卷一七二,中文出版社1977年版,第3267页。

⑤ (清)徐松:《宋会要辑稿》方域一三之二三,刘琳等点校本,第7541页。

耗费,元丰六年二月,工部郎中范子奇就曾上言:"欲于决口下别相视系定,免系拆及壅遏之患"。次年七月,因"滑州言齐贾下扫(埽)河水涨坏浮桥",神宗诏令精通黄河水事及造船事务的范子渊前去勘察,重新选址。范子渊:"相度滑州浮桥移次州西,两岸栓距四百六十一步,南岸高崖地杂胶淤,比旧桥增长三十六步半。"①然而,浮桥移至水面较宽处,虽不需拆卸,但维修费用甚巨。宋徽宗大观三年十月,尚书度支员外郎王革云"滑州比年以来修整浮桥,所费工力、物料万数浩瀚"。因此,他建议重新恢复水涨则拆、水退则系的解决办法,"乞诏都水监与滑州、通利军当职官,于沿流上下从长相视,同状指定可以系桥去处,权暂系桥,水涨辄拆,以备后用"。②可见,不管是将浮桥系在河道狭窄处,还是移至河道宽阔处,或是水涨则拆水退则系,均非长久之计。

多次尝试之后,滑州浮桥终于在政和四年十一月迎来了重大转变。都水使者孟昌龄经过详细勘察上言:"请于通利军依大伾等山徙系浮桥,其地势下可以成河,倚山可为马头,又有中潬,正如河阳长久之利。"③

孟昌龄的目标,是要在滑州建造一座不再每年费力拆卸、重组的永久性桥梁。宋廷在政和五年(1115年)初成立了提举修系永桥所,派人专门负责这一营造大事。从当年春天开始,大致是在夏六月完成。经过"凿山""酾渠""为梁跨址"及黄河改道、修堤和迁移通利军城等重要环节后,浮桥最终建成,成为河北、京东、京西包括首都开封交通的重要通道,一年四季可以畅通无阻。④因此,宋徽宗在桥成之后特意发布了《三水永桥成河北京东西德音》,⑤朝廷官员也对其大加赞颂,誉其"一旦兴复,导河三山,长堤盘固,横截巨浸,依山为

①　(清)徐松:《宋会要辑稿》方域一三之二三,刘琳等点校本,第7541页。
②　(清)徐松:《宋会要辑稿》方域一三之二三、四,刘琳等点校本,第7541—7542页。
③　(清)徐松:《宋会要辑稿》方域一三之二三、四,刘琳等点校本,第7541—7542页。
④　周宝珠:《宋代黄河上的三山浮桥》,该文对三山浮桥的兴建计划、具体实施、管理、损毁等问题进行了详尽地梳理,《史学月刊》1993年第2期。
⑤　《宋大诏令集》卷一八〇《政事·营缮下》,中华书局1962年版,第653页。

梁,天造地设。威示南北,度越前古。岁无解系之费,人无病涉之患"①。

孟昌龄所创浮桥是以大伾山作为系桥的中间支点,大伾山脚下"地势低下,可以成河",经过开挖新河道从而将这一段黄河截弯取直,让河水沿着大伾山两侧流过,黄河河道因此一分为二,其一沿着大伾山之南侧折向东北,经大伾、汶子山之间流过,一股沿大伾山之北侧向东,经大伾山、居山之间流过。因为大伾山及其所劈河道的缘故,浮桥事实上也被一分为二,②且有"倚山可为马头"之便利,巧妙地将居山、大伾山、汶子山作为搭建浮桥的三个基点,其中,两侧的居山、汶山可做码头之用,而大伾山除了作为两座浮桥的码头之外,更起到了中滩的作用,就如孟津河阳桥的地理特征一般。相比于滑州浮桥迟至宋代才建,河阳浮桥的历史甚早,早在晋武帝泰始年间(265—274 年)就已出现,丰乐亭侯杜预力排众议,"以孟津渡险,有覆没之患",始建浮桥于富平津,世称河桥。③ 这是黄河上的第一座桥梁,此地在后世也不断被选作黄河系桥之址。其主要原因便是孟津的突出优势,因为孟津黄河之中有一个天然形成的河中洲,如此一来,黄河事实上被中分为二,建桥的难度大大缩小。河中洲不但让桥梁变一为二,还可增加两个码头,大大减弱了河水对浮桥的冲力及损毁程度,也大大降低了浮桥的维修难度与代价,延长浮桥的使用寿命,更不要说此洲还可用来维护、守卫浮桥。正因为此,北魏、东魏先后筑河阳三城于桥北、桥南及河中洲上,为洛阳外围戍守要地。河阳桥是沟通黄河南北的要

---

① (元)脱脱等撰:《宋史》卷九三《河渠志·黄河下》,第 2314 页。

② (清)徐松:《宋会要辑稿》方域之一三一九桥梁载:"政和五年六月二十九日,诏居山至大伾山浮桥,赐名天成桥。大伾山至汶子山浮桥,赐名荣充桥。续诏改荣充桥曰圣功桥"。南宋范成大出使金朝之时还作有《天成桥》一诗,其文云:"一冈邑屋旧河滩,却望河身百里间。涌土涨沙漫白道,天成桥石在高山"。所谓"天成桥石在高山"指的便是浮桥是以山为码头。参见《宋会要辑稿》方域一三之二五,刘琳等点校本,第 7542 页。

③ (唐)房玄龄等:《晋书》卷三四《杜预传》载,"预又以孟津渡险,有覆没之患,请建河桥于富平津。议者以为殷周所都,历圣贤而不作者,必不可立故也。预曰:'造舟为梁,则河桥之谓也。'及桥成,帝从百僚临会,举觞属预曰:'非君,此桥不立也。'对曰:'非陛下之明,臣亦不得施其微巧'",第 1028 页。

道,而河阳三城也发挥着极为重要的军事功能。

由于桥梁不但是陆路的重要组成部分,还关系到水路及水上运输的畅通,是陆路与水路的交汇点,因而往往是道路网络上最重要的交通节点。其位置的选择不但关系到陆路交通的衔接与畅通,而且还影响着水上过往船只的顺利往来。为了保证桥梁能够固定在勘定的位置上,北宋继承唐制,制定了专门的法律条文禁止擅自、随意移动桥梁。宋太祖时期窦仪主持修订的《宋刑统》规定:"其津济之处,应造桥航,及应置船筏,而不造置,及擅移桥济者,杖七十,停废行人者,杖一百。"①庆历四年的移桥案中,"权三司使王尧臣罚铜七斤,权户部副使郭难,知陈留县、太子右赞善大夫杜衍,开封县主簿杨文仲,陈留等县催纲、右侍禁李舜举,并罚铜六斤,皆以公罪坐之。户部判官、国子博士慎钺罚铜七斤"的处罚结果,应是参考了《宋邢统》的这一法律规定。只是因为涉案人员均为官员,可以通过财产处罚即罚铜的方式替换杖责的刑事处罚。

又,宋哲宗元祐八年(1093年)规定,擅自移动城门关津桥道,与擅自废弃、设置、恢复城门关津桥道同罪,其事均申报刑部审理。② 可见宋代法律对桥梁尤其是重要桥梁的位置的管理之严。

虽然重要桥梁的位置一旦勘定,便不可轻易更改,但在桥梁建成之后,发生了过往船只经常碰坏桥身桥柱或致舟船损溺,或洪水淹没、冲毁了桥梁等情况,桥梁在使用的过程中出现了不便,表明先前勘定的位置不再合适,因而有必要加以更改,重新勘定。陈留等县催纲李舜举等人之所以请求"移陈留南镇土桥",便是因为"以免倾覆舟船之患",其目的是为了纲船顺利从土桥之下通行。

据陈留土桥桥址在宋真宗、仁宗两朝的变动可知,宋代重要桥梁的位置若

① (宋)窦仪等撰:《宋刑统》卷二七《杂律·不修堤防》,吴翊如点校,中华书局1984年版,第430页。
② (清)徐松:《宋会要辑稿》刑法一之一五载,"宋哲宗元祐八年六月二十日,刑部言:'修立到司门条,内陈请废置移复城门关津桥道,并申刑部'",刘琳等点校本,第6469页。

需移动，须奏知皇帝，候听结果后方能更改。真宗朝，土桥自西边的旧址移至东边的新址；仁宗朝，土桥位置再移回旧址，都经历了这一过程。然而，仁宗朝对土桥位置的更改，有两大问题，一是移动桥址违背了先帝真宗皇帝的诏令，即欧阳修所言"朝廷不知先朝有诏，失于检详，遂许移之"。这事实上牵涉到在先帝及今上决策之间，应该以孰为是的问题。二是新桥址既不利于行舟，也不利于桥梁本身。尽管"祖宗之法"在宋代有着重要影响，但具体到仁宗朝陈留桥址改或不改，起决定作用的并非祖宗家法，而是桥梁的现实功用与效能问题。尽管仁宗"许移之"违背了真宗之制，但范仲淹、欧阳修上书议论，除了维护股肱之臣王尧臣等人之尊、惩治假公济私的王砺等人以维护朝廷正义之外，还有一个重要缘由便是，更改土桥位置不但浪费了物力、人力，而且还导致了大量的舟船损坏、覆没，桥身受到冲撞亦损毁严重。也正因为此，移桥案一事才出现了反复。经此一案，其后宋人在勘定桥梁位置时，在评估实际效用上更为审慎。

　　总而言之，北宋重要桥梁的位置勘定，就主体悬于水面的木梁桥、石梁桥、拱桥而言，应该考虑到桥面与陆上交通路线的衔接，该河段河岸的曲直、水流缓急、水面涨落及其影响下的桥身与水面之间的高度宽度等情况，既要维持水陆交通的畅通，又要尽可能地减少舟船、桥梁的受损，尽可能地延长桥梁的使用寿命。而就铺于水面的浮桥而言，与悬于水面之上的桥梁相比，更多考虑的则是该河段能够给浮桥提供的码头支点数量及受力情况、水面的宽度、两岸的地理特征等，即营造及维修浮桥的难度与代价。

第四节　宋代桥梁的大量营建与地方交通的改善
——以南宋信州为中心

　　白乐天云唐代苏州有桥三百九十座，龚明之《中吴纪闻》载有桥三百六十座，至南宋范成大作《吴郡志》时，云"今图籍所载者，三百五十九桥"，似乎唐代苏州之桥较之两宋为多。然而，白居易诗云"红栏三百九十桥"或非确指，未可以为信也。朱长文撰《吴郡图经续记》载，"吴郡，昔多桥梁，自白乐天诗尝云红栏三百九十桥矣。其名已载《图经》。逮今增建者益多，皆叠石甃甓，共奇致密，不复用红栏矣，然其名未尝遍录也"，[①]则言宋代苏州桥梁较之唐代为多。《图经》系大中祥符年间诏修，"每州命官编辑而上其详略"。[②] 陈振孙所撰《直斋书录解题》录有《苏州图经》六卷，题"翰林学士李宗谔、昌武等撰，景德四年诏以四方郡县所上图经，刊修校定为一千五百六十六卷，以大中祥符四年颁下，今皆散亡，馆中仅有九十八卷，余家所有唯苏、越、黄三州刻本耳"[③]。这里的《苏州图经》应是朱长文所指的载有唐苏州桥梁的《图经》，可惜的是《苏州图经》尚未发现[④]。朱长文是嘉祐四年（1059 年）进士，授秘书省校书郎，因病足不肯外任，于苏州筑藏书楼乐圃坊，藏书数万卷。朱长文著书阅古，于书册图籍极为精通，再加上他原是苏州人，又长居苏州，因此其所撰《吴郡图经续记》言苏州"逮今增建者益多"应是言之有据，可以为信。白居易所言"虹桥三百九十桥"，所指应是苏州桥多，而非真有三百九十座桥。

宋代大量兴建地方桥梁，较之前代为多，这在一些重要城市里体现得极为明显。如建康曾为东晋、宋、齐、梁、陈等朝都城，该地在隋末唐初曾被杜伏威、辅公祏占据，后虽顺唐廷，但由于杜伏威入朝被扣不返，辅公祏又起兵反抗，称帝、建国号宋，并设置百官。辅公祏败后，升州城即被毁废。为抑制"王气所在之地"所导致的离心力，以强化长安、洛阳的都城及天下中心的地位，唐王朝曾有意地贬抑建康，改为州，后又改称江宁郡，地方基础设施也极简陋。具体到桥梁，唐代留存于史载的江宁桥梁极少，仅见数例，如津桥（即朱雀航所

---

① （宋）朱长文：《吴郡图经续记》卷中《桥梁》，《宋元方志丛刊》第 1 册，第 651 页。
② （宋）朱长文：《吴郡图经续记·序》，《宋元方志丛刊》第 1 册，第 639 页。
③ （宋）陈振孙：《直斋书录解题》卷八《苏州图经》，中华书局 1985 年版，第 237 页。
④ 关于《苏州图经》后来的存世情况，参见江澄波：《天下奇书人间孤本〈苏州图经〉流落何处?》，《城市商报》2012 年 9 月 23 日；该文（题目改为《〈苏州图经〉流落何处》）后又收入江澄波：《吴门贩书丛谈》，北京联合出版公司 2019 年版。

在之地)、南渡桥、中桥(或中江桥、通江桥)等。五代时由于南唐定都于此,建造的桥梁渐至增多,见于史籍者有十余座。而到宋代时,江宁府境内(包括府治及辖县)桥梁呈几何倍数增长。据《景定建康志》所载,包括上元县、江宁县、句容县、溧阳县在内的江宁府桥梁,一共有一百七十六座桥。①

华亭、常熟、新安等地在南宋时的桥梁数量也不少,华亭有七十多座,常熟在南宋末年有三十四座,新安也有七座。② 虽然南宋以前这三地的桥梁数量无从得知,但南宋临安桥梁的数量变动,能够清晰地告诉我们临安桥梁在乾道、淳祐、咸淳时期的增长情况。周淙所纂《乾道临安志》载有桥梁七十三座,淳祐年间所修《临安志》载有桥梁二百零八座,到咸淳年间所修《临安志》即已增至三百五十九座。③ 尽管我们无法知道唐、五代、北宋时期临安等地有桥多少,但说临安、新安、华亭等地的桥梁在宋代尤其是南宋时期大为增长,应是与历史真实不悖的。

地点	唐	五代十国	宋	资料出处
江宁府	3	10	176	《景定建康志》
新安	未详	未详	7	《新安志》
临安	未详	未详	73	《乾道临安志》
			208	《淳祐临安志》
			359	《咸淳临安志》
华亭	未详	未详	>70	《云间志》
常熟	未详	未详	34	《琴川志》

① (宋)马光祖、周应合修纂:《景定建康志》卷一六《桥梁》,《宋元方志丛刊》第2册,第1540—1552页。

② (宋)杨修等纂修:《云间志》卷三上《桥梁》,《宋元方志丛刊》第1册,第13—14页;(宋)孙应时纂修,鲍濂增补,(元)卢镇续修:《琴川志》卷一《桥梁》,《宋元方志丛刊》第2册,第1159—1160页;(宋)赵不悔、罗愿:《新安志》卷三《桥梁》,《宋元方志丛刊》第8册,第7635页。

③ (宋)周淙:《乾道临安志》卷二《桥梁》,《宋元方志丛刊》第4册,第3229页;(宋)施谔:《淳祐临安志》卷七《桥梁》,《宋元方志丛刊》第4册,第3282—3287页;(宋)潜说友:《咸淳临安志》卷二一《桥道》,《宋元方志丛刊》第4册,第3557—3575页。

不独江南水乡如此，位处内陆的不少地方如信州在南宋时期也兴建了不少桥梁，改善了境内及与外界的交通状况。较之唐代，两宋时期的信州地区在全国交通网络中地位大为提升，宋人祝穆《方舆胜览》云"地控闽粤，犬牙于闽，江、吴、闽、粤之交，为东南望镇，今为通要"[1]。韩元吉、王象之等人也有类似观点。[2] 学界对两宋时期信州在全国交通网络中的地位论述较多，如青山定雄《唐宋时代的交通和地志地图研究》在梳理唐宋时期扬子江流域以南的南北向和东西向交通线路时提及信州；[3]曹家齐提及南宋时期多条交通干线通过信州；[4]张锦鹏《南宋交通史》提出南宋时期信州是出入江西的门户；[5]宋三平、张涛《论两宋江西地区的交通及其影响》着重考察了南北向的江州—大庾岭驿路以及东西向的信州—袁州驿路两大江西交通干线，梳理了信州到饶州的交通情况。[6] 以上成果基本将两宋时期信州在全国及江西水路交通网络中的情况勾勒了出来，但很遗憾的是，却并未考量信州内部的交通状况。

一、信州概况

信州始置于唐肃宗时期。乾元元年（758 年）正月，江淮转运使元载建言"此邑川源复远，关防襟带，宜置州"，分饶州之弋阳，衢州之常山、玉山，建州之三乡，抚州之三乡，置州，"赐名信州，以信美所称，为郡之名"。[7] 此即信州

---

① （宋）祝穆：《方舆胜览》，中华书局 2003 年版，第 318 页。

② （宋）韩元吉：《信州新建牙门记》载，信州"地控闽越，邻江淮，引二浙，隐然实冲要之会"，其在《信州新作二浮桥记》亦指出，"信在江东为冲，且严邑也"，参见韩元吉：《南涧甲乙稿》卷一五，中华书局 1985 年版，第 293、300 页。王象之亦云："地控闽越，邻江淮，引二浙，隐然要冲之会。福建、湖广、江西诸道悉出其途，昔为左僻，今为通要。"参见王象之：《舆地纪胜》，中华书局 1992 年版，第 949 页。

③ 参见 [日]青山定雄：《唐宋时代的交通与地志地图的研究》，（东京）吉川弘文馆 1963 年版。

④ 参见曹家齐：《唐宋时期南方地区交通研究》，华夏文化艺术出版社 2005 年版。

⑤ 参见张锦鹏：《南宋交通史》，上海古籍出版社 2008 年版。

⑥ 宋三平、张涛：《论两宋江西地区的交通及其影响》，《南昌大学学报（人文社会科学版）》2009 年第 6 期。另外，魏嵩山、肖华忠所著《鄱阳湖流域开发探源》之《两宋时期江西地区陆路交通路线图》也有所涉及，江西教育出版社 1995 年版，第 126 页。

⑦ （宋）乐史：《太平寰宇记》，第 2148 页。

之始,并为宋所因袭,属江南路或江南东路(宋代江南路曾多次分合)。

信州领上饶、玉山、弋阳、贵溪、铅山、永丰六县,治上饶县。① 其中,铅山因产铜,在北宋开宝八年平定南唐之后便直属朝廷。② 铅山场是宋代三大铜矿场之一,《宋会要辑稿》载南宋"产铜之地,莫盛于东南",而东南"自昔坑冶铜课最盛之处,曰韶州岑水场,曰潭州永兴场,曰信州铅山场,号三大场"③。由于信州交通位置重要,又有铅山场,因此《元丰九域志》称信州为上州,④六县中除铅山、永丰为中县外,其余四县皆为望县。⑤

北宋时期,信州人口增长神速。太宗太平兴国年间为 40685 户,神宗元丰年间为 132617 户,徽宗崇宁年间为 154364 户,高宗绍兴二年为 201645 户,在一百六十年间,人口均稳定上升。两宋之交,信州人口也有很大幅度的上升,这很大程度上是因为靖康之难后北人南迁。韩元吉指出,"并江而东行,当闽浙之交,是为上饶郡……故北来之渡江者,爱而多寓焉"。⑥ 洪迈《稼轩记》云:"国家行在武林,广信最密迩畿辅。东舟西车,峰舞错出,势处便近,士大夫乐寄焉。"元人戴表元也曾言,"广信为江闽二浙往来之交,异时中原贤士大夫,南徙多侨居焉"。⑦ 由于信州的地理之便,自南宋以来,北人南下不断迁居信州。

人口的增加促进了信州经济的发展。首先,信州的农业条件甚好,韩元吉称"其物产丰羡,土壤平衍"⑧,稻米产量较为可观。理宗宝祐五年(1157 年),"科拨上供米,令江西吉、信、南安、兴国、南康等科拨行在",⑨信州所产之米,能够科拨行在,或许表明信州谷米自足,且有剩余。又,信州在北宋中期时缴

① (宋)王存:《元丰九域志》,中华书局 1984 年版,第 246 页。
② (元)脱脱等撰:《宋史》卷八八《地理志》,第 2188 页。
③ (清)徐松:《宋会要辑稿》食货三四,刘琳等点校本,第 6744 页。
④ (宋)王存:《元丰九域志》,第 246 页。
⑤ (元)脱脱等撰:《宋史》卷八八《地理志》,第 2187—2188 页。
⑥ (宋)韩元吉:《南涧甲乙稿》卷一五《两贤堂记》,第 291 页。
⑦ (元)戴表元:《剡源集》卷一《稼轩书院兴造记》,中华书局 1985 年版,第 6 页。
⑧ (宋)韩元吉:《南涧甲乙稿》卷一五《两贤堂记》,第 291 页。
⑨ (宋)李心传:《建炎以来系年要录》卷一八四,绍兴三十年正月癸卯,中华书局 1956 年版,第 3074 页。

纳的商税位居全国前列。商税多寡是经济发展、商业状况的直观体现。据《宋会要辑稿》可知，熙宁十年（1077 年），信州商税总额为 44261 贯，高出全国府、州、军、监商税平均数 13639 贯，可以说在全国位居前列。① 南宋以临安为行在，距离信州不远。受到都城经济圈的影响，信州地区商业较之北宋有了进一步的发展，吴楚闽粤之商、东西舟，交汇于此。商业与交通相互影响，交通便利能够带动商业的发展，商业的发展又会进一步促进交通的完善。曹家齐指出商品经济对南方的私路开辟有一定作用，"商人寻求牟利，千方百计逃避官税，官税征收地除设在交易场所外，就是设在商旅必经之交通要道，而商人为逃避过税往往另辟道路"。② 商业发展对信州内部的交通也有促进作用。信州因有信江自东向西流过，因此水运交通颇为便利。信江是鄱阳湖的五大水系之一，也是江西的重要水运通道。人口的增加、商业的发展，也会促进陆路交通的改善，一个突出体现便是渡水桥梁的修缮，这些信息保存在桥记里。由于学界对桥记关注不够，因而未能读取这些资料里所留下有关信州陆路交通的重要信息。

二、桥记所见南宋信州桥梁营建诸问题

留存至今的南宋桥记不多，但光信州就保存了五篇，分别是汪应辰所作的《平政桥记》《诸溪桥记》③、韩元吉《信州新作二浮桥》④、朱熹《信州贵溪上清桥记》⑤、真德秀《上饶县善济桥记》⑥。在这五篇桥记中，《诸溪桥记》所记诸溪桥（亦称楮溪桥）、《上饶县善济桥记》所记善济桥在上饶县，《信州贵溪上清

---

①　熙宁十年全国商税总额为 8788621 贯，神宗熙宁八年（1075 年）将全国府、州、军、监总数省并为 287 个，由此可知各州平均商税额为 30622 贯。

②　曹家齐：《唐宋时期南方地区交通研究》，华夏文化艺术出版社 2005 年版，第 39 页。

③　（宋）汪应辰：《文定集》卷九《诸溪桥记》《平政桥记》，中华书局 1985 年版，第 104—105、107—108 页。

④　（宋）韩元吉：《南涧甲乙稿》卷一五《信州新作二浮桥记》，第 300 页。

⑤　（宋）朱熹：《朱文公文集》卷八〇《信州贵溪县上清桥记》，朱杰人、严佐之、刘永翔主编：《朱子全书》第 24 册，上海古籍出版社 2002 年版，第 3801—3802 页。

⑥　（宋）真德秀：《西山真文忠公文集》卷二五《上饶县善济桥记》（万有文库第二集），商务印书馆 1937 年版，第 436—437 页。

桥记》所记上清桥在贵溪县,《平政桥记》《信州新作二浮桥》所记桥梁位于信州州城内,而且韩元吉所记新作二浮桥实为平政桥的重修。这批资料对我们了解南宋信州的桥梁营建及交通状况甚为重要,有必要给以整理与关注。关于这五篇桥记,除朱熹《信州新作二浮桥记》有点校本外,其余四篇均未作校勘、点校。本书以《宋集珍本丛刊》为底本,对照四库本等其他存世版本,对五篇桥记作了整理。下文引用的资料,均来自整理过的内容,不再一一出注。

营建桥梁之主导者。从五篇桥记内容来看,除善济桥外,其余四桥都由州县长官主导。绍兴年间改诸溪木桥为石桥,主其事者为"郡侯林公",营建信州浮桥的主事者是"领州事赵汝愚""郡守钱象祖",贵溪上清桥则为"县令李正通"。他们的功用在倡议修桥及筹集经费等方面。宋代州级长官有知州、刺史、郡守、太守、州将、牧、州长吏等多种称呼,根据官品的不同,又有判某州、充某州、权知某州、权发遣某州等区别,职掌极为广泛,包括:兼领一州或一路兵政,主持所辖区域的治安防务;总领一州民政,负责州内政令的贯彻执行及风俗治理、赈灾救济等;"劝农桑","理财赋","实户口",统领一州财赋事务;"平狱讼",雪冤狱,主持州级司法政务;对一州属官有监察保举职责。①

以时兴修桥梁,乃是为政之道。作为亲民之官的刺史、县令,无论是为了境内民生,还是政绩声誉,都有必要重视桥道之事。知州、县令一上任,往往"视民之所以利与其所以病",以"道吾疆而有病涉者"为耻。②以贵溪县为例,中溪、凿石二渡一再覆溺过往行旅,邑人病之,欲改渡为桥,但"役大费广,无敢倡者"。新上任的县令李正通至"则阴计而嘿图之",意图创建浮桥以利交通。

除了知州、县令之外,在地方桥梁营缮事务中发挥重要角色的还有转运使、各军军使等。不过,上面诸篇桥记并未提供这一信息,反倒是记载了上饶

① 苗书梅:《宋代知州及其职能》,《史学月刊》1998 年第 6 期。
② (宋)蔡襄:《端明集》卷二八《通远桥记》,文渊阁《四库全书》影印本,第 1090 册,第 568b—569a 页。

县佐官在桥梁事中的角色。在者溪桥的营建过程中,除了郡守林公外,还有一个人发挥了重要作用,即上饶邑佐游炳。林公负责决策并筹集经费,而具体事务则由游炳负责。游炳其人史书所载资料极少,仅知其为龙兴府南昌人,端平二年(1235年)进士,有且仅有《题五友亭》诗传世。① 其职为"上饶邑佐",按宋代县官除了县令外,还有县丞(宋初不设县丞,但至北宋后期,若一县事务繁剧,讼诉颇多或有山林、川泽、坑冶之利的县,多置有县丞,此制到南宋多有保留,并逐渐形成定制。② 上饶为上县,主户口过万,按高宗建炎元年六月十四日诏"诸县县丞如系嘉祐以前员阙并及万户处存留一员,余并罢"及绍兴二十年诏"县及万户者许置丞"③可知,上饶县应置有县丞)、县主簿、县尉,游炳应为其中之一。至于上饶县令在诸溪桥营建过程中的角色,桥记只字未提,有可能当时有职无人,县事或为游炳代理,那么,董理诸溪桥事的邑佐很可能是县丞。

筹集建桥、修桥经费是知州、知县等州县长官的另一大突出贡献。经费来源有三:

第一,州级、县级财政支持。赵汝愚之子赵直修信州浮桥前,先是"撙缩浮滥,检柅欺隐,铢积寸累","久之,得钱三百万而赢";钱象祖则从"燕设厨传"节省开支,逾年而有"钱六千缗"及"糜赈民粒米之赢,殆三百斛"。赵直、钱象祖为修桥所筹集的费用,大部分都来自公使钱。公使钱是地方财政预算的一部分,一般是供给官吏厨食、宴饷军吏、招待过往官员、补助救济下属僚员等,是州军于系省经费之外的主要杂费支出。公使钱的来源主要是国家定额

---

① 《题五友亭》:"明月清风为道友,古典今文为义友,孤云野鹤为自在友,怪石流水为娱乐友,山果橡栗为相保友。"杨倩描主编:《宋代人物辞典》(下),河北大学出版社2015年版,第1026页。

② 陆敏珍:《宋代县丞初探》,《史学月刊》2003年第11期;赵龙:《再论宋代县丞的设置及其迁转》,包伟民、曹家齐主编:《宋史研究论文集(2016)》,中山大学出版社2018年版,第20—21页。

③ (清)徐松:《宋会要辑稿》职官四八之"县丞",刘琳等点校本,第4352页。

拨赐的正赐公使钱①。钱象祖修桥时使用的"燕设厨传之常则加节焉","公费之积"等,无疑便是这类公使钱。而赵直通过"搏缩浮滥,检柅欺隐,铢积寸累"而积累的修桥经费,除公使钱外,可能也有一部分来自零散、繁杂的不系省钱窠名(款目),如诸仓场所纳头子钱、诸处杂收钱等。这表明,地方桥梁营造费用,需靠州县长官斡旋腾挪,或支取公使钱,或挪用杂收不系省钱。

地方营建桥梁时,州级官员也可能申助于转运司、常平司。北宋宣和七年(1125年)十二月五日,讲议司上言:"官司廨舍修造之费,在法许支头子钱,三十贯以下本州支讫,申转运司、常平司分认"。② 转运司、常平司在地方营造中的财政权,应该也是南宋的一般性制度。如前面所论袁州分宜县所建浮桥,便由转运判官、转运副使调拨"佐州县之费"及"率三岁河渡之钱"以成之。③

上饶县修诸溪上石桥,经费来源较之信江上浮桥的经费来源更杂、广。既有"修桥之田"所收之谷米,也有州级财政所拨之租,还有汪应辰所捐俸禄,纲赏库所借之钱,还有县邑内"出是涂者"所捐之费。这是信州五桥之中经费来源最复杂的一座。究其原因,恐怕与作为内县的上饶县并无独立财政权有关。这也是绍兴年间诸溪桥改木桥为石桥时,主持改建事者并非上饶县令而是信州知州的原因。所谓内县,指的是该县为州军治所,曾炎云:"县有内外,内县于州取给,故苗税征商悉归于州;若外县,则俸给衣粮与支费不一而足",④内县赋税课利收入、各色开支均由州级财政机构办理,无独立财政。宋代的州是完整的地方财政管理级别,而县并非完全意义上的地方财政管理级别,县财政在很大程度上是由本州直接管理的。⑤ 因此,上饶县要修桥,其经费或多方筹

① 关于公使钱问题的研究,参见俞宗宪:《宋代公使钱研究》,邓广铭主编:《宋史研究论文集》(1984年年会编刊),浙江人民出版社1987年版,第82—108页;包伟民:《宋代地方财政史研究》,中国人民大学出版社2011年版,第58—59页。

② (清)徐松:《宋会要辑稿》方域四之一六,刘琳等点校本,第9337页。

③ 关于转运司在地方桥梁等工程中的角色,见第一章第二节。

④ (宋)楼钥:《攻媿集》卷九七《集英殿修撰致仕赠光禄大夫曾公神道碑》,商务印书馆1932年版,第938页。

⑤ 关于宋代县级财政问题,参见包伟民:《宋代地方财政史研究》,第65页。

集,如汪应辰《诸溪桥记》所示;或由州级财政拨调,在此情况下便干脆由知州直接主持其事,如绍兴间信州知州林公所为;或由富户捐助,如真德秀《上饶县善济桥记》记载,嘉定年间所修善济桥,经费都是上饶县富人叶氏所出,县大夫陶侯木因无钱无力,只能"浓墨大书,扁以善济,美其利之博也",即为该桥题个美名罢了。

　　相比上饶县等内县,贵溪县是为外县,虽然在制度上并未获得独立的财政权,但较之内县而言,还是拥有一定的财政自主权,县内赋税课利收入及各色开支由贵溪县经办,因此贵溪县令李正通修上清桥,"则阴计而嘿图之,久之乃得县之余财八十万",州级财改仅"以米百斛者佐之",表明在上清桥的经费筹集中,李正通发挥了主要贡献。这与上饶县诸溪桥、善济桥的经费来源,形成了鲜明的对比,突出了外县较之内县所拥有的一定程度的财政权。

　　第二,借款。上饶县建诸溪桥时曾从纲赏库借用钱款。纲赏库未能考出,或是州级财政机构之一。州军置有军资库,贮收本地留州的钱帛。《建炎以来朝野杂记》载,"诸州军资库者,岁用省计也",①陈傅良释曰:"至于一郡,则尽行军制,……惟帑库独曰军资库者,盖税赋本以赡军,著其实于一州官吏与帑库者,使知一州必以兵为重,咸知所先也"。② 军资库外,州军不得另立私库以逃避监司点检。包伟民先生指出,南宋汀州军资库有子库十一所,库各有名,如夏税库、常平库、免役库、盐钱库、大礼库、物料库、免丁库、赃罚库、犒赏库、衣赐库、抵当库。③ 信州自然也有军资库,纲赏库或是信州军资库子库之一?

　　州县长官借款或预支物料以修桥,不独见于上饶县诸溪桥。建炎二年(1128 年),高阳公曾作藩赣州(即虔州),赣水乏桥,有阻南北往来,因此,"遂借木于场,鬻朽赡用"。这些木材原本归官造船厂,赣州有官船,其来久也。

① (宋)李心传:《建炎以来朝野杂记》甲集卷一七《诸州军资库》,中华书局 2000 年版,第393 页。
② (宋)陈傅良:《历代兵制》卷八《本朝》,第 193 页。
③ 包伟民:《宋代地方财政史研究》,第 61 页;《临汀志》,引自《永乐大典》卷七八九二,第3643 页。

"桥成,令过者人输一钱,持以二僧。居半岁,尽偿所贷。"①这表明,借款或是南宋地方营缮桥道等工程时的常规做法。

第三,州县长官带头出私财,以期其他官吏、境内富户、民众效仿,出资出材。如修诸溪桥时,汪应辰便"辍己俸千缗"。此举甚是常见,调动社会力量参与其中,是南宋地方营建桥梁筹集经费的方式之一,也是南宋掀起桥梁营建高潮的重要原因。②

州县长官还为桥梁置备了维修之资。林公为诸溪桥"买田以为岁修之备",田面每年的田租收入有二十五石米,田面管理与稻米收入长期以来都归广教院主僧所有,疑绍兴间信州知州林公在石桥建成之后,便将此田委托给了广教院,令其收取田租以修缮石桥。至汪应辰作《诸溪桥记》时,因年代久远、人事代谢,当初"修桥之田"几已变作广教院私产,田面收入为僧侣蚕食之费,而桥虽"数圮,不顾也"。汪应辰作桥记并刻之于石、立之于桥头的目的之一,便是要告知后人,诸溪石桥有"修桥之田",希望后人不惧经费之难筹,对桥能够常坏常修。贵溪县令李正通在桥成之后,也预留了钱五十万用作质贷,以质贷所得利钱充作增葺之费。

社会参与度高。营建信州桥梁,除了官府,当地富户大姓、寺院僧人、普通民众也发挥了突出作用。富户大姓主要是响应官府号召踊跃出资、提供原材料。诸溪浮桥花费高达"八千二百九十四缗",有一部分经费"乃邑大家出是涂者争助成之"。贵溪上清浮桥的铁索、竹木多来自本县大姓,"有以鍊为连环巨絙千五百尺以献者,有捐其林竹十余里以献者"。上饶县善济桥"凡为屋五十有四,楹枕溪百余丈,靡金钱几十万缗",其旁还建有僧庐,"以职守视割田立野,以备缮修",都系大户叶氏家族出资。

寺院僧人充作预料修缮经费的保管者。如诸溪桥的维修之资是为桥梁所

---

① (宋)洪适:《盘洲文集》卷三〇《知政桥记》,曾枣庄、刘琳主编:《全宋文》卷四七四一,第213册,第360—361页。

② 葛金芳:《南宋手工业史》,第288—290页。

配之田的田租,每岁计二十五石米,这笔租米交由广教院主僧董理,以备日常修缮之用,是专款专用。然而,广教院僧人后来将这笔专款挪作他用,导致桥梁因缺少修护资金而"数圮"。因为此故,汪应辰后来将田面及租米管理权从广教院收回,以赡桥道。贵溪上清桥在建成之后,李正通预留了五十万钱,也是交由"明觉浮屠氏,使自为质贷,而岁输其赢五一以奉增葺之费"。

普通民众出力助桥修成。贵溪上清桥自开工日始,根据朱熹的记载,民众的态度是"欢趋之"。钱象祖新作信州二浮桥时,正遇上久旱不雨的灾情,选择此时修桥,既是兴工,也是救灾,即以工代赈。这也是灾荒年间政府赈灾、救民、防乱、维稳的重要手段。因比,淳熙十年信州所作二浮桥,用时虽短,但用工甚众,多达"五千四百有奇",费钱六千缗,赈民粒米"殆三百斛",所费较之前"几于三倍"。耗费之所以如此之多,便是因为官府救民于久旱之灾的缘故。因此,钱象祖作信州浮桥的情景,颇具特色。这也是桥记作者韩元吉大书特书桥成而雨下,天以时应人和之亭的重要原因。

桥梁的类型与技术。信州桥梁类型有浮桥、木桥与石桥。郡守赵汝愚、钱象祖及贵溪县令李正通所营桥梁均为浮桥。这是因为信江江面广,按当时条件于如此宽阔的水面营建梁桥着实不易,而浮桥技术成熟,搭建速度快,而且当地竹木丰产,造船技术先进(唐代初期,洪、饶、江州已是重要的造船中心。贞观时期,唐太宗先是令阎立德到洪州造"浮海大航五百艘,逐从征辽",后又令其"诣洪、饶、江三州,造船四百艘,以载军粮"。贞观二十二年八月,又敕令"越州都督府及婺、洪等州造海船及双舫船千二百艘"。信州邻近洪、饶、江州,易吸收技术与成品)。从动工到竣工,赵汝愚所建信州浮桥用时六旬,钱象祖所建信州浮桥用时也在两个月左右,而费时最长的李正通所营贵溪浮桥亦"不百日",可见技术之纯熟、施工之迅速。浮桥易成,但亦易坏。平政桥于淳熙元年(1173年)为赵汝愚所新建,"风雨漂摇,涛波荡激,岁才十周,舟已复坏",至淳熙十年,因"信溪大水,浮梁敝,几垫",因此,郡守钱象祖加以翻新。施工时间为两个月左右的信州浮桥包括两桥,一为大桥,广"丈五尺",桥记文中未记其长;一为下港(或称南港)小桥。两桥共用舟六十艘,"舟长皆四十有四尺",是为大舟,然舟宽、大舟间距皆未作记载。

上饶县诸溪桥所跨水面窄隘,在北宋时曾作木桥,至绍兴间改为石桥,至汪应辰写桥记时,诸溪上有桥已有百年之久了。虽然诸溪桥之规模仅"衡为尺十有三,纵七十有四",且材料现成,"而况因接崖犹存旧地,拨沙取石,多有遗材",但维修该桥,也费了七旬左右。与浮桥对比,可知石桥施工费时长而经久耐用,而浮桥施工耗时短但损毁亦速,需时时维护、翻新。

诸溪桥自改作石桥后,知州置修桥之田,汪应辰重建后又刻碑立石,可以推测诸溪桥在其后也长存。崇祯、嘉庆年间因桥倒重修,桥头东侧后供奉观音菩萨,因此又名观音桥,在上饶县城西旭日镇东端,跨龙潭溪(楮溪),至今犹在。①

从韩元吉、汪应辰所撰桥记来看,信江上的大浮桥,大多时期也都是修而不废,信江两岸陆路交通由此得以保证。

三、桥梁与南宋信州陆路交通线的连接

信州东靠两浙路,南邻福建路,西接江西路,是南宋中央的腹地、冲要之地,宋人王雷称之"牙闽控粤襟淮面浙,隐然为要冲之会"②,"当吴楚闽粤之交,为东南望镇"。③ 信州在两宋时期位于江西路(江南西路、江南东路)从信州至袁州的东西干线上。④ 这条东西干线主要凭借信江、赣江及袁水水运之便而通。

又,信州北上至洪州路线可分为水陆两路:一路沿信江过鄱阳湖而至洪

---

① 李天白编著:《江西古桥四百座》,江西人民出版社2014年版,第15—16页。
② (宋)王雷:《修城记》,参见嘉靖:《广信府志》卷一,(明)张士镐、江汝璧纂修:《天一阁藏明代方志选刊》影印明嘉靖刻本,第14页。
③ 参见嘉靖:《广信府志》卷一,第14页。
④ 宋三平指出,两宋时期江西道路形成了以江州——大庾岭驿路(南北干线)和(东西干线)为交通大动脉的道路分布格局。宋三平、张涛:《论两宋江西地区的交通及其影响》,《南昌大学学报》2009年第6期。

州,此为水路;另一路自信州经抚州而至洪州丰城县,此为陆路。陆路亦有两条不同线路。宋三平根据范成大《骖鸾录》的记载,将从信州至洪州南昌县的陆路称为洪州驿路,将另一条跨线称为抚州驿路,是从信州经抚州至洪州丰城县。两条驿路在信州之后,自贵溪一分为二,其一沿信江经安仁、余干、洪州而至丰城县;其二向西南入东乡经抚州、临川县而至丰城。其后,两路汇合为一,西去而至袁州萍乡县。①

就陆路而言,不管是东西干线交汇处的信州州治(上饶县治),还是两条驿路一分为二的起始点贵溪,都有信江阻隔陆路。而这五篇桥记,恰好记载的都是信州治所上饶县、贵溪县的乔梁,一定程度上佐证了在此二地建桥对沟通信江两岸、畅通陆路交通干线的重要性。

平政桥及后来所作二浮桥沟通的是信江南北交通,诸溪桥沟通了上饶县东西交通,按《上饶县善济桥记》载善济桥在距信城大约二里远的永丰溪上,在信江之南,后北流汇入信江,由此可知善济桥沟通的是信江之南的东西交通。

诸溪桥自北宋建有木桥后,绍兴间改建石桥,虽偶有废颓,但修葺不废,直至今日。善济桥所在之地,"旧为浮梁以渡",浮梁颓毁,而改以舟渡。至叶氏家族改永丰溪上浮梁为石墩式木梁桥,"叠文石以砥之,架巨材以梁之",为保护木梁,又"为屋五十有四,楹枕溪百余丈",桥屋除了可为行人遮风挡雨,更主要的目的是为了保护桥身、延长使用寿命。表明叶氏初创此桥,便希望该桥能够长存不废。此既为叶氏家族为县人所做之大业,只要叶家不败,叶氏子孙应会加以维护。上饶叶氏枝繁叶茂,长期以来都是当地的大家族,绵延至今。信州叶氏祠堂,极为浩大。② 再加上官府、邑民的维护,善济桥应该存续了很长的时间。

信江沿信州流向贵溪,贵溪县治在信江北,信江流经此处形成了一个弯

① 宋三平、张涛:《论两宋江西地区的交通及其影响》,《南昌大学学报》2009 年第 6 期。
② 冯尔康等:《中国宗族社会》,浙江人民出版社 1994 年版,第 175 页。

道,而弯道内的河谷区域,正是贵溪县治所在之地。从上饶沿着信江西行至贵溪,贵溪是江西境内驿路的交叉线,若从贵溪往余干,则不必渡江。若往抚州,则须在贵溪渡信江。① 绍熙三年(1192 年)贵溪县令李正通在县城西门信江上创建上清浮桥,大大便利了信州西去经贵溪往抚州的陆路交通。上清桥后来年久失修破毁,此地又恢复船渡,渡口因桥名称"浮桥渡"。

信州东接两浙路,直达临安。其路线为自临安南下衢州,陆行至信州玉山,改乘船至上饶,西航经贵溪、安仁(今余江),由瑞洪入鄱阳湖;西南向航行至吴城,入赣江,溯行至南昌、丰城、清江,再折入袁水西去,经新喻(今新余)、袁州(今宜春)至芦溪,改陆行,过萍乡入湖南境。临安与岭南州县之联系,也是经由信江、鄱阳湖、赣江至南安(今大余),改陆行,越梅关而至岭南。② 由此可知,信江上的浮桥、上清桥及诸溪上的石桥,沟通的正是以上饶县、贵溪县为交通枢纽的一个四通八达的陆路交通网络。它们的存废,也关系着东来、西往、南下的陆路畅通与否。这些桥梁的常修长存,完善了信州作为水陆冲要之会的角色。

概而言之,在以临安为都城的南宋时期,毗邻两浙路的信州,较之都城位于中原之时呈现出更为明显的区位优势。这里不但是广大文人的退居之地,也是交通枢纽,成为西去南下江南东路、江南西路、荆湖南路、广南路等地的必经之地。信江一方面便利了信州的水运交通,但同时也是途径信州之陆路交通的天然阻隔,摆渡或营建桥梁是连接陆路交通线的有效手段。从现存的桥记来看,南宋时期曾在信州治地上饶县的信江上、诸溪上及上饶县南面二里远的溪水上修建了桥梁,尤其是信江上的浮桥前后更是多次维修,因此保证了上饶县陆路交通的畅达。贵溪是信州境内仅次于上饶县的交通枢纽,驿路西行

① 宋人范成大《骖鸾录》记录了从吴郡(苏州)到袁州桂林的路线,其中对从衢州到信州、再到抚州及建昌军的路线记载得甚为详细,即衢州、常山县、信州玉山县玉山驿、沙溪镇、霍毛渡、弋阳县、贵溪县,贵溪县后分两路,水路往饶州安仁县至余干县,陆路自信江渡水取抚州路。参见范成大:《骖鸾录》卷一,中华书局 1985 年版,第 4—7 页。
② 程继红:《带湖与瓢泉——辛弃疾在信州日常生活研究》,齐鲁书社 2006 年版,第 1 页。

至此一分为二。无独有偶,贵溪也留下了一篇桥记,记载了绍熙三年贵溪县令创建上清桥之事。虽然桥记的保存不免偶然,但依然能够反映出南宋信州官府对于建桥以通天堑、完善信州地区交通路线的努力,而这又与信州在南宋交通网络中的重要角色相符。

本 章 小 结

桥道建设一方面事关古代国家交通与运输,也直接影响着国家对地方的治理与控制,另一方面又与民众利益密切相关,相对于其他工程而言,桥梁的公共性显而易见,是最重要的公益工程。因此,营建桥梁一直被视为政府的基本职能。虽然民众以私人力量建造桥梁史不绝书,但营缮桥梁尤其是那些位于一州一县重要交通位置的桥梁向来被视为官府之职,是为政者必须承担的责任。

在此背景下,我们看到唐代政府履行国家职能的一个具体体现便是在大江大水上建造十一巨梁,以沟通以两京为中心的全国性交通干线。这些巨梁分布在两京附近的渭水、黄河、洛水、灞水等河流上,由中央营缮机构将作监、当地州县负责具体营缮事宜。对于那些不能或无需建造桥梁但同样肩负连接重要陆路交通干线的津渡,官府则配有渡船、渡子,以沟通江河两岸。这些渡子以分番服役的方式,承担沟通交通线的责任。在官府建造的桥梁、配备的渡船之外,也有民间力量参与桥、渡事务。这主要是受到供求矛盾等因素的影响。官府主要负责交通要道处的桥渡,尤其是位于以两京为中心的交通干线上的桥渡,虽然对长江、浙江、赣水等处于南来北上陆路交通枢纽的渡口也作了安排,但所设官船主要是为了邮驿等官府人员或处理官府事务所用,运载过往客旅只是余光分人。在官渡船无法满足实际需求时,官府有必要也有可能吸收民间力量。考虑到宋代渡口有官渡、买扑渡、私渡三类,结合 P.2507《水部式》残卷有关会宁津的船只记载与《唐六典》所载为会宁津官渡所配渡船、渡子数目的巨大差异,推测唐代官渡尤其是在远离两京地区的官渡也存在不少官船之外的民船,这些民船受到官府的约束与管理。除官渡外,应该也有一些民间力量经营的私渡。据宋敏求所纂《长安志》所载可知,宋代长安泾、渭二水上的渡口数倍于唐代,唐时对作为京畿重地的泾、渭二水上的交通设施极为在意,建造的桥梁远多于宋代,官渡分布也远较他处密集、数量亦多,因此推测见于《长安志》记载的泾、渭二水上的众多宋代渡口,可能并非全部都是唐代之后新增的,而更可能是在唐代就已存在,之所以未见于典籍记载,或是因为《唐六典》等仅记载了官渡而未载私渡。

桥、渡的选址,遵循着自然、合理法则,既要有效地连接陆路交通线,还要兼及河岸地质、水文、水路行舟等综合情况。一旦选定,除非前述情况有变,否则不得轻易改变地址。为维护这一原则,国家制定了专门的法律条文以保证官民不私自移动、改变桥渡的固定位置。因为此故,不管是汴水、黄河、长江等大江、大河还是规模较小的水流上,桥渡位置通常都比较固定,如黄河上的蒲津桥、河阳桥及滑州、澶州、金城等地的黄河浮桥,多是因为有天然的地理优势而被选择,在造桥之前,曾长期作为渡口而存在。一旦造桥成功,只要有必要且条件也允许,后世便继续于此造桥。如蒲津、河阳黄河处,长期建有浮桥。之所以建桥于此,是因为此地有长潬将黄河水一分为二,可在中潬增设两个牵拉浮桥的码头,大大降低了在广阔水面建造浮桥的难度,对维护、修缮浮桥也大为便利,因此这两处成为黄河浮桥的必选地址。后来,北宋徽宗年间在滑州创建的三山浮桥,为有中潬之利,不惜费力开挖水渠以引导黄河改道,将大伾山当作中潬,以便将南、北浮桥的各一个码头系在大伾山的南北两边。黄河上游的洪济、大通关、金城、乌兰关等地,也是反复建桥。

由于都城是整个国家机构与权力的核心,从官府记载来看,当时的桥、渡分布也呈现出鲜明的波心特征,离中心越近,桥、渡分布越密集,离中心越远,桥、渡分布则越分散。考虑到地方官府事实上是中央政府的派出机构,也同样负有为政者之职,理应负责辖境内的桥道事务。如此,桥、渡建设,在都城之外,还应存在以地方治所为核心的多个中心。当然,这些中心地区的桥、渡建设情况,根据当地的水网分布、经济水平、人口数量等因素会有差别。从留存的史料来看,唐代的陆路交通干线,除了十一桥、二十四渡之外,也有不少由地方官府负责营缮、管理的其他桥渡。至宋代,由于南方成为国家的中心区域,南方水网密集,再加上经济的发展与人口的增加,桥梁的数量尤其是江南地区的桥梁数量,较之唐代大幅度增加。这一方面是因为地方志为宋代留下了更多的资料,另一方面也确实反映了唐宋间南方地区交通的改善与地区经济的发展。除了作为南宋都城的临安之外,建康、华亭、新安、会稽等地的桥梁较之唐时分布更为密集,数量更多,体现出陆路交通网络的密集及局部陆路交通条件的改善。即便是内陆地区,一些处于交通枢纽的地区也建造了桥梁以沟通江河两岸的陆路交通。南宋留存下来的信州桥记,为信州地区的桥梁建设保留了珍贵的资料。信州有两大交通枢纽,即上饶县(信州州治所在地)、贵溪县。江南西路东西干线交汇于上饶县,而贵溪则是东西驿路自上饶西去一分为二的起点,这两地都有信江阻隔,上清桥、信州浮桥的营建正是为了解决这两处的陆路交通隔绝问题。又,信州州治作为吴楚闽粤交汇之冲要,除信江外,还有楮溪、永丰溪等支流,这些支流虽然进一步加强了信州的水路交通便利,但也阻隔了当地的陆路交通,因此这些支流上的桥梁存废直接影响着当地陆路交通的畅通与否。信州不独建桥于信江,楮溪、永丰溪等靠近信州州治的支流上也长年建有石桥、石墩式木梁桥,这些桥梁不但保证了信州核心地区的陆路交通的畅达,而且也进一步提升了信州"牙闽控粤襟淮面浙"、作为全国交通枢纽的地位。

　　唐宋间变化的是桥梁的数量,不变的则是政府在建造重要桥梁中的支配性角色。这尤其体现在建造难度大、耗费大的黄河、长江浮桥上。黄河、长江上浮桥,有相当一部分是为了战争的推进而建造的。所以,这些浮桥服务的对象,与其说是过往商旅民众,不如说是军队及在军队稽查下的商旅民众。这些浮桥的存废,也与唐宋国家军事力量的消长、军事堡塞的控制或废弃同步。对于那些处于腹地的黄河浮桥而言,则兼具军事防御与交通天堑的功能。在和平时期,沟通陆路交通线的功能也明显加强。在黄河、长江上营缮浮桥,不但反映了唐宋国家对于自然的征服与改造,还体现出唐宋国家对国家职能、责任和力量的认识,即政府(国家)有义务为所有民众承担沟通天堑的重大任务,也有能力为全民解决渡过天堑的重大难题。这应是国家意识的体现。唐宋之所以在公共工程上较之同时期的欧洲国家(如英格兰)更为突出,或更确切地说,桥梁技术更为先进、桥梁分布更为密集,①与公共工程是唐宋国家事务的重要组成部分应该是分不开的。

---

① 从 Alan Cooper 的研究来看,在 13 世纪以前,英格兰见于记载的桥梁很少,而且规模都很小,基本建在小河而非大河上。Alan Cooper, *Bridges, Law and Power in Medieval England, 700-1400*, Boydell Press, 2006, pp.9-11。R.H.Helmholz, *Reviewed Work: Bridges, Law and Power in Medieval England, 700-1400 by Alan Cooper*, Speculum, Vol.83, No.2 (Apr., 2008), pp.416-417。

第三章 桥渡及其附近空间的
职能机构与设施

第一节 桥渡与仓、镇、戍

作为交通枢纽的桥渡，是一个重要空间，较之他处，桥梁及其周边汇聚了更多的职能机构与设施。譬如储藏粮食的仓，作为军事防守、稽查行旅的镇、戍，多有建在桥渡附近者。研究唐宋仓廪制度者众，对仓的分类、职能、管理等都做了探讨，①也有人尝试考察仓的分布格局，②但都未能关注到仓与桥渡在空间上的位置关系。仓近桥渡，既取水运之便利，也是因为桥、渡连接水流两岸有陆运之便利，方便分散运输。而且仓近桥梁，方便统一置兵防守，可收同时控扼交通要道与守护粮仓之效。镇在中国古代发生了重大的变化，从军事

---

① 参见张弓：《唐朝仓廪制度初探》，中华书局 1986 年版；杨芳：《宋代仓廪制度研究》，首都师范大学博士学位论文，2011 年；官士刚：《宋代仓窖储粮的考古学观察》，《农业考古》2017 年第 3 期；杨芳、陈思思：《试论宋代粮食仓储与市场》，《井冈山大学学报》2019 年第 4 期。

② 陈宇：《隋唐大运河沿线转运仓分布格局研究》，郑州大学硕士学位论文，2019 年。

防御、稽查行旅转变为经济性的市镇,这一主题吸引了很多学者的关注①,但遗憾的是,却几乎没有人就桥渡与镇的关系进行讨论。事实上,不管是军事性的军镇,还是经济性的市镇,多有近桥、渡者。隋唐时期,桥渡附近的镇依然多是军事性质的,其目的是防御治安、稽查过往人马,但到唐后期经济性因素的影响日渐扩大,至五代已出现临桥设务以收商税者,到了宋代,隋唐时的不少军镇演化为经济性的市镇。

一、桥渡与仓

借交通之便于重要桥、渡附近设仓。开皇三年(583年)"以京师仓廪尚虚",为"水旱之备",因此诏蒲、陕、虢等十三州置募运米丁,于卫州置黎阳仓、洛州置河阳仓、陕州置常平仓(太原仓)、华州置广通仓(永丰仓),"转相灌注,漕关东及汾晋之粟,以给京师"。② 开皇初年所置四大转运仓,除河阳仓外,其余三仓都近关津。河阳仓在洛州偃师县北邙山山脉上,是为洛口仓转运粮食进入洛阳城而设。③

黎阳仓近黎阳津,在黄河上白马津对面。黎阳津—白马津,是隋唐时卫州段黄河上的重要渡口。《元和郡县图志》载:"黎阳津,一名白马津,在(白马)县北三十里鹿鸣城之西城隅。"④白马津在今河南滑县东北,古黄河南岸,因在白马山下而名,是黄河上一个古老而成熟的优良渡口,早在春秋时已存。从秦

---

① 关于镇的研究成果极为丰富,从北魏至明清,每一断代都有专文。薛海波:《论北魏军镇体制与六镇豪强酋帅》,《民族研究》2017年第3期;穆渭生:《唐代关内道军事地理研究》,陕西人民出版社2008年版。近年来许多博士学位论文以此为研究对象,如马峰燕:《北宋中期东南地区城镇的数量、商税与空间分布研究》,复旦大学博士学位论文,2010年;王旭:《宋代县下基层区划的"双轨体制"研究》,暨南大学博士学位论文,2017年。明清时期的讨论尤其丰富,参见任放:《二十世纪明清市镇经济研究》,《历史研究》2001年第5期。具体到唐宋时期有关市镇的论著及其内容,参见苏永霞:《唐宋时期市镇研究综述》,《中国史研究动态》2012年第4期。
② (唐)魏徵:《隋书》卷二四《食货志》,第683页。
③ 邝士元:《国史论衡》,上海三联书店2014年版,第325页。
④ (唐)李吉甫:《元和郡县图志》卷八《河南道》"滑州白马县",第198—199页。

汉至魏晋南北朝隋唐时期,白马津都是兵家必争之地,也是行旅客商往来的重要南北通道。后来此处修建了浮桥,在北宋熙宁末年黄河改道之后,滑州浮桥是黄河上最重要的一座浮桥。[①] 隋黎阳仓建在近黎阳津的大伾山山麓。黎阳仓西濒永济渠,东临黄河,水运极为便利。河北租粟转运至此,而后再由永济渠或黄河运往洛阳、长安。隋代征伐辽东,也曾转运粮食至黎阳仓,以供应征辽军队所需。唐代由江淮转运来的粮食,也先储藏在此,以供应京都及军队所需。一直到北宋,黎阳仓都是用兵北方的物资供给基地。

常平仓近陕州古茅津,在陕县西南四里,因其"北临焦水,西俯大河,地势高平",故又称太原仓。其规模甚大,"今仓实中周回六里"。[②] 此仓近陕州大阳故关,故关有津渡,古称茅津,春秋时已见于史载。鲁文公三年,秦伯伐晋,自茅津济,封殽尸而还。茅津为秦晋间黄河上的重要渡口。至唐贞观十一年,丘行恭在茅津造浮桥。《通典》陕郡陕县条载:"今郡西四十五里有曹阳涧……涧北大阳桥,贞观中,丘行恭造。"[③]"大阳桥长七十六丈,广二丈,架黄河为之,在县东北三里","陕有大阳故关,即茅津,一曰陕津,贞观十一年造浮梁"。[④] 常平仓(太原仓)建在大阳故关地势高燥处。

广通仓(永丰仓)近渭津关渡。渭津关在华阴县渭水入黄河处,是唐代十三中关之一,"永丰仓在县东北三十五里渭河口,隋置","潼关在县东北三十九里",知永丰仓既近渭津关渡,又近潼关。[⑤]

仓近关津渡口并非始于隋代,而是早已有之。仓储粮,粮运极为苦重,陆运费力而效微,不若水运省时省力而高效。仓近关津,是取其水运地利之便。而河流交汇处,是水运交通最便捷之地。《史记·殷本纪》载,殷纣王"厚赋税以实鹿台之前,而盈钜桥之粟"。《史记集解》引服虔注曰:"钜桥,仓名。许慎

---

① (宋)李焘:《续资治通鉴长编》卷二八四,神宗熙宁十年八月戊子,第6951页。
② (唐)李吉甫:《元和郡县图志》卷六《河南道陕县》"太原仓",第157页。
③ (唐)杜佑:《通典》卷一七七《州郡典》,第4658页。
④ (宋)欧阳修、宋祁等:《新唐书》卷三八《地理志》,第985页。
⑤ (唐)李吉甫:《元和郡县图志》卷二《华州华阴县》,第35页。

曰钜鹿水之大桥也,有漕粟也",是言钜桥仓近钜桥。《史记索隐》引邹诞生注曰:"巨,大;桥,器名也。纣厚赋税,故因器而大其名。"①尽管殷末之钜桥仓是否位于津桥处尚不能定,但秦汉敖仓无疑是因为津渡利便而置。秦在敖山(今河南荥阳北)置仓,其理由便是敖山乃"沂河入渭之地"。敖仓所在,即鸿沟与黄河交汇处,而鸿沟在汇入黄河前,又收济水、睢水及谷水下游诸水,沟通了东部水系。东部诸郡粮食可通过这一水系顺流而至黄河。这样的水运地利之便,是敖仓选址的重要考虑。因此,敖仓的设置与位置在汉代沿袭不变。北魏于"小平、石门、白马津、漳涯、黑水、济州、陈郡、大梁"八处"各立邸阁",以"转运中州之粮"。② 东魏"于诸州缘河津济,皆官仓贮积,以拟漕运"③。隋代在置转运仓时,也基本沿袭了这一原则。与开皇初年一样,大业间新置四仓,也有三仓在津渡处。洛口仓在巩东南原上,近洛水入黄河处,④此处有洛口渡。兴洛仓亦近此处,疑兴洛仓即为洛口仓之别称。回洛仓在洛阳北七里,系漕渠与黄河交汇处,⑤虎牢仓在通济渠口处,有津曰板城渚口。⑥

唐承隋制,一是继承并重建了隋代的虎牢仓、洛口仓、太原仓、永丰仓、河阳仓等,而且,在近太原仓的津渡处,还新建了浮桥,即大阳桥,不但保证了此前的水运之便,还兼顾了陆运交通的发展。二是新置粮仓也多有近津桥渡口处者。如高宗咸亨二年(671 年),于洛州河阳县柏崖置仓,近河阳桥。开元二十二年(734 年)八月所置河阴仓,在柏崖仓东,位于河汴交汇处。⑦ 龙门仓,近龙门津。在新置粮仓之中,资料较为丰富、能够体现仓与桥之关系者,是渭

---

① 参见(汉)司马迁:《史记》卷三《殷本纪》,《史记》三家注本,第 105—106 页。

② (北齐)魏收:《魏书》卷一一〇《食货志》,第 2858 页。

③ (唐)魏徵:《隋书》卷二四《食货志》,第 675 页。

④ (宋)司马光等:《资治通鉴》卷一八〇,隋炀帝大业二年十月条,第 5625 页。

⑤ (宋)司马光等:《资治通鉴》卷一八〇,隋炀帝大业二年十月条,第 5625 页;谢虎军、张敏、赵振华:《隋东都洛阳回洛仓的考古勘察》,认为《资治通鉴》所载,"回洛仓位于洛阳北七里"指的是仓距洛阳城中宫城的距离,而非仓之南墙与都城北墙的距离,《中原文物》2005 年第 4 期。

⑥ (宋)司马光等:《资治通鉴》卷一八九,唐高祖武德四年三月壬午,第 5908 页。

⑦ (宋)司马光等:《资治通鉴》卷二一四,唐玄宗开元二十二年八月壬寅,第 6807—6808 页。

桥仓与东渭桥。

渭桥仓,至迟在开元二十二年(734年)已置,在渭水南岸近东渭桥处。《旧唐书·李晟传》载:"渭桥有粟十余万斛",①《东渭桥给纳使新厅记》曰:"渭水东附河输流逶迤帝垣之后,倚垣而跨为梁者三,名为中、东、西。天廪居最东,内淮江之粟,而群曹百工于是仰给惟乎"。② 所谓"天廪",即渭桥仓,西京朝廷供给、百司所需、军队口粮皆仰仗此仓。江淮、河北租米由三门峡三门仓经黄河转运至渭水,再运至渭桥仓储藏。《新唐书·食货志》载:"陕虢观察使李泌益凿集津仓山西迳为运道,属于三门仓,治上路以回空车,费钱五万缗,下路减半。又为入渭船,方五版,输东渭桥太仓米至凡百三十万石,遂罢南路陆运",③因为水运较之陆运高效,因此早在开元时期置渭桥仓后,西京漕粮便采取分段转运的办法,废除了以前的陆路西运。一直到唐后期乃至唐末,渭桥仓都是长安的重要粮仓,浙东、淮南等地米粮被分段转运至此。贞元二年(786年)正月,同平章事崔造"以岁饥,浙江东西道入运米每年七十五万石,今更令两税折纳米一百万石,委两浙节度使韩滉运送一百万石至东渭桥;其淮南濠寿旨米、洪潭屯米,委淮南节度使杜亚运送二十万石至东渭桥"④。元和时期,诸道转运使裴堪奏,"每年江淮合运糙米四十万石到东渭桥"。⑤ 与交通枢纽毗邻,又储粮颇丰的渭桥仓,是唐僖宗广明元年(880年)十二月黄巢屯重兵于东渭桥的重要考虑。

五代德胜渡亦置仓储。同光元年(923年)五月,后梁王彦章率水军自杨村浮河而下,断德胜浮桥,攻陷德胜渡南城。唐庄宗李存勖令朱守殷撤除德胜北城屋木攻具,浮河而下,驻守郓州杨刘渡及杨刘镇。当是之时,德胜渡仓储

---

① (五代)刘昫:《旧唐书》卷一三三《李晟传》,第3663页。

② (唐)沈亚之:《沈下贤集》卷六《东渭桥给纳使新厅记》,肖占鹏、李勃洋校注,南开大学出版社2003年版,第121—122页。

③ (宋)欧阳修、宋祁等:《新唐书》卷五三《食货志》,第1370页。

④ (五代)刘昫:《旧唐书》卷一三〇《崔造传》,第3626页。

⑤ (宋)王钦若:《册府元龟》卷四九八《邦记部·漕运》,第5970—5971页。

存有德胜军"食刍茭薪炭数十万计",唐主令人"辇负入澶州",因事起仓猝,导致"耗失殆半"。①

两宋都汴京、临安,为取水陆两路运输之便利,京城内多有仓设在桥梁边。如开封汴河城外有桥名顺成仓桥,桥因仓名,顺成仓就在近旁,临上善水门,系汴河入城第一道水门。顺成仓所在之处,既有汴河水运之便,又得沿汴河大街陆运之利。又,近虹桥处有元丰仓,陈州门里近观桥有麦仓子等。② 南宋临安由于水密桥多,京城内重要的仓、库、场几乎都建在桥边,如仁和仓与仁和仓桥、葛家桥、金文桥与金文酒库、塌坊桥与御酒库、黑桥与秀王府解库、上梁家桥与雪醅库。③ 尤其是规模极为庞大的平粜仓,有二十八敖(以二十八字为敖记),积米六十余万,每岁敛散以平市价,故名平粜仓。④ 作为临安城内民众的口粮之仓,平粜仓建在大河兴德坊东盐桥近旁,为的是取大河水运之便。

仓多有近桥、渡者,在非首都的地方城市也是如此。北宋咸平时期,陕西制置使梁鼎上奏曰:"陕西缘边所折中粮草……检会严信、咸阳、任村、定武、渭桥等仓,见管诸色粮斛七十九万余石,请以春初农隙并力辇送沿运",⑤可知渭桥依旧置仓。大中祥符三年(1010年)八月,工部尚书、知枢密院事陈尧叟上言曰:"同州新市镇渭河造浮梁,有沙滩,且岸峡,不若严信仓水狭岸平,为梁甚便"。因此便改在近严信仓处渭水上造浮桥。次年,诏改渭水桥名"省方"。⑥ 择严信仓近侧建浮桥,除了此地水狭岸平,还因为桥成之后,不但可借守仓军士护桥,而且还可借桥守护粮仓,两得其便。

又,淮水流至楚州山阳湾(今江苏淮阴县城北)时,因曲折而水流湍急,漕

① (宋)薛居正:《旧五代史》卷二九《唐庄宗纪》,第405页。

② (宋)孟元老撰,伊永文笺注:《东京梦华录笺注》卷一《河道》《外诸司》,第24—25、63—64页。

③ (宋)施谔:《淳祐临安志》卷七《诸仓》《诸库》,《宋元方志丛刊》第4册,第3287—3288页;(宋)潜说友:《咸淳临安志》卷五五《官寺四》,《宋元方志丛刊》第4册,第3839—3848页。

④ (宋)施谔:《淳祐临安志》卷七《诸仓》,《宋元方志丛刊》第4册,第3287页。

⑤ (宋)李焘:《续资治通鉴长编》卷五四,宋真宗咸平六年正月壬寅,第1175页。

⑥ (清)徐松:《宋会要辑稿》方域一三"桥梁",刘琳等点校本,第9543页。

舟多有沉溺之患。雍熙元年（984年），新任淮南节度使乔维岳为避开山阳湾之险，改在淮河南岸开凿沙河，自楚州北末口（淮南运河北口）至淮阴县北磨盘口入淮，沙河共长四十里，无行无覆溺之患。[1] 鉴于建安军（今江苏仪征）北至淮河段漕河上五堰不利转运漕粮，乔维岳又创制了西河复式船闸，《续资治通鉴长编》记：

> 建安北至淮澨，总五堰，运舟十纲上下，其重载者，皆卸粮而过，舟坏粮失，率常有之，纲卒傍缘为奸，多所侵盗。维岳乃命创二斗门于西河第三堰，二门相逾五十步，覆以夏屋，设悬门蓄水，俟故沙湖平，乃泄之。建横桥于岸，筑土累石，以固其趾。自是，尽革其弊，而运舟往来无滞矣。[2]

纲船通过建安北至淮澨五堰时，载重大的漕船必须先卸下部分粮食，减轻重量才能过去，不但漕运效率降低，而且过堰之时运卒乘机盗窃漕粮，为遮掩偷盗之实甚至故意让漕船覆溺。乔维岳为提升漕运效率、改变窃粮覆船之旧例，对漕河水运进行了技术升级，在淮扬运河上创建了西河闸。他先是在淮河南岸的龟山运河上修建了西河堰，以调节水位。在西河第三堰，又修建了两道闸门（斗门），二门之间，"覆以夏屋，设悬门蓄水，俟故沙湖平，乃泄之"。两道闸门使用悬吊闸门的方式控制水位。当载重大的漕船经过前，便悬门蓄水，待水位上涨，则开闸放漕船经过。这一复式船闸技术，比欧洲同类船闸（有明确记载的欧洲同类船闸首次出现在1481年意大利的Pader河上）早约四百年。[3] 并在近岸建有横桥，"筑土累石，以固其趾"。建造横桥，表面看来似与

① （宋）李焘：《续资治通鉴长编》卷二五，太宗雍熙元年二月壬午，第573页；王文楚《沙河》，参见《中国历史大辞典》（历史地理卷）编纂编委会编：《中国历史大辞典·历史地理》，上海辞书出版社1996年版，第447页。
② （宋）李焘：《续资治通鉴长编》卷二五，太宗雍熙元年二月壬午，第573页；（元）脱脱等撰：《宋史》卷三〇七《乔维岳传》亦载，第12118页。
③ 郑连第：《唐宋船闸初探》，中国科学院水利电力部水利水电科学研究院：《水利水电科学研究所水利史研究室五十周年学术论文集》，水利电力出版社1986年版，第98—106页。

粮仓并无关系,但此处是北宋漕粮的重要中转站,考虑到乔维岳修建西河船闸之前,从"建安北至淮澨"共有五堰,每船过堰,需"卸粮而过",如此,堰旁必有粮仓,待纲船节级搬运。西河船闸近第三堰,位居五堰中段,因此推测近斗门处也必定置有转运仓。乔维岳另行建造横桥,目的正是为了方便沟通运河两岸及粮食转运。闸口处设转搬仓,可参考南宋嘉定十一年(1218年)史弥坚在江南运河上主持改建的京口船闸。京口船闸是江南运河进入长江的口门,是吞吐长江上来往物资的咽喉,与乔维岳在淮河西河第三堰创建的船闸有异曲同工之效。

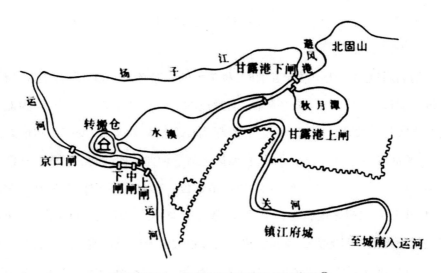

南宋嘉定十一年(1218年)京口闸示意图①

综括言之,在隋、唐、宋等历史时期,仓多有近桥、渡者,除了粮食转运便利,还可借守仓之士卒护桥,可谓一举两得。

仓置于桥渡交通要道处以得运输之便,而交通要道处也往往是驻军之所,再加上仓廪关系到军队口粮、招徕来众壮大部伍之事,正所谓"兵马未动,粮

---

① 郑连第:《唐宋船闸初探》,中国科学院水利电力部水利水电科学研究院:《水利水电科学研究所水利史研究室五十周年学术论文集》,第104页。

草先行",粮食后勤供应直接关系到战争成败。因此有仓积处,常为兵家必争之地。如楚汉之争之际,刘邦彭城大败之后,"诸侯皆复与楚而背汉",驻扎于荥阳的汉军"筑甬道属之河,以取敖仓粟",得以供应不乏,势力复振。然而,"汉之三年,项王数侵夺汉甬道",斩断了汉军从敖仓获取粮食的渠道,"汉王食乏,恐,请和"。①

兵因仓而兴,隋末战争亦提供了强有力的佐证。李子雄建议杨玄感直入关中以取永丰仓,如此三辅可指麾而定。② 义宁元年(617 年),薛大鼎亦劝李渊据永丰仓。③ 同年八月,瓦岗军与隋军大战后抢得黎阳仓,徐世勣言于李密曰:"天下大乱,本为饥馑。今更得黎阳仓,大事济矣"。④ 马周上疏太宗,谈及隋末群雄之成功多得益于据有仓廪库藏,"隋家贮洛口仓,而李密因之;东都积布帛,而世充据之;西京府库,亦为国家之用,至今未尽。向使洛口、东都无粟帛,则世充、李密未能必聚大众",⑤反映了仓、库与军兴成败之关系。

正因为仓与军兴的密切关系,隋仓常屯有重兵。洛口仓便是突出的例子。大业二年(606 年)九月,在离东都百里有余的巩东南原上洛口仓,"置监官并镇兵千人"。⑥ 至大业十二年,匽天下反旗四起,隋王朝进一步扩充洛口仓兵力。七月,炀帝车驾至巩,"敕有司移箕山、公路二府于仓内",以守洛口仓,并令筑城以备不虞。⑦ 此二府即为二鹰扬府,共有多少兵员,我们无法确知。但是,唐折冲府系继承隋代鹰扬府而来。武周垂拱中,以一千二百人为上(折冲)府、一千人为中府、八百人为下府。赤县为赤府、畿县为畿府,⑧其人数当在一千二百人以上。由此或可窥见箕山、公路二府所统兵额,加上大业二年原

① (汉)司马迁:《史记》卷七《项羽本纪》,第 325 页。
② (宋)司马光等:《资治通鉴》卷一八二,隋炀帝大业九年七月癸未,第 5680 页。
③ (宋)司马光等:《资治通鉴》卷一八四,隋恭帝义宁元年八月,第 5749 页。
④ (宋)司马光等:《资治通鉴》卷一八四,隋恭帝义宁元年八月,第 5752 页。
⑤ (宋)司马光等:《资治通鉴》卷一九五,唐太宗贞观十一年八月甲子,第 6133 页。
⑥ (宋)司马光等:《资治通鉴》卷一八〇,隋炀帝大业二年十月条,第 5626 页。
⑦ (宋)司马光等:《资治通鉴》卷一八三,隋炀帝大业十二年七月戊辰,第 5706 页。
⑧ (唐)李林甫:《唐六典》卷二五《诸卫府》,第 644 页。

置镇兵,人数当在数千人以上。义宁元年(618年)二月,李密曾派军夜袭洛口仓城,被二府兵击退。数日之后,李密率大军来攻,二府兵败,李密军遂入据仓。然而,二府将士依然各自占据一个地势较高的小仓城,固守仓城要地。公路府被攻陷后,箕山府郎将张季珣依旧婴城固守,李密以其寡弱,遣人说其投降。张季珣"骂密极口",怒不可遏的李密"遣兵攻之,不能克"。史载,"时密众数十万在其城下,季珣四面阻绝,所领不过数百人",然守有部分粮仓无乏粮之虞,张季珣等部众又皆有必死之心,因此箕山府兵士顽强抵抗了许久,李密大军才最终攻陷了洛口仓。①

隋末动乱中,群雄纷纷抢占交通形势要道及其附近之仓,则更是不胜枚举。如李密攻下洛口仓后,"命其护军田茂广筑洛口城,方四十里而居之",便是居天下之中控形势之要、以仓自养并招抚来众。正是因为据有洛口仓,李密势力大增,成为与洛阳隋军决战的主要力量。李密与越王杨侗围绕回洛仓大战了好几个回合,李密虽数攻而不得,但还是严重削弱了洛阳守军的力量,以致越王杨侗不得不派心腹急奔江都,恳请炀帝"速还",以君威鼓舞士气、击败"乌合之众",否则"东都决没"。在东都即克的大好形势下,李密又将目标转向了太原仓,"使宋遵贵将兵镇陕县太原仓"。与此同时,从太原南下自朝邑渡河的李渊大军,先发兵至蒲津,得朝邑法曹参军以蒲津、中潬二城降,从而控制了蒲津黄河的东岸和中心长洲的军事要塞与过河渡口。其后,李渊率军从蒲津渡过河,至朝邑,直奔渭津关的永丰仓,得华阴令李孝常以永丰仓降,李建成、刘文静"帅王长谐等诸军数万人屯永丰仓,守潼关以备东方兵"。②

安史乱后,官军平叛不力,不得已请援于回纥。宝应二年(762年),回纥军自黄河北由大阳津渡河南下,与李适军共击史朝义叛军,收复洛阳。但在渡

---

① 一说张季珣等人据仓城抵抗了一月有余,一说抵抗了半年之久。具体资料参见胡三省注《资治通鉴考异》部分,(宋)司马光等:《资治通鉴》卷一八三,隋恭帝义宁元年二月庚子,第5722页;卷一八四,隋恭帝义宁元年九月,第5756页。

② 以上参见(宋)司马光等:《资治通鉴》卷一八三,隋恭帝义宁元年二月庚子,第5723、5726—5728、5754、5756页。

河之前,唐与回纥曾围绕回纥进军路线有过一番激烈的争论。唐朝廷最终选择让回纥军从大阳津渡河的重要考虑便是太原仓在此,可供军粮,以减少跋扈的回纥军再生事端的可能性。①

东渭桥控扼长安东出之要道,近旁又有渭桥仓,因此不仅是交通要道,更是唐代重要的军事据点,系兵家必争之地。永泰元年(765 年),吐蕃内犯关中,淮西节度使李忠臣曾率淮西勤王将士驻守此地防御。② 德宗建中、兴元年间朱泚叛乱占据长安时,李晟上疏德宗请求移军东渭桥以分贼势,其后贼将李怀光进攻东渭桥。③ 又,晚唐黄巢率军攻入长安后,亦派干将朱温领兵屯东渭桥。④ 东渭桥之所以在唐代军事史上如此突出,其原因正如《西平王李晟东渭桥纪功碑》所言,"东渭桥抵王域东北四十里,而国之廪积在焉。始晟于此驻孤军,纠群帅,俟时而动,一举成功"。⑤ 所谓"国之廪积在焉",指的是渭桥仓贮藏的粮食。《奉天录》载,"张彧侍郎,令公(李晟)之子婿也,见机之士也。请固守渭桥仓,转输诸军,粮储有继"。⑥ 由于东渭桥不仅是通往长安城及中原的交通要冲,渭桥仓又收天下转输食粮以供京师,⑦东渭桥在唐代军事史上有着极为特殊的角色,因此才在此处置军镇,即渭桥镇,稽查行旅以维护一方平安。

二、桥渡与军镇、戍、城、关

不独仓多有近津桥而置者,由于桥梁、津渡择交通、形势要道的选址特点,

---

① 参见(宋)司马光等:《资治通鉴》卷二二二,唐肃宗宝应元年九月乙未,第 7131—7134 页。

② (宋)司马光等:《资治通鉴》卷二二三,唐代宗永泰元年九月丙午条,第 7178 页。

③ (宋)司马光等:《资治通鉴》卷二二八,唐德宗建中四年十月丁巳条,第 7363 页;(宋)司马光等:《资治通鉴》卷二二九,唐德宗建中四年十一月甲申条,第 7372 页。

④ (宋)司马光等:《资治通鉴》卷二五四,唐僖宗广明元年十二月壬辰条,第 8242 页。

⑤ (清)董诰:《全唐文》卷五五《唐德宗·西平王李晟东渭桥纪功碑》,第 596 页。

⑥ (唐)赵元一:《奉天录》卷四,中华书局 1985 年版,第 33 页。

⑦ 黄寿成:《说唐代的东渭桥》,《中国典籍与文化》2003 年第 2 期。

与驿、镇、戍的选址原则有重合之处，因此驿、镇、戍甚至军也多有近桥梁者，如灞桥、灞桥驿与灞桥镇。灞桥在灞水上，相传秦穆公时已在灞河上建桥，桥因水名，故名灞桥。唐时灞桥驿置于灞桥旁，灞桥最为长安冲要，凡自西东两方面入崤、潼关者，路必由之，是长安通往中原的交通要道。后来，在驿之外，又设军镇把守防御，并兼稽查行旅。宋敏求《长安志》载，"灞桥镇在（万年）县东二十里，滋水驿疑在此"。① 滋水驿即灞桥驿。李令福指出，灞桥镇位于京兆府万年县东向大道与灞河的交叉处，② 驿与镇都因灞桥而名，因桥而置而兴。又，郓州东阿县有杨刘镇，临河津，旁有杨刘渡，是镇因渡而名。

又，临皋驿当中渭桥处。《元和郡县图志》卷一《京兆府咸阳县》载"临皋驿在县东南二十里"。同卷载"中渭桥在县东南二十二里"。这是长安西处的第一座驿，是公私迎送之所。积润驿在洛阳石桥之西。积润驿是洛阳东通汴州、东北渡河阳桥两大驿道之第一驿。③ 后唐庄宗同光元年（923 年）十二月庚午朔，"车驾寅时发自石桥，御史中丞李德林率文武官班于积润驿"。④ 该石桥屡见唐代典籍。安史乱中，李光弼时在东都，史思明来逼，"游骑至石桥"。李光弼担心洛阳难以防守，因此督军赴河阳。诸将曰："并城而北乎？当石桥进乎？"光弼曰："当石桥进。"⑤胡三省引《水经注》注"石桥"曰："穀水东迳洛阳广莫门石桥下，即上东门也。此言汉晋洛城诸门，非隋唐所徙洛城也。上东门之地，唐为镇"。此镇，便是河南县上东门镇。⑥ 唐代洛阳东河南县上东门镇近石桥，而积润驿在石桥西。

① 宋敏求：《长安志》卷一一《万年县》，《宋元方志丛刊》第 1 册，第 132 页。
② （宋）李令福：《北宋关中小城镇的发展及其类型与分布》，《中国历史地理论丛》2014 年第 4 期。
③ 严耕望：《唐代交通图考》第 1 卷《京都关内区》，第 13 页。
④ （宋）王钦若等编：《册府元龟》卷一一四《帝王部·巡幸》，中华书局 1960 年版，第 1359 页。
⑤ （宋）司马光等：《资治通鉴》卷二二一，唐肃宗乾元二年九月丁亥，第 7083 页。
⑥ 按《元丰九域志》载，河南县有上东门镇。参见（宋）王存撰：《元丰九域志》卷一《四京》，魏嵩山、王文楚点校，中华书局 1984 年版，第 4 页。

渭桥镇建在东渭桥处,其地在高陵县南十八里,宋敏求注曰:"渭桥镇,即东渭桥,李晟屯兵处"。① 前已论及,此不赘言。

即便是那些小型的、次要的渡口,似也置有戍以守护渡口。乾元二年(759 年)三月,怀州长史知镇西节度使留后事段秀实率将士、妻子及辎重自野戍渡河,待命于河清之南岸,以与驻守河阳的李光弼军合击史思明军。其渡河之野戍,"即水渡,置戍守之,因谓之野戍"。②

滑州白马津,至少在唐末已置有白马驿。唐哀宗天祐元年(904 年)五月,尚书左仆射裴枢被贬为泷州司户,自洛阳驿行至滑州时,与其他重要大臣被杀于白马驿。③ 这就是唐代灭亡之前所发生的白马驿之祸。由于《元和郡县图志》未载白马驿,其他典籍也不见白马驿的任何记载,因此白马驿有可能是唐末新置。在藩镇割据走向激烈化,诸强藩围绕洛阳、汴州等地展开争夺的形势下,白马津的交通地位变得更为紧要,白马驿的设置,可能与此存在关联。

由于都城的东移,及诸镇之间频繁的军事斗争,滑州的交通与军事地位,在五代、北宋时期进一步凸显。该州控扼河南、河北之襟喉,但凡立都于开封者,必大力经营之。根据《资治通鉴》所载可知,后晋天福二年(937 年),已在滑州创建浮桥,称大通桥,并置大通军。胡三省注引《薛史》载,"天福六年,诏以胡梁渡月城为大通军,浮桥为大通桥"。④ 胡梁渡,也作胡良渡,在唐后期、五代时期,频繁地卷进诸支势力的争夺之中。胡梁渡北有六明镇,显德元年(954 年)正月,"诏前登州刺史周训等塞决河。先是,河决灵河、鱼池、酸枣、阳武、常乐驿、河阴、六明镇、原武"。《通鉴注》"六明镇"曰:"六明镇在大通军。

---

① (宋)宋敏求:《长安志》卷一一《万年县》、卷一七《高陵县》,《宋元方志丛刊》第 1 册,第132、178 页。

② (宋)司马光等:《资治通鉴》卷二二一,唐肃宗乾元二年三月庚申,第 7070 页。

③ (五代)刘昫:《旧唐书》卷一一三《裴遵庆传附裴枢传》,第 3358 页。

④ (宋)司马光等:《资治通鉴》卷二八一,后晋高祖天福二年六月甲午,第 9174 页。

大通军即胡梁渡也,晋天福四年,建浮桥,置大通军"。① 有学者指出,胡良渡"在今河南滑县东北,为黄河重要渡口,一说即鹿鸣津"②,其判断应不误。鹿鸣津亦即白马津,当是因其北有鹿鸣故城而有此名。③ 白马津对岸名黎阳津,因此胡三省注胡梁渡"在滑州北岸澶州界"④。天福六年在胡梁渡月城置大通军,既是为了守卫新建的大通桥,也是为了防守这一交通、军事要地。

至北宋时,滑州升为京畿辅地。由于滑州白马津位当契丹、宋国使往返契丹南京析津府至开封西路之必经要道,⑤是以百余年间不断修缮,并置埽所多处,以防河堤。至熙宁末年,由于黄河改道,南京析津府至开封驿道东路因澶州浮桥被毁而阻断,因此改由驿道西路从滑州白马津渡河。神宗熙宁十年(1077 年)末,北宋开始于滑州首建浮桥,至徽宗时期又选定大伾山、居山、汶子山充作浮桥码头,通过凿山、酾渠及黄河改道、修堤等措施,创建了三山浮桥。桥成之后,还在大伾山建通利军城。端拱元年(988 年)以滑州黎阳县为通利军,天圣元年(1023 年)曾改为安利军。熙宁三年神宗新法推行之后,废通利军,复改为县,隶卫州。神宗死后,新法被废,因此元祐元年(1086 年)又设通利军于黄河北岸黎阳。至徽宗时,三山浮桥建成,为守护桥、道,将通利军城改置于大伾山,犹如于黄河河阳置中潬城,置兵屯守。

桥梁附近常设军队驻守,不独中土如此,吐蕃、南诏亦同。如唐高宗永隆元年(680 年),吐蕃军攻破西川安戎城后,又相继征服了西洱河诸蛮。吐蕃为了加强在西洱河地区的势力,便在金沙江上架起了一座铁索桥。桥在今滇西北中甸县五境乡与维西县塔城乡之间的金沙江上,史称"吐蕃铁桥"。该桥

① (宋)司马光等:《资治通鉴》卷二九一,后周太祖显德元年正月庚寅,第 9500 页。
② 中国历史大辞典历史地理卷编纂编委会:《中国历史大辞典·历史地理卷》,上海辞书出版社 1996 年版,第 608 页。
③ (唐)李吉甫:《元和郡县图志》卷八《河南道》"滑州白马县",第 198—199 页。
④ (宋)司马光等:《资治通鉴》卷二八一,后晋高祖天福二年六月甲午,第 9174 页。
⑤ 王文楚:《宋东京至辽南京驿路考》,《古代交通地理丛考》,中华书局 1996 年版,第 239—247 页。

成为吐蕃深入西洱河地区的重要通道,为巩固吐蕃势力,并守护该桥,又在铁桥以西设置了吐蕃铁桥节度府。唐樊绰《蛮书》称其为"神川都督府",因为此故,"吐蕃铁桥"也叫"神川铁桥"。不过,神川并非指的是金沙江,而是"腊普"或"喇普"。在迪庆藏语中,"喇"或"腊"即"神"之意,而"普"则意为"川","神川铁桥"指的是"腊普铁桥"或"喇普铁桥"。"腊普"或"喇普"即今塔城,维西县塔城乡的腊普河畔的塔城坝是吐蕃神川都督府所在地,也是唐代吐蕃在滇西北地区的军事中心。[1] 此桥在建成之后,归属权随着吐蕃、南诏势力的消长变化而变化。德宗贞元二年(794年)正月,南诏异牟寻大破吐蕃于神川,并遣使远赴长安献捷。三月庚辰,异牟寻又攻收吐蕃铁桥以东城垒十六,擒其王五人,降其民众十万口。[2] 实力大增的南诏攻占了剑川以北,直至铁桥,吐蕃设在铁桥东的十六个城堡均被收服,此战将南诏北境大为展拓。铁桥、铁桥节度城也就归南诏所有,南诏也设大将军为铁桥城使,率兵镇守铁桥。[3] 南诏后来还攻占了嶲州北部,势力扩张至大渡河岸。[4] 这是后来南诏觊觎黎州的前提。僖宗乾符元年(874年)十一月,南诏自大渡河进寇黎州,因长于用浑脱或皮船作浮梁,败则渡河而逃,重整队伍后迅速渡河而来,唐军被骚扰得防不胜防,即便取胜也不能渡河去将对方全部歼灭,如此反复数次,唐军势力渐衰、力不能支,南诏却越战越勇。南诏军队凭借"敌进我退,敌驻我扰、敌疲我打"的有效战术,利用大渡河作为阻止唐军南下的天然屏障,依靠浑脱或皮船所制成的浮梁快速渡河骚扰、进攻唐军,夺取了黎州等地。

吐蕃在与唐交界的边境地区,也常建桥、设城驻军。睿宗时期,唐嫁金城

①　潘发生:《"神川"考》,《西藏研究》1993年第1期。

②　(宋)欧阳修、宋祁等:《新唐书》卷七《德宗本纪》,第199页;(五代)刘昫:《旧唐书》卷一九六下《吐蕃传》,第5260页;《旧唐书》卷一九七《南诏传》,第5284页;(宋)王溥:《唐会要》卷九九《南诏蛮》,第1764页。

③　(唐)樊绰:《蛮书》卷四《名类》,车缤曾辑:《蛮书校伪续校补校》,中华书局1985年版,第17页。

④　方国瑜:《唐代后期云南安抚司(南诏)地理考说》,《历史研究》1982年第3期。

公主与吐蕃,将黄河九曲之地作为公主汤沐邑,吐蕃为守护该地,建洪济桥、骆驼桥,两桥近旁置洪济城与大漠门城,屯兵驻守。虽然很快唐、吐蕃又以黄河为界,九曲地隶唐廓州,二桥被毁,但至唐后期,这一区域又被吐蕃占领,再建洪济城与桥。后周时,曾在廓州筑洪济镇,《通典》卷一七四《州郡》"廓州"条云"廓州,或为宁塞郡,领县三",达化为其一,后周置。境内有"洪济镇,后周武帝逐吐谷浑筑,在县西二百七十里"。① 至北宋徽宗时期,为进军积石军,创建了积石军桥,疑宋积石军桥与吐蕃洪济桥相距不远,或在同一处。②

　　黄河、长江上的桥梁,不少都是因为军事需要而建,桥梁、重要渡口的两侧或一侧大多有城、镇、戍、关或守捉,基本有军士戍守、防御,即便是采石矶、蒲津、河阳、滑州等位于内陆江河上的重要桥、渡,亦是如此。边境地区毗邻桥、渡的城、镇、戍、关肩负侦察敌情、防御外犯、稽查行旅等重任,相比之下,内陆桥、渡附近的镇、戍等的职能要稍微简单些,主要是稽查行旅、维护治安等。《唐律疏议》载"诸私度关者,徒一年。越度者,加一等"。所谓"越度",指的是"关不由门,津不由济而度者"。关,又称关塞,通常设在交通险要之处,是行旅往来必经之地。如前所论,关塞多有近桥、渡者。津,又称津渡,指的是江河之桥、渡,是水陆交汇之所。官府于关津处设置关卡,各类人员出入边境,或在内陆行走,都要从官府设在交通要道的关卡通过,接受检查核验,不得私自取路、偷渡越关。否则,便是违律,处以徒刑一年半。即使越渡未果,也要受杖刑七十。"水陆等关,两处各有门禁,行人来往皆有公文,谓驿使验符券,传送据递牒,军防、丁夫有总历,自余各请过所而度。"③过所是公验的一种。公验是官私人员经过各关津镇、戍、城、军等的通关文书或通行证明,由政府机构颁给,由汉代的传节之制发展而来。过所是非官方人员通行关津等地时需持有

①　(唐)杜佑:《通典》卷一七四《州郡典》,第 4551 页。
②　汤开建:《北宋"河桥"考略》,《青海师范学院学报》1985 年第 3 期。
③　(唐)长孙无忌:《唐律疏议》卷八《卫禁律》,第 188—189 页。

的证明公文。① 关津镇戍军士的工作之一,便是检查过往人马的公验,核查通关证明上的内容与过往人马及所带物资是否一致,其目的是为了伺察奸非,防御外敌,检验非法出入境物资 保障国家安全、维护统治。

在契丹、吐蕃、西夏、大理与赵宋并存的形势下,宋廷非常重视关津的设置与管理,多次申禁立制,要求对往来各关津的行旅严加稽查、仔细核验。如神宗熙宁七年正月一日诏曰:

> 诸关门并黄河桥渡常切辨奸诈及禁物。军人、公人经过,取索公文券历验认,即官员涉疑虑者,亦许取索文字看验。其夜过州县镇并关门、桥渡者,如已锁门,唯军期及事干急速,即随那官审问,听开。②

可知行旅来往,须持有官府颁发的公凭(通关文书,与唐代公验、过所类似)。朝廷制定了系统、严密的刑律以迫使诸色人严格遵循关津禁令。宋代关塞由禁军或厢军、蕃兵把守,设有关使、知关、都监关或同知关等。宋代对津渡实行官营或招人买扑,屡禁私渡。官营津渡,有一定的管理机构和人船配置制度。政府对津渡立定年额向民旅收取渡钱,并采取对津渡工作人员进行约束、买牌上船、安全保障、差使臣巡检等管理措施,以有效地稽查奸细、禁物和维持交通秩序。③ 较之唐代,宋代关津除稽查行旅、维护国家安全外,还兼有对过往商品征收商税的职能。尤其是设在内陆的关津,其主要职责便是征收商税。而这与位于桥、渡等交通要道处市的发展、镇的演变等因素有关。

---

① 相关研究甚多,参见[日]内藤虎次郎:《三井寺藏唐过所考》,万斯年辑译:《唐代文献丛考》,商务印书馆 1957 年版;王仲荦:《试释吐鲁番出土的几件有关过所的唐代文书》,《文物》1975 年第 7 期;程喜霖:《唐代的公验与过所》,《中国史研究》1985 年第 1 期;程喜霖:《唐代过所研究》,中华书局 2006 年版;李全德:《〈天圣令〉所见唐代过所的申请与勘验———以"副白"与"录白"为中心》,刘后滨、荣新江主编:《书研究》第 14 卷,北京大学出版社 2008 年版,第 205—220 页。

② (清)徐松:《宋会要辑稿》方域一二之"关杂录",刘琳等点校本,第 9512 页。

③ 曹家齐:《宋代关津管理制度初探》,《西南师范大学学报(哲学社会科学版)》1999 年第 2 期。

第二节　宋代的桥与场务

　　商税在宋代财政收入中占据重要位置,因此一直是宋代经济史的重要话题。自 20 世纪 30 年代加藤繁发表《宋代商税考》以来,①在此领域耕耘者众,成果颇丰,议题集中在商税的形式(过税与住税)、征收对象与税率、免税及征收机构等。② 就宋代商税的征收机构场或务(俗称场务)而言,有学者将其上溯至唐末或五代,③至宋,在州府及军的治所基本都设置了都商税务或都税务。除了州府的附郭县以外,县治一般都设有税务或税场。在县以下的小都市、小聚落中,很多也设有税务或税场。这些务、场设有监官,州、府治的监官为文臣或武选官,县治以下的场务监官则多为武选官,监官之下还有许多胥吏。此外还有买扑场务。④ 关于征税机构的设置位置,学者们基本遵循加藤繁的观点,认为是设在交通要道、商业氛围浓厚、商税较多的地方,如州、府、县治所及镇、市、关、寨、渡口。⑤ 本书认为不少场务(包括税务、税场与酒务在内),上至都税务、商税院,下至税场,都有设在桥梁附近者。桥、渡作为水陆交通的枢纽,既有利于稽查水陆两道的行旅,也有利于向过往商品收税。宋代

　　①　[日]加藤繁:《宋代商税考》,《中国经济史考证(第 2 卷)》,吴杰译,商务印书馆 1963 年版,第 148—180 页。
　　②　具体研究者论著及其主要观点参见李景寿:《宋代商税问题研究综述》,《中国史研究动态》1999 年第 9 期。
　　③　李锦绣认为,"务"作为一种新型的财政机构,在唐末已经普遍设置[参见李锦绣:《唐代财政史稿(下)》,北京大学出版社 2001 年版,第 584 页]。但赵璐璐检其所引史料之中的"务",认为这些"务"指的是具体事务,而非机构。因此,将作为税收机构的"务"的出现时间定于有明确史料可证的五代时期(参见赵璐璐:《"务"的发展与唐宋间县司职能的扩展》,《国学学刊》2018 年第 2 期)。
　　④　[日]加藤繁:《宋代商税考》,《中国经济史考证(第 2 卷)》,第 148—180 页;漆侠:《宋代经济史(下)》,上海人民出版社 1987 年版,第 1001—1013 页。此外,李景寿在《宋代商税问题研究》将征税机关进一步细化(云南大学出版社 2005 年版,第 3—16 页)。
　　⑤　[日]加藤繁:《宋代商税考》,《中国经济史考证》(第 2 卷),第 148 页。漆侠《宋代经济史(下)》、李景寿《宋代商税问题研究》以及陈之安、张熙惟《论宋代征商政策及其对商品市场的影响》等论著,基本沿用了加藤繁的这一观点。

商税因此呈现出近桥渡而征的特点。位置临近交通枢纽等节点的镇的功能，也从此前以稽查为重、征税为辅转向了以征税为重、稽查为辅，体现出同一机构在不同时代所掌事务重心的转变。从关市之征到近桥渡而征，反映的是商税征收体系的变化，表明宋代商税征收网点的密集化与商税征收的普遍化，而这又与宋代的变化如水运重要性的上升、货物运输量的增加、商品经济的发展、区域市场的扩大等情况是相呼应的。由于本书以桥为研究对象，渡的情况与桥也有些差异，因此本节也就详于桥而略于渡。

一、《宋会要辑稿》中的"某桥务（场）"与"某桥镇务"

《宋会要辑稿》中的《商税杂录》与《酒曲杂录》记载了"旧额"及熙宁十年（1077年）天下州县关镇税务、税场、酒务及其所征税额。这些信息关涉到桥渡与镇、市、场务等之间的关系，有必要给以关注。概而言之，有以下几个方面：

第一，某些税务、税场被称为"某桥（渡）务""某桥（渡）场"。如汴京都商税院下辖的二十三个税务中的崔桥务、马栏桥务、张家渡务、李家渡务。[①]北京大名府、青州、密州、齐州、郓州、沧州、太平州、杭州、韶州、化州等地有马陵渡务、博兴（河渡）务、商家桥口务、商家桥务、北新桥务、陈桥务、郭桥务、峨桥务、渌东桥务、吴桥场、曹桥场、浙桥场、东桥场等。[②]德州的官桥渡口场稍有不同，系桥渡合称，有可能是该处曾有桥，后桥废而设渡。桥渡之间相互转换，原亦寻常，其例甚多，不必赘举。

第二，某些税务被称为"某桥（渡）镇务"，如汴京的陈桥镇务、大名府的马桥镇务、济州的鲁桥镇务、通利军的苑桥镇务等。还有晋州的晋桥店务，亦可

① （清）徐松：《宋会要辑稿》食货一五之一，刘琳等点校本，第6293—6294页。
② 本书关于"旧额"及熙宁十年所载与桥相关的税务、税场及其相关税额等资料，来自《宋会要辑稿》食货一五—一七所载《商税杂录》（刘琳等点校本，第6293—6349页），而与桥相关的酒务资料，则来自《宋会要辑稿》食货一九—二一所载《酒曲杂录》（刘琳等点校本，第6391—6442页）。为行文简洁，下文在涉及与桥相关的税务、税场及酒务名及税额时，不再一一出注。

划归此类。店是相当于草市的镇,华北地区将大道上的村落即小镇称为店,①
晋桥店务应是设在晋桥店的税务。

　　第三,有些在"旧额"中称"场",至熙宁十年时则改称"务",如台州渚路
桥场与渚路桥务。场务之间,大概大者称务,小者称场。从熙宁十年税额来
看,场少而务多,尤其是韶州的浙桥场,税额才 2 贯 574 文,与莱州诸桥驿务所
收税额 4521 贯 763 文、密州板桥镇务所收税额 3912 贯 78 文相比,差距甚大,
后者是前者的数千倍。台州的交通与区域优势,在宋代尤其是南宋有了极大
的改善,桥梁也广为修建,还留下了多篇桥记②。渚路桥场改为务,应与当地
区域优势及税额的增加有关。

　　第四,各地酒务与税务颇有重合者,表明不少地方的商税与酒课是在同一
地点征收。但有些地方仅收酒课,而无商税,如开封府的张桥务,青州大王桥
镇务,兴元府的板桥务、塌桥务及沙坡桥务等。有些地方仅置税务而不设酒
务,如开封府阳武桥务、太平州上峨桥务、齐州商家桥务等。

　　第五,有些务在"旧额"所列目下名为"某桥务",但在熙宁十年时却写作"某
桥镇务",检《宋会要辑稿·商税杂录》所列,共有四例,即密州的板桥(镇)务、沧
州的郭桥(镇)务、永静军吴桥(镇)务、靳州石桥(镇)务。其中资料最为详实的
是密州板桥(镇)务,故以其为例论之。《宋会要辑稿·商税杂录》云:

　　　　密州旧在城及安邱、高密、莒县、浃沧、板桥六务,岁二万九千一
　　百九十六贯。熙宁十年……板桥镇:三千九百一十二贯七十文。③

　　"旧额"里明确作"板桥务",而熙宁十年则作"板桥镇"即板桥镇务。《商

　　①　[日]周藤吉之著,向旭译:《宋代乡村店的分布与发展》,《中国历史地理论丛》1997 年
第 1 期。
　　②　如唐仲友:《新建中津桥碑》,高文虎:《重建中津桥记》,叶适:《重修中津桥记》和《新建
利涉桥记》,陈骏:《天台临川桥记》;以上均参见(宋)林表民辑:《赤城集》卷一三,(台北)新文丰
出版社 1948 年影印本,第 7—15 页。
　　③　(清)徐松:《宋会要辑稿》食货一五之三,刘琳等点校本,第 6296 页。

税杂录》中的"旧额",通常认为是仁宗中期康定元年(1040 年)的税额。① 按《舆地广记》所载,"唐武德六年,省胶西入高密,以其地为板桥镇",②知高密板桥设镇可上溯至唐初。在密州已有板桥镇的情况下,为何"旧额"所载当地所置税务名为"板桥务",而非"板桥镇务"? 这可以有两种解释:一是"板桥务"与"板桥镇务"可互指,"板桥务"是"板桥镇务"的简称;二是务因置于板桥边而名板桥务。哪种解释更合乎历史的真实呢? 或是两者兼而有之?

唐板桥镇港口在陈村。陈村即今胶州市大店村,初时坐落在大沽河畔,后来由于大沽河泛滥,板桥镇迁徙至东南一公里处。③ 根据考古发掘,板桥镇遗址位于胶州湾云溪河北岸至郑州路之间的湖州路至广州路一带,④宋金时期胶州湾北部的海岸线在今胶州城以东,现胶州市的云溪河可直接通往大海。⑤虽然板桥镇是否有桥,文献全无记载,但考虑到板桥镇外接胶州湾,内连大沽河、胶莱河,东入唐家湾,南有云溪河,交通位置极为重要,也是朝鲜半岛、日本遣唐使等入唐的港口之一,再考虑到唐代造桥技术已颇为纯熟,木石梁桥、拱桥及浮桥均可建在宽狭不一、深浅有别的水上,⑥水网如此密集的板桥镇理应有桥。板桥设镇之前,曾长期名黔陬,可上溯至秦以介地置县,隋始置胶西县,省黔陬以入

---

① 关于"旧额"的讨论,起于加藤繁,其在《宋代商税考》中提出,"所谓旧……大约是熙宁以前数十年"[《中国经济史考证(第 2 卷)》,第 162 页]。根原郁《宋代商税制度补说》猜测"旧额"当在仁宗时期(《东洋史研究》1960 年第 18 卷第 4 期)。20 世纪 80 年代起,学者商讨"旧额"者众,其中,尤需注意者是魏嵩山的《北宋商、酒税旧额所属年代考》(《历史地理研究》第 2 辑,复旦大学出版社 1990 年版,第 233 页)及李景寿《北宋商税"旧额"时间再考》(《中国史研究》2003 年第 1 期)两文。魏文推定"旧额"时间为仁宗康定元年,而李文推定为"康定元年至庆历二年之间"。但由于魏文已将庆历年间排除了,故而"旧额"时间为"康定元年"当是比较合乎实际的。
② 欧阳忞纂,李勇先、王小红校注:《舆地广记》卷六《胶州西》,四川大学出版社 2003 年版,第 110 页。
③ 于世永:《近 1300 年来古胶州港位置的变迁》,《海洋湖沼通报》1995 年第 4 期。
④ 青岛市文物保护考古研究所、胶州市博物馆:《胶州市"海上丝绸之路"文化遗迹 2014年调查勘探简报暨板桥镇遗址考古工作报告》,青岛市文物保护考古研究所编著:《青岛考古(二)》,科学出版社 2015 年版,第 213 页。
⑤ 孙立新、王保宁:《胶州湾北海岸历史地变迁——以两宋至民国时期为中心》,《中国海洋大学学报》2007 年第 5 期。
⑥ 茅以升主编:《中国古桥技术史》,第 8 页;唐寰澄:《中国科学技术史·桥梁卷》,第 15—18 页。

之。唐武德年间将胶西并入诸城高密，而于高密之东始设板桥镇。之所以名板桥镇，当是镇因桥名，即当地有名板桥者。因此，仅从密州板桥来看，"旧额"中所录密州板桥务，很有可能是设在板桥附近的务，而非板桥镇务之简称。

又，齐州商家桥镇废后，当地税务称商家桥务。据《宋会要辑稿》载，商家桥镇置于宋太祖开宝元年（968 年），后废。① 商家桥镇被废时间应早于元丰时期，故而《元丰九域志》中齐州无商家桥镇，《太平寰宇记》中亦无，或许该镇在开宝元年之后不久即废。商家桥镇废，而有商家桥务，因此可以确定商家桥务并非商家桥镇务的简称，而应视为近商家桥之故。

检《太平寰宇记》及《元丰九域志》，《宋会要辑稿·商税杂录》所载熙宁十年及之前的"某桥务"，除开封阳武桥务、齐州商家桥口务及商家桥务、莱州诸桥驿务、晋州晋桥店务、杭州曹桥场、韶州浙桥场、化州东桥场外，其余不管是旧额还是熙宁十年所载之"某桥务"均有对应的镇，如崔桥镇、马兰桥镇等。这表明，在已设镇的情况下，该地税务依然称为"某桥务"而非"某桥镇务"。因此，不可简单地视这些"某桥务"为"某桥镇务"的简称，更可能的原因是这些务的位置与桥毗邻。这一推论亦可适用于沧州郭桥务、永静军吴桥务、靳州石桥务。② 至熙宁十年，"某桥务"改名"某桥镇务"，恐与镇官接管税务工作

---

① （清）徐松：《宋会要辑稿》方域一二之二九，刘琳等点校本，第 9518 页。

② 沧州郭桥，按《元丰九域志》卷二《河北路》载，"紧，乐陵，州南一百三十五里，七乡，归化、屯庄、马逮、郭桥、杨攀口、东西保安七镇，有鬲津河、马河、沟盘河"（王存撰，魏嵩山、王文楚点校，中华书局 1984 年版，第 62 页），可知郭桥镇属乐陵县，至迟在元丰年间已置镇，然熙宁十年依然称之为郭桥务。永静军吴桥务、靳州石桥务情况亦同。永静军吴桥镇在唐贞观十七年属德州，宋景祐二年省入将陵县（《元丰九域志》卷二《河北路》，第 73 页；石桥镇见于《元丰九域志》卷五《淮南路》，第 202 页）。靳州石桥镇在宋初曾属靳水县，但在元祐八年升为罗田县，成为县治所在之地。"绍兴五年又废为镇，寻复置"（马端临：《文献通考》卷三一八《舆地考》，中华书局影印本 1986 年版，第 2498 页）。据此推测石桥镇应是早已设镇，并有相当规模。石桥架在靳水上。石桥镇有茶山，为每年采造贡茶之所，茶山在靳水县北三里。又王安石所撰《尚书司封员外郎张君彦博墓志铭》云墓主曾"监靳州石桥茶场"（王安石撰，沈钦韩注：《王荆公文集注》卷七，《王荆公诗文沈氏注》，中华书局影印本 1959 年版，第 362 页），由此可知石桥镇升为县，与此地作为贡茶场及茶叶经济紧密相关。尽管根据现有资料无法确定郭桥镇、吴桥镇、石桥镇始置于何时，但可以确定的是至仁宗康定时期此三地均已设镇。

有关。

　　正是因为有些场务设在桥梁附近,所以征收商税、酒课的这些机构被称为"某桥务"或"某桥场"。考虑到"某桥镇"与"某桥"之间的关联,即便称为"某桥镇务"者,其位置也很可能临近"某桥"。当然,考虑到地名的延续性,前代因在河流上建桥,导致地名因桥而名,但后来随着河流改道、淤塞,桥没有兴修的必要,但地名却被后代延续了下来,这种可能也是存在的。不过,考虑到场务需择交通要道而设以便向过往商旅征税,河流既已改道,水运之便也随之丧失,除非处在极为重要的陆路交叉点,否则在此设置场务的可能性不大。更需注意的是,还有大量的场务,虽未以"桥"命名,实际上也是依河近桥而设的。如一些乡市,虽未以某"桥"命名,实际上是夹河成市,市河之上也必然有桥。这在江南水乡尤为普遍。如嘉兴桐乡乌镇(乌青镇),宋代称作乌墩,就是如此。又如古桥之乡绍兴,据《嘉泰会稽志》载,当时绍兴的桥梁有二百三十七座,其中绍兴城内有九十九座,萧山县二十九座,余姚县亦有二十九座,虽有以桥而名者,但绝大多数并不名以桥。[①] 正所谓"无桥不成村,无桥不成路,无桥不成市"[②],江南水乡的市镇基本上都是夹河成市。因此,可以想见这些市镇的商税也多是"近桥而征"。这样的场务数量虽无法统计,但是一定大量存在。

二、桥与驿、镇、市

1. 桥与驿、镇

　　桥梁选址选择交通枢纽、形势要道的特点,与驿、镇的选址原则有重叠之处,因此驿、镇也多有近桥梁者。如灞桥、灞桥驿与灞桥镇,李令福指出,灞桥

---

　　① 　(宋)沈作宾修,施宿等纂:《嘉泰会稽志》卷一一《桥梁》,《宋元方志丛刊》第 7 册,第6914—6916 页。

　　② 　王敏红:《越地民间歌谣研究》,安徽文艺出版社 2013 年版,第 144 页。

镇位于京兆府万年县东向大道与灞河的交叉处,[①]驿与镇都因灞桥而名,因桥而置而兴。

渭桥镇建在东渭桥处,在高陵县南十八里,宋敏求注曰:"渭桥镇,即东渭桥,李晟屯兵处"。[②] 东渭桥不仅是通往长安城及中原的交通要冲,而且自玄宗时期便在此地置渭桥仓,天下转输食粮储藏于此。[③] 东渭桥的交通地位,无疑也是后来在此设置渭桥镇的重要原因。

开封府祥符县的陈桥驿、陈桥镇也是如此。陈桥驿因陈桥兵变而成为重要地标,凡论及北宋开国,史家无不涉及。陈桥驿在开封西北四十里处,[④]然而陈桥驿因何得名,是因驿近陈桥,还是另有他故,却少有人深究。由于史料语焉不详,再加上水道断流、黄河改道等诸多水文变化,五代宋初陈桥驿附近的地理环境已极为模糊。[⑤] 但可以确定的是,五代、北宋时的陈桥并非徒留旧名,而是实有其桥。虽然不知始建于何时,但至迟在五代时已有该桥。后晋石重贵在位时,景延广主政,着意重新处理契丹与晋之间的关系,倡议称孙则可,但拒不称臣。因为此故,辽太宗耶律德光率军南下,杜重威率晋军投降,耶律

---

① 李令福:《北宋关中小城镇的发展及其类型与分布》,《中国历史地理论丛》2014 年第 4 期。

② (宋)宋敏求:《长安志》卷一一《万年县》卷一七《高陵县》,《宋元方志丛刊》第 1 册,第 132、178 页。

③ 黄寿成:《说唐代的东渭桥》,《中国典籍与文化》2003 年第 2 期。

④ 王育济:《论陈桥兵变》,《文史哲》1997 年第 1 期。

⑤ 南宋吴曾认为,陈桥乃"古之板桥",并指出陈桥(而非陈桥驿)是太祖黄袍加身处,位置在旧城 20 里之西,提出白居易《板桥路诗》中的板桥与王安石诗《陈桥》所指乃同一处(吴曾:《能改斋漫录》卷九《陈桥》,中华书局 1985 年版,第 231 页)。此说恐误。按,板桥在汴州西运河上,《太平广记》载,"唐汴州西有板桥店……远近行旅多归之"(李昉:《太平广记》卷二八六《幻术三》,第 2279 页)。冯浩注《板桥晓别》云:"板桥在今中牟县东十五里。白乐天诗梁苑城西三十里,一渠春水柳千条,若为此路重经过,十五年前旧板桥。李义山亦有诗,皆此地。"(王汝弼、聂石樵笺注:《玉溪生诗醇》引冯浩注,齐鲁书社 1987 年版,第 371 页)板桥店在板桥附近,板桥在汴州西运河上,是西出汴州必经之道,中原通衢,所以板桥附近在唐后期已是行旅云集。但陈桥却在汴京东北,在唐时已是汴州通往幽燕的必经之地,宋时可经陈桥门、陈桥、陈桥驿而北上契丹。

德光令杜重威率晋军屯陈桥。① 之所以如此,是因为陈桥乃契丹北返渡水之要道,非亲信、重军把守,耶律德光不敢安心向南。② 景延广驰骑见耶律德光于封丘,被锁送"至陈桥,止民家",是夜景延广引手扼吭而死。③ 景延广宿民家,而非陈桥驿内,是因为当时陈桥驻扎重兵,陈桥驿亦被军队占据。④

陈桥应与陈桥驿、陈桥门在同一条路线上。孟元老《东京梦华录》载陈桥门时自注:"乃大辽人使驿路"。⑤ 自陈桥门往陈桥驿乃是宋、契丹两国出使交聘的必经之路。王明清《玉照新志》载陈桥驿在陈桥、封丘二门之间,离开封城四十里,然误将其与都亭驿(唐时为上元驿)、班荆馆混为一谈,⑥不过认为陈桥驿是辽使迎饯之所,并无问题。

卫州苑桥有丹霄驿,唐时已设,至宋代元丰时又有苑桥镇。⑦ 祥符县郭桥镇亦是因郭桥而得名。⑧ 位于象章南下越地咽喉要道上的横浦驿近大余县浈水上的横浦桥南。⑨

驿、镇多有建在桥梁附近者,在南宋亦然。如临安城内大河上的六部桥旧

---

① (宋)欧阳修:《新五代史》卷五二《杜重威传》,中华书局 1974 年版,第 593 页。

② 北宋末年金攻汴京,也有同样的担忧。郭药师先知天驷监有马二万匹,因劝斡离不袭取天驷监,斡离不犹豫不决,反问:"南朝若以二千人守河,我岂得渡哉"?[(宋)宇文懋昭:《大金国志》卷四《太宗文烈皇帝二》,商务印书馆 1936 年版,第 27 页]天驷监在景阳门(又称陈桥门)外,太平兴国五年太宗为备军国之需特置之,修建四厩,左右各二,以左、右飞龙使为左、右天厩使。考虑到金军南下占据黄河浮桥,因比斡离不此处所指之河,不应是黄河,而是五丈河。

③ (宋)欧阳修:《新五代史》卷二九《晋臣·景延广传》,第 323—324 页。

④ 王钦若等编:《册府元龟》卷一四七《帝王部》载,"汉高祖即位太原,至东京,谓左右曰:'过陈桥,见百姓桑枣空有余折,其庐室墙垣耳,因荒邪? 因兵邪?'左右对曰:'此契丹犯阙时,杜重威宿汉军之所也'"(中华书局影印本 1960 年版,第 1784 页)。

⑤ (宋)孟元老撰,伊永文笺注:《东京梦华录笺注》卷一《东都外城》,第 1 页。

⑥ (宋)王明清:《玉照新志》卷四,中华书局 1985 年版,第 64 页。

⑦ (宋)王象之撰:《舆地纪胜》卷一〇七,赵一生点校,浙江古籍出版社 2012 年版,第 2560 页。

⑧ 郭桥始见于唐长庆二年八月,时宣武军乱,节度使韩充自滑州入汴,驻军于千塔,既而败宣武乱兵于郭桥,进军万胜(《资治通鉴》卷二四二长庆二年八月甲子,第 7820 页)。

⑨ (清)顾祖禹:《读史方舆纪要》卷八八《江西六》,商务印书馆 1937 年版,第 3714 页。

称都亭驿桥,①北郭驿亭近余杭桥,在余杭门外北郭税务侧。② 作为邮传系统的斥候、马递也多有建在桥边者,如钱塘县界有洋泮桥斥候、淳桥斥候,而上椤木桥边候潮门外除有斥候外,还有马递。③ 这也延续至元代,如元惠宗时鄞县还有东桥铺,亦称陈桥铺。④ 镇江丹阳县有丁桥,"在县南七十七里丁桥镇",⑤镇与桥名同,或暗示两者之间关系密切。

因水为名,至唐代已固定为地名命名的重要原则。华林甫提出,与水相关的津渡也被运用在地名之中。⑥ 其实,地名的命名原则还有因桥而名者,晋人常璩在《华阳国志》里特意指出,"故蜀立里多以桥"。任乃强注云:"先有桥,则里因桥为名,先有里,则桥因里为名,此其大较也。"⑦不独有因桥以名里者,亦有因里而名桥者。根据以上例证可知,驿、镇因桥而名,或桥因驿、镇而名者,亦多有之。乡、县因桥而名者亦不少。至于村、坊、里、市因桥而名者,极为寻常。据史料记载,淳祐年间,仅常州一地,便有十数个村坊名与桥有关,如晋陵县四十四村坊之中有魏桥、周桥、虞桥、胡桥、板桥等村,武进县有安桥村,无锡县有贾桥、马桥、板桥、钱桥等村,宜兴县有名市桥、杜桥、潘桥者。⑧ 这些与桥相关的村坊名,应大多位近或路经某桥。

在勘定桥梁(包括梁桥、拱桥及浮桥)位置时,桥面与陆上交通线的衔接是最为重要的考量因素,因此桥梁大多建于控扼交通要道的关键水段。设在桥边的驿、镇,宋代及以前的主要目的是借桥梁控扼水陆交通之便而行邮驿、

　　① (宋)施谔:《淳祐临安志》卷七《桥梁》,《宋元方志丛刊》第 4 册,第 3212 页。
　　② (宋)潜说友:《咸淳临安志》卷五五《官寺》,《宋元方志丛刊》第 4 册,第 3848 页。
　　③ (宋)潜说友:《咸淳临安志》卷五五《官寺》,《宋元方志丛刊》第 4 册,第 3851 页。
　　④ (元)王元恭:《至正四明续志》卷三《递铺》,《宋元方志丛刊》第 7 册,第 6477 页。
　　⑤ (元)脱因、俞希鲁:《至顺镇江志》卷二《地理》"桥梁",《宋元方志丛刊》第 3 册,第 2632 页。
　　⑥ 华林甫曾指出,有因津以名邑者(参见《中国地名学史考论》,社会科学文献出版社 2002 年版,第 29—30 页)。
　　⑦ (晋)常璩撰,任乃强注:《华阳国志校补图注》,上海古籍出版社 1987 年版,第 225 页。
　　⑧ (宋)史能之:《咸淳毗邻志》卷六《村坊》,《宋元方志丛刊》第 4 册,第 3003—3005 页。

稽查行旅、防御或治安等事。虽然宋代以前征收关津之税的地点也有临近桥梁者，但唐以前乃至唐代前期的关津制度，其政治、军事色彩远较财政经济为浓。即便在两税法执行之后，关市之征的范围（包括不听王命的藩镇在内）也相当有限，针对的主要是数量相当有限的特种商品。[①] 设在各关津渡口的镇，其核心职能依旧是稽查行旅，征收商品通行税只是其辅助职能。这种情况在五代时期发生了重大转变。强藩竞相称王称帝，关市之征被当作扩大财政收入的重要手段，商税征收走向了普遍化、频繁化。另一方面，地理区位的优势及人员往来、聚集，也容易让桥梁、津渡、关卡等地发展成经济性质的人口聚落，因此在分裂的五代十国时期，作为专门税收机构的务已有设在桥梁所在地者，如杨吴（902—937 年）时，溧阳人史崇任溧阳洛桥镇遏使并知茶盐榷曲务。[②] 高承指出，"宋朝之制，地要不成州而当津会者则为军，以县兼军使；民聚不成县而有课税者则为镇，或以官监之"。[③] 明确肯定宋代的镇，其性质已不同于往时，乃是县以下的一级具备课税功能的聚落空间。在这些镇中，必定有因交通便利而在桥梁附近聚集而成的聚落，上引《宋会要辑稿》之《商税杂录》与《酒曲杂录》中的诸多桥镇，必有此类者。这些桥镇之所以"有课税"，一方面当然受益于交通要道能够控扼来往人流、商旅货运的地理条件，另一方面则与交通便利所带来的市利有关。

2. 桥与市

置于近桥梁处的军镇因为控扼人流、商旅而容易发展起工商业，因此军镇的经济功能逐渐显现出来，至唐末、五代军镇附近的工商税一般由驻军代收。北宋时，为了加强财政集权，此前由驻军代收的军镇附近的工商税转归朝廷，

---

① 陈明光：《唐五代"关市之征"试探》，《中国经济史研究》1992 年第 4 期。
② （元）张铉：《至正金陵新志》卷一三下之上《人物志·治行》"史崇"，《宋元珍稀地方志丛刊·乙编》第 6 册，四川大学出版社 2009 年版，第 1637 页。
③ （宋）高承：《事物纪原》卷七《镇》，中华书局 1989 年版，第 357—358 页。

于是许多军镇便转化为以经济职能为主的新型镇。① 至北宋太祖时,之前因为军事原因而置之镇,很多已演变为经济性的镇,成为介于城市与乡村之间的一级地方经济中心与市场,有学者干脆将其称为镇级市场②,军镇因此演变为经济性的镇市或市镇。在唐代作为交通枢纽的万年县灞桥、军事要地高陵县东渭桥,至熙宁十年均已设立税务、酒务以征收商税与酒课,陈桥镇、郭桥镇等镇亦是如此。到宋真宗时代,军镇向镇市的转化正式纳入地方行政建制的轨道而开始了镇市发展史的新时期。③ 还有一种情况,即有些聚落发展为固定的手工业生产或商品交易场所,有些也已开始征收商税、酒课,但没有建置为镇,这样的聚落可称为市镇或集镇。在宋代这样的市镇数量甚巨,表现形式多样,有作场、作务、作寨、作店、作监等多种称呼,有些村庄也因有课税而可以归入此类。④

由于经济功能凸显、商品交易日常化,"某桥镇"有时候也被称作"某桥市",两者可互指。如祥符县陈桥镇,在王安石《陈桥》诗中便被称作"陈桥市","投鞭日午陈桥市",表明此时的陈桥镇同时也是一个集市贸易之所。⑤

桥梁因其交通便利、位置重要不仅容易成为驿、镇的备选地点,而且也因"舟车所聚,四方商贾孔道"而容易在桥上、桥头或桥梁附近区域发生商业交易行为。随着交易时间、空间的相对规律,在桥梁的附近场域(有时也包括在桥面上)形成一个固定的贸易场所,这就是桥市。城中容易形成桥市的地方

----

① 李令福:《北宋关中小城镇的发展及其类型与分布》,《中国历史地理论丛》2014 年第 4 期。

② 讨论这一问题者较多,如傅宗文:《宋代草市镇研究》,福建人民出版社 1988 年版,第 20—21 页;龙登高:《宋代城乡市场等级网络分析——以东南四路为例》,吴晓亮主编,林文勋副主编:《宋代经济史研究》,云南大学出版社 1994 年版,第 394、404 页;李景寿:《宋代商税问题研究》,第 148—152 页。

③ 傅宗文:《宋代草市镇研究》,福建人民出版社 1989 年版,第 83 页。

④ 李令福:《北宋关中小城镇的发展及其类型与分布》,《中国历史地理论丛》2014 年第 4 期。

⑤ (宋)王安石:《临川先生文集·陈桥》,中华书局 1959 年版,第 111 页。

往往是两条或以上道路与水路汇集之处,而在城外,桥市往往出现在人流量大、水下陆上货运兴盛的桥梁附近。一开始,桥市或许仅是单纯的贸易场所,但后来其附近区域渐渐地发展成手工业者、商人的定居聚落,成为草市镇。桥市不仅存在于都城、州县治所、镇等处,也存在于乡村。北宋以前,在交易规模较大的桥市置市官,管理出入市场的人群、收取税入、督促市制的执行。而在乡村,不少桥市就是草市。如宗州永济县有张桥行市(有时也写作张桥店),①应是在张桥附近的草市。又如王建《寄汴州令狐相公》云:"水门向晚茶商闹,桥市通宵酒客行";②周繇《津头望白水》有"城郭半淹桥市闹"③之语;张乔《送友人归宣州》云:"暝火丛桥市,晴山叠郡楼"。④ 这些皆表明唐代桥市已是常见。商品经济的发展及市场交易区域的变化,导致宋廷对于商业交易的管理也相应地发生变化,不再以某一区域而是以整个城区为单位,官府放开管制,允许自由经营,因交通便利、人流汇聚而发展起来的桥市从而迅猛发展,成为宋代最重要、最繁忙的交易场所之一。

宋代的经济重心在南方,南方多水,水运便利,包括桥梁在内的水利工程也大量兴建,货物运输总量较之前朝大为增加。⑤ 其中,水运的增加尤其明显。全汉昇认为北宋的定都开封与汴州便利的水运条件有关。正是因为水运之利,不少仓、库也建在桥边。北宋开封汴河城外有顺成仓桥,旁有顺成仓,近

---

① (宋)王溥:《唐会要》卷七一《州县改置下》"河北道德州归化县",中华书局1990年版,第1264页。

② 王建(768—835年),颍川人,曾任昭应县丞、太常寺丞等职,留有大量揭示社会现实的诗文。该诗载周振甫主编:《全唐诗》卷三〇〇,黄山书社1999年版,第2242页。

③ 周振甫主编:《全唐诗》卷六三五,第4729页。

④ 彭定求纂:《全唐诗》卷六三八,中华书局1999年版,第7369页。

⑤ 具体研究及相关观点,参见葛金芳、曾育荣:《20世纪以来唐宋之际经济格局变迁研究综述》,《湖北大学学报》2003年第5期;郑学檬:《中国古代经济重心南移和宋元江南经济研究》,岳麓书社2003年版,第139—152页;王立霞:《论唐宋水利事业与经济重心南移的最终确立》,《农业考古》2011年第3期。

虹桥处有元丰仓,陈州门里近观桥有麦仓子等。① 南宋临安水密桥多,重要的仓、库、场几乎都建在水边桥侧,如仁和仓与仁和仓桥、葛家桥、师姑桥与镇城仓,平粜仓②与盐桥、北新桥,金文桥与金文酒库,塌坊桥与御酒库,黑桥与秀王府解库,上梁家桥与雪醅库。③ 这些仓库里的货物,至少有一部分进入市场,而这在一定程度上也会促进桥市贸易的兴盛。

　　桥市不但是都城汴京、临安同时也是许多地方州县治所最为繁华的贸易场域。无锡的甘露市便是以市桥、蔡师桥、蔡桥、师姑桥、唐巷桥、虹桥为核心的一个交易区域。④ 宋代以降有许多桥名曰"市桥",如吴郡有"谷市桥""小市桥""利市桥""西市门桥"等,⑤这些桥名暗示着这些桥梁或许与集市毗邻。镇江丹阳县宝庆桥在县南三十五里大河上,俗称延陵市石桥。⑥ 平江府昆山县有二市,均在桥边,"县以市名者二,曰市心,曰后市。市心在宝月桥之南,后市在后桥之西"。⑦ 松江县西市也近西亭桥。⑧

　　南宋柯桥市可视为市因桥而兴的一个典型例子。柯桥建在山阴县西北二十五里的柯水之上,⑨柯桥驿便设在柯桥边,山阴县西二十五里。⑩ 柯桥附近,还有慈善接待院。山阴县灵秘院在县西三十里、柯桥馆之旁。绍兴中,僧

---

　　① (宋)孟元老撰,伊永文笺注:《东京梦华录笺注》卷一《河道》《外诸司》,第24—25、63—64页。

　　② (宋)施谔:《淳祐临安志》卷七《诸仓》载,"临安人众,平粜仓凡二十八敖积米六十余万,以二十八字为敖记,每岁敛散以平市价",《宋元方志丛刊》第4册,第3287页。

　　③ (宋)施谔:《淳祐临安志》卷七《诸仓》《诸库》,《宋元方志丛刊》第4册,第3287—3288页;(宋)潜说友:《咸淳临安志》卷五五《官寺四》,《宋元方志丛刊》第4册,第3839—3848页。

　　④ 佚名:《无锡志》卷一《津梁》,《宋元方志丛刊》第3册,第2199页。

　　⑤ (宋)范成大:《吴郡志》卷一七《桥梁》,《宋元方志丛刊》第1册,第814页。

　　⑥ (元)俞希鲁:《至顺镇江志》卷二《地理》"桥梁",《宋元方志丛刊》第3册,第2632页。

　　⑦ (宋)凌万顷:《淳祐玉峰志》卷上《坊陌桥梁》,《宋元方志丛刊》第1册,第1063页。

　　⑧ (宋)杨潜:《绍熙云间志》卷上《桥梁》,《宋元方志丛刊》第1册,第13页。

　　⑨ (宋)沈作宾修,施宿等纂:《嘉泰会稽志》卷一一《山阴县桥梁》,《宋元方志丛刊》第7册,第6918页。

　　⑩ (宋)沈作宾修,施宿等纂:《嘉泰会稽志》卷四《馆驿》,《宋元方志丛刊》第7册,第6780页。

人智性创柯桥接待院，"初惟蘧篨（粗竹席）一夏，后日益增葺"。① 因柯桥交通便利，在其附近形成了集市。陆游《送苏召叟秀才入蜀效宛陵先生体》云，"欸舟柯桥市，一楫手自倾"，② 其中的柯桥市正是在柯桥附近形成的商品交易场所。

不独城市如此，乡村亦然。随着宋代税收制度的严密，乡村的草市通过纳税也获得了合法身份，因而蓬勃发展，成为最有活力的商品集散地。③ 而那些依托桥梁、渡口发展起来的草市，有些则被称为"某桥市""某渡市"，如会稽清道桥市、江桥市，光州光山县中渡市，奉化县县东二十五里的南渡市。④ 随着人口的增加，聚落的扩大，桥、渡附近的草市也可能发展为镇市或市镇。⑤ 如咸阳县中桥镇、鄠县的秦渡镇，在唐代尚未有镇之名，可至熙宁十年已发展为镇，并置有税务、酒务征收商税、酒课。正是因为有市利可图，不少税务都设在市甚至是桥市附近，如临安都税务设在瀹头市东大和桥北，昌化县酒务设在县市，临安县税务在县西市厢。⑥

杭州江涨桥与江涨桥镇、江涨桥市、江涨桥税务之间的关系能够很好地诠释桥、桥镇、市及务之间的关系。江涨桥位于杭州仁和县北关外，不知始建于何时，但江涨桥镇始置于端拱元年（988 年）。⑦ 江涨桥在杭州城北面，是北宋时杭州运河之门户，也是最重要的商品集散地，推测或许先有江涨桥，而后才置江涨桥镇。江涨桥镇有市，北宋时仅有江涨桥镇市，南宋时，以临安为行在，人口剧增，绍兴十一年（1141 年）五月，"守臣俞俟奏请府城之外，南北相距三

① （宋）沈作宾修，施宿等纂：《嘉泰会稽志》卷七《寺院》，《宋元方志丛刊》第 7 册，第 6837 页。按，《嘉泰会稽志》卷一三《社仓》载，庆元二年，提举李大性复以常平米 150 石增置社仓，"在山阴则有梅山之本觉、柯桥之灵秘"，由此知智性所创灵秘院至庆元时期仍然存在（《宋元方志丛刊》第 7 册，第 6950 页）。

② 《陆游全集》，张春林编，中国文史出版社 1999 年版，第 493 页。

③ 周宝珠：《试论草市在宋代城市经济发展中的作用》，《史学月刊》1998 年第 2 期。

④ （宋）沈作宾修，施宿等纂：《嘉泰会稽志》卷四《市》，第 6781 页。按，（元）脱脱等撰：《宋史》卷一八六《食货志》载，"乾道元年，襄阳邓城镇、寿春花靥镇、光州光山县中渡市皆置榷场，以守臣措置，通判提辖"（中华书局 1977 年版，第 4565 页）。（宋）罗濬：《宝庆四明志》卷一五《奉化县志》所载亦同，《宋元方志丛刊》第 5 册，第 5188 页。

⑤ 傅宗文：《宋代草市镇研究》，第 369—372 页。

⑥ （宋）潜说友：《咸淳临安志》卷五五《务》，《宋元方志丛刊》第 4 册，第 3846—3847 页。

⑦ （清）徐松：《宋会要辑稿》方域一二之一八，刘琳等点校本，第 9528 页。

十里,人烟繁盛,各比一邑,乞于江涨桥、浙江置城南、北左右厢,差亲民资序京朝官主管本厢公事,杖六十以下罪听决。旨依此建置之始也"。① 以江涨桥为中心的贸易规模较之北宋时期大为发展,因此以江涨桥为界分为"江涨东市"和"江涨西市"。② 江涨桥税务便在江涨桥镇市,据《咸淳临安志》载,"江涨桥税务,在江涨桥镇市,淳祐三年重建"。③ 其位置在江涨桥西,吴自牧《梦粱录》载,"江涨税务东,曰江涨桥"。④ 江涨桥税务应在运河西岸。至迟在熙宁十年,已有江涨桥镇务,而南宋的江涨桥税务应系北宋江涨桥镇务发展而来。

需明确的一点是,如果因"某桥"而发展成为一个聚落,即聚落因桥而成而名,那么近桥而征并不一定必定靠近"某桥"。因为在这种情况下发展起来的聚落,必然夹路或河而成,所以在聚落的两头,便都可设卡征税。桥梁一方面控扼水陆交通要路,另一方面又在桥梁附近发展出兴旺的商品贸易场所,因而宋代在桥梁附近置场务征收商税、酒课。这是商税征收在宋代所出现的重要变化。

三、桥、拦锁与水路过税的征收

大致来说,宋代商税有住税与过税之分。住税为买卖交易税或销售税;过税,即商品在流通过程中征收的通过税。⑤ 关于过税的具体征收,已有研究多是集中在商品流通过程中经过场务尤其是城门时的征收,提出宋代城门具有征税、免税、验引、关卡等职能,是当时货物流通、商税征收的重要环节。⑥ 但

---

① （宋）潜说友:《咸淳临安志》卷一九《疆域》,《宋元方志丛刊》第 4 册,第 3542 页。按,周淙《乾道临安志》卷二《在城八厢》亦有记载《宋元方志丛刊》第 4 册,第 3223 页,然错误颇多,故采用《咸淳临安志》所载。

② （宋）吴自牧:《梦粱录》卷一三《两赤县市镇》,收入《东京梦华录》(外四种),第 238 页。

③ （宋）潜说友:《咸淳临安志》卷五五《务》,《宋元方志丛刊》第 4 册,第 3847 页。

④ （宋）吴自牧:《梦粱录》卷七《倚郭城北桥道》,收入《东京梦华录》(外四种),第 187—189 页。

⑤ 关于过税、住税的研究成果,如 [日]加藤繁:《宋代商税考》,《中国经济史考证(第 2 卷)》,第 148—180 页;漆侠:《宋代经济史(下)》,第 993 页。

⑥ 刘森:《宋代"门税"初探》,《中国史研究》1988 年第 1 期;李合群:《再论宋代城门税》,《社会科学》2016 年第 11 期。

关于从水路通行的货物如何征税,则讨论者寡。虽有学者关注了与拦锁相关的拦头、栏子等群体,如苗书梅提出,拦头是州县官府中地位低于吏人、具体承办某一方面公务的役人,也称公人;吴晓亮也讨论了拦头与宋代市镇的管理,但重点基本放在考察他们的身份与职掌上,①与过税尤其是水路过税征收相关的拦锁,一直以来并未得到应有的关注。

考察桥梁与场务之间的关系,为我们研究宋代商税的征收提供了一个新的视角。作为关津要道一部分的桥渡,在空间上与征税机构产生关联至迟可追溯到晋代的桁渡税或桁税。"桁"通"航",浮桥也。所谓桁渡税就是商旅通过浮桥、渡口时缴纳之税。晋宁康元年(373年)三月诏"除丹杨竹格等四桁税"②,仅丹杨郡便有四处纳税浮桥,由此可知当时交纳桁渡税已非罕见。此税也断断续续地存在于南朝。高敏认为,桁渡税是当时的杂税之一,是额外的关津税。③ 但李剑农认为,桁渡原本以利交通为目的,非为征税而设,然因交通便利,商旅往来增多,主之者利其收入,桁渡税便逐渐成为关津税之一部分。④ 桁渡税在唐初并未得见,唐前期虽有关津之禁,但并未征收全国性的关津税。⑤ 至德三年

---

① 漆侠:《宋代经济史(下)》,第1002页;苗书梅:《宋代县级公吏制度初论》,《文史哲》2003年第1期;王曾瑜:《涓埃编》,河北大学出版社2009年版,第369页;吴晓亮:《对宋代"拦头"与市镇管理关系的思考》,《江西社会科学》2011年第11期。

② (唐)房玄龄:《晋书》卷九《孝武帝纪》,中华书局1974年版,第225页。

③ 高敏主编:《中国经济通史(魏晋南北朝经济卷)》提到了桁渡税是魏晋南北朝的杂税之一,是额外的关津之税、转运之税(经济日报出版社1998年版,第512、571页)。

④ 李剑农:《中国古代经济史稿》,武汉大学出版社2006年版,第479页。

⑤ [日]野开三郎在《唐代商税考》提出,唐代商税始于德宗建中元年(参见刘俊文主编:《日本学者研究中国史论著选译》第四卷,中华书局1992年版,第406页)。张邻、周殿杰《唐代商税辨析》认为,狭义商税指的是商品通过税(关税)和商品交易税(市税),广义商税则包括山林泽梁税;武则天长安二年凤阁舍人崔融反对有司税关市,是因为当时要扩大之前的征税范围,不仅商人而且一切往来行人也要征税,唐前期无疑已存在商税(《中国社会经济史研究》1986年第1期)。林立平认为,唐前期没有关市税(《唐宋时期城市税收的发展》,《中国经济史研究》1988年第4期)。陈明光认为,严格意义上的商税,指的是对进入流通领域的商品所课征的从价税或者从量税,唐前期不存在关津之税,市肆之税是在武周之后才开始出现的(《唐五代"关市之征"试探》,《中国经济史研究》1992年第4期)。李锦绣认为,唐代商税出现在玄宗时期(参见《唐代财政史稿》下册,第1297页)。

(768年），河南尹东京留守判尚书省事充东畿采访等使李巨"于城市桥梁税出入车牛等钱，以供国用"，是唐代在城市桥梁处对车牛等征税的首例，因系首创，又"颇有干没"，惹得"士庶怨讟"。① 所谓"于城市桥梁税出入车牛等钱"，即对往来桥梁上的车牛等征税，与桁渡税相似。其缘由乃是利用桥梁作为交通要道汇聚八方来往客商货物之有利位置，对过往商货征税。随着德宗朝的税制改革，于津渡桥梁处征税变得普遍起来。王建"草市迎江货，津桥税海商"②，正是这一现象的体现。有些修在关津渡口处的桥梁，因此也成为征收商税的地点。这也是宋代在桥边渡口设置场务的历史渊源。随着全国交通的改善，桥梁数量的增加，桥梁在征收商税、酒课中的角色，也便凸显了出来。

场务设在桥梁附近，既可于桥头设拦锁向在陆路上通行的商品征税，也可兼及水路舟船。尤其是水上船只，过桥时均需减速通行，若遇木梁桥、石梁桥等桥，便需放下风帆、会篦拉纤，若遇浮桥，或须待浮桥解拆让行，或须从浮桥的固定通航口出入。因此，官府于此征税，船只无法脱逃，较之他处为便。大中祥符二年（1009年）八月诏云："京城汴河诸桥，差人防护，如闻留商旅舟船，官司不为禁止，自今犯者坐之。"③汴河诸桥之所以淹留商旅舟船，其目的便是为了邀截货利或征税，所以屡禁不止。皇祐三年（1051年）九月，又有诏言"沿汴河商税务毋苟留公私舟船"④，公私舟船不纳或少纳过税将被商税务稽留。

这些设置在桥梁附近的场务及税务官吏通过设置拦锁邀截水路，从而达到向过往船只征收过税的目的。拦锁又称栏锁、河锁、江锁，是在津桥渡口等处设置的障碍物，以截拦过往商旅。拦锁既有设在陆路者，也有置于水路者。五代时便已如此，"所征之利咸资于津渡，悉私置锁，凡民舡胜百石者，税取其百钱，有所载者即倍征之，商旅甚苦其事"。至太平兴国三年（978年），宋太宗

---

① （五代）刘昫：《旧唐书》卷一一二《李巨传》，第3347页。
② （唐）王建：《王建诗集》卷五《汴路即事》，中华书局1959年版，第40页。
③ （清）徐松：《宋会要辑稿》方域一三之一九至二〇，刘琳等点校本，第9543页。
④ （清）徐松：《宋会要辑稿》食货一七之三，刘琳等点校本，第6359页。

为立德政惠商旅,下诏罢"陈州城北蔡河先置锁筭民舡者"。不久之后,"诸州军河津之所有征者,复皆置锁"。① 正是因为遮拦船只收税有利可图,因此诸州河津才又遍置河锁。

然而,河锁的设置有碍行舟。面对河锁带来的税收之利与滞舟之弊,天圣三年(1025 年)朝廷曾有一番议论:

> 正月十二日,上封者言:"在京惠民河置上下锁,逐年征利不多,拥并般运,阻滞物货,致在京薪炭涌贵,不益军民,乞罢之。"诏三司详定可否。三司言:"大中祥符八年,都大提点仓场夏守赟相度,于蔡河上下地名四里桥段家直置锁,至今岁收课利六千余缗,废之非便。乞下提点仓场官员常钤辖监典,毋令阻滞。"从之。②

上书者以在惠民河上置上、下锁征税阻碍并减缓舟船航行速度,致使"拥并般运,阻滞物货,致在京薪炭涌贵",因而请求罢废惠民河上的河锁。闻讯,仁宗诏令三司详定可否。三司以蔡河自大中祥符八年(1015 年)置锁以来,岁收课利高达六千余缗,所征利不可谓不多,因而认定惠民河的上、下锁不可废,转而建议派"提点仓场官员常钤辖监典,毋令阻滞"过往船只。尽管上下二锁有阻滞物货、舟行之弊,但因其带来厚利,最后的讨论结果是依旧置锁,所谓置官监典毋令阻滞,不过是权宜之计。由此可见,开封惠民河上置锁,为的是对惠民河上的船只及其所载货物征收过税。

惠民河上、下锁置于何处? 蔡河、惠民河在北宋时期指的是同一条河,或指不同段。根据孟元老《东京梦华录》记载,蔡河上有十一座桥,上水门处在陈州门,而下水门处在戴楼门,陈州门处有观桥,下水门处即戴楼门附近有两座桥,分别为宜男桥、四里桥。从三司反馈的意见可知,大中祥符八年都大提点仓场夏守赟相度于蔡河上置锁的地点明确记为"四里桥段",这应该就是下锁的位置。而上锁的设置地点,则立在上水门观桥段。

---

① 以上均参见(清)徐松:《宋会要辑稿》方域一三之三〇,刘琳等点校本,第 9548 页。
② (清)徐松:《宋会要辑稿》方域一三之三〇,刘琳等点校本,第 9548 页。

　　水路上的拦锁多设在近桥梁处,这从汴河开封段河锁的位置也可得到印证。开封汴河上的河锁设在虹桥处。《参天台五台山记》记载了熙宁五年(1072年)十月十一日成寻等求法僧乘船自陈留至汴京的经历:

　　　　卯一点从东京陈留县拽船,申一点过三十八里到著鏁头,去洛阳城(当为汴京之误)七里,停船……见数百大小船,并著河左右边。①

　　鏁,同锁,鏁头即锁头。成寻等人遇锁头停船处离汴京七里,而虹桥离汴京东水门外也是七里,②而且此处河段沿岸两边停有大小船只数百,联系《清明上河图》上虹桥外众船泊停的景象,推测成寻遇拦锁处正是虹桥附近。

　　考察惠民河、汴河上河锁的位置,可以发现,河锁设在观桥、四里桥及虹桥附近。其他地方的河锁,可能亦与此相同。设置河锁是为了向船筏征税,《宋会要辑稿·职官》"太府寺卿"条载宋哲宗时太府寺统官司二十四个,其中有:

　　　　内汴河上、下锁,蔡河上、下锁,分四局……商贾之赋则归都商税务(掌京城商旅之算以输十左藏),船筏之征则归汴蔡河锁。③

　　汴京"商贾之赋归都商税务,船筏之征则归汴蔡河锁",表明当时水陆两路出入汴京城的商品是分开征税的。考虑到桥与城门的空间关系,④将水陆

---

　　① [日]成寻:《新校参天台五台山记》卷四,王丽萍点校,上海古籍出版社2009年版,第273页。

　　② (宋)孟元老撰,伊永文笺注:《东京梦华录笺注》卷一《河道》载,"从东水门外七里曰虹桥,其桥无柱,宛如飞虹,其上下土桥亦如之",第24页。

　　③ (清)徐松:《宋会要辑稿》职官二七之三,刘琳等点校本,第3710页。

　　④ 早期聚落在选址上,虽然地貌、水源、交通、气候、资源等方面各有差异,但从黄河流域到长江流域的各个聚落选址都有一个共同特点,即均位于近水的高地上,即依河流、湖泊,建于台地、丘陵之上。《管子·乘马》云,"凡立国都,非于大山之下,必于广川之上,高毋近旱,而水用足,下毋近水,而沟防省"(赵守正注译:《管子注译》,广西人民出版社1982年版,第39页)。秦汉以降的都城选址,乃至州县治所,大多遵循这一原则。近水则必需建桥以维持因水流而阻隔的陆上交通的畅达,因此桥常与城相伴而生。由于护城河的缘故,城门处也往往有桥。秦咸阳有沙河古桥(咸阳桥)、渭桥。渭桥是沟通秦都咸阳南北两宫的重要通衢,秦都咸阳夹渭水而建,咸阳宫在渭水北,而兴乐宫在渭水南,因此秦昭王在渭水上建渭桥以通两宫。兴乐宫即汉之长安宫,位于西安市未央区阁老门附近,渭桥,汉称横桥,因桥对汉城横门而得名,横门正对渭河北咸阳市窑店镇的姬家道(参见刘庆柱:《秦都咸阳几个问题的初探》,《文物》1976年第11期)。横桥亦

两路商品分开征税不但合理而且可行。开封外城有护城河环绕,北宋开封有城门十二,南三门,北四门,西三门,东二门,连接城门处应各有桥。尤需注意者是商旅最为繁忙的汴河与蔡河。汴河东西向穿城而过,近东西两水门处均建有桥,在水门内者名"东水门便桥"与"西水门便桥",在水门外者,西为横桥,东为顺成仓桥。蔡河自陈蔡由西南戴楼门入京城,靠近戴楼门处有二桥,在城内者曰宜男桥,在城外者曰四里桥。蔡河绕自东南陈州门出,近陈州门处也建有桥,名观桥。这表明在重要的水路,有些桥梁就建在城门附近,或与城门相连。宋令承袭唐令,明确规定:"京城内诸桥及道当城门街者,并分作司修营,自余州县料理"。① 京城内桥当城门街者,由营缮诸司的最高机构作司统一营缮,便是因为其具有重要的交通意义。

南宋临安也多有桥近城门者。如崇新门俗呼荐桥门,东青门俗呼菜市门,其缘由便是崇新门处有荐桥,而东青门有菜市桥。②《咸淳临安志》卷十九《疆域四》载东、西巷坊在荐桥东,富乐坊在荐桥西,新开南巷在荐桥北。③ 菜市桥,以菜市在此得名,《武林旧事》卷六《诸市》曰:"菜市,新门外、东青门、霸

称便桥,"在便门外……长安城西门曰便门,此桥与门对直,因号便桥"〔何清谷:《三辅黄图校释》引服虔等注《元和郡县图志》,对便门桥的具体位置及其与城门的关系进行了详细考证(中华书局 2005 年版,第 357—360 页)〕。唐时有西渭桥,其位置有变,但至宋代时又移回原处。辛德勇先生指出,唐代中渭桥也是"连横门、抵禁苑"(辛德勇:《古代交通与地理文献研究》,中华书局1996 年版,第 110 页)。洛阳天津桥(又称皇津桥)临近端门,沟通洛阳南北交通,也是抵达西京长安的必经之地。咸淳三年(672 年)司农卿韦机规划东都,将中桥的位置设在南对外郭城长厦门、北近漕渠之地(刘昫:《旧唐书》卷八七《李昭德传》,第 2854 页)。这些例子表明,都城城门与桥的关系渊源悠长。

① 《天圣营缮令》宋令第 18 条,天一阁博物馆、中国社会科学院历史研究所《天圣令》课题组校证:《天一阁藏明钞本天圣令校证——附唐令复原研究》,第 668 页。具体辨析参见牛来颖:《〈营缮令〉桥道营修令文与诸司职掌》,杨振红、井上彻编:《中日学者论中国古代城市社会》,第178—197 页。

② (宋)潜说友:《咸淳临安志》卷一八《疆域三》"城郭",《宋元方志丛刊》第 4 册,第3536 页。

③ (宋)潜说友:《咸淳临安志》卷一九《疆域四》"坊巷",《宋元方志丛刊》第 4 册,第3544 页。

子头"。① 此外,白虎桥在钱塘门里,斜桥在余杭门里东,钓桥在北关水门外,大慈桥在左军东门,夏郎桥在儿门里,利涉桥在嘉会门外(因为此故,嘉会门旧称利涉门②),上椤木桥在候潮门外,草桥在新门外,螺蛳桥(原名宜春桥)在冬青门外,四板桥在荐桥门外,八字桥、韦家桥在艮山门外,上堰桥在天宗水门外。③

　　都城近水而居的择址考虑,让桥成为城市的必备建筑。为构建起立体的水陆交通网,有些城门与桥相连或毗邻,这不仅有助于水陆两路交通的畅行无阻,也便利官府对进出都城的商旅收税。据《临安志》载,淳祐年间临安八大税务包括都税务在内,明确可知建在桥边的有六个,且有两个既在桥边又临近城门。都税务在灞头市东大和桥之北;楼店务在府治东中和坊内,其地有楼店务桥;北郭税务前有余杭桥,在余杭门外;浙江税务在浙江岸跨浦桥南;江涨桥税务在江涨桥镇市,其地有江涨桥;红亭税务在崇新门外,其地有荐桥。④

　　地方上也是如此。如丹徒县都商税务在丹阳馆南,而"丹阳馆在千秋楼之侧","千秋桥在府治之西……楼于城上,其下有桥,故以千秋名",⑤可知丹徒县都商税务实近千秋桥。酒务也在桥侧,丹徒县有酒务二,其中比较西务在洗马桥西。又,榷货务都茶场在嘉定桥北。⑥ 常州都税务、平准务在元丰桥东,比较务在新坊桥北,无锡酒税务在县南大市桥,宜兴酒税务在县东南通津桥东。⑦ 这些例子体现出桥、城门、场务在空间上的紧密联系。

　　在城门及务所征者为"商贾之赋"。所谓"商贾之赋",按《宋会要辑稿》

---

　　① (宋)周密:《武林旧事》卷六《诸市》,第157页。
　　② (宋)施谔:《淳祐临安志》卷七《桥梁》,《宋元方志丛刊》第4册,第3284、3258页。
　　③ (宋)施谔:《淳祐临安志》卷七《桥梁》,《宋元方志丛刊》第4册,第3281—3287页。
　　④ (宋)施谔:《淳祐临安志》卷七《诸务》,《宋元方志丛刊》第4册,第3288—3289页。按,该书卷七《桥梁》条载,楼店务桥及余杭门外有余杭桥(第3284、3286页)。
　　⑤ (宋)史弥坚等撰:《嘉定镇江志》卷二《桥梁》、卷一二《驿传》,《宋元方志丛刊》第4册,第2336—2337、2409页。
　　⑥ (宋)史弥坚等撰:《嘉定镇江志》卷一二《务》,《宋元方志丛刊》第4册,第2410页。
　　⑦ (宋)史能之:《咸淳毗陵志》卷六《场务》,《宋元方志丛刊》第3册,第3003页。

中的记载,"凡商贾之赋,小贾即门征之;大贾则输于务货"。① 这里的大小贾,或以一千贯为界,"若一千已下竹木席箔籧物,只委监新城门使臣点检就门收税,一千已上依旧于商税院纳钱"。② 除符合诏令免征门税的特殊物品外,入城商品诸如牛、蒲、鱼、果、竹木、炭、柴草、衣履、谷菽、瓷瓦、香药、盐、茶、金银、宝货等都要征收门税。③ 商品出城也要征收门税,大中祥符二年(1009 年)六月诏,"自今诸色人将带片散茶出新城门,百钱已上,商税院出引,百钱已下,只逐门收税,村坊百姓买供家食茶末五斤已下出门者免税,商贾茶货并茶末依旧出引"。④ 在城门及都商税务处交纳的过税、门税,其实多指从陆路通行的商品。

从水路通行至京的商品,则有"船筏之征",由"汴、蔡河锁"负责收取过税。《文献通考》载,"汴河上下锁、蔡河上下锁各监官一人,以三班使臣充,掌算舟船木筏之事"。⑤ 至于商品在水陆两路之间的转换,货主应是凭借纳税引据(或称公引、文引)或长引(在一个地方一并交纳,通过各个场务时无需一一纳税)⑥以免被重复征税。

不独京师水陆两路过税分开征收,水路有拦锁截住船载货物,地方亦然。据苏轼《奏淮南闭籴状》载,元祐六年(1091 年),汝阴县百姓朱宪状申,因干旱伤稻,当地无谷无种,故往淮南籴买晚稻十六石,九月二十八日舟行至固始县朱皋镇时,被"望河栏头所由等拦住,宪稻种不肯放过河来"⑦。栏头拦截朱

① (清)徐松:《宋会要辑稿》职官二七之二,刘琳等点校本,第 3709 页。
② (清)徐松:《宋会要辑稿》职官二七之三五,刘琳等点校本,第 3721 页。
③ 刘森:《宋代"门税"初探》,《中国史研究》1988 年第 1 期;李合群:《再论宋代城门税》,《社会科学》2016 年第 11 期。
④ (清)徐松:《宋会要辑稿》食货一七之一五,刘琳等点校本,第 6353 页。
⑤ (元)马端临:《文献通考》卷五七《职官考》"都水使者",商务印书馆 1936 年版,第 518 页。按该书卷五六亦载,"汴河上下锁、蔡河上下锁掌收舟船、木筏之征"(第 509 页)。
⑥ 参见加藤繁:《宋代商税考》关于引、长引的相关考论。[日]加藤繁:《中国经济史考证(第 2 卷)》,第 149 页。
⑦ 《苏轼文集》卷三三《奏淮南闭籴状》,孔凡礼点校,中华书局 1986 年版,第 946 页。

宪稻种与当时淮南"禁止米斛过淮"的政策有关，但其之所以能够拦截朱宪的十六石稻种，是因为朱皋镇在望河上设置了拦锁。又，宣和五年（1123 年）十二月十一日诏曰："沿汴州县创添栏河锁栅岁额，公私不以为便，其遵元丰旧制。"①此处所指便是沿汴河州县在汴河上设置拦锁向经行的舟船征税。该诏也见于《宋会要辑稿》，所载缘由甚详，其文曰：

> 宣和五年十二月十一日诏，访闻沿汴州县并添栏河锁栅，利在专栏乞觅，监官不复宿直，便于宴游而已。所收岁额，未尝别有增羡。其如留阻舟船官纲，兵梢靡费，侵盗斛斗，商旅营贩夜以继日，今乃留滞，公私不便，可并令依元丰旧制，仍晓谕商旅通知。②

诸州县将"栏河锁栅"仅设在汴河上（而非沿汴州县水陆两线），栏（拦）河锁的形制为栅栏，栅栏中间应可开合。宣和五年诏针对的并非仅是增添商税岁额的原有栏河锁栅处，还有在本无栏河锁栅处创设锁栅，河锁监官可不复宿直。由此可知，拦锁税务官原需日夜当值以对河道上的船只征税。

河锁不独设置在近桥梁处，也设置在津渡处。开封府的张家渡务、李家渡务、洛阳的长泉渡务、大名府的南、北马陵渡口，梁村渡口，南、北罗村渡口等设在津渡的税务，也是通过设置河锁进行收税的。

立拦锁以征收水路过税在南宋应亦被沿袭。宋孝宗时期，知临安府吴渊上札子请求复置临安西溪栏税，表明之前临安西溪段是置有拦锁征税的。其后相关史料虽阙，但考虑到南宋境内商业发展程度更甚于北宋，商税在国家财政收入中占据了重要地位，推测南宋各重要水道应立拦锁以便"船筏之征"。

在河锁、拦锁处负责查验、收税事务的称为栏头、人栏头、拦子、揽子、揽头、镴头等，此外还有女栏头，专门检查旅程上的妇女。水陆二路皆然。在北宋初年，他们是商税院从事杂役之人，熟悉商旅纳税的具体情况，可以节级"补税务职掌"。到北宋中期，栏头的地位有所提高，由转运副使从第五等户

---

① （元）脱脱等撰：《宋史》卷九四《河渠志》，第 2335 页。

② （清）徐松：《宋会要辑稿》食货一七之二七，刘琳等点校本，第 6363 页。

中选人充任。北宋末年以后,拦头数量增长,职掌增加,掌"批引""验封""收税"等事,①地位上升,活动频繁,活动空间突破税务,活跃在客商必经的交通孔道与河岸,拦截客商,征收税钱。南宋时,朝廷多次下诏约束拦头的非法邀拦、索费等行为。②

综括言之,宋代以前商税的征收多依靠关市之征,然而在相当长时间内关市之征的核心事务都在于稽查行旅以防卫及维持治安,征收关津之税仅是设在关津渡口之军镇等机构的附属职能。但到五代尤其是宋代之后,征收商税的场务,多有近桥渡而置者,究其原因乃是由于桥渡控扼水陆交通,因具备交通枢纽与人员聚集的双重优势,近桥渡处容易发展起手工业与商业,人口逐渐向桥渡及其附近区域汇聚并最终定居下来,交易市场也逐渐形成并壮大起来,镇市、草市纷纷壮大,桥渡周边成为宋代最有商业活力的场域之一。交通形势与商业交易所带来的利润,是政府将税务(场)、酒务设在近桥渡处的直接原因。从关市之征到近桥渡而征的大量兴起,一方面体现了以镇为代表的基层机构职能重心的转变,另一方面也反映了随着商品经济的发展、区域市场的形成、商税的增加,宋代商税征收网点也密集化、商税征收变得普遍化。

本 章 小 结

为取水陆运输之便利,仓多有建在桥、渡附近者。隋代所创立的转运仓制度深刻地影响了唐宋。开皇、大业年间所设立的转运仓,大部分都靠近渡口,这一制度被唐代所继承,而且唐代还在一些靠近转运仓的地方修建了桥梁。仓近桥渡的一个突出优势便是可借守仓之军护桥并查验行旅。仓有粮、桥渡

---

① 漆侠:《宋代经济史(下)》,第1002页;苗书梅:《宋代县级公吏制度初论》,《文史哲》2003年第1期;吴晓亮:《对宋代"拦头"与市镇管理关系的思考》,《江西社会科学》2011年第11期。

② (清)徐松:《宋会要辑稿》食货一七之三九,刘琳等点校本,第6363—6364页。

控扼交通要道，和平时期，官府必置重兵把守，而在乱世，这些地方又往往是兵家必争之地。控有者，不但有了粮食供应军需，而且占据了交通、军事要地，因此有了自立之本。

桥、渡的交通地位使之在军事上也具备战略价值，是以也常成为镇、戍、城、军等军事机构设置之地。不独边境地区如此，就是唐宋国家内陆河流上的重要桥梁与渡口，基本上也都设有镇、戍、军等。即便是吐蕃、南诏，也在位于边境地区河流上的桥梁附近置兵把守，这些桥梁与设置了守军的军城是防御外犯、进取敌国的军事要塞。

隋唐时期，位于边境上的镇、戍、城的作用是辨察奸细、防御外敌、查验行旅、保卫国家安全和利益，而居于内陆的镇、戍等军事机构的职能主要是稽查行旅、维护治安。随着商品经济的发展，桥梁附近区域因水陆交汇、商旅往来之便利而容易出现交易行为并逐渐形成桥市。此乃顺理成章之事，不仅发生在中国，也发生在世界其他地方，如佛罗伦萨阿尔诺河上最古老的桥——维琪奥桥(旧桥，Ponte Vecchio)上商铺林立，因此也被称为廊桥，桥上及其两侧地区，便是佛罗伦萨最重要的商业交易中心，一直延续至今。洛阳建春门石桥近旁的马市、永桥市都是自发形成的交易场所。随着规模的扩大，为了加强管理、增加税收，中古时期官府在交易规模较大的桥市设置市官执行市制，将之变为官市。到了宋代，由于市制的演变及商品经济的发展，官府改在城门、桥梁等地收取城门税、过税，而不再过多干预城区内的交易行为，交易场所从固定的市场区块扩大为整个城区，在此情况下，处于水陆交通交汇处的桥边市场成为城市最繁华最有活力的区域之一。

桥市的发展，又逐渐引起了近桥渡而设之镇、戍性质的改变，从隋唐时期以查验行旅、维护安全为主转向为兼管商税征收，尤其是在内陆地区，对往来商品征收商税、酒课成为宋代近桥而置之镇的主要工作。桥镇的转型、桥市的繁荣，为在近桥处征收商税、酒课提供了必要条件。桥梁控扼交通要道，便于向水陆两道通行的商品征税，因此宋代征收商税、酒课的场务多有近桥而设者。设置在桥梁附近的场务及其税务官吏通过拦(河)锁邀截水陆两路以征税。从陆路通行的商品需在城门或税务交纳过税、门税等通过税,从水路通行的商品则有"船筏之征",多在近桥的河锁处缴纳。从汉唐的关市之征到宋代近桥而征的大量兴起,体现的是宋代商税征收网点的密集化与商税征收的普遍化。

由于城市临水而建的择地需求,桥梁也是历代城建的必备组成部分,在考虑城的防御功能及城市居民用水需求的同时,也需要考虑水陆两路交通的连接。基于此故,在开封、临安的重要水道处,既开了城门,也建了桥梁。随着商品交易的发展、唐代市制的改变及社会流动的频繁,桥门市井成为宋代商贸、市井人文气息最浓郁的区域之一。同时,桥门市井也是征收商税的主要地点。从陆路通行的货物,通过设置拦锁在城门、桥头或场务纳税,而从水路通行的货物,则多在靠近桥梁的水面拦锁处纳税。宋代商税多近桥而征的特点也为后世所继承,到了蒙元时期,还出现了桥梁税。窝阔台在位时期,有人提出承包"天下河泊、桥梁、渡口"等项税收的建议。① 这里的桥梁税,与宋代普遍存在的渡钱及偶尔出现的过桥费截然不同,而是货物(有时也包括人)从桥上桥下通过时所需缴纳的税种。到了明代,桥税更成为一项专门税收,成为明代国家财政收入的重要组成部分。而这些,都是从宋代设在桥边的场务及其征税功能衍生出来的。

---

① (元)苏天爵:《国朝文类》卷五七《中书令耶律公神道碑》,《四部丛刊初编》,上海书店1989 年影印本,第 19 页。

第四章 桥梁与城市公共 空间及文化意境

第一节 中轴线上的桥梁与都城公共政治空间

桥梁及其附近区域是一方重要空间。空间一般被理解为场所、位置、地点、景观等物理空间。广义的物理空间指的是所有具有物理形态的物质,即宇宙万物、自然状态,是一种绝对空间,而狭义的物理空间指的是"物质"。列斐伏尔(Henri Lefebvre)指出,空间不是一种纯粹的外在物质存在,也不是人类对世界秩序的一种理解,而是人的实践和创造的对象与结果,是社会与政治的舞台(socio-political arena),不仅是"各种力量的武器库""施展策略的场所",也是"行动的剧场、舞台或背景",将种种物质与力量汇聚一堂。① 研究人类的活动,必须引入空间的维度,因为这样有助于我们认识各种政治活动与社会秩序建构的实践过程。空间是权力的媒介、藏身之所与运作场合。皇宫、朝堂及各级官衙等政治空间,参与其中的多是皇帝、各级政府官吏及防守军士,而普通百姓通常是远离的,陌生的,被排斥的,因此这些政治空间具有极强的封闭性、排他性。与之相对的是街、道、市等延伸出来的公共空间,皇帝、官员、百姓

---

① Henri Lefebvre, *The Production of Space*, *English Translated by Donald Nicholson-Smith*, Blackwell:Oxford UK &Cambridge USA,1991,pp.410-411.

乃至奴婢诸色人等都能活跃其间,但这些公共空间也执行、运作着政治职能,除了街道的布局、走向与宽狭,屋宅的开间层高,店铺的开设位置与时间等这些显而易见的制度约束外,还有那些较为隐秘但极为重要的维护政治权力与国家社会秩序的诸多手段。历来关注唐宋街、市等空间者众,但少有人讨论桥梁及其附近空间。事实上,桥梁不仅是连接着街道、汇合着水道,是街道的重要组成部分,而且还因为水陆交汇于此,其空间职能远比普通街道更为丰富。尤其是位居都城中轴线上的乔梁,在象天建都原则之下,代表的是迎接紫微星过银河之意,故多被命名为"天津桥""天汉桥",具有浓郁的政治含义,这也让中轴线上的桥梁及其附近区域成为较为特殊的公共政治空间,许多礼仪活动途经或在这里举行。礼仪既是权力的具体展现,也是权力的维护手段。因此,当城门街之桥梁及其附近区域,值得关注。

一、洛阳天津桥

天津桥,始建于隋代,架洛水上,当天街,是洛阳城最重要的桥梁,也是洛阳城内规模最大的桥。[①] 隋唐洛阳宫城、皇城在洛水之北,而南边外城在洛水南,为沟通两岸交通,在洛水及洛水南北两道渠上营建了天津桥、重津桥、黄道桥。《大业杂记》载隋炀帝大业元年(605 年)敕令营建东京洛阳,其文云:

> 东都大城,周回七十三里一百五十步。宫城东西五里二百步,南北七里,南临洛水。宫城南门则天门之南,经端门街,一名天津街,五百步至宫南正门端门,端门之南为御道,九里至建国门,端门直南二十里,正当龙门……出端门百步,有黄道渠,渠阔二十步,上有黄道桥三道。过渠二百步至洛水,有天津浮桥,跨水长一百三十步,桥南北

----

① 2000 年 6 月,在洛河北岸挖出连续排列的 4 个桥墩,跨度为 15 米,墩呈龟背形,长 20 余米,估计桥宽约 20 米。参见刘建新、余扶危、俞凉亘:《唐代天津桥发现记》,《洛阳日报》2000 年8 月 11 日;俞凉亘:《隋唐东都天津桥的初步探讨》,何一民主编:《中国古都研究》(第十九辑),四川大学出版社 2004 年版,第 211 页。

有重楼四所,各高百余丈。过洛二百步,又疏洛水为重津,渠阔四十步,上有浮桥。津有时开阖,以通楼船入苑。重津南百余步有大堤,堤南有民坊。①

天津桥、重津桥、黄道桥都在中轴线上,这无疑是有意而为之。隋代的都城建设经过了官府精心的设计与完备的规划。《旧唐书》载:"北据邙山,南对伊阙,洛水贯都,有河汉之象",②指的便是效仿天上星辰布局,以洛水象银河,洛水之桥,名为"天津",也即银河。李吉甫认为,之所以名"天津",是因为"《尔雅》曰'箕、斗之间为天汉之津',故取名焉"。③ 天津桥两侧,还有楼宇以象日月,《元和郡县图志》载:"天津桥……隋炀帝大业元年初造此桥,以架洛水。用大缆维舟,皆以铁锁钩连之。南北夹路,对起四楼,其楼为日月表胜之象"。④ 宫城为紫微垣,皇城象征着地平线上以北极星为圆心的天象,从东、西、南三面拱卫皇城与宫城的外郭城象征着大周天,⑤表达的是则天建都、天上人间和谐统一的理念。北极星之南,日月星辰环绕,遇银河而有牵牛星辅渡,帝王南面而君、万民顺服,南行至洛水,有桥如牵牛渡水。洛水南北渠上的重津、黄道二桥,其名也同样法自天文,表达的是同样的意思。

唐之东都洛阳,是继承隋炀帝大业年间尚书令杨素、将作大匠宇文恺所建新城东京而来,⑥只是稍作了些改动,如改隋则天门为应天门、建国门为定鼎门,隋宫南正门端门为皇城南门,称隋御道为定鼎街或曰天街等,但基本延续了隋代洛阳城的格局。天津桥也被沿用不废,《唐两京城坊考》载:"当皇城端门之南,渡天津桥,至定鼎门,南北大街曰定鼎街",定鼎街"亦曰天门街,又曰

---

① (唐)杜宝撰,辛德勇辑校:《大业杂记》,三秦出版社2006年版,第3、4页。
② (五代)刘昫:《旧唐书》卷三八《地理志》"河南道",中华书局1975年版,第1420页。
③ (唐)李吉甫:《元和郡县图志》卷五《河南道》,第132页。
④ (唐)李吉甫:《元和郡县图志》卷五《河南道》,第132页。
⑤ 马世之:《中国古代都城规划中的"象天"问题》,《马世之学术文集》,大象出版社2017年版,第20页。
⑥ 宿白:《隋唐长安城与洛阳城》,《考古》1978年第6期;马得志:《唐代长安与洛阳》,《考古》1982年第6期;杨鸿年:《隋唐两京考》,武汉大学出版社2005年版,第1—15页。

天津街,或曰天街",①是天津桥亦在中轴线上。五代崔沂所撰《请覆勘寇彦卿致死梁观奏》亦云:"天津桥御路之要,正对端门。当车驾出入之途"。② 宋西京天津桥亦如之。天津桥在肇创建之后,历唐、五代、宋数朝,虽然不断重建,但位置都不曾改变,体现了都城设计思想对都城功能建筑所产生的深刻而长远的影响。

隋唐都城设计中以宫城效紫薇、河流象银河、桥法牵牛的象天思想③由来已久。秦昭王为沟通位于渭水南北的兴乐宫与咸阳宫之间的往来,在渭水上作渭桥。这种出于交通的考虑,到秦始皇剪灭六国统一天下之后,便衍生了效仿天上星宿格局以安排帝都布局的政治空间从而向世人表明权力天授的深层含义。《三辅黄图》曰:"始皇穷极奢侈,筑咸阳宫,因北陵营殿,端门四达,以则紫宫,象帝居。渭水贯都,以象天汉,横桥南渡,以法牵牛。"④咸阳宫在秦昭王时已筑,至秦始皇时,应是重建或改建咸阳宫,并大规模地加以扩建。而且,秦每破一国,便在咸阳北坂上"写放其宫室"⑤,将六国的宫室——王国象征聚集于咸阳,既宣扬秦之武功,也希望借此收各国臣服之心、聚集向心之力。

又,秦始皇还效仿天上以北极星为尊、"天极紫宫后十七星绝汉抵营室曰阁道"的天文格局,于渭水南岸建极庙以仿北极星,渭水以象银河,天极与咸阳之间作复道以渡渭水。⑥ 这里的"复道",裴骃在《史记集解》引如淳注曰"上下有道,故谓之复道",韦昭释为"阁道",指的应该就是桥梁,桥上可通陆道,桥下可通水路,是以称作复道。秦始皇作复道以"渡渭属咸阳,象天文阁道绝汉抵营室",应是作桥梁以渡渭水。《史记·留侯世家》载:"上在洛阳南

① (清)徐松撰,张穆校补:《唐两京城坊考》卷五,中华书局1985年版,第147页。
② (宋)薛居正:《旧五代史》卷六八《崔沂传》,第900页。
③ 马世之:《中国古代都城规划中的"象天"问题》,《马世之学术文集》,第17—23页。
④ 何清谷校释:《三辅黄图校释》卷一《咸阳故城》,中华书局2005年版,第22页。
⑤ (汉)司马迁:《史记》卷六《秦始皇本纪》,第240页。
⑥ (汉)司马迁:《史记》卷六《秦始皇本纪》,第257页。

宫,从复道望见诸将往往相与坐沙中语",①诸将"相与坐沙中语",应是在河边,河边有沙,刘邦或是在桥上望见诸将?

秦始皇大兴土木工程的背后,是则天建都以供天子所居、皇帝号令万民顺服、天人两界和谐统一的思想理念。这一理念也在北魏洛阳的都城设计中得到了继承与呈现。为沟通南北,北魏在建都伊始便在洛水上创建了浮桥,即永桥。永桥正当洛阳南北中轴线,北对阊阖门,②无疑是经过设计以符合洛阳的整个都城布局的。③ 而且,景明二年(501 年)所设的四夷馆便置于永桥之南,其后随着人口的增加,在四夷馆之西又增设了四夷里。④ 便利的交通、河洛水产及异域商货云集于此,又促进了市场贸易的出现与发展,这便是永桥市,或称四通市。巨大的人流量与交易额,迫使北魏政府最终不得不自乱"面朝后市"的都城布局,于永桥置市官以加强管理,自发形成的永桥市因此转变为官市。永桥之南是北魏各国使者、客商、僧侣等聚集的公共空间,而且,永桥的位置及其南面聚集的各国、各阶层人员,也让洛阳城内的北魏皇帝以南面而君天下的政治理念得到具体的阐释与呈现。

正是因为都城中轴线上的桥梁是象天则地法的一部分,所以除了基本的交通功能之外,这些桥梁所在地往往成为都城内特殊的公共政治空间,朝廷于此展现权力、区分等级、宣扬朝廷法度与威严、警示众人等。

唐代天津桥曾禁止普通人乘车通行。先天二年(713 年)八月敕"天津桥除命妇以外,余车不得令过"⑤。命妇有内外之分,内命妇指的是皇帝后宫各

---

① (汉)司马迁:《史记》卷五五《留侯世家》,第 2043 页。

② (北魏)郦道元著,陈桥驿校证:《水经注校证》卷一六《谷水》,中华书局 2013 年版,第 383 页。

③ 关于北魏洛阳的都城布局与设计理念,研究者众,如杨宽:《中国古代都城制度史研究》,第 178—183 页。但凡研究古都洛阳者,或多或少都会涉及这一话题,相关的研究综述,参见李久昌:《20 世纪 50 年代以来的洛阳古都研究》,《河南大学学报》2007 年第 4 期;王静:《北魏洛阳城南的居民与居住环境》,社会科学文献出版社 2015 年版。

④ (北朝)杨衒之撰,周祖谟校释:《洛阳伽蓝记校释》卷三《城南》,第 112—115 页。

⑤ (宋)王溥:《唐会要》卷八六《桥梁》,第 1577 页。

等级妃妾,外命妇包括皇姑、皇姊妹、皇女等公主,太子及诸王女,大臣之母、妻
被封为国或郡夫人、郡、县、乡君等。唐代虽对礼仪用车的等级规定至严,但对
官民日常用车却并不禁止,官民、男女均可乘车。天津桥位当天街,是官民往
来洛水南北的重要通道,有专职官管理,其治安问题则归左金吾卫管理,桥面
洒扫则归卫士负责,①与其他桥梁确实不太一样。先天二年此敕规定仅有命
妇可乘车通过天津桥,是否意味着其他群体即男性官员及普通民众皆不可乘
车从天津桥过?若禁止男性朝臣乘车通行,则颇不合理。皇城在天津桥北,中
央官署雁行排列,虽然大部分官员都选择在城北定居,但居于城南的官员实亦
有之,他们北去上朝、办公多从天津桥过,外国主君、使臣也需从此桥过去拜见
大唐天子,因此理应允许男性朝臣、使臣乘车于天津桥通行。先天二年敕采自
脱漏、错误颇多的《唐会要》,②怀疑该条敕文并不完整。唐代日常用车有牛
车、马车、驼车、驴车等,官员上朝、出行均喜乘坐。③ 既然命妇可坐车从天津
桥通行,按常理来论,朝臣、使臣等人应也可以。

　　或许,该敕的主要目的是限制百姓乘车从天津桥上经过。天津桥在长寿
年间(692—694 年)才由李昭德改造,"累石代柱,锐其前,厮杀暴涛,水不能
怒,自是无患",④至先天二年时,天津桥依然十分结实,一直到开元二十年
(732 年)或二十四年才再次修葺。⑤ 因此,先天时期禁止普通百姓乘车从此
过,其出发点应该不是为了延长桥的使用寿命,更可能是为了区分上下等级。

　　赵振华认为这种只许少数人使用车辆,阻碍城市交通的措施大概只能行
得一时。⑥ 这一推测很可能并不吻合历史现实。《唐律疏议》表明,唐代是一

---

① 赵振华:《唐东都天津桥研究》,《唐研究》第十二卷,北京大学出版社 2006 年版,第
379—395 页。
② 刘安志:《清人整理〈唐会要〉存在问题探析》,《历史研究》2018 年第 1 期。
③ 黄正建:《唐代衣食住行》,首都师范大学出版社 1998 年版,第 158—160 页。
④ (宋)欧阳修、宋祁等:《新唐书》卷一一七《李昭德传》,第 4255 页。
⑤ (五代)刘昫:《旧唐书》卷八《玄宗纪上》,第 198 页;(宋)王钦若等:《册府元龟》卷一四
《帝王部》"都邑",第 158 页。
⑥ 赵振华:《唐东都天津桥研究》,《唐研究》第十二卷,第 379—395 页。

个等级鲜明的社会。但是在武周、中宗、睿宗时期,由于女主出、女性积极活动于政治舞台及中小地主阶层的兴起,森严的社会等级受到了一定程度的冲击。但在玄宗即位之后,便力图纠正此前的社会风气。禁止百姓乘车从天津桥上通行,有可能是在这一背景下出台的。而且,在已有的资料中也确实找不到普通百姓乘车从天津桥上通行的案例。因此,我推测先天二年的这一敕令很可能延续到晚唐,由于黄巢起义的冲击才得以改变。然而,不久之后,政权重建,朝廷便又颁发了类似敕令。明宗长兴元年(930年)正月,宗正少卿李延祚奏"请止绝车牛,不于天津桥来往"①,这里的"车牛"指的应该是普通百姓的车牛,文武官员所乘之车应未包括在内。后唐末帝清泰二年(935年)御史中丞卢损《陈五事疏》则更为明晰,其文云:

> 桥号天津,名实帝道。人臣履历,尚合兢趋。牛车往来,公然纵恣,请止绝。天津桥中道,两头下关,驾出即开两傍之路;士庶往来,其车牛并浮桥路来往。②

上述明确指出天津桥是"帝道",人臣因辅佐皇帝,往来乘车通行犹且可以,但百姓车牛则不可。因此于天津桥两头设置关卡,只许皇室、官员车马通行。后唐李氏以唐后裔自居,在国号、都城、官爵、礼仪制度等方面都特意效仿之前的李唐王朝。联系到先天二年敕令,后唐禁止百姓车牛通行帝道天津桥,很有可能只是延续李唐王朝的一条制度而已。

限制百姓乘车从天津桥上过,是为了区别上下等级,实际上将天津桥当作了宣扬、检验政治权威、等级制度的实施空间。在这一空间里,有权力乘车的皇室、官员及命妇向桥上步行的百姓展示出本阶层的特权。通过比较与区分,维护了官与民之间的界限。

天津桥等都城内交通要津处还是宣扬朝廷法度与威严、斩首示众、警示众人的场所。这在武则天当政时期体现的尤为明显。永隆元年(680年)八月,

---

① (宋)王钦若等编:《册府元龟》卷一四《帝王部》"都邑",第164页。
② (宋)王钦若等编:《册府元龟》卷一四《帝王部》"都邑",第164页。

武后从东宫搜出皂甲数百领,以此视作太子谋反的证据,因此"废太子贤为庶人",其党"皆伏诛,乃焚其甲于天津桥南以示士民",①是把天津桥当作了诛灭谋反逆党、维护朝廷尊严与政治统一的展示空间。

天册万岁元年(695年)正月乙未,武则天"作无遮会于朝堂,凿地为坑,深五丈,结彩为宫殿,佛像皆于坑中引出之,云自地涌出。又杀牛取血,画大像,首高二百尺,云怀义刺膝血为之。丙申,张像于天津桥南,设斋"②。这是武周朝廷利用天津桥人来人往的交通便利,于此展示佛像、宣传佛教教义,强化首都臣民对于"佛化身为女主而王天下"的认识,以巩固武则天的皇位及武周政权。

武周圣历元年(698年),又在天津桥刑杀降敌背国之臣及其家族。之前,春官尚书阎知微受命护送武延秀与突厥默啜可汗之女和亲,被突厥拒绝,因贪生怕死,在对方的威逼利诱之下,阎知微竟接受了突厥南面可汗的称号,充当默啜可汗的先锋,率兵进攻武周的赵、定二州。其后,唐军反败为胜,突厥退出赵州,纵使阎知微返周。面对这一奇耻大辱,武则天命令将阎知微"磔于天津桥南,使百官共射之,既乃刳其肉、锉其骨,夷其三族,疏亲有先未相识而同死者"③。和亲使杨齐庄也被"引至天津桥南,于卫士铺鼓格上缚磔手足",乱箭射之,剖胸取心。④ 武则天选择天津桥作为处决这批出使而投敌之人的刑场,主要目的还是为了广而告之,以儆效尤,重塑、维护武周政权的威严。

以上数例表明,天津桥在武周时期已成为武则天昭示不轨、宣扬女主王天下之合理性、杀伐要犯的重要场所,事实上是武周政权布政施教的又一方政治空间。天津桥南的这一空间特性,在李唐复辟之后,也被延续了下来。神龙政变后,武则天男宠张易之、张昌宗兄弟最后也是在天津桥南被枭首示众,"士

---

①　(宋)司马光等:《资治通鉴》卷二〇二,唐高宗永隆元年八月,第1627页。

②　(宋)司马光等:《资治通鉴》卷二〇五,则天后天册万岁元年正月乙未,第1652页。

③　(宋)司马光等:《资治通鉴》卷二〇六,则天后圣历元年,第1662页。

④　(唐)张鷟:《朝野佥载》卷二,中华书局1979年版,第36页。

庶见者,莫不欢叫相贺"。玄宗开元二十一年(733年),契丹屈剌及可突干被李过折所杀,传首东都,"枭于天津桥之南",①使众人周知,以宣扬大唐国威,强化统治秩序。天宝十五年(756年)正月,安禄山于洛阳称帝,于天津桥残杀唐常山郡守颜杲卿,"禄山不胜忿,缚之天津桥柱,节解以肉噉之,詈不绝,贼钩断其舌,曰:'复能骂否?'杲卿含胡而绝"。② 天津桥几已成为枭首示众的公开刑场。

枭首并非唐代法定死刑,在唐五刑之外,是绞刑、斩刑之外的死刑,属于法外死刑。见于记载者甚稀,整个唐代,也就十起左右。唐制规定,"凡决大辟罪皆于市",但对官员与妇人另有规定:"五品已上犯非恶逆已上,听自尽于家。七品已上及皇族、若妇人犯非斩者,皆绞于隐处"。③ 大辟罪决于市,令人围观,目的是震慑、警醒众人,以维护统治与社会秩序。作为法外死刑的枭首,并非常刑,犯者所犯之罪往往比法定死刑之罪更为严重,如阎知微、杨齐庄投敌叛国并率敌军进犯唐土。不按常规决于市,而另辟天津桥作为新的刑场,其一当然是因为天津桥是交通枢纽围观者众,其二则是于市决死刑,已为通例,民众因习以为常而渐趋麻木。换一处空间,便能够让在场参与者激发出崭新的心理体验,所起到的震慑作用更能持久。后唐同光末年,安义军节度使李继韬因谋叛罪而被斩于天津桥下,其理当与唐时于天津桥枭首阎知微等人同。

神龙二年(706年)秋,"武三思又阴令人疏皇后秽行,榜于天津桥,请加废黜",④是利用公众舆论与韦皇后进行政治斗争。至德二年(757年)冬十月唐军在回纥军的帮助下收复洛阳,"广平王入东京,陈兵天津桥南,士庶欢呼路

---

① (五代)刘昫:《旧唐书》卷一〇三《张守珪传》,第3194页。
② (宋)欧阳修、宋祁等:《新唐书》卷一九二《颜杲卿传》,第5531页。(五代)刘昫:《旧唐书》卷一八七下《忠义传·颜杲卿传》载为"令缚于中桥南头从西第二柱";(宋)司马光等:《资治通鉴》卷二一七也载作"并袁履谦等缚于中桥之柱",但经考证,颜杲卿、袁履谦等人是被缚于天津桥柱而非中桥柱上。
③ (唐)李林甫:《唐六典》卷六《尚书刑部》,第189页。
④ (五代)刘昫:《旧唐书》卷九一《张柬之传》《桓彦范传》,第2929、2931页。

侧"，①则是收复洛阳后劫后余生的官民同庆。五代时，也有人在天津桥陈兵列阵，以示兵盛。发生在天津桥的这些事件，表明天津桥具有明显的政治空间特性。

二、汴京州桥、龙津桥

相比隋唐长安、洛阳，宋代汴京的水运交通更为发达，而这是当初汴京被选作都城的一个主要原因。汴京之内，有四条河渠，即："蔡河，自陈蔡由西南戴楼门入京城，缭绕向东南，陈州门出"；"汴河，自西京洛口分水从东水门入京城，绕州桥御路，水西门出"；"五丈河，表自济郓，自新曹门入，通汴河"；"金水河，自京城西南分京索河筑堤，从汴河上用水槽架过从西北水门入，京城夹墙遮拥入大内，灌后苑池浦"。②河渠如此分布，只有大量建造桥梁才能维持汴京城内陆路交通的畅达，因此，汴京桥梁载于史籍者有三十五座，数倍于隋唐长安、洛阳城内桥梁。在这三十五座桥梁之中，"州桥，正对于大内御街"，"龙津桥，正对内前"，③位于中轴线上，前在内城汴河上，后在外城蔡河上，空间位置较之他桥更为凸显，因此地位也更为重要。

州桥始建于唐代建中年间（780—784 年），汴州节度使李勉扩建汴州城，汴河在府治东南约一里左右穿行，在河上建桥，"以在州之南门，故名州桥"。④尽管后唐、后周都对汴州城进行了扩建，汴河离城中心越来越近，但州桥位于汴都中轴线上这一点，却从未改变，延续至宋亦是如此。宋哲宗绍圣年间曾对州桥进行了改建，"绍圣初，修二津桥，以右司员外郎贾种民董役"。⑤"天津

①　（五代）刘昫：《旧唐书》卷一〇《肃宗纪》，第 247 页。

②　（宋）袁褧、袁颐撰：《枫窗小牍》卷上，《枫窗小牍·清波杂志》（合订本），尚成校点，上海古籍出版社 2012 年版，第 19 页。

③　（宋）孟元老撰，伊永文笺注：《东京梦华录笺注》卷一《河道》，第 24—25 页。

④　（明）胡谧编：《河南总志》卷三，成化二十二年（1486 年）刊本影抄，河南通志馆 1933 年，第 43 页。

⑤　（宋）叶梦得：《避暑录话》卷下，中华书局 1985 年版，第 96 页。

桥"即州桥。又,张知甫所作《张氏可书》载:

> 章惇方柄任,用都提举汴河堤岸司贾仲民议,起汴桥二楼,又依
> 桥作石岸,以锡铁灌其缝。宋用臣过之,大笑而去,种民疑之,谒用臣
> 访以致笑之端,用臣云:"石岸固奇绝,但上阔下狭,若瓮尔。"种民始
> 悟,恳以更制,用臣曰:"请作海马云气以阔其下。"卒如其言而成。①

文中"贾仲民"者,应为"贾种民"之误,据《宋史》所载,贾种民在哲宗时
期曾主持修护汴河堤防。他与宋用臣一样,都是当时重要的水利工程专家。②
关于改造之后的州桥,孟元老《东京梦华录》有载:

> 次曰州桥(正名天汉桥),正对于大内御街,其桥与相国寺桥皆
> 低平不通舟船,唯西河平船可过。其柱皆青石为之,石梁石笋蝾栏,
> 近桥两岸,皆石壁,雕镌海马水兽飞云之状,桥下密排石柱。盖车驾
> 御路也。州桥之北岸御路,东西两阙,楼观对耸。③

州桥全部由石料建造,桥面为石梁,桥上栏柱为青石,还有石笋蝾栏,桥下
密排石柱,坚固而不失华美,威严而不失平和,兼有技术之精与艺术之美。绍
圣年间的这次改建,不仅仅是重修了州桥,而且还在州桥北边夹御路筑起东西
二楼,犹如隋炀帝大业年间在天津桥南北"对起四楼",以"为日月表胜之
象"④。此外,又作石岸以加固两岸之堤,以免堤岸崩塌累及桥身。可以说是
以州桥为中心、包括堤岸、楼宇在内的一个整体改造工程。既有沟通汴河畅达
御路之功用,也有加固堤岸延长桥梁寿命之远虑,还体现了则天象造楼观之法
天象地思想。

由于州桥为平桥,大船不可过,所以州桥事实上也是汴河上不同规格漕船
通航之分界线。苏辙曾指出,"汴河自京城西门至洛口,水极浅,东南纲船底

---

① (清)宋继郊编撰,王晟等点校:《东京志略·河渠》引张知甫《张氏可书》,河南大学出版
社 1999 年版,第 654 页。

② (元)脱脱等撰:《宋史》卷九三《河渠志》,第 2308 页。

③ (宋)孟元老撰,伊永文笺注:《东京梦华录笺注》卷一《河道》,第 24—25 页。

④ (唐)李吉甫:《元和郡县图志》卷五《河南道》,第 132 页。

深,不可行"。① 州桥之东汴河上所行之船主要为大型漕船,吃水量深;而州桥之西汴河上所行之船为小船、平船,故称西河平船,船身较小,吃水量浅,可以穿州桥而入东河。②

州桥亦名天汉桥。这无疑也是源于象天建都的传统观念,汴河被视作银河、天河,故而因之以名河上之桥。正所谓"车驾御路",皇帝乘舆自宫城南出,经天汉桥渡汴河犹如紫微星君依牵牛而过银河。由于州桥所连接的中轴线街又称御路,所以州桥也被称为御桥。宋人也称其为天津桥,大抵是借用唐代洛阳天津桥而名之。黄庭坚有诗云:"骑马天津看逝水,满船风月忆江湖",宋人任渊注云:"按《东京记》崇济坊西有天汉桥,桥南朱雀门与宣德门相直。此诗云天津,盖唐之洛都有天津桥,因借用尔"。③ 天津桥之名,也被金人沿用。

龙津桥跨蔡河,位于蔡河穿城河段正中,距离内城朱雀门百步之遥,"丹凤门即旧朱雀门……出此门百步即龙津桥"。④《东京梦华录》载:"龙津桥(正对内前)",近西保康门,⑤在州桥之南,位居中轴线上,与御街垂直相连。

由于汴京建都伊始,与隋唐长安、洛阳在创建之前曾经过严格的规划与设计不同,而是在唐代汴州城的基础之上,经过几个王朝扩建而来,因此汴京的都城格局与隋唐长安、洛阳相比,显得不那么方正、规整,但汴京宫城依旧居中方正,整体轴线分明,旨在通过中轴线突出大内核心地位、以彰皇权威严。汴京的主轴线为南北向御街,北起皇城正南门宣德门、南向跨州桥出朱雀门,经龙津桥至外城正南门南熏门。州桥、龙津桥正是这条中轴线上的水陆交汇之地。

---

① （宋）苏辙:《龙川略志》卷五《言水路运米难易》,中华书局1985年版,第20—21页。
② 周宝珠:《宋代东京研究》,河南大学出版社1999年版,第181页。
③ （宋）黄庭坚著,（宋）任渊注:《山谷诗集注》卷十《次韵答曹子方杂言》,《黄庭坚诗集注》第2册,刘尚荣校点,中华书局2003年版,第357页。
④ （清）宋继郊编,王晟等点校:《东京志略·州桥》,第669页。
⑤ （宋）孟元老撰,伊永文笺注:《东京梦华录笺注》卷一《河道》,第24—25页。

　　州桥至龙津桥段虽为御街，但宋代都城商业气息极为浓厚，"坊巷御街，自宣德楼一直南去，约阔二百余步，两边乃御廊，旧许市人买卖于其间"，①百姓于宫城南门外叫卖、交易者史不绝书。离宫城、官衙较远的州桥、龙津桥因当水陆交通之汇，较之宫城南门的商业氛围自然是有过之而无不及。因此，自州桥南至龙津桥的御道两旁民居商铺、酒肆食店鳞次栉比，极为热闹。徽宗政和年间做出了些许改变，"各安立黑漆权子，路心又安朱漆权子两行，中心御道，不得人马行往。行人皆在廊下朱（应为黑之误②）权子外"。③所谓黑漆权子、朱漆权子，指的应该是漆成黑色、红色的木栅栏。权子里御道两侧有廊，应是供徽宗等人观赏御沟里莲荷、近岸桃李梨杏及诸名贵花木所用。御街在徽宗时期的这一改变，是官府为了防止民众侵街、保持御道畅通及保护御路两边园林植被，要求行人只可在黑漆权子之外活动。州桥南至龙津桥的御路上，路心亦如前设黑漆权子。④ 但是，这一规定的执行时间似乎不长。《东京梦华录》载："正月十五日元宵，大内前自岁前冬至后，开封府绞缚山棚，立木正对宣德楼，游人已集御街两廊下。奇术异能，歌舞百戏，鳞鳞相切，乐声嘈杂十余里。"⑤学界基本认同孟元老此书所记为徽宗崇宁至宣和年间的汴京，因此推测，尽管政和年间曾在御路中间安置木栅栏，禁止百姓通行，但由于这一做法有违先例，且又于民不便，很可能后来很快就废除了。

　　州桥南至龙津桥一段御路，也是朝廷举行郊祀大礼经行之地。郊祀大礼包括南郊祭天大礼或明堂大礼。按规定南郊祭天当为"三岁一郊"，自宋太祖

---

①　（宋）孟元老撰，伊永文笺注：《东京梦华录笺注》卷二《御街》，第78页。

②　伊永文据京都译注本指出，此"朱权子"大概为"黑权子"之误。宋之权子分不同地点以不同漆色相别。卷一大内记宣德楼相对两阙亭，悉用朱红权子可证。方以智《通雅》卷三八述权子，曰："宫廷用朱，官寺用黑。权子亦称为行马或拒马"。参见《东京梦华录笺注》卷二《御街》，第80页。

③　（宋）孟元老撰，伊永文笺注：《东京梦华录笺注》卷二《御街》，第78页。

④　（宋）孟元老撰，伊永文笺注：《东京梦华录笺注》卷二《御街》，第78页。

⑤　（宋）孟元老撰，伊永文笺注：《东京梦华录笺注》卷六《元宵》，第540—542页。

开国亲郊祭天之后,至仁宗时已成定制,《文献通考》载,"国朝以来,大率三岁一亲郊,并祭天地宗庙,因行赦宥颁赏军士,遂以为常"。① 北宋南郊祭坛在外城南薰门外②,皇帝率文武大臣亲祠,州桥、龙津桥是必经之地,御路两侧市肆鳞次栉比,车水马龙川流不息,百姓、市民驻足围观。

南郊大礼对论证皇权合法性、构建国家政治秩序有着重要价值,因此朝廷极为重视,每过三年的冬至日,也就成了大宋臣民、诸国来使观赏祭天卤簿、仪式的重要日子。在皇帝亲祠祭天之前,需先演习祭天仪式。演习之时,皇帝并不参与,而是以车五乘代替皇帝亲祠时的五辂,但其余部分,与皇帝亲祠祭天的南郊大礼并无太大差异。整支礼仪队伍浩浩荡荡,出皇城南门,经御街南行至南郊祭坛。队伍里的车上置旗二幅,鼓一面,驾以四马。挟车卫士,全部穿戴紫衫帽。车前有数人甩鞭。演习的队伍里还有七头象。每一象上都有一个裹着交脚幞头、身着紫衫的驯象人。驯象人双腿跨在象颈上,手执短柄铜尖刃。若象有不驯,则以尖刃击之。象的前面有朱旗数十面,手执朱旗的旗手身穿紫衫、头戴紫帽;还有铜锣鼙鼓十数面,敲锣人先敲锣二下,击鼓手便应声击鼓三下,如此一路走一路敲锣击鼓。而后再返回,待队伍行进至宣德楼前,驯象人指挥象群团转成列,使之面北而拜,亦能唱喏。③ 礼仪实施及其真正产生作用,表演礼仪者与观礼者缺一不可。在州桥、龙津桥这一重要空间,朝廷作礼、表演礼仪,而民众则是观礼者,两者相辅相成。制礼者为了吸引观礼者,并将礼仪的内涵有效地传达出去,便有必要增强礼仪活动的观赏性。南郊大礼中的象群,便是增强观赏性、吸引观礼者的一个重要"道具"。

古时中国有象,但至宋代时,中国的象基本上都来自异域进贡,极为稀珍。乾德四年(966年),占城国(今越南东南部)国王首次遣使团向北宋进贡驯

---

① (宋)马端临:《文献通考》卷二一《郊社考四》,商务印书馆1936年影印本,第651页。
② (元)脱脱等撰:《宋史》卷九八《礼》"南郊",第2433页。
③ (宋)孟元老撰,伊永文笺注:《东京梦华录笺注》卷一〇《大礼预教车象》,第883页。

象,其后该国贡象不断,少则一头,多则三头。① 此外,于阗在开宝时期亦曾贡舞象。② 应该正是因为占城等国不断进贡驯象,宋代才在郊祀大礼中用象,以表达宋代皇帝协和异邦、万国来朝的丰功伟业。异域贡象,长途驱使,使团及象群所过之处,消耗、损毁甚大,给宋代政府、民众带来了很大的压力。象行至汴京之后,并无实际功用。而且,宋廷回报给占城等来朝使团的物质价值远在对方贡品之上,从经济角度而言,大宋实在得不偿失。不过从宏观层面而言,正是因为受益于东亚朝贡制度,虽然小规模冲突不时发生,但东亚世界在千余年内基本维持了和平局势。北宋通过厚赠前来朝贡的来使,对周边诸国产生了较强的经济吸引,每逢重大节日,占城、真腊等国纷纷派使团远来进贡,承认是中国的藩属国,换取大量的经济利益。这一厚往薄来的朝贡制度,是东亚长期和平的一个保障。基于对万国来朝是北宋政权合法的认识,及“天俾万国”、四夷宾服的美好想象,尽管经济上得不偿失,但接受异国贡象的做法还是一直延续了下来。宋高宗时,安南贡象,“所过发夫除道,毁屋庐,数十州骚然”,潭州知州刘珙上言劝阻,曰:“象之用于郊祀,不见于经,驱而远之,则有若周公之典。且使吾中国之疲民,困于远夷之野兽,岂仁圣之所为哉!”③尽管如此,南宋时期,安南、大理等国还不时进贡大象。

皇帝亲祠当日,车驾自大内出,沿御街南行经州桥、龙津桥至圜丘。《宋会要辑稿》载:

> 车驾出京日,设郊祭于城门外及所过桥梁:升平桥、惠民河、龙津桥、玉津园桥,命开封府遣官分告十里神祠。④

皇帝亲祠南郊大礼之日,一路上,百姓观礼者绵延数十里,“御路数十里

---

① (元)脱脱等撰:《宋史》卷四八九《占城传》,第 14080、14082、14084 页。
② (元)脱脱等撰:《宋史》卷四九〇《于阗传》,第 14107 页。
③ (元)脱脱等撰:《宋史》卷三八六《刘珙传》,第 11852 页。
④ (清)徐松:《宋会要辑稿》礼一四之“群祀”,刘琳等点校本,第 745 页。

之间,起居幕次,贵家看棚,华彩鳞砌,略无空闲去处"。①"御街游人嬉集,观者如织","诸戚里、宗室、贵族之家,勾呼就私第观看,赠之银彩无虚日"。②出朱雀门御街龙津桥往南还有一"看街亭",以供汴京市民观看皇帝车驾礼仪,"大街约半里许,乃看街亭,寻常车驾行幸,登亭观马骑于此"。③ 吸引百姓的,除了仰不可及的皇家气派、朝廷威仪外,更有那些来自异域、平日难以接触到的象群等稀罕物种。观礼之后,百姓还可在州桥手工艺术商人手里买到"粉捏小象儿"④,或留作念想,或馈赠他人。

这样的场合,正是朝廷展示威仪、宣扬皇权天授、赵氏承接天命、维护政治秩序的重要机会。礼仪活动三是通过表演方式来向观礼者(和表演者)传达礼仪所蕴含的思想与价值,是展现权力、维护权力体系的必要工具。因此,除了皇帝车驾、百官随从从御路经过之外,徽宗朝还在御街两旁陈列展示法驾卤簿。当时,有司奏"谨按皇祐已来,明堂当一郊,故诣太庙、景灵宫行礼,陈法驾卤簿。回宿文德殿,即转仗自宣德门陈列,南至天汉桥"⑤。宋人郑居中等所撰《政和五礼新仪》卷三一《吉礼》亦载"卤簿仗卫自宣德门陈列,南至天汉桥,以至祀毕不得辄离其所"。宋代的明堂大礼首次在宋仁宗皇祐二年(1050年)举行。随着明堂建筑的落成,明堂大礼至徽宗朝甚至一度改为一年一次。⑥ 徽宗时于宣德门至天汉桥陈列法驾卤簿,其真正目的还是为了加强这些礼仪在朝臣、百姓心中的内化作用,以彰显皇权尊严,维护统治秩序。

除夕日汴京傩仪驱邪也是一个对汴京百姓极为重要的礼仪活动。皇城亲事官、禁军各部军士头戴假面,身着锦绣花衣,执金枪龙旗。另有教坊中人扮

① (宋)孟元老撰,伊永文笺注:《东京梦华录笺注》卷一〇《郊毕驾回》,第931页。
② (宋)孟元老撰,伊永文笺注:《东京梦华录笺注》卷一〇《大礼预教车象》,第883页。
③ (宋)孟元老撰,伊永文笺注:《东京梦华录笺注》卷二《朱雀门外街巷》,第99—100页。
④ (宋)孟元老撰,伊永文笺注:《东京梦华录笺注》卷一〇《大礼预教车象》,第883页。
⑤ (清)徐松:《宋会要辑稿》舆服一之一二,刘琳等点校本,第2179页。
⑥ 王刚:《宋代郊祀大礼中的下层助祭官吏群体——以执事官和执事人为中心的考察》,《北方民族大学学报(哲学社会科学版)》2019年第2期。

演金镀铜甲装将军、门神、判官、钟馗、小妹、土地、灶神等角色,共有千余人,自禁中驱祟,沿御街南向而行,过天汉、龙津二桥,直出南熏门外转龙弯,谓之"埋祟"而罢。与南郊大礼彰显皇权合法性、朝廷威严以维护统治秩序不同,除夕日大傩仪是为全民驱邪除祟,表期待平安喜乐之意。

朝廷让民众在州桥见证了北宋政权的强盛,却不意也让民众在此见证了北宋朝廷的终极屈辱,这一定是曾多次驶过州桥、龙津桥去圜丘祭天的北宋皇帝、朝臣不曾设想过的。靖康元年(1126年)闰十一月,金军攻破汴京外城。汴京城内,皇帝、百官、民众犹如惊弓之鸟,惶惶不可终日。当年十二月二日,钦宗从大内沿御街去往南熏门外,向屯驻在北宋朝廷祭天之所青城的金人献上降表,其后又从青城金营自南熏门过龙津、州桥回銮,"才及门,士庶遥认黄盖,欢呼传报,一城奔走,山呼之声震动天地。皆拦马首,仰窥天表,莫不惋叹感泣,涕泗横流不知其数。上亦为之挥泪,过州桥,泪已湿帕,殆不能言"。① 次年二月六日,徽、钦二帝被废为庶人。其后,金人又"取皇后、太子甚急。午间,皇后、太子出门,车凡十两(辆),百官、军民奔随号泣,拜于州桥之南,攀辕号恸,往往陨绝于地"②。奔随号泣的大宋百官、军民"拜于州桥之南",以尽悲愤、哀思之情。四月,金人虏二帝、皇族、朝臣等三千余人自南北御路出南熏门押解北上。宋人刘子翚作《望京谣》时,选取了州桥御街景象、用今昔对比来言及靖康之乱时汴京之惨象,"州桥灯火夜无光,夹道狐狸昼相逐。往时汴泗绝行舟,市粜十千尘满斛",③表明的正是以州桥为中心的公共政治空间在北宋人心目中所具有的突出地位。

不管是在南郊大礼还是大傩仪,州桥与龙津桥都是作为汴京御街周边空间的一部分,不同的地方在于,州桥北多官府,而州桥南至龙津桥一段则是士

---

① (南宋)徐梦莘:《三朝北盟会编》卷七一《诸录杂技》,上海古籍出版社1987年版,第536页。

② (南宋)徐梦莘:《三朝北盟会编》卷八〇,第601页。

③ (宋)刘子翚:《屏山集》卷一一《望京谣》,(宋)吕留良选编:《宋诗抄初集》,商务印书馆1935年版,第1386页。

庶云集、商旅繁盛的地方,因此这一地段作为公共政治空间的特性便被凸显了出来。

第二节　桥梁与城市公共社会空间

临水而居是人类聚落选址的基本法则,不难想见,沟通临近聚落的河流两岸的桥渡,在很早就应已与聚落并存。从涉水到军事防御、粮食转运储藏之仓廪、商品交易等功能,都容易在桥渡近旁滋生出来,这让桥渡及其附近区域成为古代社会里的一个特殊空间,不但聚集了各色人等,也浓缩了丰富的社会生活。这不但在都城如此,就是在州县各级城市乃至乡村,亦是如此。由于有关桥梁的资料多集中在都城,是以本书也就详于都城里的桥梁空间而略于州县及乡村的桥梁空间。

一、桥梁与唐代社会生活

隋唐洛阳城虽然仍实行严格的坊市制度,但因水陆交通在一定程度上打破了封闭式的格局,与长安城相比,洛阳城的居民活动空间和交易空间都更为开放。再加上大部分时间皇帝和中央机构都在长安,洛阳城内官员、民众、商人的社会氛围相对而言也更加宽松,受到的约束也明显小于长安,自由度明显大于长安。①

洛阳洛水上,隋代建有中轴线上天津、重津、黄道三桥,在三桥之东还有利涉桥、立德桥。相对天津桥所呈现出来的政治空间职能,位于天津桥之东的中桥则偏向于社会空间功能。中桥,在隋时称立德桥,在徽安门南,唐时改称中桥,后被水冲毁,又在原址处重建。咸亨三年(672 年),勘定新址建造中桥,在老中桥的东边,北近漕渠,南对外郭城长厦门。因新中桥距离利涉桥位置较

---

① 　宁欣:《转型期的唐宋都城:城市经济社会空间之拓展》,《学术月刊》2006 年第 5 期。

近,便废弃了利涉桥。新中桥在永昌元年(689 年)曾改名永昌桥,以寓意武则天的统治永昌长存。当时中书侍郎李昭德改建天津桥与中桥的桥柱,"锐其前以分水势"。① 由于洛水涨溢、风力水力的冲击,中桥常毁,然常毁常修。其重要性虽不如天津桥显要,但作为沟通洛阳城中部的南北通道,人来人往者众,因此也留下了一些资料,虽然零散,但依然可供我们管窥唐代的社会生活,及中桥等桥梁附近作为当时洛阳民众的重要公共空间所留下来的一些特殊记忆。

桥上是占卜者的常设据点,人有占卜需求者,往往去桥上寻找卜者。洛阳的天津桥、中桥上都有卜者长期驻扎。中桥的胡芦生、天津桥的钱知微,在当时颇有令名。天津桥卜者钱知微的收费极高,"一卦帛十匹",②表明市场需求不小,他才能高价选客。关于中桥胡芦生的记载颇多,大多是卜命、化身、神仙之事。《太平广记》载:"时中桥胡芦生者善卜,人声,即知贵贱",③卜算卦测之术极为精准,人多往求之。刘辟初登第,便去向胡芦生"筮卦以质官禄",胡芦生算出其"禄在西南,然不得善终",后刘辟入蜀为官,西川节度使韦皋死后,刘辟为西川留后,求请朝廷继任韦皋之职,为扩大所辖范围,不听新即位的宪宗号令,私自进取东川攻陷梓州,后兵败被杀,果如胡芦生所言。④ 传世文本还记载说,胡芦生曾化作洛水中桥下的一只大鼋,被渔人捕后,为韦丹所救。胡芦生化作大鼋的可能性甚微,但这却很可能表明,胡芦生或许是长期驻扎在中桥卖卜,过往之人多认识他,因其知名度高,所以被人编进了多个故事里,成为洛阳中桥这个空间里的一个"符号",是后世关于中桥记忆的一部分。

《云溪友议》载武宗朝宰相李回"尝之洛桥,有二术士。一能筮,一能龟"⑤,因各有所长,经营业务不同,避免了竞争,故能和谐共存。《广异记》也

① (宋)欧阳修、宋祁等:《新唐书》卷一一七《李昭德传》,第 4255 页。
② (宋)李昉等撰:《太平广记》卷七七《钱知微》,中华书局 1961 年版,第 487 页。
③ (宋)李昉等撰:《太平广记》卷一五三《李藩》,第 1099—1100 页。
④ (宋)李昉等撰:《太平广记》卷七七《胡芦生》,第 488—490 页。
⑤ (宋)李昉等撰:《太平广记》卷二一七《卜筮·邹生》,第 1660 页。

载唐代幽州石巨曾令其子往河桥迎接卜人，"河桥有卜人，可暂屈致问之"。① 不知此河桥指的是黄河上的桥，还是幽州附近某条河流上的桥。这表明，卜者多选择交通枢纽之地售卖服务，桥梁因此成为民众寻求占卜服务的一个较为固定的地点。

桥上卖艺求乞。《酉阳杂俎》载大历中期，洛阳天津桥上有乞儿，"无两手，以右足夹笔，写经乞钱。欲写时，先用掷笔高尺余，以足接之，未尝失落。书迹官楷书不如也"。② 该无手乞儿用脚写得一手好字，选择于天津桥卖艺，为求取生存之资。

桥上货卖商品。中桥有人卖鼋，鼋是淡水龟鳖的一种，个头可以长得很大，所以有"鼋鼍为梁"之说。《唐语林》载，韦丹（753—810 年）曾在洛阳中桥看见数百人在水边围观一个渔民网上来的大鼋，大家都想要买回去烹了一饱口腹之欲。看到这只被系在中桥桥柱上的大鼋，韦丹于心不忍，以所乘之驴向渔者换下了这只大鼋。③ 桥近水，因此于桥上或桥边货卖水产，实为顺理成章之举。但唐时洛阳有南市、北市供民众交易，中桥又位当城门街，官府设左金吾卫管理，是以不太可能成为较为固定的交易场所，但桥梁近水有渔产之利（如有人在桥上垂钓，如唐末乾符时期，范阳人李全忠之弟匡威曾与"诸游侠辈钓于桑乾赤栏桥"④），又处交通要道，因此在桥上进行水产交易的史料偶有所见。此外，成都有米市桥⑤，或许与此地为交易粮米的固定场所有关。宋代地方资料较为丰富，我们在地方志里面可以看到各地都有米市桥，临安更是有好几处米市桥。米市桥或许并非宋代才有，而是早在唐代或以前，民众就多在

---

① （宋）李昉等撰：《太平广记》卷四〇《神仙》"石巨"，第 251—252 页。

② （宋）李昉等撰：《太平广记》卷二〇九《杂编》引《酉阳杂俎》，第 1603 页。

③ （宋）王谠：《唐语林》卷三《雅量》。这个故事在《太平广记》里的细节更为详细，韦丹也从少年变为年近四十，该大鼋乃是葫芦先生所化，为感激其救命之恩，而对韦丹鼎力相助酬以功名。参见（宋）李昉等撰：《太平广记》卷一一八《韦丹》，第 827—829 页。

④ （宋）李昉等撰：《太平广记》卷一三八《李全忠》，第 995 页。

⑤ （宋）黄休复：《茅亭客话》卷四《王太庙》载："伪蜀成都南米市桥有柳条家酒肆，其时皆以当垆者名其酒肆。"

水陆二路交通都很便利的桥边交易粮米。虽然学界大多认为唐代在严格的坊市制度之下，交易行为是在官市进行的，①但考虑到草市早在南朝时期就已广泛出现，那么，按照正常的发展态势，草市也应继续存在于唐代并进一步发展。照常理推论，很多草市应该自然而然地出现在拥有水陆之便的桥梁、渡口附近。这也应该是五代、宋代商品经济高速发展的一个历史基础。因此，见于五代、宋朝的米市桥，至少有一些早在唐代就已经存在。换言之，唐代时期，一些桥梁、渡口附近已是交易鱼米等生活必需品的区域。这些区域有可能是官市，也有可能是草市。

桥边有逆旅、酒肆，常是出行人住宿、饮食去处。桥梁位居水陆交汇之处，人流量较之他处为大，桥梁附近因此成为经营逆旅的区域。很多桥边都有人经营旅舍业。如武德年间，工部尚书李大亮曾"遣奴婢数人从兄归，至谷州鹿桥，宿于逆旅"②。元和中，洛阳尉王琚之侄四郎，从王屋山洞出来后赴峨眉山之前，曾于洛阳天津桥等候其叔以赠其金，在这段时间内他都住在"中桥逆旅席氏之家"③，"逆旅席氏之家"指的便是席氏在中桥附近经营的旅舍。此虽出小说家言，涉及神仙鬼怪之事，但也应取材于现实。

桥梁附近有经营餐饮业的酒家，或亦兼营住宿业。张籍《成都曲》云："万里桥边多酒家，游人爱向谁家宿。"成都米市桥边也有酒肆。汴州因其便利的水陆交通，在唐代后期已发展出富庶繁华的城市经济，大历进士王建《寄汴州令狐相公》诗云"桥市通宵酒客行"，表明汴州桥市中的酒肆早在唐代就已突破禁令，在夜间经营了。汴州西的板桥也有人开店鬻餐，《太平广记》载：

> 唐汴州西有板桥店。店娃三娘子者，不知何从来，寡居，年三十
>
> 余，无男女，亦无亲属。有舍数间，以鬻餐为业。然而家甚富贵，多有

---

① 持这一观点者众，如刘志坚：《唐代市场管理制度初探》，《兰州学刊》1986 年第 4 期；武建国：《唐代市场管理制度研究》，《思想战线》1988 年第 3 期；张泽咸：《唐代工商业》，中国社会科学出版社 1995 年版，第 230—234 页。

② （宋）李昉等撰：《太平广记》卷九九《李大安》，第 664 页。

③ （宋）李昉等撰：《太平广记》卷三五《神仙》"王四郎"条，第 223—224 页。

驴畜。往来公私车乘,有不逮者,辄贱其估以济之。人皆谓之有道,
故远近行旅多归之。①

板桥在汴州西金水河上,是西出汴州必经之道,所以板桥附近在唐后期时
已是行旅云集。三娘子经营的店名"板桥店",应是在板桥附近,该店不但经
营餐饮业,而且还灵活经营与典卖业类似的业务,过往公私车乘,遇有财物不
济者,三娘子便乘机贱买其驴畜等物,一来解人急难,二来也壮大了自己的
产业。

桥上是城市居民游春赏景之处。如白居易《洛桥寒食日作十韵诗》写到
自己春日宿醉,次日晨起往中桥赏景,"上苑风烟好,中桥道路平。蹴球尘不
起,泼火雨新晴",桥上人很多,遇上对面走过来的人,自己往左让,对方也往
左让,自己往右让,对方也无意中往右让自己,所以"遇客踟蹰立"。两京之
外,也有相当多的诗文记载了各色人在河边、桥上赏景、咏怀、感叹等片段。河
流常天成,桥梁乃人为,青山依旧在,水流不再复,桥上夕阳落,桥下舟自横等这
些因素,赋予了桥梁独特的意境,桥在中国古代文化里,也因此有着特别的意蕴。
"桥"字在诗词里也极为常见,以唐诗为例,在四万多首唐诗里,出现桥字的诗有
一千四百零九首,而在这之中,绝大部分都与景致描写、人生感怀有关。

桥也多是送别之所。送别多离情,离情感伤泪,尤以长安灞桥为代表,灞
桥因此成为销魂之桥、情尽之桥、断肠之桥,在古诗词里出现了符号化的"灞
桥意象"。灞桥在灞水上,灞水也称滋水,史载秦穆公首在灞水上修桥,因水
而名"灞桥",灞桥是东出长安的必经通道,因此历代重修不废。隋唐时,"灞
桥"改建为石桥,唐中宗时又在灞桥南边增修一桥。王昌龄《灞桥赋》云:"惟
于灞,惟灞于源,当秦地之冲口,束东衢之走辕,拖偃蹇以横曳,若长虹之未
翻",《雍录》亦云:"此地最为长安沪要,凡自西东两方而入出峣、潼两关者,路
必由之",②所以饯行多至此桥。以灞桥为中心的灞水两岸筑堤五里,栽柳万

---

① (宋)李昉:《太平广记》卷二八六《幻术三》,第 2279 页。
② (宋)程大昌:《雍录》卷七《灞水》,黄永年点校,中华书局 2002 年版,第 143 页。

株,游人肩摩毂击,为长安之壮观景象,折柳送别亦渐成习俗。正所谓"年年柳色,灞陵伤别",灞桥柳是中古离别的代名词。粗略检索《全唐诗》,涉及灞桥(灞水、灞陵)的诗篇多达一百余首,后来甚至还出现了"灞桥风雪"诗①与"灞桥风雪"图流派②。

其实,由于不少人选择水路出行,因此很多桥梁也是送别之所。如中渭桥,长安西行第一驿临皋驿就在中渭桥旁,所以饯行送别均在此驿。又如天津桥,张说《离会曲》诗云"何处送客洛桥头,洛水泛泛中行舟"。皇甫冉《送包佶赋得天津桥》写道,包佶"洛阳岁暮作征客",当日在天津桥话别时,说自己的"还期在早春",因此皇甫冉表示自己今后要去"桥边日日看芳草",待包佶归来把酒言欢。若是离别之人选择陆路,遇桥则见水,所谓送君千里终有一别,遇水路隔断,也正是挥手作别的天然界限。是以,送别诗多以桥入。

二、桥门市井与宋代都城社会公共空间的拓展

中国社会在唐宋之间发生了比较明显的变化,具体体现在:良贱制度走向消亡,贱民阶层消失,民众身份在法律上趋向于平等,大量平民通过科举考试走上仕途,工商业持续发展,坊墙倒塌,市民活跃于政治、军事、经济、文化、社会生活的各个领域等。有学者因此称唐宋社会从贵族社会演变为市民社会。在唐代坊市制度下,长安、洛阳的行政管理较为严密,大宗商品交易多在市区进行,定时开闭坊门与市门,实行宵禁(只在元宵节弛禁三日,"谓之放夜"),民众的活动空间、时间都受到一定的限制。相比而言,宋代市民不管是活动时间还是公共空间都大为拓展。

宋代虽也有宵禁制度,但时间很短,而且执行并不严格。太祖乾德三年

---

① 尚永亮、刘晓:《"灞桥风雪驴子背"——一个经典意象的多元嬗变与诗、画解读》,《文艺研究》2017 年第 1 期;石志鸟:《论灞桥的历史和文化意蕴》,《江西科技师范大学学报》2017 年第 1 期;石志鸟:《灞桥风雪:生活渊源和文化意义》,《求索》2017 年第 5 期。

② 如(南宋)夏圭:《灞桥风雪图》,(明)吴伟:《灞桥风雪图》,(明)沈周:《灞桥风雪图》等。

（965 年）诏令曰："令京城夜漏未三鼓，不得禁止行人。"①所谓"夜漏未三鼓"，指的是夜时三更。这与宋代计时方式有关。一天一夜共分为十二时辰。白天从卯时开始至酉时结束，共七个时辰，即卯、辰、巳、午、未、申、酉七时辰，报时以象牙制的七面金字牌为依据。每过一时辰，当值官进象牙牌奏时正，鸡人引唱，击鼓十五声。唯午时正击鼓一百五十声。夜间从戌时开始，至寅时结束，共五个时辰，也称五更，即戌、亥、子、丑、寅五更，夜间报时以木制鼓契为依据。鼓契分放鼓契与止鼓契。昏后，鸡人唱赞②后发出放鼓契。之后，发鼓、击钟一百声，而后下漏，夜漏开始计数。放鼓契出时，禁门外击鼓，然后衙鼓作，全城入夜。夜间每更又分为五点，每更击鼓，每点击钟。至五更二点，放止鼓契。出止鼓契时，禁门外击鼓，而后衙鼓作，更鼓止焉。至五点，击钟一百声，全城结束夜间模式，进入卯时，晨起而作。通过这一方式，形成了以禁中漏刻为准、全城统一的时间系统。③

"令京城夜漏未三鼓，不得禁止行人"中的"夜漏"指的便是入夜后下漏，三鼓则是三更时所击之鼓。由此可知，太祖此诏令要求三更之前，不准禁止行人。宋代"三鼓以前，不禁行人"，并不代表"三鼓之后，严禁行人"，既非令行禁止，巡捕官也就不以为意，对于犯夜、夜行事件亦存在怠惰或默认行为，宵禁制度未能得到全面、严格地实行，④三更之后，依然有人在城内公共空间活动。

---

① （宋）李焘：《续资治通鉴长编》卷六，太祖乾德三年四月壬子，第 153 页。

② 鸡人唱赞，称为"鸡唱"。唐时鸡唱有词，五代至宋初鸡人只唱和音。至真宗景德四年，复唱旧词。唱词有昼夜之别。唱词内容甚美雅，令人神往。入夜时昼改更唱词为："日欲暮，鱼钥下，龙韬布。甲夜已，设钩陈，备兰锜。乙夜庚，杓位易，太阶平。丙夜辛，清鹤唳，梦良臣。丁夜壬，丹禁静，漏更深。戊夜癸，晓奏闻，求衣始。"五更五点夜改更唱词为："朝光发，万户开，群臣谒。平旦寅，朝辨色，泰时昕。日出卯，瑞露晞，祥光绕。食时辰，登六乐，荐八珍。禺中巳，少阳时，大绳纪。日南午，天下明，万物睹。日昳未，飞夕阳，清晚气。晡时申，听朝暇，湛凝神。日入西，群动息，严扃守。"（元）脱脱等撰《宋史》卷七〇《律历志》，第 1591 页。

③ 吴守贤、全和钧主编的《中国古代天体测量学与天文仪器》探讨了古代的时间管理，可惜语焉不详。参见吴守贤、全和钧主编：《中国古代天体测量学与天文仪器》第十二章，科学普及出版社 2008 年版，第 423 页。

④ ［日］久保田和男：《宋代开封研究》，上海古籍出版社 2010 年，第 138—139、147—148 页。

而至五更,夜尽晨至,又进入了白昼模式。太宗、真宗时虽曾试行宵禁,但都不了了之。因此,宵禁制度更多地体现在城门按时关闭,若非军国紧急要务,不得开启城门,但在封闭的城墙之内,活动时间较为自由,官府干涉较少。是以汴京"夜市直至三更尽,才五更又复开张",若是"要闹去处,通晓不绝",即便"寻常四梢远静去处",夜市也是人来人来,商品丰富,即便在冬月,"虽大风雪阴雨,亦有夜市","至三更,方有提瓶卖茶者",①既有卖家,必有买家。不独夜市经营至三更乃至更晚,就是酒楼正店,也是夜不闭门谢客。马行街是汴京夜市酒楼极繁盛之地,《铁围山丛谈》载马行街至深夜还是"人物嘈杂,灯火照天",每夜"至四鼓罢,故永绝蚊蚋"。② 由于灯火彻夜通明,油脂溢散,而蚊蚋恶油,繁华的马行街竟至夏无蚊蚋之扰。

至南宋时,临安城内更是彻夜不息,"顶盘、担架卖市食,至三更不绝","至三更后,方有提瓶卖茶"。③ 民众在城内的活动时间几无限制。陆游在夜漏欲尽即寅时前出门,渡浮桥至山阴县钱清驿等待舟子,④表明地方亦是如此,官民夜里可自由出行。

就公共社会空间而言,唐宋之间对比最明显的有二:街道、桥梁与城门处。

唐代都城内,在严格的坊市制度下,主要的贸易活动基本在市区内进行,而就组成外郭城的两大部分——街、坊来说,坊里主要是居住与生活空间,街的作用则较为复杂。在长安诸街中,以中轴线朱雀大街为界,左右两侧分别称东街和西街,一共有十一条东西向大街和十四条南北向大街。这些街一方面在空间上将外郭城分割为一百一十四坊,同时,也"被官方和民间充分利用,起到了沟通坊市、营造城市整体氛围和扩大城市社会交流的作用",具备多种功能,如通过举行官方活动宣示功能制造的政治效应,通过徇街与徇市以达到

---

① (宋)孟元老撰,伊永文笺注:《东京梦华录笺注》卷三《马行街铺席》,第312—313页。

② (宋)蔡絛:《铁围山丛谈》卷四,冯惠民、沈锡麟点校,中华书局1983年版,第70页。

③ (宋)吴自牧:《梦粱录》卷一三《夜市》,《东京梦华录》(外四种),第242—243页。

④ (宋)陆游:《夜漏欲尽行度浮桥至钱清驿待舟》,陆游:《剑南诗稿》卷一六,中华书局1976年版,第466页。

政治与社会功能追求的警示效应,宣示功能向民间社会的延伸,通过社会炫示功能引发社会潮流与导向,榜语与街议则有信息传播功能、制造舆论效应。①因此,长安、洛阳的街是社会公共空间,也是政治的舞台,具有强烈的界限功能。在这样的制度设计下,大规模的商业活动自然是不能长时间地在街上进行(偶尔还是存在小规模的零售商业)。可是,随着经济的发展,商业的繁荣及民众自主意识的增长,街道这样中心而重要的场所,无疑成为社会最先拓展的公共空间,如此便出现了封闭式的坊市制度与商业发展、社会需求、民众意愿之间的矛盾冲突,天街及坊角流动商贩日渐增多,破墙侵街、接檐造舍的侵街运动层出不穷,这事实上是民众追求街道的社会功能与朝廷维持街的政治功能之间的较量,这是我们在唐代中后期看到大量禁止侵街诏令②的原因。至五代时,侵街更为普遍。制度理应适应现实而不停更新,街禁松弛,最终临街开店成为宋代的常态。临街开店的常态化,反映了民众社会公共空间的重大拓展。

北宋典籍中载有东、西二市③,但汴京商业活动却不再局限在东、西市,而以"南河北市"最为繁荣。所谓南河北市,指的就是城南以汴、蔡二河沿岸地区为主要商业聚集区,城北在土市子之马行街、潘楼街等周边地区。南河商业区以朱雀门而南中轴线至龙津桥、州桥南北为中心。州桥在汴京整体商业格局中为南北向中心御街、御路东大街、御路西大街三要道的交汇之处。其中东大街至新宋门止,多酒楼饭馆;西大街至新郑门止,以果子行、珠宝行、纸画花果铺席交易为主。州桥市所在之处,汴河、御街水陆两路皆通,商货云集,人流量大。州桥市商贩经营业多为饮食等服务业,有盛名在外、远近皆知的名楼正

---

① 宁欣:《街:城市社会的舞台——以唐长安城为中心》,《文史哲》2006 年第 4 期。
② 此问题研究者众,如刘淑芬:《中古都城坊制的崩解》,《大陆杂志》1980 年第 1 期;史念海:《唐长安城外郭城街道及坊里的变迁》,《中国历史地理论丛》1994 年第 1 期;李孝聪:《唐代城市的形态与地域结构:以坊市制的演变为线索》,《唐代地域结构与运作空间》,上海辞书出版社 2003 年版,第 248—306 页。
③ [日]加藤繁:《宋代都市的发展》,《中国经济史考证》(第一卷),第 266 页。

店,也有价格亲民、薄利多销服务大众的小店小铺。

州桥、龙津桥市等名楼正店的定位为高档消费,著名者有炭张家、乳酪张家、遇仙正店、南食店等。"唯州桥炭张家、乳酪张家,不放前项人(廝波、札客、撒暂等闲杂人)入店,亦不卖下酒,唯以好淹藏菜蔬,卖一色好酒",①炭张家、乳酪张家名闻汴京,店内菜色、酒水、服务质量皆是上乘,价格自然亦高,为汴京富贵人等待客用餐之处。"廝波"指的是顾客用餐席间,前来为顾客换汤斟酒歌唱,或向顾客贡献果子、香药等人;"札客",又称"打酒坐",是不呼自来筵席上歌唱的下等妓女;"撒暂"指的是卖药、果实、萝卜之类,不问酒客买与不买,散与坐客;此外还有"焌糟",即腰系青花布手巾,绾危髻,为酒客换汤斟酒的街坊妇人,及等候在旁,若顾客有需求便为之买物、邀妓、取送钱物等跑腿服务的"闲汉"。这些人处处有之,尤以寄生在名楼正店者为多,他们通过提供服务或物品,或哄得客人高兴,或客人不明就里一并消费了,便可得些钱或赠物。

州桥诸高档酒店之中,以南北向中御街、御路西大街交汇处的遇仙正店为最。"街南遇仙正店,前有楼子,后有台,都人谓之'台上'。此一店最是酒店上户,银瓶酒七十二文一角,羊羔酒八十一文一角。"②酒是好酒,价格亦高。即便是在南食店这样的豪华酒店内吃早餐,"每分不过二十文,并粥饭点心"。③ 汴京南食店顾客多为南来为官之人,"向者汴京开南食面店、川饭分茶,以备江南往来士夫,谓其不便北食故耳"。④ 正因为顾客群身份不同,是以南食店装饰颇为高档、豪华,餐具是用一等琉璃浅棱碗,谓之"碧碗",菜蔬精细,谓之"造菜",价格自然亦高,每碗十文。⑤ 而遇仙正店银瓶酒每角七十二文,羊羔酒每角八十一文,相比之下,可见价格之高!北宋榷酒,汴京酒肆分正

① (宋)孟元老撰,伊永文笺注:《东京梦华录笺注》卷二《饮食果子》,第188—190页。
② (宋)孟元老撰,伊永文笺注:《东京梦华录笺注》卷二《宣德楼前省府宫宇》,第38页。
③ (宋)孟元老撰,伊永文笺注:《东京梦华录笺注》卷三《天晓诸人入市》,第357页。
④ (宋)吴自牧:《梦粱录》卷一六《面食店》,《东京梦华录》(外四种),第267页。
⑤ (宋)孟元老撰,伊永文笺注:《东京梦华录笺注》卷四《食店》,第430页。

店、脚店及专卖下等酒的拍户等类,正店购买官曲后可自由酿造、销售,并可向指定区域内脚店批发售酒。汴京有正店七十二,遇仙正店是其一。遇仙正店楼阙高大,声名远扬,又在御街之旁,相当于一座地标性建筑,达官贵人、寻常百姓无人不知。靖康兵乱,元祐皇后所居延宁宫失火,"保康门里火,沿烧延宁宫,顷刻而尽。时元祐皇后居宫中,急就天汉桥南遇仙店,门垂帘幕以避",①危机时分,皇后竟逃进遇仙正店避险。该店名声之盛,由此亦可见一斑。

龙津桥南西街,也有一名楼,曰清风楼,"都人夏月多乘凉于此","唯州南清风楼最宜夏饮,初尝青杏,仐荐樱桃,时得佳宾,觥酬交作"。② 让人油然生出了如此感叹,当日汴京之人,生活得如此精致!

除了高档饭店、酒楼之外,以州桥为中心的商业区更以贴近普通百姓消费水平的平价小吃、杂食、饮料而闻名内外。《东京梦华录》载:

> 出朱雀门,直至龙津乔,自州桥南去,当街水饭、爊肉、乾脯……旋煎羊白肠、鲊脯、冻鱼头、姜豉子、抹脏、红丝、批切羊头、辣脚子、姜辣萝卜。夏月麻腐鸡皮、麻饮细粉、素签沙糖、冰雪冷元子……冬月盘兔旋炙、猪皮肉、野鸭肉、滴酥水晶脍、煎角子、猪脏之类,直至龙津桥须脑子肉止,谓之杂嚼,直至三更。③

食品种类丰富、烹饪方法各异,小店小铺鳞次栉比,也有挑担小贩甚至提瓶、挎篮者等业余售卖者。州桥市是普通市民消费、休闲的好去处。从州桥至龙津桥,这一路都是如此。龙津桥附近也是市肆林立,如朱雀门东去为麦秸巷、状元楼、保康门街;西通新门瓦子、杀猪巷,以南则为东西两教坊,余皆居民或茶坊,东西周边地区多妓馆,适合各种消费层次。

临安最为繁华、热闹的社会公共空间,也以桥门市井处为最。临安水网密布,西有西湖,东南为浙江即钱塘江,城内河流有四,为盐桥运河(大河)、市河

---

① (宋)佚名:《靖康要录》卷一六 中华书局 1985 年版,第 326 页。
② (宋)孟元老撰,伊永文笺注:《东京梦华录笺注》卷八《四月八日》,第 749 页。
③ (宋)孟元老撰,伊永文笺注:《东京梦华录笺注》卷二《州桥夜市》,第 115—116 页。

（小河）、清湖河（西河）及茆山河（茆山河由于"展拓宫基，填塞积渐，民户包占"①，至蒲桥断流，后废）。仁和县的城外运河由保安门与城内盐桥运河相连，下塘河过余杭水门与城内市河与清湖河相连。此外，城外还有外沙河、菜市河、下湖河、子塘河、余杭塘河、奉口河、前沙河、后沙河、蔡官人塘河、施何村河、赤岸河、方兴河、新开运河（即浙西运河）共十五条，②这些河流皆可互通，城内外的水路交通连为一体，形成了较为完善的水路交通网。临安城内桥梁众多，据乾道、淳祐、咸淳《临安志》及《梦粱录》所记，将这三条河流上的桥梁数量制成下表：

河流	《乾道临安志》	《淳祐临安志》	《咸淳临安志》	《梦粱录》
盐桥运河（大河）	15	23	21	32
市河（小河）	25	31	32	30
清湖河（西河）	33	46	54	55
合计	73	100	107	117

可知自乾道年间至南宋末，临安桥梁不断增加。桥梁增加数量非常明显的区域，除了处于临安府治及各官府机构所在之处外，更有不少新建桥梁位于社会公共空间内。自淳祐七年置慈幼局及淳祐八年置施药局后，③为便利有需要者渡清湖河，便在渡子桥与如意桥或六房院桥（《淳祐临安志》载为"如意桥"，记作在"六房前"，所指应该正是之前的六房院桥，《咸淳临安志》亦称"如意桥"，记作在"六房院前"，④由此可以确定六房院桥在淳祐时期或

---

① （宋）施谔：《淳祐临安志》卷一○《山川》，《宋元方志丛刊》第4册，第3325页。
② （宋）吴自牧：《梦粱录》卷一二《河舟》，《东京梦华录》（外四种），第237页。
③ （宋）施谔：《淳祐临安志》卷一七《慈幼局》《施药局》，《宋元方志丛刊》第4册，第3289页。
④ （宋）周淙：《乾道临安志》卷二《桥梁》，第3229页；（宋）施谔：《淳祐临安志》卷七《桥梁》，第3283页；（宋）潜说友：《咸淳临安志》卷二一《桥梁》，第3559页。以上三部《临安志》均出《宋元方志丛刊》第4册，中华书局1990年版。

之前已改名为如意桥）之间，新建了一座永安桥（因正对着五圣庙，又名五圣庙桥）。

新建桥梁有通往为救济遗弃小儿、施药病苦的慈幼局、施药局，也有通往寻欢作乐之地的瓦子。对照《乾道临安志》与《淳祐临安志》所载桥梁，可知乾道时期西河上并无下瓦后桥，而至淳祐时期，则在众安桥与结缚桥之间的河面上，新增了下瓦后桥。下瓦后桥位于众安桥之南、结缚桥之北，也称下瓦子桥，因为其正对着临安城内极负盛名的下瓦子（又名北瓦子）。瓦子为"暇日娱戏之地"，临安瓦子共有十七处，绍兴和议后，殿前都指挥使杨和王"以军士多西北人，故于诸军寨左右营创瓦合，召集伎乐"，以供军士及众人游戏娱乐。《咸淳临安志》载，"其后，修内司又于城中建五瓦，以处游艺"，此五瓦应该就是南瓦、中瓦、大瓦、北瓦（下瓦）与萧桥瓦，因系修内司负责修建，是以这城内瓦舍由修内司管理，而城外者则多隶殿前司。① 下瓦子与邻近的日新楼、羊棚楼"俱有妓女，以待风流才子买笑追欢耳"②。下瓦后桥甚至因此而名曰"众乐桥"③，可谓极为露骨了。之所以修建该桥，便是由于瓦子处人流往来密集，为便于寻欢之人渡河而建。

近桥门处是临安城内最繁华的市井区域。军卒、士庶招集妓乐、暇日娱戏、放荡不羁的瓦子，两宋时也多近桥临门。相国寺桥街西有保康门瓦子，州桥、潘楼街东宋门外、州西梁门外等地都有瓦子。④ 瓦子等娱乐场所近门临桥，在临安表现得更为突出，临安城内外十七处瓦舍，其中至少有十三处都在城门、近桥处，如在临安名声极为响亮、令富贵子弟流连忘返的南瓦子便在小河熙春桥后。此外清泠桥、倚郭城北的邓家桥、三桥、盐桥下蒲桥、东青门外菜市桥、崇新门外章家桥、新开门外、保安门外、候潮门外、便门外、钱湖门外行春

① （宋）潜说友：《咸淳临安志》卷一九《疆域四》，《宋元方志丛刊》第 4 册，第 3549 页。
② （宋）吴自牧：《梦粱录》卷一六《汇肆》，《东京梦华录》（外四种），第 263 页。
③ （宋）潜说友：《咸淳临安志》卷二一《桥梁》，《宋元方志丛刊》第 4 册，第 3560 页。
④ （宋）孟元老撰，伊永文笺注：《东京梦华录笺注》卷三《大内前州桥东街巷》，第 283—284 页；卷八《七夕》，第 781—782 页。

桥侧、米市桥下都有瓦子,正因为这个缘故,许多瓦子因桥或因门而名,如蒲桥瓦子、菜市桥瓦子、荐桥门瓦子、候潮门瓦子、钱湖门瓦子、行春桥瓦子、米市桥瓦子等。①

《梦粱录》中列出名字的酒肆有十三个,其中正店八家,大多都在桥边,如清冷桥北熙春楼,金波桥风月楼,众安桥南日新楼等。这些高档酒肆皆设有红绿杈子、绯绿帘幕,贴有金红纱,挂栀子灯,内设小阁十余,器皿食具皆为银制,各家并有妓女数十,巧笑倩兮,以待风流才子买笑追欢。② 药市、食品、日用器具等,多有近桥侧者。如炭桥的药市,官府所设售卖药品的惠民西局在众安桥。清冷桥的张家元子、面店,熙春桥的双条儿划子店,猫儿桥的魏大刀熟肉店,亨桥西五间楼前的周五郎蜜煎铺,水巷口桥的戚百乙郎颜色铺、徐家绒线铺、阮家京果铺、俞家冠子铺以及位于水巷桥下临小河的针铺、彭家温州漆器铺,炭桥下的青篦扇子铺等。③

总而言之,在唐代比较严格的坊市制度与宵禁政策下,街道、坊墙有着明显的界限功能,相比之下,连接街道与水道的桥梁附近呈现出更为浓厚的生活气息,在有限的资料里也展现了社会生活的丰富多样。占卜算筮者、卖艺求乞者长驻桥上或桥边,城市居民想要占卜求卦,便径往桥上去寻,因此当时的笔记小说等各色作品中有意无意间留下了众人与桥、卜筮、求乞等相关的共同记忆。逆旅酒肆也多有开在桥梁附近者,米、鱼等日用品,也多有就桥边货卖者,再加上桥上赏景、桥边游观等户外活动,桥梁及其附近区域是唐代城市居民的重要社会活动空间。随着宵禁政策的放开,市场交易的频繁与扩大,拥有交通便利的近桥梁区域在宋代变得更加突出。城市居民的社会公共空间向街道拓展,而临近桥门的区域是宋代都城商业最繁忙、社会生活气息最浓厚的地方。

不独都城如此,地方也是一样,桥梁附近区域由于交通便利而发展为新的

---

① (宋)吴自牧:《梦粱录》卷一九《瓦舍》,《东京梦华录》(外四种),第298页。
② (宋)吴自牧:《梦粱录》卷一六《酒肆》,《东京梦华录》(外四种),第263—264页。
③ (宋)吴自牧:《梦粱录》卷一三《铺席》,《东京梦华录》(外四种),第239—240页。

聚居点、商业区,如吴郡长洲县的临顿桥,不知始建于何时,唐陆龟蒙(字鲁望)曾舍居其旁,其好友皮日休作诗言临顿桥情形,曰"不出郛郭,旷若郊野"。然而,至神宗元丰时期朱长文编撰《吴郡图经续记》时,临顿桥附近已多有民居,成为吴郡之中又一大聚居点,"今此桥民居栉比,盖此郡又胜于唐世也"。①桥门市井的喧嚣及各地桥梁数量的增加,促使社会公共空间的演变与扩大。

第三节　中国文化视野下的桥梁营缮与意境

一、先王之政与福田思想

1. 达其道路乃先王之政

桥梁沟通陆路交通,事关重大,工程较大费力亦多,一家一户难成其事。道路乃公用工程,原也非一家一户之私事。在家国观念的影响下,放大了的家——国便应承担起这一责任,因此由官府来造桥的思想渊源甚早。《周礼注疏》云:"司险掌九州之图,以周知其山林川泽之阻,而达其道路。"郑玄注"达其道路"曰:"山林之阻则开辟之,川泽之阻则桥梁之",②这应是传世文献中关于造桥通路系官府职掌的最早记载,但并非渊源。《夏令》曰:"九月除道,十月成梁",表明有可能在方国时期,除道成梁就已被纳入国家政令之中。而且,这一思想立意颇高,由于"达其道路"并非小事,官府造桥通路,被视为王政之一,为政之要,被后世谨遵不违。若道路不通,川无舟梁,便被断定是违废先王之政,如此,则国将不保,享则不继。《国语·周语》载:"今陈国,火朝觌矣,而道路若塞,野场若弃,泽不陂障,川无舟梁,是废先王之教也。"所谓

---

① 按朱长文返乡后于元丰时期编《吴郡图经续记》,据此断定"今此桥民居栉比"中的"今"。参见(宋)朱长文:《吴郡图经续记》卷中《桥梁》,《宋元方志丛刊》第1册,第651页。
② (汉)郑玄注,(唐)贾公彦疏:《周礼注疏》卷三十《司险》,北京大学出版社1999年版,第799页。

"先王之教",亦称先王之政、先王之治,其内容细大具举,也包括"雨毕而除道,水涸而成梁"在内。桥梁事关王道,关系民生,民乃国之本,而"政之所兴,在顺民心"①,见微知著,是以单襄公觇人之国者因其涂不治川不梁,则知其国之不振也。

关于这一问题,还引发了后人关于为政者知政与否的热烈讨论,《孟子·离娄》载:

> 子产听郑国之政,以其乘舆济人于溱、洧。孟子曰:"惠而不知为政。岁十一月,徒杠成;十二月,舆梁成,民未病涉也。君子平其政,行辟人可也,焉得人人而济之? 故为政者,每人而悦之,日亦不足矣"。②

文中的十一月指的是周历十一月,即夏九月,正是《夏令》"九月除道,十月成梁"流传至周代的明证。这里讨论的主题是"子产听郑国之政,以其乘舆济人于溱、洧",这样的子产是否知政? 孟子的判断是,子产"不知为政",其理由是以乘舆济人,仅是私恩小利,并不能让"人人而济之",若是修桥济民,则民不患于徒涉,人人得而济之。这样的讨论,后世也延续不绝。唐有《不修桥判》等判文流传于世,③观察使不但指责刺史不知为政,未按时修桥通路以致民众冬日涉水,更批判他以车济民之举有二失。一是施小惠以沽名钓誉,二是"车服有命,安可假人"? 以车济民违背等级尊卑之别,不合礼教。

除却车服有命,不可假人的礼教尊卑之别外,以乘舆济人与修桥济人更关系到小惠与大惠之分。以乘舆济人仅能惠及个人,是小惠,而修桥济人惠及众人,造福大家。随着《孟子》地位的提升,子产以乘舆济人,在宋代吸引了许多人的注意力,宋人的议论核心有二:

---

① 来可泓撰:《国语直解》卷二《周语》,复旦大学出版社 2000 年版,第 95 页。
② (战国)孟子撰,赵岐、孙奭注疏:《孟子注疏》卷八《离娄章句下》,中华书局 1957 年版,第 341—342 页。
③ (宋)李昉等撰:《文苑英华》卷五四五《不修桥判》,第 2784 页。

第一，小惠与大惠之别，认为修桥为大惠，即使役力使民，民亦乐之无怨。苏舜钦在明道元年（1032 年）所书《并州新修永济桥记》一文中论曰："公之力是物也，以佚道使民，绝子产远甚。"①所谓"佚道"，《孟子·尽心上》载"以佚道使民，虽劳不怨；以生道杀民，虽死不怨杀者"，指的应是建桥时虽使民劳力，但因有利于民，因此民不怨也，而其利则远胜于子产以乘舆济民。苏简《兰溪县重修板桥记》、冯椅《上高浮虹桥记》、王遂《重修拱辰桥记》、陈兰孙《南隄文星桥记》、曹纬《重建跨塘桥记》、何时《鳌溪桥碑阴记》、田事深《金厢桥记》、文天祥《龙泉县上宏修桥说》等所议大同小异。朱熹注《孟子》，谈及子产以乘舆济人事，云按时修桥则"有公平正大之体，纲纪法度之施焉"，"国中之水，当涉者众，岂能悉以乘舆济之哉"。② 表达的也是同样的意思。

第二，为子产辩驳，认为子产选择以乘舆济人，并非不知修桥利大惠多，而是因为自然条件的限制。如周必大认为"洧之有渊，龙尝斗焉，实其不可为也"，"子产之以乘舆济也，其亦有所不得已也"。③ 叶适所持意见也与之相似，他指出子产治理郑国"解落整比，大效小验"，政绩斐然，可却因"捐一车则天下以为笑"，颇为子产鸣不平，认为子产非不为也，实在是因为在溱洧之水上建桥太难，不可为也。④

上面两种观点，不管所持意见为何，宋人都认同以时兴修桥梁是为政之道，是官府分内之职。这正是先王之政"九月除道、十月成梁"在后世的影响。除道成桥之事，在秦汉已存于法律体系，延至唐宋而不变，乃至明清，亦遵循不

---

① （宋）苏舜钦《并州新修永济桥记》、苏简《兰溪县重修板桥记》、冯椅《上高浮虹桥记》、王遂《重修拱辰桥记》、陈兰孙《南堤文星桥记》、何时《鳌溪桥碑阴记》、田事深《金厢桥记》、文天祥《龙泉县上宏修桥说》所议大同小异。

② （宋）朱熹：《孟子集注》卷八《离娄章句下》，第 226 页。

③ （宋）周必大：《邹公桥记》，曾枣庄、刘琳主编《全宋文》卷五一四八，第 231 册，第 221—222 页。

④ （宋）叶适：《水心集》卷一〇《利涉桥记》，曾枣庄、刘琳主编：《全宋文》卷六四九四，第 286 册，第 95—96 页。

违。致力于"千(阡)佰(陌)津桥,困屋藩(墙)垣,沟渠水道"①,被视为"为吏之道"。道路的连接无阻,交通的通达无滞,既体现了王道无缺,不失先王之政,也是继承王道、王朝正统的信仰追求。这是历代统治者的共同追求与思想共识。而这种思想认识上的共识,深刻地体现在掌管桥梁营缮事务的官职设置上。从《周礼》中的司险,至秦汉时的将作大匠、水衡都尉、郡县长官、田正等,再到隋、唐、宋的将作监、八作司、都水监,州县等各级官员,均对桥道事负有责任。尤其是亲民之太守、县令应及时修桥,不使民病涉,已是官民共识。

理学传人真德秀指出修桥事"是为先王之政,而非民之事",他赞叹上饶商人叶润卿慷慨出私财修桥,指责官府的不作为,致使民代其任,"凡有司之所当任者,悉使吾民自为之也。民于斯时,以其仰事俯育之余,又代任有司之责,可谓难矣"。② 北宋康定二年(1041 年),宣化军使张景云到任之后,见州无桥,州民怨声载道,仔细调查之后,才知前任节度使实建有桥,但由于桥成而舟子利绝,桥梁遭到了舟子的刻意破坏,"桥成而坏者三"。张景云"患诚不至,而不患功难",因此在境内布告曰,"成桥利涉","州县之政,莫大于是者","州之大者,方千里;县之大者,方百里;政之善恶不出千里之内",然而"自东、自西、自南、自北孰不由此涂(清河桥)出也。苟有利焉,天下享之;苟有害焉,天下被之"。晓谕众民之后,再造清河桥。桥成,而众欢欣颂之。③

郡县若有修桥之需,尤其是交通要道处,豪族、小民也多认为是官府之事。如吴县越来溪上行春桥未建之前,"豪有力之家,相顾环视莫恤,漫以诿之

---

① 黄盛璋:《云梦秦简辨正》,《考古学报》1979 年第 1 期。

② (宋)真德秀:《西山文集》卷二五《上饶县善济桥记》,文渊阁《四库全书》影印本,第 1174 册,第 386b—387b 页;真德秀:《西山先生真文忠公文集》卷二五《上饶县善济桥记》,商务印书馆 1935 年版,第 436—437 页。

③ (宋)石介:《徂徕集》卷一九《宣化军新桥记》,文渊阁《四库全书》影印本,第 1090 册,第 322c—323d 页。

官"。陈益、刘棠几任县令,皆有意为之,但"勿果作"。淳熙丁未(1187 年)冬,新任县令赵彦真至县,问民疾苦,民皆曰"政孰先于舆梁徒杠者"? 赵彦真因此修行春桥,五月而成。①

若应建桥而官府不建,或建后桥坏,民众常有怨言。如淳安县位居歙县、建德县之中,县南有青溪阻隔陆路,东西渡口有九。九渡之中,有八小渡,"西渡止通徽,东渡止通衢,往来稀少","一苇之航可济",最为冲要的百步渡"自开化、仁寿,东南至衢、婺,西南至饶、信","居民商旅憧憧往来者不绝,故不可一日无桥"。尽管淳熙六年(1179 年)、庆元三年(1197 年)知县都曾筹资建桥,但所建之桥规模狭小,"乘不得并舆""行不得并肩",根本满足不了需求,因此民众对官府颇有怨言,称"官虽有修桥名,徒为文具"②。

即便力有不足,官府也应当主持其力,筹集资财、纠合民力而成之。宜黄县令周梦若在《立义桥记》中写道,"吏以爱民为职",若不修桥,何以济往来? 使民病于徒涉,何以为知政?"桥不办于官,则或赋于民",最后通过官府董事、广集民力而修成木桥一座。

官府、民众均认为桥事为官事,官府理当承担其责,这一思想也体现在桥梁的命名上。检核地方志,发现多有桥以知政、安政、通政为名,这无疑与尊先王之政、以时修桥的观念有关。又,通济桥、安济桥、众安桥、众济桥、利涉桥等桥名,则源自"使民不病涉"的追求;太平桥、孝义桥等名表达的是为政者有道、天下太平、孝义盛行的理想。更有以为政者之姓氏名桥者,如沈公桥、上官桥、张公桥、钱公桥等,体现的则是民众对于修桥官员的感恩之心。

2. 福田思想影响下的僧俗造桥

佛教传入中国后,在"福田"思想的影响下,修筑道桥成为佛教信徒共同致

---

① (宋)范成大:《重修行春桥记》,曾枣庄、刘琳主编:《全宋文》卷四九八四,第 224 册,上海辞书出版社 2006 年版,第 398—399 页。

② (宋)胡朝颖:《重修百丈桥记》,曾枣庄、刘琳主编:《全宋文》卷六四一四,第 283 册,第 22—23 页。

力的慈善活动。因此，除官府之外，僧俗也是造桥的重要力量。福田，指的是能生福德之田。佛教教义指出，教徒布施便是积累功德，犹如农夫于田野播种便有秋收之获一样，行善布施、救助他人，就能得到福报。佛教《阿含经》等经典中已有福田思想。西晋时，沙门法立、法矩合译了《佛说诸德福田经》记载了如来关于"广施七法"的阐释。七法当中，"四者作坚牢船济渡人民，五者安设桥梁过渡赢弱"，①造船济民渡水，而造桥可易危为安，民不病涉，所谓"救人一命，胜造七级浮屠"，因此造船、造桥是为福田事业。敦煌壁画中有两幅仅存的《福田经变》，一幅描绘了"安设桥梁"的画面，两个裹着头巾的男人并骑押着满载货物的马队过桥，桥的另一面，有一男子牵着两峰载重骆驼，后面跟着驮队，似在等候过桥。另一幅描绘了"置船桥"的画面，桥头上，一辆载人的骆驼车，正在过桥。桥下"水不容泛"的河面上有两个人划着一只铁锅一样的小船在摆渡。②

莫高窟第 296 窟北坡东段《福田经变》作井与安设桥梁局部（北周）③

由于深受"建此般若桥，达彼菩提岸"，"广度一切，犹如桥梁"的教育，僧人将造桥视为慈悲济人、济己以达彼岸的重要途径。僧人营缮桥梁、道路的例子，大量出现在僧传、桥记之中。如《隋蜀郡福缘道场释僧渊传》载僧渊造桥

---

① （西晋）法立、法矩译：《佛说诸德福田经》，《大正新修大藏经》第 16 册，NO.0683，第 777—778 页。

② 史苇湘：《敦煌莫高窟中的〈福田变经〉壁画》，《文物》1980 年第 9 期。

③ 图片截自敦煌研究院网络中心，见 http://public.dha.ac.cn/content.aspx? id = 661971386079。

莫高窟第 302 窟—窟顶西披下段《福田经变》置船桥局部（隋）①

于锦水之上以济人。②《隋西京净住道场释法纯传》载法纯"或王路艰岨,躬
事填治,因而励俗,相助平坦"③。法纯填筑道路的行为感化了周边民众,众力
踊跃相助,致使"艰岨"之路平坦无阻。《萧山县昭庆寺梦笔桥记》《睦州政平
桥记》、虔州《知政桥记》等记载唐宋间十数座桥梁的营缮,都有僧人的身影,
或筹集钱料,或倡议民众,或自营桥道,或守桥,或维护,或监理等。被称为中
国古桥博物馆的泉州,在宋代掀起了一个"造桥热",明确记为宋代修建的就
多达一百零六座,光绍兴年间就营造了二十五座。④ 泉州僧人无疑是宋代造
桥活动中民间社会里最突出的一个群体,不管是著名的洛阳桥、安平桥、石笋
桥等,还是不知名的渠上小桥,僧人都做出了重要贡献。⑤《泉州府志》中标明
由僧侣建造的石桥,唐代一座、北宋十二座、南宋三十座。有些僧人修建了好
几座桥梁,如灵源寺守净修建了兴化军安利桥、武荣金鸡桥、延平可渡桥。开
元寺僧了性修泉州甘棠桥、棠阴桥、龟山桥、安溪双济桥、晋江安济桥等。南宋

　　① 图片截自敦煌研究院网络中心,见 http://public. dha. ac. cn/content. aspx? id =
698466713562。
　　② （唐）道宣:《续高僧传》卷一八《隋蜀郡福缘道场释僧渊传》,《大正藏》第五十册, No.
2060,第 574 页。
　　③ （唐）道宣:《续高僧传》卷一八《隋西京净住道场释法纯传》,《大正藏》第五十册, No.
2060,第 575 页。
　　④ 李意标、黄国荡:《南宋泉州桥梁建筑》,《福建论坛》1985 年第 3 期。
　　⑤ 李玉昆:《僧侣在宋代泉州造桥活动中所起的作用》,《法音》1984 年第 2 期。

的道询可能是史上建桥数量最多的僧人（人）。他一生以建桥为业，根据僧传所载，他在漳、泉间"修造桥梁二百余所"①，其中著名的有惠安獭窟屿桥、青龙桥、南安的弥寿桥、晋江的登该桥，是名副其实的建桥达人。宋元时期泉州僧人在当地桥梁营缮过程中的突出角色，与泉州宗教尤其是佛教的兴盛大有关系，泉州被誉为佛国，或称泉南佛国。

　　正因为佛教僧人在桥梁建造中的突出作用，所以很多桥上雕刻等主题装饰、构件都与佛教主题相关。如泉州不少石桥上雕有石佛像，供观世音菩萨，石笱桥"镇以浮屠，如桥之长两夹之"，顺济桥"上有浮屠"，万安桥"中多设神像，香火盛"，安平桥东为超然亭"以祀观音"，中为洒洲亭"祀佛其中"，桥上、桥侧多设神佛像，供奉香火，祈福求安。桥之命名也多有与佛教相关者，如南安有阿弥陀佛桥、闽县有观音桥，还有和尚桥、普济桥等。在桥建成之后，僧侣也多负责桥梁守护事宜。

　　由于佛教的影响，僧尼在民众心中树立了无私的形象，因此民众容易响应他们的号令，由僧人所兴建的公益工程也能够有效地完成，并得到较好地维护。② 刘淑芬指出，佛教僧侣在桥梁等地方公益工程建设中扮演了非常重要的角色。迄今所见的佛教徒的造井、修桥、铺路等公共建设，都是以家族、村落、寺院或信仰团体出资合力完成的。一则因为所需费用及人力较为庞大，个人难以独力负担，二则因为修桥、铺路等公益工程常常牵涉到一个或多个村落的出行方便，所以常以两个或两个以上村落的佛教徒、信仰团体，或是在一个寺院的带领之下，集众人之力完成。③《两村法义廿一人造桥碑》记载了开皇九年（589年）山东两个信仰佛教的村落在佛教慈悲、福田思想的影响下合力

_____

　　① （清）吴裕仁纂修：《惠安县志》卷三〇《隐逸·道询传》，《嘉庆惠安县志》第3册，1936年铅印本，第41页。

　　② 杨联陞：《从经济角度看帝制中国的公共工程》，《国史探微》，联经出版社1983年版，第198—199页。

　　③ 刘淑芬：《中古的佛教与社会》，上海古籍出版社2008年版，第172页。

建桥、造像立碑的事迹;①《寀长盛等造桥残碑》中也记载了开皇二十年(600年)佛教徒造桥的过程,参与造桥者包括发起者"桥主"、出力修桥者"营桥人"、义邑组织者"都维那"及两位比丘尼。② 有学者在讨论佛教徒在造桥上的贡献时,往往会引用方豪先生给出的数据,即在《古今图书集成》及各地方志所载的各类桥梁中,其中由寺院募建者,在浙江、广东占到百分之十五,在江西、江苏均占百分之二十七,而在福建,居然占到桥梁总数的百分之五十四。这一数据可能并不准确,重新核对史料,没有办法得出这一数据。而且,这也不符合宋代桥梁建设的实际情况。尽管佛教僧俗在地方桥梁建设中发挥了重要作用,但也应该看到,在佛教徒募捐劝建之时,地方官府在其中的角色。这在唐朝便是如此。唐咸通九年(868年)汾州高壁镇营建通济桥,河东军兵马使张公与该镇咸通观音院住持普安都是重要组织者。《河东节度使高壁镇新建通济桥记》略云:

> 粤兹雄镇,实河东军之要津,封接蒲城,当舜夏墟之旧地,有关曰阴地,有亭曰雁归,固晋川之一隅,通汾水之千派。……西南松门洞豁,径通千里,岩遍映,朋输矾者居焉,旦暝遗运者众,混流箭激,不可渡之。虽有叶舟,过者怀灵,或覆溺溪人,或驻滞游子,凡经渡者,咸有咨愤之词。

> 伏会兵马使清河张公领是镇,初有关城,居人百姓等偕诣柳营,请创建长桥,以导达津阻。公……遂请当镇咸通观音主法大德普安,激劝朋辈,结聚青凫,兼自减月俸,以咸通九年戊子岁五月九日,兴良工政,纲条毕能,科时逐便,自利出材,勉为甘言,赏励短匠,不日毕成。是桥长一百尺,阔一丈五尺,下去水四十尺,创置门屋,立锁阴,安华表柱,俾阍者洁严掌辖,署其名曰通济。③

---

① 《鲁迅辑校石刻手稿》一函七册,上海古籍出版社1987年版,第1199—1201页。
② 《鲁迅辑校石刻手稿》一函七册,第1251—1254页。
③ (清)陆心源辑:《唐文续拾》卷六《萧琪·河东节度使高壁镇新建通济桥记》,参见李合群:《中国古代桥梁文献精选》,华中科技大学出版社2008年版,第69—70页。

通济桥所在位置十分重要,激流凶险导致舟船行人常有覆亡之忧,因此民众赴镇请求新到任的兵马使创建长桥、"导达津阻"。按制度地方守令、军镇长官本应担负起营桥铺路的责任,然而兵马使接到众人的请求之后竟去寻求咸通观音主法普安的帮助。观通济桥之规模,"长一百尺,阔一丈五尺,下去水四十尺,创置门屋,立锁阴,安华表柱",不可谓之小,所需物力、财力、人力自非小数。这可能是河东兵马使寻求普安相助的重要原因。同时,河东兵马使张公自减月俸以做表率,号召众人捐资捐物。这表明官府深知大德高僧在兴建桥梁中的强大号召能力,也表明像营建这类处于交通要道上的桥梁,即便有宗教力量参与或宗教团体发挥着极为重要的作用,但地方官府也未置身事外,而是负责组织、筹备、监管等多方面的工作。

更何况,唐宋令都规定,在地方工程营建中,人功使用数目是有限制的,复原唐《营缮令》第 30 条云:

> 诸近河及大水,有堤防之处,刺史、县令以时检行。若须修理,每秋收讫,量功多少,自近及远,差人夫修理。若暴水泛溢,毁坏堤防,交为人患者,先即修营,不拘时限。应役一千人以上者,且役且申。(若要急,有军营之兵士,亦得通役。)所役不得过五日。[①]

又,天圣《营缮令》第 27 条云:

> 诸别敕有所修造,令量给人力者,计满千功以上,皆须奏闻。[②]

役使千功以上的中央营缮事务,在唐代属于"大营造",需听制、敕处分,其目的之一便是为了避免民乱、保证安全。即便是遇到暴水泛溢,毁坏堤防这样的紧急事务,需临时役功修护堤防,在役功方面也有一条基准线,"役一千人、各役五日功""应役一千人、不得过五日",即所役人数在这之上,地方可一

---

① 彭丽华:《论唐代水利营缮中的劳役征配的申报——以唐〈营缮令〉第 30 条的复原为中心》,《文史》2010 年第 3 辑。

② 牛来颖:《天圣营缮令复原唐令研究》,天一阁博物馆、中国社会科学院历史研究所:《天一阁藏明钞本天圣令校证》,第 650—654 页。

边役使一边申上,①申上者,自然是地方官府。

相比之下,宋代惩唐之弊,地方自主役使人功的数量大幅减少,"计满千功以上,皆须奏闻",由唐代的五千功减少为一千功。桥梁工程费力甚多,在千功以上者比比皆是,如台州黄岩县建利涉桥,所用"夫工六万余",庆元元年(1195 年)台州知州周晔重建中津桥,用时一百三十五日,"施于工者八千六百有奇"。② 淳熙年间信州新作二浮桥用工"五千四百有奇"③。纠集这么多人力的桥梁工程,官府若不干预其中,与制度不合。若无官府将情况申上,僧侣即便有心为桥,也难以成事。关于僧传中所见佛教僧侣在地方桥梁工程营建中的突出角色,必须考虑僧传的写作目的。有学者指出通都大邑的公共建设,即使由佛教徒、寺院、僧侣主动发起,通常也将此建设之功归美于守令镇将,④这一情况在唐宋时期也存在,但也必须考虑由于制度规定地方鸠工兴建工程应申上听报,这就导致僧侣主持的工程事实上很难完全离开官府的支持。更何况,修桥为利民之事,佛教团体也愿意传音、关联官府,既有利于工程之成,也有利于声名远扬、传播教义。在桥梁等地方公益工程的建设事务上,官府与佛教团体相互借力、合作共赢。

僧传为了突出传主之法力及感召力,在叙事时往往辅以夸张之文学笔法,因而传主造桥、铺路之寻常事,往往伴有非常之神迹。如僧渊造桥,便颇为神奇,"以锦水江波没溺者众,便于南路欲架飞桥,则扣此机,众事咸集。昔诸葛武侯指二江内,造七星桥,造三铁镦。长八九尺,径三尺许。人号铁枪。拟打桥柱,用讫投江,顷便祈祷方为出水。渊造新桥将行竖柱,其镦自然浮水来至

---

① 关于地方营建工程中的人功数量申报,及临时役功的基准线问题的具体讨论,参见彭丽华:《论唐代水利营缮中的劳役征配的申报——以唐〈营缮令〉第 30 条的复原为中心》,《文史》2010 年第 3 辑。

② (宋)高文虎:《重建中津桥记》,曾枣庄、刘琳主编:《全宋文》卷五四一一,第 242 册,第 169—171 页。

③ (宋)韩元吉:《南涧甲乙稿》卷一五《信州新作二浮桥记》,第 300 页。

④ 刘淑芬:《中古的佛教与社会》,第 175 页。

桥津。及桥成也,又自投水"。传主写僧渊造桥的这些神迹,是为了突出僧渊"今古未闻"之"福力"。①

其他宗教群体如道士也会参与桥梁的修建,但相比佛教而言少得多。如泉州僧人在两宋主持及参与修造的石桥近六十座,而道士所造之桥,见于记载者仅有嘉定四年(1211年)黄去华造的玉京桥。这可能是与泉州佛、道文化的显、微有关。从桥梁的命名来看,史载有桥名升仙桥、望仙桥、老君桥等,体现了道教思想的影响。

或许也正是因为这些思想的影响,桥梁也多与宗教建筑搭配。桥梁不仅是宗教建筑空间配置的需要,方便求神拜佛者渡水及沟通周边交通,也有思想层面上的空间引导功能,即引导参拜者度过喧嚣、好利的世俗空间,来到清净、向善的灵性世界。这应是各地寺庙、道观等宗教建筑的门阙多近桥的一个考虑。

甚至阴阳两界也是以桥为界,张读《宣室志》载,宝历中,太原人董观,擅长阴阳占候之术,与僧灵习交好,二人同游吴越、泥阳等地,"出泥阳城西去……行十余里,至一水,广不数尺,流而西南。观问习,习曰:'此俗所谓奈河,其源出地府'。观即视,其水皆血,而腥秽不可近"。② 奈河上有桥,故名"奈河桥"。顾炎武《山东考古录》载:"岳之西南,有水出谷中,为西溪……其水在高里山之左,有桥跨之曰奈河桥。世传人死魂不得过,而曰奈何。"③中国民间文化中,奈何桥沟通或分割阴阳两界,所取正是桥梁的沟通或分隔两地之能职。人们相信,在生死、人鬼之间,也有如桥梁一般沟通两界的通道。而且,投水、溺水而死者,由人世间归于冥府,从生者的立场来看,希望他们能够转生人世间,只有阴阳两界之间有桥梁沟通,这样的期望才能实现。在这一思想

---

① (唐)道宣:《续高僧传》卷一八《隋蜀郡福缘道场释僧渊传》,《大正藏》第五十册,No. 2060,第574页。

② (唐)张读:《宣室志》卷四,中华书局1985年版,第134页。

③ (清)顾炎武:《山东考古录》"辨漯河"条,中华书局1985年版,第6页。

下,桥梁既是生者去往冥府的通道,也是死者脱离阴界,转生阳世的途径。生与死、阳间与冥府的交替与转化,是以桥为中介而实现的。这是桥在中国生死文化中的重要角色。

二、功能之美:桥梁及其附属构件的作用、美学与内涵

桥梁与周边环境之间、桥梁附属构件与桥梁主体之间都讲究协调,力求人造与天成的和谐统一①。桥奚选址,在宏观层面上以连接两岸交通线为目的,但在具体勘察时,则受河流两岸地质、河面宽度、水流缓急等条件的影响。虽然在选址时,不以景致的新奇、宜人为追求,但建造桥梁时,则追求和谐、和同、太和、韵律等艺术美学。桥梁的主体造型则根据周边环境的不同,而采取同一、主从、起伏、曲折、灵活布置。② 如若建在园林中,则多为曲折布置,若需建有通航孔,桥洞则取起伏布置,保证了通航功能同时又错落有致。建成之后的桥梁横跨或平铺水上,在自然天成的环境中,融入了人为的工艺、人的作用力,让桥梁容易成为景观中的聚焦。

桥梁的附属构件也同样讲究功能与美学的和谐统一。桥梁史家在论及桥梁艺术时,关注的重点几乎离不开桥梁装饰,包括华表、阙、牌坊、亭、榭、廊、阁、幢、塔、栏杆(有木栏、石栏之分)、雕塑(人或神像,犀、牛等厌水,龙、凤、麟、狮等),内容极为丰富多样。③ 虽然这些被统称为桥梁装饰,但如华表、桥屋、桥廊、栏杆、犀、牛等装饰其实有着重要的实用功能。华表是桥梁的标志,桥屋、桥廊是为了保护桥身,栏杆为保护行人,犀、牛常为石制或铁质,常见于浮桥码头,既取犀、牛之体重以增强码头对浮桥的牵拉力,又取犀、牛"破水"

---

①　和谐是包括桥梁在内所有建筑的一个重要美学特征。意大利建筑师阿尔伯蒂在《阿尔伯蒂建筑十书》(1485 年)里也提出"和谐"美的设计原则。参见莱昂·巴蒂斯塔·阿尔伯蒂:《建筑论:阿尔伯蒂建筑十书》,王贵祥译,中国建筑工业出版社 2010 年版。

②　唐寰澄:《中国科学技术史·桥梁卷》,第 660—665 页。

③　茅以升:《中国古桥技术史》,第 229—231 页;唐寰澄:《中国科学技术史·桥梁卷》,第 679—742 页。

"会水"之意,以求桥梁建成之后使用寿命长久。

华表常立在桥梁两侧,高耸入云。桥梁史家认为华表是由尧时木表柱演变而来,"交于桥头",先是"虑政有阙失",所以立华表与大路通衢以"书政治之衍失",后来"因以为饰",变成了桥梁的一种装饰。① 桥头华表的形制,在《清明上河图》虹桥桥头可以看到。虹桥桥头两侧,各有一根华表。华表的木柱高出桥面很多,木柱顶端有一只鸟(或说为仙鹤),其下有两个十字相交,称为"交午",郑玄注云"一纵一横曰午,谓以木贯表柱四出"。桥的这头有两根华表,桥的那头右侧也有一根华表清晰可见,左侧华表虽不明显,但亦能辨认出木柱。桥头华表袭自华表木柱虽无疑问,但认为其作用只是装饰则不免低估了桥头华表的作用。联系到汴河里那艘将要过桥的船,可以推知,桥头华表应是桥梁的标志,是为了提醒远处的水上船只前面有桥,须及时解散风帆、降下桅杆,以便过桥。

华表顶端的鸟,除了装饰,或还有希望船在过桥时能像鸟一样轻松、平安的寓意。桥头华表顶端大多以鸟为饰。较早见于史料记载的桥头华表,是北魏洛阳永桥华表,《洛阳伽蓝记》曰:"神龟中……南北两岸有华表,举高二十丈,华表上作凤凰,似欲冲天势",装饰得甚为精美,华表上作凤凰,姿势欲冲天,或与永桥位当洛阳中轴线的地理位置、是权力空间的延伸有关。神龟年间,在位的孝明帝尚年幼,掌权者实为其母灵太后胡氏。华表上"欲冲天势"的凤凰,或许寓意胡氏,亦未可知。

华表上以鸟装饰,似为唐宋通例。陆肱《万里桥赋》写唐代四川成都南门外万里桥华表云"接华表以相效,刻仙禽而对立"。如杜甫有诗云"天寒白鹤归华表",这里的白鹤或许是写实,也可能是描写华表顶端装饰的鸟。李绅"何须化鹤归华表",则是华表上的装饰之鹤无疑。又,唐代末年,黄巢作乱,

---

① 茅以升:《中国古桥技术史》,第 230 页;唐寰澄:《中国科学技术史·桥梁卷》,第 680 页。

拓跋思忠"拒贼于渭桥,表有铁鹤,射之没羽"①。华表的作用,诚如训诂学家周祖谟先生所言,"华表所以表识道路者也。以横木交于柱头,形似桔槔。古代建筑前路边每有石华表"②。立于桥头的华表,便是桥梁的标志。不管是出于保护桥梁,还是保护水上舟船的安全,都是非常必要的。尤其是顺流而下的船只,在过桥之前,必须提前解下风帆降低速度,若所过之桥为拱桥或梁桥,还应放下桅杆,而这都需要时间。桥头华表既为约定俗成之标志,船夫一望见华表,便可提前准备,因此华表可视为桥梁的功能性附属配件。

桥屋、桥廊是为了保护桥的主体即用来供行旅渡水的桥面,建在梁桥(木梁桥、石梁桥)上。曾巩《归老桥记》所载武陵采菱涧归老桥,"而为屋以覆之",③临安府潜县浮溪上有桥,"上有桥屋覆之"。④ 桥屋覆盖桥身,不但可以保护桥面不被雨淋日晒,桥梁的使用寿命可因之而延长,而且还能够为往来行人遮风挡雨,因此源远流长传承至今。这一工艺至今还被湘黔桂等地的侗、苗民族广泛使用在木构风雨桥上。如三江林溪河上的程阳风雨桥,始建于民国五年(1916年),集桥、廊、屋、亭于一体,五个桥脚为青石垒砌而成,桥面架杉木,铺木板,全长64.4米,宽3.4米,桥亭系杉木建成,最高处为10.6米。⑤ 程阳风雨桥是目前保存最好、规模最大的风雨桥,延续至今已逾百年,虽小有修补,但主体建筑并无改动,由此可见桥屋对桥身所起到的保护作用。

————————

① (元)脱脱等撰:《宋史》卷四八五《夏国·拓跋继迁传》,第13985页。

② (北朝)杨衒之撰,周祖谟校释:《洛阳伽蓝记校释》卷三《龙华寺》,中华书局1963年版,第130页。

③ (宋)曾巩:《曾巩集》卷一八《归老桥记》,朱国富、谢若水整理,国际文化出版公司1997年版,第232页。

④ (宋)李廷忠:《浮溪桥记》,曾枣庄、刘琳主编:《全宋文》卷七〇一一,上海辞书出版社2006年版,第307册,第232—233页。

⑤ 桥虹:《中国古桥》,黄山书社2014年版,第165—166页。侗族古寨里保存了不少存世时间上百年的风雨桥。如湖南省通道三城西南22公里的坪坦乡坪坦村的普济桥,始建年代虽无法考证,但现存的桥为光绪二十一年(1895年)年复建,是单孔伸臂梁式廊桥,桥长31.4米,宽3.8米,由11廊间连接成一体。又该县黄土乡等地的普修桥、回龙桥,也都有上百年的历史。参见吴炳升、陆中午:《建筑大观》之"风雨桥",《侗族文化遗产集成》第三辑(中册),民族出版社2006年版,第85—87页。

在桥上建廊、屋者,仅见数例,而在桥上或桥头建亭,则极为常见。作于唐宋时期的桥记中,至少有二十篇写到桥上或桥侧有亭。如蒲津浮桥建在中潬上的码头中间,建有中亭。常州义兴县长桥,两边桥头各建一亭。[①] 天圣二年越州萧山县昭庆寺梦笔桥建成之后,"又作驻楫亭于桥之北涘。艇子两桨,足以憩行者之勤;传车一封,可以劳使臣之集。是知创桥以表寺,先贤之遗懿益光;由亭而视桥,仁人之用心兼至,建一物而二美具"。[②] 梦笔桥系萧山县令倡议昭庆寺僧人通过筹集民资而建造,桥直对着萧山名寺昭庆寺。该桥北边作一亭,以供来使、行人休憩,又与对岸昭庆寺遥相呼应,颇有对景之工。泉州名桥洛阳桥上也曾建有七亭。因洛阳桥为石桥,因此,这些桥亭的作用是为了景观、美感,拉升大桥的高度,以增加洛阳桥的空间层次感。

位于洛阳中轴线上的天津桥头还建有阙楼。《元和郡县图志》云:"天津桥,在县北四里……对起四楼,其楼为日月表胜之象。"[③]从《县令不修桥判》"凝云不动,履双阙而朝隮,行潦坐流,匝四溟而夜下。遂使鹊桥牢落,虹影欹倾,石杠沈而铁锁暗移"[④],知长安万年县内该桥也有双阙。

桥栏,有木、石、藤、竹、铁等材质之别,是桥梁构造的一个重要组成部分,其目的是防跌落水。桥若有栏,则必有柱,将栏连成一体,并起到固定的作用。隋李春于洨河上所建石桥,"其栏槛华柱,锤斫龙兽之状,蟠绕拏踞,眭盱翕歘,若飞若动",[⑤]"栏槛华柱"指的便是柱连栏槛。浙江婺州乐清县壶溪上席场桥"翼以栏楯"。[⑥] 除了翼护功能外,桥栏还可供人依靠,凭之以观赏风景,因此常是工匠大力装饰的构件。许多桥梁的木栏杆通常十分简单,多数为横

① (宋)徐铉:《骑省集》卷一三《常州义兴县重建长桥记》,文渊阁《四库全书》影印本,第1085册,第104页。

② (宋)孔延之:《会稽掇英总集》卷一九《萧山县昭庆寺梦笔桥记》,文渊阁《四库全书》影印本,第1345册,第158a—159b页。

③ (唐)李吉甫:《元和郡县图志》卷五《河南道》,第132页。

④ (宋)李昉等编:《文苑英华》卷五四五《县令不修桥判》,第2784页。

⑤ (清)董诰、阮元等编:《全唐文》卷二九九《张嘉贞·石桥铭序》,第3036页。

⑥ 曾枣庄、刘琳主编:《全宋文》卷六九一一《席场桥记》,第302册,第409页。

槛直栏,仅是为了防护落水。而城市中的一些桥梁,其栏杆多兼有艺术美与功能性。若桥上有亭,亭近水侧畅游曲栏,即用曲木为栏。木板为座,栏杆深处柱外,远临水面,可坐而倚。也有彩槛,即排成花格、文彩的栏杆,园林中的桥梁多采用彩槛。唐代中渭桥的桥栏漆成朱色,贞观时期乔谭所作《中渭桥记》云:"丹柱插于坎险,朱栏艳而电炫"。① 朱色是桥栏常见之色,潘炎《金桥赋》载景龙三年(709 年)玄宗过河东上党金桥云"丹腹蜿蜒,依晴空之蜥蜴",蜿蜒的丹腹形容的应该便是金乔之栏槛。

　　桥边雕像或独立于桥头或桥上,有坐、卧、立等姿势。这些雕像有的是仙佛,有的则是狮子、牛,既有装饰功能,也有实际功用。尤其是置于浮桥码头的雕像,其主要目的是为了巩固桥基与压胜。如开元年间改建蒲津桥,铸铁人、铁牛于浮桥码头,既是为了增强码头对于浮桥的拉力,也是压胜之意,牛在五行中属土,土克水,而且水牛会水。铁人牵铁牛,牛有主,随人走,寓意该桥如水牛一般不沉不毁。铸牛于码头,也与牵牛渡银河的象天思想有关。经蒲津桥渡河者,看到铁人、铁牛,应能捕捉到建桥者所传达出来的这些讯息。玄宗御制《晓渡蒲津》,张说、张九龄、徐安贞等人均作诗文奉和,再加上张说所作《蒲津桥赞》及咸通年间皮日休所作《河桥赋》的传颂,这些寓意更进一步为天下、后世之人所知。

　　华表、桥屋、廊、栏、柱等桥梁附属构件的主要追求,同时也兼顾艺术美学。相比之下,桥上的塑像、雕刻(木雕、石雕等)、绘画的主要功用,更多地是为了呈现美、传播意、纪念事、教化人等,与社会思想、文化密切相关。相关主题丰富多样,龙、凤、麟、狮等瑞兽也是桥梁装饰中常见主题。隋代赵州桥的石雕栏上装饰的是龙,②宋代临海中津浮桥则是石狮子。与其他建筑一样,守桥双狮也是中国古代桥梁的常见装布,公狮舞绣球,母狮逗幼狮,肩负守护之责,

---

① (唐)乔潭:《中渭桥记》,《全唐文新编》,吉林文史出版社 2000 年版,第 5308 页。
② (唐)张嘉贞:《石桥铭序》载,"其栏槛华柱,锤矸龙兽之状,蟠绕拏踞,眭盱禽歃,若飞若动,又足畏乎",参见《全唐文》卷二九九《张嘉贞·石桥铭序》,第 3036 页。

又是全家上阵,蕴含着快乐祥和的家庭氛围,体现着家在中国文化中的重要意义。

"坚固、实用、美观"是建筑三个基本原则,①古今中外并无不同。不仅是桥梁附属构件兼有实用、美学与文化内涵,桥梁与周边的环境也融合成独具美感的特殊场景,有着特别的意义。都城大桥则曰牵牛渡银河,乡村小桥则曰小桥流水人家,尤其是在多水的江南,桥就成了江南水乡的独特景致。特别是雕栏环洞的拱桥,极富诗情画意,体现的是智者乐水的亲水文化。

许多桥梁在建成之后,不仅有沟通道路之功能,也是当地的风景名胜,是官民游览观光的重要去处。如垂虹桥便是北宋吴江县的一处有名景观,位于姑苏城南五十里处吴江县东门外太湖接吴淞江之湖口上,始建于庆历时期。庆历七年(1047 年),吴江县知县李问、县尉王廷坚主持兴建。二人原本是为了响应新法,创立学校,"嗟邑民之陋,鲜慕学者,将改立至圣文宣王庙",因"呼富民晓以助役,民欢然从命,遂输缗钱数百万",然而不久之后,新法废,朝廷有诏"禁郡县不得新立学",改立文宣庙之事只能作罢。吴江县城为江流所判分为东西两半,"民半居其东,半居其西,晨往暮归,事无纤巨,必舟而后可,故居者为不利"。而且,吴江县当驿道,"川奔陆走者肩摩橹接",江上无桥,对居县城者及通驿道而行者均不便利。考虑到这一问题,二人决定于吴淞江上修桥。桥南接太湖,北跨吴淞江,既沟通两岸,也是太湖泄洪的斗门。同时,该桥在营造之初,就打造为一处景观,并建有亭以登高观景,"桥之心侈而广之,构亭其上",登以四望,万景在目,因此名曰垂虹亭。其景观,钱公辅描述为"湖光万顷,与天接白,洞庭荐碧,云烟占青,月秋风夏,嚣灭埃断,牛讴渔吟,

---

① [古罗马]马可·维特鲁威(Marcus Vitruvius):《建筑十书》,高履泰译,知识产权出版社2001 年版,第 156 页。马可·维特鲁威是公元前 1 世纪古罗马著名工程师、建筑师。他先后为恺撒、奥古斯都服务,任建筑师和工程师。他总结了当时的建筑经验,于公元前 1 世纪末写成了《建筑十书》,共十篇,这是现在仅存的罗马技术论著,也是西方古典时代唯一幸存下来最有影响的建筑学著作。他最早提出了建筑的三要素"实用、坚固、美观"。

嗜鸣间发,榜声棹歌,呕哑互引",桥成之后,众人欢悦,有"游观之美、登赏之乐哉"。① 朱长文亦赞垂虹桥云"横截松陵,湖光海气,荡漾一色,乃三吴之绝景也"。② 由于垂虹桥的绝美景致,宋代文人墨客留下了大量的笔墨,如钱公辅为该桥作《垂虹桥记》,杨冠卿《吴江道中》有"湖光与天接",王安石:"他年散发时,最爱垂虹桥",袁桷曰:"驶风怒涛耆击喷",苏舜钦言其"云头滟滟开金镜,水面沉沉卧彩虹",又云"长桥跨空古未有,大庭压浪势亦豪"。③ 姜夔途经垂虹桥,留下了"自作新词韵最娇,小红低唱我吹箫,曲终过尽松陵路,回首烟波十四桥",陈策有"玉虹横画带银河",米芾、陆游等人也为之题字作诗。戴复古所作"垂虹五百步,太湖三万顷。除却岳阳楼,天下无此景",更是对垂虹桥景观推崇备至。垂虹桥之美,文韵之深长,让其成为吴江县的一张名片。垂虹桥景观所衍生出的文化生命力,反过来作用于桥的生命力,这让垂虹桥及其文化一直延续至今。

这样的例子,还有很多。饶州州治名鄱阳城(又名中番城),城内有澹浦湖,湖被大、小堤一分为三,大堤与市相连,是集市贸易之地,自唐代颜真卿任太守后设湖为放生池,此后澹浦湖一直是饶州官民游乐之所。景祐中,范仲淹名堤之桥曰"庆善",并建屋于乔上,既护桥身,又为人遮风挡雨。④ 至南宋高宗时期,饶州知州洪兴祖字庆善,与桥名正好契合,见"桥与堤寖圮,屋腐且偃",有意兴工,在修复桥梁之后,又建亭阁,以供人休憩,"而桥而亭,檐楹华好";其后,"益严鱼盗之禁,植以芙蓉,幽荫动物",又倾力支持僧人法照、惠才、德满等人"劝民财治堤","甓甓坚刚,如履周道"。洪兴祖重修庆善桥的同时,也对澹浦湖区进行了景观重塑,不但建亭阁、固堤岸,还栽种芙蓉草木,美

① (清)赵宏恩、黄之隽等:《江南通志》卷二五《钱公辅·垂虹桥记》,文渊阁《四库全书》影印本,第 507 册,第 729d—730a 页。
② (宋)朱长文:《吴郡图经续记》卷中《桥梁》,《宋元方志丛刊》第 1 册,第 652 页。
③ (宋)朱长文:《吴郡图经续记》卷中《桥梁》,《宋元方志丛刊》第 1 册,第 652 页。
④ 曾枣庄、刘琳主编:《全宋文》卷四七四二《庆善桥记》,第 213 册,第 370—371 页。

化环境,又禁令捕杀湖中鱼鳖、水鸟,是以庆善桥重建之后,澹浦湖成为饶州城的重要景观,州人游之者众,洪适称"行人排肩,知泳游乐,沈竿续蔓,交臂更心",并称洪兴祖之德,不但惠及于民,而且还惠及于鱼。① 州人感念太守之德,在其离任之后,众皆怀召棠之思。此外,苏轼游历临江军新淦,为该地新作之桥命名为惠政桥。② 姚勉游维新灵昌源,见景致极好,从溪桥而入,有石门、仙人洞、圣僧岩、石峡、钓矶、渔翁岩、延站台、石屏、桃源、梅谷、松坞,因此名之曰灵源天境,③桥不仅有沟通道路之功用,也兼是景致风光的一部分。

无桥不成村,无桥不成市,无桥不成镇,桥不仅是随处可见,在民众的日常生活中极为重要,而且也在一定程度上支配着村、市、镇等聚落的分布。德国地理学家 J.G.科尔提出在城镇的分布上,"交通路线法则"④起着支配作用。虽然他的这一法则存在缺陷,因为无法解释城镇的大小、数量与分布的规律等问题,但并非毫无可取之处。由于每一种经济关系和经济活动都无一例外与空间、空间联系有关,而桥连接着交通路线,也是交通路线的汇集点,桥的选址不但要考虑到陆路交通路线的连接,更要考虑到水文、地质等条件,因此,近桥处往往也是单纯居住空间——村,或兼有居住与交易功能的聚落,即市、市镇。

桥系人为物体,延伸到自然空间,桥梁所在空间是人为与自然的结合,构成了一幅立体的画卷,桥下的汩汩流水则是悦耳动听的音符,微风拂面,自然

---

① 洪适作诗,赞叹湖桥之美景,人鱼之共乐,及祝祷为民谋福利的洪兴祖健康长寿,诗云:"湖纹缕缕,相忘圉圉。人见鱼乐,兹桥之下。车徒憧憧,戾止融融。鱼见人乐,兹桥之中。人不鱼贪,鱼无人惊。我公之政,清净艾宁。蚸蠓芙藁,衣被菱藻。彼河伯氏,族衍以老。击水瀺云,往从神龙。变化甘霆,长为年丰。公多受祉,鲐背鲵齿。匪柱匪梁,孔甘斯棠"。洪适:《盘洲文集》卷三一《庆善桥记》,参见曾枣庄、刘琳主编:《全宋文》卷四七四二《洪适·庆善桥记》,第 213 册,第 371 页。

② 曾敏行:《独醒杂志》卷六《东坡书惠桥额》,上海古籍出版社 1986 年版,第 50 页。

③ 姚勉:《雪坡集》卷三五《灵源天境记》,文渊阁《四库全书》影印本,第 1184 册,第 236 页。

④ Johann Georg Kohl, *Der Verkehr und Die Ansiedelungen der Menschen in ihrerAbhängigkeit von der Gestaltung der Erdoberfläche*, Leipzig, 1850, pp.151-152.

的清新气息,人置身其中,视、听、触、嗅觉都被调动起来,能够瞬间捕捉到这一空间的美感。由于汉字象形的影响,中国人尤其擅长直觉思维,桥梁的空间美与国人的直觉思维审美旨趣不谋而合,因而较之纯粹的自然空间更具有别致的人文气息。加上近桥聚落的生活气息,鸡鸣狗吠、炊烟袅袅、人语声声,这样的"小桥流水人家",是一幅永恒的画卷。在这画卷之中,自然与人和谐统一。大量的诗文描绘着桥,大量的画卷勾勒着桥,所为却不是桥,或许也不是自然,而是为了写人。相对于天成之自然,作为人为之物体,桥所具有的人文气息,让人在作诗文书画时,自觉或无意地,将人投射在桥上。这反映的不尽是作为建筑的桥,更是思想、文化上的桥。

三、意境的构造:园林、书画、文学作品中的桥

在中国园林尤其是江南园林中,水是整个园林的灵魂,而与水相依存的"桥",便在中国园林艺术中扮演着非同寻常的角色。唐宋人歌咏江南,桥常入景,罗隐《炀帝陵》曰"入郭登桥出郭船,红楼日日柳年年";杜牧《寄扬州韩绰判官》曰"二十四桥明月夜,玉人何处教吹箫";杜荀鹤《送人游吴》云"君到姑苏见,人家尽枕河。古宫闲地少,水巷小桥多";张桥《寄维扬故人》云"月明记得相寻处,城锁东风十五桥";姚合《扬州春词》云扬州"园林多是宅,车马少于船";苏轼《菩萨蛮·湿云不动溪桥冷》云"桥下水声长,一枝和月香";陆游《沈园》诗云"伤心桥下春波绿,曾是惊鸿照影来"。综合言之,唐宋等中国人眼里的江南景致,水、桥、明月、船是基本元素,而这也正是中国园林的基本组成要素。梁思成《中国古代建筑史》指出,"中国园林就是一幅幅立体的中国山水画,这就是中国园林最基本的特点"。① 这在江南园林中表现得尤为突出。中国园林在设计中追求自然美,讲究山林野趣,居住在其中便可"不出城郭,而具山林之美"。园林之桥,多追求"小桥流水人家""天然去雕饰""拙朴

① 梁思成:《中国古代建筑史》,《梁思成全集》第五卷,中国建筑工业出版社 2001 年版,第457 页。

见真境"的意境。桥梁类型多为拱桥、平桥、廊桥,桥又与水中倒影相映如月,再加上粉墙黛瓦,正如一幅水墨丹青,又通过融入诗、书、画表现园林的文化内涵,从而达到桥从单体建筑到特色景观的飞跃。①

桥梁的常见及其美感与内涵,让桥频繁地进入绘画、文学作品。因为绘画、文学作品的流传,桥的知名度提升,其"寿命"也因此而延长,有些桥甚至因此附带了独特的内涵与意象,成为中国文化的代表性符号,如金桥、灞桥、天津桥、鹊桥、蓝桥等,都是如此。

家喻户晓的金桥,原本指的是潞州上党黑水河(古称黎水)上的金桥,始建于唐代。作为物质性的金桥早已不存,但概念中的金桥却因《金桥图》《金桥赋》而留名史册,成为盛唐气象的一个象征性符号。

开元十三年(725 年),唐玄宗封禅泰山,返程途经潞州,过金桥时,玄宗回看来时路,见"旌纛绵数十里""旌旗严洁,羽卫整肃",对左右云:"张说言我勒兵三十万,旌旗径千里,挟右上党,至于太原,真才子也",因此召吴道元(玄,因避讳改元)、韦无忝、陈闳等,"令写《金桥图》。其圣容及上所乘马照夜白,陈闳主之;桥梁、山水、车舆、人物、草树、鹰鸟、器仗、帏幕,吴道玄主之;犬马、驴骡、牛羊、骆驼、熊猿、猪鸡之类,韦无忝主之。其图谓之三绝"。②《金桥图》由当时丹青国手吴道玄、韦无忝、陈闳所制,所绘又是大唐开元盛世,因此在书画史上地位非凡,张彦远《历代名画记》、郭若虚《图画见闻录》等书画名著皆有记录,另《开天传信记》《唐语林》《太平广记》《潞州志》等笔记、方志也都载不绝书。

玄宗令人绘《金桥图》,除了展现开元之治、东封泰山的盛世功绩外,还有一个由头。唐中宗景龙三年(709 年),京中曾有童谣传唱,曰"圣人执节度金

---

① 周康:《扬州园林中的桥》,《中国园林》1993 年第 3 期;夏成刚:《〈玉带桥诗意图〉·玉带·桥》,《中国园林》2009 年第 5 期。
② (宋)王谠撰,周勋初注解:《唐语林校证》卷四《豪爽》,中华书局 1987 年版,第 324 页。郭若虚《图画见闻志》卷五《金桥图》所记略同。

桥",所指正是时为潞州别驾的李隆基。次年,李隆基从潞州长冶经金桥过上党回到长安,暗中收罗才勇力士,势力甚至发展到皇帝羽林军中。在太平公主的帮助下,成功铲除了韦皇后及安乐公主等势力。睿宗即位后,李隆基因功被立为太子。景龙三年正是双方斗争白热化的前夜,童谣"圣人执节度金桥"的兴起,应该是有人故意引导舆论的走向,为之后的宫廷政变奠定舆论基础。因此,待到开元十三年东封泰山之后,回程经潞州,应该也是玄宗特意选择的结果。《唐语林》载:"玄宗幸太山回,车次上党,路逢父老,负担壶浆远迎。上亲加存问,受其所献,赐赉有差。父老旧识者,上悉赐酒,与之话旧。所过村乡,必令谒问,或有丧疾,俱令吊恤。百姓欣然,乞愿驻跸。"[1]玄宗亲自存问、赏赐潞州父老,与相识者话旧,并吊丧恤疾,展现的不仅仅是仁德天子之爱民,也有真龙回归昔日潜渊之情怀,上党金桥恰是承托这一情怀的现实空间。这从后世潘炎所创作的《金桥赋》也可以品味得出来,其序与文曰:

　　金桥,在上党南二里。尝有童谣云:"圣人执节渡金桥"。景龙三年十月二十五日,帝经此桥之京师。

　　赋曰:"沔彼流水兮,清且涟漪。度木为梁兮,斯焉在斯。成金桥之巨丽,得铁镳之宏规。当其受以金模,观其曲面。经始也则大火朝流,成功焉乃天根夕见。彰于圣德,发彼讴歌。千人唱,万人和。丹牒蜿蜒,倚晴空之蟮蛛;瑰材枇比,超渡海之鼋鼍。人且告符,功惟用壮。非填鹊之可比,法牵牛而为状。鹤鸣处□,雁覆晴川。异东明系水而投步,匪秦帝驱山而著鞭。惟彼童谣兮,言犹在耳,大人应运兮,奉天而起。乘彼桥以迳度,按周道以如砥。于是提三尺,乘六龙。怀万邦,入九重。"[2]

　　该赋载金桥为木梁桥,还有铁锁连接,珍贵的木材鳞次枇比构成桥面,朱红色栏、柱在晴空里犹如彩虹般绚丽。此赋虽提供了金桥的具体信息,但未必

①　(宋)王谠撰,周勋初注解:《唐语林校证》卷四《豪爽》,第324页。
②　(清)董诰等编:《全唐文》卷四四二《潘炎·金桥赋》,第4510页。

是写实。原因有二：

一是木梁桥以铁锁连接，唐宋五六百年间，仅见此一例。铁锁多用在浮桥上，如蒲津桥，以增强浮桥脚船之间的连接，以免被风浪吹散。木梁桥上，则少有使用铁索者。

二是潘炎所作之《金桥赋》应为想象之作，并非实景描述。潘炎流传下来的赋文共有十五篇，其中十四篇与玄宗相关。关于潘炎的仕途履历，由于两《唐书》无传，所以并不清晰。然而，按《旧唐书·代宗纪》载，大历十一年（776年）四月，潘炎自右庶子迁礼部侍郎，推测潘炎的活动早至景龙年间的可能性甚微。又，刘晏之婿亦名潘炎，于邵曾上《论潘炎表》为潘炎鸣不平，说潘炎虽为刘晏之婿，但"名不为晏称，官不由晏进。自晏处权掌要，未尝以毫发受遗"，又云潘炎"性贞纯，致身无过。介然特立，自为一时之选"。[1] 王谏亦作《为刘相请女婿潘炎罢元帅判官陈情表》[2]，时朝议讻讻。两者为同时代人，又官礼部侍郎，推测刘晏之婿潘炎与作《金桥赋》者应为同一人。《全唐文》载潘炎所作十四篇与玄宗相关的赋，至少有十三篇所记均为玄宗在潞州时事，然而，其赋多以日抱戴、月重轮、黄龙、赤鲤、嘉禾合穗、逐鹿、紫气等祥瑞为题。景龙时期，李隆基为潞州别驾，当朝皇帝乃是其伯父。若潘炎为隆基属臣，为赋用词若此，又如此频繁，岂非陷其府主于不忠不义、万劫不复之深渊？因此，可确知《金桥赋》等均为追忆、想象之作，而非亲临现场之实录。[3]

对照潘炎所作之赋与张说《皇帝在潞州祥瑞颂十九首奉敕撰》可知，潘炎

---

① （清）董诰：《全唐文》卷四二五《于邵·论潘炎表》，第4331页。

② （清）董诰：《全唐文》卷四三九《王谏·为刘相请女婿潘炎罢元帅判官陈情表》，第4479页。

③ 如《全唐文》卷四四二载潘炎所作《李树连理赋》，写李隆基在上党延唐寺见李树连理，潘炎作赋言此乃"兴圣主之符"，祝"天子万年"云云。又，景龙元年四月二十四日，"皇帝初临上党，日抱戴，皇天告符"，潘炎又作《日抱戴赋》颂之。当年八月十有四日，因夜见月重轮，做《月重轮赋》以颂祥瑞；其赋多以黄龙、赤鲤、嘉禾合穗、逐鹿、紫气等祥瑞为题，似为追忆、想象之作，而非亲临其事之实录。

赋基本以张说祥瑞颂为题,而且《金桥赋》之《序》与张说《金桥颂》之《序》一致,①由此知,潘炎之序源自张说。换言之,景龙年间的童谣至少在开元年间已被视为祥瑞并被广泛传播。景龙二年,张说因丁母忧离职,丧期满后,任工部侍郎、兵部侍郎,未曾亲临潞州。然开元十三年封禅泰山事,系张说倡议、主持,既作此颂,应是与该谣已流传开来有关。因此,张说在奉敕作《祥瑞颂十九首》时,便将"圣人执节渡金桥"的童谣写入序中。金桥与唐玄宗的天命紧紧关联,"金桥故地"也成为固定用语,②明确指代玄宗潜龙在渊之时及其龙兴之地。又,张说又撰《上党旧宫述圣赋》、张九龄也作《圣应图赞》,唐江都王画《明皇潞府十九瑞应图》,永王府长史书《上党十九瑞应图》等,都与此相关。

　　玄宗坐稳皇位后,乘泰山封禅返程途中,大肆宣扬得位之正、君权神授、天命所归。金桥因其承载的特殊含义,光载史册。

　　上党金桥到晚唐时还可通行。吴融作《金桥感事》诗云:"太行和雪叠晴空,二月胶原上硕风。饮马早闻临渭北,射雕今欲过山东。百年徒有伊川叹,五利宁无魏绛功? 日暮长亭正愁绝,哀笳一曲戍烟中。"所言正是该桥。作者立足金桥,看眼前二月太行山景象。额联、颈联用典,前写春秋时期晋楚争霸楚军扬言要于黄河饮马及北齐斛律光射雕事,后言周平王迁都洛阳时大夫辛见披发戎人于伊川祭祀因此预言此地必将为戎人所有,及晋国大夫魏绛建言和戎而有五利,晋悼公取此策而安。吴融作此诗时,正遇上李克用、朱温矛盾激化,唐昭宗在朱温的裹挟下,于大顺元年(890 年)任命宰相张浚为太原四面行营兵马都统前去讨伐李克用。李克用曾率沙陀军南下镇压黄巢叛军,对李唐实有大功。而且,盘踞太原的他兵强马壮,有谋有略,因此唐军三战三败,张浚仓皇逃回。李克用为泄愤,指使军队在晋、绛大肆掠夺,直到河中,所过之处满目疮痍。面对李克用傲慢的上书,唐昭宗不得不好言相劝,甚至认错道歉。

---

　　① (清)董诰:《全唐文》卷二二一《张说·金桥》,第 2231 页。
　　② (清)董诰:《全唐文》卷七七二《李商隐·为河南卢尹贺上尊号表》有"清明皇之旧宫,复金桥之故地"之语,第 8045 页。

考虑到这一背景,联系作为盛唐气象、天命所归玄宗之时的金桥,对吴融诗中所用之典及"日暮长亭正愁绝"的哀愁便心生同情之理解、今非昔比之唏嘘。

桥筏船渡是唐宋山水画中极为常见的一个主题。不管是渡紫微星过银河的"天津桥"权力意象与壮观景象,还是"小桥流水人家",都被画进了图画里。李思训(一说李昭道)《明皇幸蜀图》中的唐玄宗正要策马过桥,逼仄的桥面和桥下湍急的流水,以及高耸的山体,暗示着玄宗入蜀的艰辛。张择端《清明上河图》通过金明池宫苑内的拱桥、七里虹桥、山村野桥,来表现东京皇家、官民的日常生活与商业气息。王希孟《千里江山图》绘有气势磅礴的木梁桥,桥中还有亭阁,也绘了山野间的简陋小桥。李成《晴峦萧寺图》刻画的是山涧木梁桥。佚名《雪桥买鱼图》刻画了两个人在雪天里向停在桥边的舟人买鱼的景象,画面中间是一座被雪覆盖着的木梁板桥。夏圭《灞桥风雪图》画了雪中之桥,仆人在前,似乎反身叮嘱驴上主人要小心桥面。画中的桥,类别有皇家气象的天津桥、宫城别苑内的拱桥、高士草桥、乡村野桥、林溪土桥、山涧木桥、天生桥、自然桥、连桥、石板桥、独木桥等。桥被画者用以托物言志,抒发情感,被赋予了多重意象,既是自然写实,描绘季节变换和民众世俗生活,也是抒发画者感情与心境的符号,更有境生象外,代表转机又别有洞天,用"船到桥头自然直"表"柳暗花明又一村"之意。[①] 正所谓"细雨朦胧小石桥,春风荡漾小竹筏。夜无明月花独舞,腹有诗书气自华",桥梁不但是中国绘画作品中不可或缺的重要主题,也是"智者乐山山如画,仁者乐水水无涯"的意境表达。

桥在文学、绘画中有闲逸、愁苦、离别、朦胧、凝练等丰富意象。[②] 各类画

---

① 唐宋画有桥的绘画作品,重要者有李思训(一说李昭道)《明黄幸蜀图》、张择端《清明上河图》与《金明池争标图》、王希孟《千里江山图》、佚名《长桥卧波图》、李成《晴峦萧寺图》、李嵩《西湖图》、佚名《雪桥买鱼图》、李东《雪江卖鱼图》、夏圭《灞桥风雪图》、马远《竹涧焚香图》等。

② 近年来关于这方面的讨论甚多,尤其体现在学位论文上,如吴强:《中国传统绘画中"桥"的意象》,中国艺术研究院硕士学位论文,2018年;王延晖:《归心田园—山水画的田园题材研究》,中央美术学院硕士学位论文,2015年;张莉:《两宋时期山水画空间理念对古典园林营造的影响》,云南师范大学硕士学位论文,2018年;武春媛:《论宋词中的桥意象》,陕西师范大学硕士学位论文,2009年。另张连举:《唐代咏桥诗读解》,《唐都学刊》2006年第5期。

作及诗、词、赋、曲、记、碑文、楹联等体裁中,都有桥的记载。隔河情节与河桥意象是中国文学中的两个经典模式,以鹊桥神话、尾生传说为基础演绎出了批量的爱情故事,沟通两岸交通的桥梁也因此在中国文学中与两性结合、爱情心理紧密相关。[①] 关于桥梁与两性爱情的关联,除了鹊桥神话与尾生传说,还可补充文王造舟迎亲一例。《诗经·大雅·大明》云"大邦有子,俔天之妹。文定厥祥,亲迎于渭。造舟为梁,不显其光"。文王作为天命之子造舟为梁,亲迎佳偶于渭,"生武王"而"伐大商"。自"文王亲迎"这一典故,又衍生出了"天子造舟,诸侯维舟,大夫方舟,士特舟"的亲迎用船的等级制度,认为天子造舟乃天子之礼,按张子曰:"造舟为梁,文王所制,而后世遂以为天子之礼也"。[②] 造舟是建造浮桥,维无意即连四船,方舟并二船,特舟一船。尾生抱桥柱而死所衍生出来的"魂断蓝桥",苏轼词云"蓝桥何处觅云英? 只有多情流水伴人行",成为爱情绝唱。白蛇传说与杭州西湖断桥,梁祝与草桥,甚至是那连接阴阳两界的奈何桥,也被附上了爱情的色彩。桥在两性关系中的特殊意象,延续至今,泸沽湖摩梭族走婚青年必须经过的走婚桥,湘、黔、桂等地区苗、侗、瑶等民族视风雨桥为爱情桥,都是其体现。桥梁的沟通、连接功能,让其附会出沟通两性的意境,其实是世界文学的共同特征。最负盛名的,莫过于但丁与贝特丽丝(Beatrice)在桥上的相遇。但丁在《神曲》里将贝特丽丝刻画为一个完美的女性,集真善美于一身,引领着但丁进入天堂永恒,而这个贝特丽丝其实是但丁的初恋,她进入并成为他心底里永远的爱人的那一瞬间,正是他们在佛罗伦萨阿尔诺河上的"老桥"(pontevecchio)的擦肩而过。他还为她作有《新生》。亨利·豪里达的油画《但丁与贝特丽丝邂逅》再现了这一瞬间。

---

① 夏维波、杨宇:《中国文学中河桥意象与性爱主题的文化阐释》,《东北师大学报》1999 年第 4 期。

② (汉)毛亨传,(汉)郑玄注,(唐)孔颖达疏:《毛诗注疏》卷一六《大雅·大明》,商务印书馆 1935 年版,第 1333—1335 页。

本 章 小 结

桥梁及其附近区域是重要的公共空间,由于象天建都思想的影响,位于都城中轴线上的桥梁除了基本的交通功能,还有着特殊的文化内涵与象征意义,被视作横跨银河、迎接紫微星的天津、天汉,是以这些桥梁的命名也与此相关。隋代洛阳中轴线上的桥称为天津桥,天津桥南北渠上的小桥则名为重津桥、黄道桥,唐代统一名为天津桥,其所连接的南北街道则称天津街或天街,天津桥的南北两侧还建有阙楼以象日月。宋代汴京中轴线上因有汴河、蔡河穿行,故建有两座桥,皇城南门处之桥虽沿袭前代之名称作州桥(唐代建中年间汴州节度使扩建汴州城时,在州城南门汴水上建桥,故称州桥),但后来亦名天津桥或天汉桥,而且在绍圣年间重修之时,也在天津桥北边夹御路筑起东西二楼观,以表日月之象。州桥之南,蔡河上的桥则名为龙津桥,与天津桥、重津桥的命名亦有关系。

在此思想影响下的建筑布局与桥梁设计,也让洛阳天津桥、汴京州桥与龙津桥及其附近区域成为特殊的政治与社会公共空间。洛阳天津桥有专职官负责日常管理,左金吾卫管理通行、治安问题,卫士负责桥面洒扫以保持天津桥的环境卫生。天津桥还曾禁止普通人乘车通行,以区分上下等级。这一规定影响及于五代后唐时期,长兴、清泰时期先后几次下发敕令,于天津桥两头设置关卡,只许皇室、官员车马通行,其理由是天津桥乃是"帝道",人臣因辅佐皇帝治理天下,乘车通行往来尚且可以,但百姓车牛则不合从此通行。在这些禁令的背后,实际上反映了天津桥作为实施、检验政治权威、等级制度的公共空间。在这一空间里,桥上步行的民众领会到的是,乘车往来天津桥的皇帝、官员及命妇所拥有的地位、享有的特权。天津桥还是宣扬朝廷法度、枭首示众的场所。这在武则天当政时期体现的尤为明显。朝廷通过对叛国者、谋乱者公开施行枭首之刑,以传达朝廷对于背国投敌、谋反作乱的零容忍,选择天津桥而非传统的市作为刑场,是为了加深旁观者的记忆,以杜绝此类事件的再次发生。安史乱后,收复洛阳的官军陈兵天津桥,与民同庆。五代时,曾多次陈兵天津桥,以示兵盛、震慑异心。天津桥、中桥等桥梁也是重要的社会公共空间,从保存下来的资料看,即便在坊市制度严格执行的唐前期,桥梁等交通枢纽之处也存在零星的交易记载。此外,桥梁也是卖艺求乞、卜算筮卦、赏景游乐、迎来送往之地。因为是重要的社会公共空间,所以桥梁所在空间较之他处留下了更多的历史记载,反映的是时人的共同记忆。

宋代州桥(天津桥)、龙津桥是汴京观赏南郊大礼的重要空间。南郊大礼对论证皇权合法性、构建国家政治秩序有着重要价值,朝廷极为重视,三年一度(后来也曾改为一年一度)的冬至日,也就成了大宋臣民、诸国来使观赏祭天卤簿、仪式的重要日子。驱邪除祟的大傩仪也是由紫禁城沿御街南下,在州桥、龙津桥一带为民众驱邪、祈福。这类礼仪活动承担着政治功能,因为礼仪既是权力的具体展现,也是权力的维护手段。作为礼仪组织者、表演者的皇帝及其朝廷,及作为观礼者的官员、民众,在这些礼仪活动中是相辅相成缺一不可的。尽管州桥至龙津桥一段并非礼仪活动的中心地点,但由于这一段商铺民居鳞次栉比、士庶云集、商旅繁盛、观礼者众,因此成为极为重要的礼仪活动空间。

在社会公共空间层面,宋代城市较之唐代得到了较大的拓展。这在都城体现得更为明显。唐代都城内的街,不仅担负起通行功能,而且也是宫城、皇城与坊市的分割线,分布规律、排列整齐,管理较为严格。普通人不可临街开门,也不可临街开店,出入需经坊门,具有强烈的界限功能。街虽是官民通行、活动的社会公共空间,但也是政治舞台,官府通过举办官方活动、徇街、街议、榜语等宣示政治功能、制造舆论效应、警示民间社会。然而,随着经济的发展、商业规模的扩大,及良贱制度的瓦解、民众自主意识、平等意识的上升,街尤其是近城门街之桥梁所在街,这种天然的优质商贸区域,无疑成为民众最先拓展的社会公共空间,这就是唐后期及五代侵街现象屡禁不止的根本原因。当政府意识到可以收取大额商业税收时,便逐渐放开了侵街禁令,转而寻求新措施以规范街道等公共空间,在保证街道的基本通行功能下,允许民众临街开店,而桥梁附近区域因为得天独厚的条件往往率先发展起来,成为最活跃的交易场所。州桥市的遇仙店、南食店,龙津桥南西街清风楼等高档酒楼与价格实惠、供应平民饮食的小店、摊贩并存,临街开店的常态化,桥门市井处的蓬勃发展,反映了民众社会公共空间的重大拓展。

不仅公共空间得以拓展,民众在公共空间里的活动时间也更为自由。相比唐代而言,宋代虽有宵禁,但执行并不严格,城门虽按时关闭,但城内商业活动尤其是州桥夜市营业至三更后,亦不罕见,即便是远静去处,夜市上也是人来人来,若是要闹之处,更是通宵不绝,即便在冬月,"虽大风雪阴雨,亦有夜市"。① 不独夜市经营至三更乃至更晚,就是酒楼正店,也是夜不闭门,通宵营业。繁华的马行街以高档店铺闻名,深夜还是"人物嘈杂,灯火照天"。南宋临安城内商业活动时间更是几无限制,而最为繁华、热闹的社会公共空间,也以桥门市井处为最,酒楼、瓦子等场所多近桥门之处,如城内外共有十七处知名瓦舍,其中至少有十三处在城门、近桥处。

商业在近桥梁处的发展,官府可于近旁置场务收税,因此又反过来促进桥梁的营建。宋代桥梁数量较之前代大为增加,虽然有一部分系民间力量修成,但除了部分地区外,相当多的桥梁尤其是位处重要交通要道处的桥梁多是由官府修建,这是因为"九月除道、十月成梁"作为先王之政对中国古代产生了长久的影响。随着《孟子》一书地位的上升,宋人关注了《孟子·离娄》所载子产以乘舆济人事,虽然有人批评子产取小惠而失大惠、不知为政之道,也有不少人认为溱洧之水建桥难度太大为子产辩驳,但双方都认同桥事乃是有司之责,是官府分内之事。这不仅是官府共识,民众也深以为然,是以桥梁不治而民怨上腾的事例层出不穷。不管是出于发展本地交通、征收商税,还是顺应民

---

① (宋)孟元老撰,伊永文笺注:《东京梦华录笺注》卷三《马行街铺席》,第312—313页。

心、发展基础设施、积累政绩、获取官声美名,都会促进官府对桥事的关注与重视。

民间宗教团体尤其是佛教僧侣、信徒在福田思想的影响下,也在地方桥道事上发挥了重要功用。由于佛教教义的影响及僧尼在民众中树立的形象,由僧尼号召捐资建桥,往往响应者众,因此地方官府也多有借助僧尼之力、筹集民间资金财物来营建本地桥梁。由于佛教僧尼在桥梁建造中的积极作用,很多桥上雕刻、装饰都与佛教主题相关,甚至不少桥头还建有寺庙,这既有利于佛教的传播,也有利于激起过桥者的敬畏之心,有助于桥梁的维护,也于教化人心、维护地方统治有益。然而,也应看到,即便僧侣在建桥活动中发挥了重要甚至主导作用,官府也非置身事外。

桥梁既有实用之功能,又兼有造型之美,在自然天成的环境之中,融入了人为的建筑与工艺。较之周边天成之大自然,桥梁及其附属构件虽小,但因为人的作用力,在观者(特指人类)的眼里,这座小小的桥却是眼前整个景观的聚焦点。再加上建造桥梁的起意者往往并不满足于仅建一座桥,而是希望以桥为中心,打造出一片景观以供人养心游身,因此,凌驾于水上又沟通往来的桥梁也成了一整片景观的中心。桥的功能、造型及美学价值,让桥不仅成为园林艺术的必备部分,也让桥广泛地进入绘画、文学作品当中,成为中国文化的标志性元素。

结　论

本书讨论的问题主要集中在 7—13 世纪的中国,这一时期关于桥梁同样留下较多历史记载可供讨论的是已经进入了中世纪的欧洲。2000 年《工程与科学》季刊第二期发表了沃伦·布朗(Warren C.Brown)的《什么是中世纪的"中"》(*What "middle" about the Middle Ages?*)一文,对宗教及其影响下的建筑、手工业、社会进行了定位与探讨。[①] 如果承认天理、人性的普遍性,则东海西海,心同理同。[②] 同时,考虑到欧洲文明与中华文明之间所呈现出来的差异性,也必须关注观念及其影响下的制度差异所带来的影响。因此,有必要将桥梁、法制与社会放在一个宏观的视野中,一方面要横向看唐宋时期的中国和世界其他地区的比较,另一方面则要纵向看唐宋时期这数百年来的发展及唐宋时期与前后历史时期的关系,不过这两方面也需要结合起来讨论。

一、人与自然、神之间的关系及其影响下的政府职能

中国文化与世界其他主要文化的一个不同之处在于对待自然的态度。古

---

① 　Warren C. Brown, *What "Middle" about the Middle Ages? Engineeringand Science*, No. 2 (2000), pp.9–17.

② 　陈怀宇:《动物与中古政治宗教秩序》,上海古籍出版社 2012 年版,第 368 页。

希腊哲学把自然作为一个独立于人、外在于人、有着自由意志的对象,基督教也将人与自然视作相互分离的二元,人与自然是对立的。在文艺复兴之前,自然对人类来说是可畏的、疏离的、敬而远之的,也就是天人对立。(在文艺复兴尤其是工业革命之后,随着科学技术的进步,人类对自然应对能力的提高,自然则被视作为人类所利用的客体,讲究征服自然、物尽其用、物竞天择,人文世界被认为是人类改造自然世界的结果。在西学东渐之后,这一认识也对中国起到了极大的影响,并一直延续至今。但本书关注的时间段在7—13世纪,因此,对文艺复兴之后的欧洲文明强调人对自然的利用与改造不作讨论)中国先秦哲学则认为自然和人是息息相通、和谐统一的。中国传统文化一方面尊重自然、顺应自然、保护自然,强调人与自然的和谐相处,另一方面也突出了人在尊重自然的前提下因地制宜、因势利导地利用、改造自然的作用,讲究人的主观能动性。自然也是有人格的,会对人为作出反应,此即源远流长的天人合一观念。正是因为对人与自然的关系理解不同,因此也影响了对人与神之间关系的认识。在天人对立的观念下,人类对自然及其所带来的各种灾害是无能为力、束手就擒的,因此,无所不能的神在人类的生存与发展上的作用便至关重要。与西亚、欧洲文明作为所有主宰、创世纪的神(上帝)不同,中国文化中的神,大多并非先验的必然存在,而是被人为制造出来的,是由人而神的。这些神大多是因为在人世间立下了大功绩或因为大德行而从人升华为神的。而率领人类抵抗自然灾害,便是他们大功绩的一个主要体现。

在东西方的传说时代里,都存在一个大洪水时代,可是东西方对这个时代的叙述方式、人对大洪水的应对方式却全然不同。美索不达米亚的《吉尔伽美什史诗》(*The Epic of Gilgamesh*)记载,洪水来临之前,神要求乌特那皮什提姆(Ut-napishtim,乌尔人的祖先)提前造船,以躲避洪水之灾。乌特那皮什提姆因为神的护佑而保全了性命,为此对神感恩戴德,在洪水过后,向诸神献祭致谢。《旧约》"创世纪"篇所载诺亚方舟与此相似,并且还明确指出,大洪水是上帝对人类的惩罚,面对上帝的惩罚,人类手足无措,唯一幸免于难的诺亚一家也是因为虔信上帝、得到了上帝的怜悯与指示,提前造舟储物才得以从灾难中幸存下来。这两个故事强调的都是人类无法战胜大洪水,只有虔信万物主宰、无所不能的神、上帝,人类才有生存、延续的希望。然而,反观中华文明传说时代中的大洪水,是因为女娲熔彩石以补苍天,斩鳌足以立四极而终结的,体现的是女娲作为人类领袖的伟大功绩。

后来诸如治水的大禹、射日的后羿、填沧海的精卫等,也是因为率领众人或单独与自然灾害不屈不挠地作斗争并最终战胜了自然灾害,为了感激、彰显这些人的伟大功绩,渐渐地将这些人神化。在中国古代的神仙体系中,存在大量由人变成的神。古代中国人在面对自然时,强调自然与人之间的和谐,这种和谐既包括人尊重自然、顺应自然,也包括自然应该风调雨顺、有求必应,这其实是将自然人格化了。当发生水旱之灾时,人类一方面虔诚向天(神)祈求,另一方面在祈求之后而未获回应时也会骂天(神)、恨天(神),这体现出自然与人之间的关系是相互的,人并非天或神的奴仆。

自然与人、人与神之间的关系,也影响到人对国家职能的认识。国家一方面拥有阶级属性,另一方面也维护着阶级统治的职能。马克思、恩格斯在论述国家的产生时曾指出,由于私人利益与公共利益之间存在矛盾,因此为了维护公共利益,需要以国家的姿态而采取一种和实际利益(不管是单个的还是共同的)脱离的独立形式,也就是说国家这种虚幻的共同体是为了维护公共利益的产物。① 国家产生之后,需要有一批专门或主要从事管理的人来统治,他们是国家和国家机构的代表。在"普天之下,莫非王土;率土之滨,莫非王臣"的观念下,王事实上是国家的代表,王也被称为天子,因此具有相当程度的"神性"。在《周礼》的设计框架下,惟王建国,"辨方正位,体国经野,设官分

---

① 参见马克思、恩格斯:《德意志意识形态》,《马克思恩格斯选集》第 1 卷,人民出版社 1972 年版,第 38 页;恩格斯:《家庭、私有制和国家的起源》,《马克思恩格斯全集》第 4 卷,人民出版社 1965 年版,第 186 页。

职,以为民极"①是国家职能的核心内容,因而设形形色色之官,管理方方面面之事,以维护天下统治秩序与公共利益。进入帝制时代之后,在金字塔式国家机构的框架下,国家集中力量组织建设重大工程被视作国家的基本职能,体现得更为明显。这与国家财政取自于民,有义务也有能力营建各类工程有关。从秦国政府修郑国渠以灌溉关中,挖灵渠以沟通漓江湘江水路,建直道修长城以防御匈奴,以及以关中为中心修筑延伸至四方的道路系统开始,工程建设都是历朝历代国家事务的一个重要方面。7—13世纪的唐宋时期也不例外,建造桥梁沟通天堑不过是国家职能的一个组成部分。与皇宫、帝陵、官衙等工程相比,桥梁工程是人类为了改善自然环境、沟通天然阻隔,具有强烈的公共性,是服务于公众的开放性工程,因而即便是对营建土木工程普遍持批判意见的儒者,也对桥梁工程持肯定、维护态度。

　　而在同时期的欧洲,由于神权与王权分裂,一方面是在神权的影响之下,人生来是要赎罪的,人与神之间存在契约关系,教会、教士是沟通人与神的媒介,中世纪欧洲国王与各级诸侯、民众一样,通过向教会捐赠的方式来展现自己的虔诚。许多公共工程便是通过这一方式建成的。② 即便是像伦敦大桥这样重要的桥梁,其经费来源也是捐赠。③ 同时期的法国,也是如此。④ 另一方面,在封建制度之下,国王将国土划分给诸侯,诸侯又将采邑分给骑士,林立的"小王国"分散独立,彼此之间大多并无统属关系,国王通常只能调动部分力

_____

① 这句话在《周礼》中重复多次,如《春官》《夏官》《秋官》三篇均以此开篇,表明"惟王建国,辨方正位,体国经野,设官分职,以为民极"是国家职能的核心内容。参见《周礼注疏》,第432、742、887页。

② C.T.Flower ed.*Public Works in Medieval Law*,2 vols,Publication of the Selden Society 32 and 40,London,1915—1923.

③ Patricia Pierce,*Old London Bridge:The Story of the Longest Inhabited Bridge in Europe*,London,2001. Bruce Watson,Trevor Brigham and Tony Dyson, ed.,*London Bridge:2000 Years of a River Crossing*,Museum of London Archaeology Service Monograph 8,(London,2001),pp.128—139.

④ Marjorie Nice Boyer,*The Bridge Building Brotherhoods*,Speculum 39(1964),pp.635—650; Marjorie Nice Boyer,*Medieval French Bridges:A History*,Cambridge MA,1976.

量修建王领地上的公共工程,而其他诸侯国内的工程则由封臣各自负责。①
包括桥梁在内的各色工程,只是各采邑的内部事务,虽是公共设施,但具有极
强的私有性,因此封建领主在修桥之后,不但可向国王申请向从桥上通行之人
征收桥税,也有权禁止某部分人如犹太人通行或向其征收更高的过桥税。这
在认为"普天之下,莫非王土"的古代中国人看来,是不可接受的。宋仁宗皇
祐年间,因宋夏交战军费开支巨大难以筹集,有人建议"请税天下桥渡以佐
军",即刻便受到右谏议大夫张锡的反对,言"津梁利人,而反税之以为害",
"卒争罢之"。② 有意思的是,渡口需纳渡钱,甚至有些官渡也不例外,但一旦
改渡为桥,便不可征收过桥税。这是因为,为政者"十月成梁"以济民是政府
责无旁贷、无可规避的职能,怎可借之而收税?

二、法制、桥梁与交通

"十月成梁"肇始于《夏令》,被后世法制所沿袭,秦汉、唐宋以降莫不存于
历代法典体系之中。需要注意的是,"十月成梁"是官府应及时修桥的原则性
共识,而非精确的时间规定,桥梁尤其是那些位于关键路段上的桥梁通常是随
坏随修,与十月"水涸而成梁"原则相配合,以不废交通、行旅。

所谓"天下之本在国,国之本在家",在家国一体理念的影响下,维护位于
重要交通路线上的桥、渡被自然而然地视作官府之职。唐代设官分职,对中
央、地方的桥梁事进行分层营缮与管理。此外,根据政务运行的实际需求,将
"九月除道、十月成梁"改为桥道之修"起自九月半,十月使讫"。南宋以来,不
断有人指出唐宋之际是一个大变革的时代,唐宋之制及其影响下的社会呈现

① C.T.Flower ed.*Public works in Medieval Law*,2 vols,Publication of the Selden Society 32 and
40,London,1915 – 1923. Nicholas P. Brooks, *Church, Crownand Community: Public Work and
Seigneurial Responsibilities at Rochester Bridges in Warrior and Churchmen in the High Middle Ages: Es-
says presented to Karl Leyser*,ed.T.Reuter(London 1992),pp.1–20.

② (宋)欧阳修:《居士集》卷三〇《翰林侍读学士右谏议大夫赠工部侍郎张公(锡)墓志铭
并序》,李之亮笺注:《欧阳修集编年笺注》,巴蜀书社 2007 年版,第 493 页。

出明显的差异,至 20 世纪内藤湖南、宫崎市定等人按西方历史分期法划分中国历史发展脉络,明确指出唐代是中世纪的结束,而宋代则是近世的开始,由此概括出来的"唐宋变革论"或"内藤假说"(Naito Hypothesis)盛行国际唐宋史学界。① 唐宋两朝存在差异与变化毋庸置疑,然而,也需注意到历史尤其是相近朝代在制度上的沿袭、继承与内在演变。② 唐宋时期桥梁营缮的相关法制便呈现出鲜明的继承性。北宋不但继承了"起自九月份,十月使讫"的常规修缮时间的规定,而且也延续了唐代将中央、地方桥梁分层营缮与管理的做法,作司(后一度改为将作监)、都水监、州县围绕桥道事,既有分工又有合作。另一方面,因为地方路级行政机构的出现,掌一路财赋之转运的转运司在桥道事中也发挥了决策、拨款、协调等角色。尽管随着地方中心政务凸显,水利等事务被下放,地方桥梁建造也出现官督商办、官领民办、僧倡民助等案例,官府也乐于吸收社会力量来建桥修路,但不管是平民还是官员,依然将建桥于川以便天堑变通途视作官府不可回避的基本职能,甚至遵秉教义通过修桥以达彼岸的僧尼也持是论,因此多有僧侣建桥却托名官府,或官府借助僧徒之力建桥却依旧强调官府的组织或领导作用。除了修桥系为政者之职的传统古训外,也因为唐宋役功制度规定地方兴造役使人功在一定数量以上(唐为五千功,宋为一千功)必须申上听报(事情紧急者可且役且申)。因此不管是从思想观念还是制度层面,官府事实上都无法置身事外,体现出官府在承担并履行桥梁营缮事务上的关键角色。

① 关于唐宋变革假说讨论者甚众,参见李华瑞的系列成果,《"唐宋变革"论的由来与发展》上,《河北学刊》2010 年第 4 期;《"唐宋变革"论的由来与发展》下,《河北学刊》2010 年第 5 期;《唐宋变革论的由来与发展》,天津古籍出版社 2010 年版。

② 讨论这一问题者亦众,如两税法、宰相制度、礼制等。如李志贤:《"宋承五代之弊,两税遂呈变态"——论宋代赋役变革与两税法精神的传承》,《宋史研究论丛》2003 年第 5 辑;楼劲:《宋初礼制沿革及其与唐制的关系——兼论"宋承唐制"说之兴》,《中国史研究》2008 年第 2 期;刘后滨:《唐后期使职行政体制的确立及其在唐宋制度变迁中的意义》,《中国人民大学学报》2005 年第 6 期;刘后滨:《"正名"与"正实"——从元丰改制看宋人的三省制理念》,《北京大学学报》2011 年第 2 期;龚延明:《唐宋官、职的分与合——关于制度史的动态考察》,《历史研究》2015 年第 5 期等。

　　欧洲同时期王权、教权二分,桥道的修营有明确的地域界分,公共空间里的桥梁,多按惯例如利用慈善捐助的资金修护,或征收桥税以资维护,因此常出现桥事无人负责的情况。但在古代中国,以皇帝为代表的政府几乎对一切公共事务都负有责任,民事、国事、王事之间的界限也非泾渭分明,桥道这类公共工程被理所当然地视作政府之责。桥道不修,最先被追责的往往是桥道所在地之官员,因此在理论上不会出现如英格兰中世纪诺丁汉特伦特河上桥塌却无人负责的情况。

　　在桥梁的分布与数量上,宋代尤其是南宋江南路较之唐代更为密集。唐宋桥梁都呈现出离中心越近桥梁管理等级越高、分布越密集的特征,大量的桥梁都建在都城及地方中心城市之中或其附近河流上,这些因政治、军事或经济等因素而形成的人口聚集地,同时也是当地的交通中心,有桥梁沟通的陆路交通较之他处也更为便利,而且,都城周边地区位于陆路交通干线上的重要桥梁,也保证了以都城为中心较大范围内陆路交通的畅通。唐开元以前由国工负责营缮的十一巨梁,分布在渭、滋、洛、黄河上,又以津渡辅之,明显是以长安、洛阳为中心,沟通的是两京及其附近地区的陆路交通。唐后期见于史籍记载的重要桥渡虽有所变化,但两京作为交通中心的地位并未遭到动摇。另一方面,地方中心城市及陆路交通干线上的桥渡有所增长,体现了地方中心城市交通及其地位的改善。汴州是一个突出的例子。在战争、人口、地位抬升等多重因素的影响下,汴州城内诸水、城北黄河上都新建了桥梁,至后梁、后晋、后汉、后周及北宋先后定都于此,汴京最终取代了长安、洛阳,成为新的交通中心。澶州、滑州及通利军三山浮桥的先后营建,都是为了沟通汴京与黄河北部的交通,既有利于宋廷经营河北、防御汴京,也是为了与辽通使往来。

　　唐代的十一巨梁,及宋代汴京当街城门桥及北部黄河上的桥梁肩负沟通京城陆路交通之重任,因此地位极为重要,是重要的国家工程,最为突出者,莫若开元年间改造蒲津桥、政和年间新修三山浮桥,都是举国大事,皇帝、宰臣、将作监或都水监,及桥梁所在州府,莫不牵涉其中,可谓是举朝廷之力而成之。

桥成之后,皇帝降德音,宰臣作赞,群臣作诗,或奉和,或颂之。

战争与桥梁的兴废关系紧密,中外皆然,如英格兰为抵御维京人入侵,修筑了许多桥梁,在这段时间大不列颠岛的国王及其封建领主甚至能够向民众摊派公共负担(commonburdens)来修缮战时桥梁。[①]　自唐至宋,有相当一部分桥梁是因为战争而建的。建成之后也多为军事用途,即便兼作民用,也是附属功能。这在黄河、长江上的桥梁体现得尤其明显。在黄河上游,吐蕃在交通要道处建桥,并置军城把守,桥与城相辅相成,是吐蕃渡河进取九曲等地的军事要塞。这些桥、城的存废直接受制于吐蕃势力的消长或唐、吐蕃两国之间盟约的影响。同样,唐在黄河上游、中段所建之桥,及在黄河会宁、合河、龙门等地所设官津,或筑城,或设关卡,置兵把守。即便在内陆如平阴、风陵、白马、济州等渡,也不例外。位于两个或多个政权交界水流线上的桥梁具有鲜明的军事价值,不独唐与吐蕃如此,吐蕃与南诏、南诏与唐、宋与西夏也是一样。宋代黄河上的桥梁数量较之唐代增多,一个重要因素便是受到宋与西夏之间战事的影响。相比而言,长江距离唐宋时期的都城较远,因此长江上的桥梁基本是因为战争而非民用而建。也是因为这个缘故,近代以前的大一统和平时期,长江上通常有渡无桥。

受益于地方志所保存的资料,我们可以清晰地看到,宋代江南城市的桥梁数量较之唐代大为增加,宋代建康(江宁)、华亭、苏州等地的桥梁分布也比前代更为密集。作为南宋都城的临安,由于乾道、咸淳、淳祐几部《临安志》的存世,临安城内外桥梁在南宋百余年间的增长情况,更是一目了然。桥梁分布的密集,体现了交通状况的改善,考虑到市、镇、仓等与桥梁的紧密关系,分布密集的桥梁也对经济、社会产生了深刻的影响,这在江南水乡尤其明显。不独长江三角洲地区如此,就是内陆地区的桥梁在南宋时期也广泛修建,如信州等地

---

①　Nicholas Brooks, The Development of Military Obligations in Eighth-and Ninth-Century England, ed. by Peter Clemoes, Kathleen Huges, *England before the Conquest: Studies in Primary Sources Presented to Dorothy Whitelock*, (Cambridge, 1971), p.83.

前后在信江及其支流上营建的桥梁,不但沟通了信州城内交通,更便利了东去吴楚、南下闽粤、西接江西路的交通,信州地位的上升与交通状况的改善是相辅相成的。

三、桥梁、公共空间与社会

象天建都的设计思想影响着都城布局。秦时,便以北极星所在之紫微宫象皇帝所居之宫室,以都城近旁之大江大河象银河,以大江大河上所建之桥梁象牵牛,咸阳渭水上桥被视作牵牛渡帝星。这一设计思想基本被后世所承袭。北魏洛水上永桥是宫城、皇城正对御街,是中轴线的延伸,无疑是刻意规划的结果。隋代洛阳洛水上的重津桥、天津桥、皇津桥及唐代天津桥,汴京天津桥(州桥、天汉桥)、龙津桥都是如此,正对御街,是中轴线的一部分,在法天建都的都城布局中,居于醒目位置。桥梁名天津,或意近天津,桥旁两侧起楼观以象日月,也是这一思想的体现。这些桥梁除了基本的交通功能外,也因为地理位置特殊而附加了特殊职能,成为公共政治空间的一部分,是内朝政治空间的外延,朝廷将那些可宣之于外、示之于民的礼仪制度、政治活动等选择在天津桥旁展示、举行。唐时于天津桥枭首背国从伪等罪大恶极之徒,张榜宣秘于天津桥以为舆论造势,禁止百姓乘车从天津桥经过以宣扬等级制度(后唐亦同),宋时南郊祭天、傩仪驱邪等重大礼仪活动,州桥、龙津桥都是重要观礼空间。唐宋京城的天津桥在空间上的位置及其所附属的空间职能,体现唐代统治者对法天建都、人道合乎天道的政治理想与秩序的追求。

在地方州县治所,也多有桥梁正对或斜对城门。这种空间布局,依然是特意选择的结果。从宋代流传的一些资料来看,官府取桥梁有人来人往之便,因此将桥梁近旁当作宣示教化、传播官府信息的场所,缉捕盗贼、维护治安、防范烟火等信息都张榜于桥头渡口,以便过往民众知悉、传播。

桥渡有控扼水陆交通之利,仓、军镇、驿、戍、城等功能机构因此多有近桥渡而设者。隋代设立的转运仓制度,为唐宋所继承。转运仓近桥渡,既有水陆两线转运粮食之宜,又得军士守护粮仓及桥渡之便。唐时,重要的桥、渡附近多设有镇、戍,兼有稽查行旅、维护边防安全或治安之功能。维护仓、镇、戍等机构运转的多为军士,衣食皆仰给于人,又兼控扼水陆交通要道,因此在近桥渡的镇、戍附近容易吸引工商业者驻足,从供给军士衣食开始,渐至发展为聚落,成为兼有军事防御与经济职能的聚居点。随着商业的发展,尤其是在藩镇割据之下,财赋自供的藩镇为了扩大财政收入,便依托近桥渡之军镇、戍而向过往商旅征收商税。至宋代,随着地方上军事权力的削弱,地方州县的事务集中到刑狱、词讼、财赋上。近桥渡等交通枢纽的镇,其职能从此前以稽查行旅、维护治安为主转变为征收商税为主、稽查行旅为辅。这样一来,镇之性质与职能,即从唐代稽查行旅之军事性镇、戍转变为宋代以征收商税为主兼有稽查功能之经济性镇。

除了旧置之镇外,又出现了不少新型经济性的镇。这些镇是依托交通枢纽之地利在桥渡附近发展起来的,一开始只是不定期的交易场所,后来逐渐发展为定期市,这些市被称为桥市、渡市。随着工商业者及农民的定居,人口的增多、交易规模的扩大,官府于此设置镇官、场务、拦锁,以征收商税并加强管理,因而这些新型定居点又被称为镇市、市镇。宋代场务也多近桥、渡而置,商税也呈现出近桥而征、商税征集点更加密集的特征。至宋以后,依托桥渡的交通便利所征之税,被称为桥税、渡税,无疑是由此演化而来,而明清时期的市镇也多是由这类处于交通要道的经济型的镇市发展而来。

桥渡近旁空间因为驿传、邮铺、仓、镇、戍、城等职能机构的落址而凸显为一方特殊的职能空间,在马太效应的影响下,临近桥梁的空间又会进一步吸引人员的汇聚。桥梁(及很多重要渡口)附近区域是极为醒目的公共空间,是政治公共空间的延伸,也是重要的社会公共空间,这在宋代体现得更为明显,公共社会空间向桥门市井处拓展,桥门市井是城市内最有吸引力也最有活力的区域。这与宋代社会阶层相对平等,纵向、横向的社会流动更为频繁及宋代经济的发展等因素是有关的。

　　桥梁兼具功能、结构、形象与意境之美，又多处人来人往的交通要道，为行人所习见，再加上数量的增加，桥梁被广泛刻画在绘画、文学作品之中，或写实、或表意、或抒情，致使桥梁在中国文化中发展为一个别具内涵的符号，从牵牛渡银河到小桥流水人家，都是独特的中国文学意象。

　　当今中国桥梁工程攻克了一个又一个的技术难题，创造了"中国桥梁"的世界奇迹，"中国桥梁"代表的是世界现代桥梁技术的最高水平。唐宋时代乃至在整个古代中国，桥梁技术的改进与革新，桥梁与法制、社会、中国文化之间的深刻关系，与当今傲视群雄的"中国桥梁"之间应该有着不可割裂的内在联系。

参 考 文 献

一、史料

(春秋)左丘明撰,徐元诰集解:《国语集解》,王树民、沈长云点校,中华书局 2002 年版。

(战国)孟子撰,(汉)赵岐注,(宋)孙奭疏:《孟子注疏》,中华书局 1957 年版。

(汉)郑玄注,(唐)贾公彦疏:《周礼注疏》,北京大学出版社 1999 年版。

(唐)孔颖达:《礼记正义》,中华书局 1957 年版。

(汉)司马迁:《史记》(三家注本),中华书局 1956 年版。

(汉)董仲舒:《春秋繁露》,中华书局 1975 年版。

(汉)班固:《汉书》,中华书局 1959 年版。

(汉)桓宽:《盐铁论》,马非百注,中华书局 1984 年版。

(西晋)法立、法炬译:《佛说诸德福田经》,《大正新修大藏经》第 16 册,NO.0683。

(西晋)陈寿:《三国志》,中华书局 1999 年版。

(南朝宋)范晔:《后汉书》,中华书局 1973 年版。

(南朝梁)沈约:《宋书》,中华书局 1974 年版。

(北魏)郦道元著,陈桥驿校证:《水经注校证》,中华书局 2013 年版。

(北魏)杨衒之撰,周祖谟校释:《洛阳伽蓝记校释》,中华书局 2010 年版。

(唐)房玄龄:《晋书》,中华书局 1974 年版。

(唐)令狐德棻等:《周书》,中华书局 1974 年版。

(唐)李百药:《北齐书》,中华书局 1972 年版。

(唐)李延寿:《南史》,中华书局 1975 年版。

（唐）李延寿：《北史》，中华书局 1974 年版。

（唐）魏徵：《隋书》，中华书局 1974 年版。

（唐）长孙无忌：《唐律疏议》，刘俊文点校，中华书局 1983 年版。

（唐）李林甫：《唐六典》，陈仲夫点校，中华书局 1992 年版。

（唐）杜佑：《通典》，王文锦等点校，中华书局 1988 年版。

（唐）李吉甫：《元和郡县图志》，中华书局 1983 年版。

（唐）刘肃：《大唐新语》，中华书局 1984 年版。

（唐）杜宝撰，辛德勇校：《大业杂记辑校》，三秦出版社 2006 年版。

（唐）杜宝撰，辛德勇校：《两京新记辑校》，三秦出版社 2006 年版。

（唐）林宝撰，岑仲勉校记：《元和姓纂四校记》，郁贤皓、陶敏整理，中华书局 1994 年版。

（唐）沈亚之：《沈下贤集》，肖占鹏、李勃洋校注，南开大学 2003 年版。

（唐）白居易：《白居易集》，中华书局 1985 年版。

（唐）道宣：《续高僧传》，《大正藏》第五十册，No.2060。

（唐）王建：《王建诗集》，中华书局 1959 年版。

（后晋）刘昫：《旧唐书》，中华书局 1975 年版。

（宋）王溥：《唐会要》，中华书局 1955 年版。

（宋）欧阳修、宋祁等：《新唐书》，中华书局 1975 年版。

（宋）王谠撰，周勋初注解：《唐语林校证》，中华书局 1987 年版。

（宋）司马光：《资治通鉴》，中华书局 1956 年版。

（宋）王钦若等编：《册府元龟》，中华书局 1960 年影印本。

（宋）宋敏求编：《唐大诏令集》，商务出版社 1959 年版。

（宋）李昉等编：《太平广记》，中华书局 1962 年版。

（宋）李昉等编：《文苑英华》，中华书局 1966 年版。

（宋）李昉等编：《太平御览》，中华书局 1982 年版。

（宋）窦仪：《宋刑统》，中华书局 1984 年版。

（宋）王存：《元丰九域志》，魏嵩山、王文楚点校，中华书局 1984 年版。

（宋）司马光：《司马温公文集》，中华书局 1985 年版。

（宋）苏轼：《苏轼文集》，孔凡礼点校，中华书局 1986 年版。

（宋）苏辙：《栾城集》，上海古籍出版社 1987 年版。

（宋）姚铉：《唐文粹》，文渊阁《四库全书》影印本，第 1344 册。

（宋）徐铉：《骑省集》，文渊阁《四库全书》影印本，第 1085 册。

（宋）石介：《徂来集》，文渊阁《四库全书》影印本，第 1090 册。

（宋）蔡襄：《端明集》，文渊阁《四库全书》影印本，第 1090 册。

（宋）林表名：《赤城集》，文渊阁《四库全书》影印本，第 1356 册。

（宋）陈傅良：《止斋集》，文渊阁《四库全书》影印本，第 1150 册。

（宋）王辟之：《渑水燕谈录》，中华书局 1985 年版。

（宋）王安石：《临川先生文集》，中华书局 1959 年版。

（宋）王安石撰，沈钦韩注：《王荆公文集注》，中华书局 1959 年影印本。

（宋）韩元吉：《南涧甲乙稿》，中华书局 1985 年版。

（宋）孟元老撰，伊永文笺注：《东京梦华录笺注》，中华书局 2006 年版。

（宋）祝穆：《方舆胜览》，中华书局 2003 年版。

（宋）王存：《元丰九域志》，中华书局 1984 年版。

（宋）王象之：《舆地纪胜》，中华书局 1992 年版。

（宋）李焘：《续资治通鉴长编》，中华书局 2004 年版。

（宋）汪应辰：《文定集》，中华书局 1985 年版。

（宋）曾巩：《曾巩集》，朱国富、谌若水整理，国际文化出版公司 1997 年版。

（宋）真德秀：《西山真文忠公文集》，商务印书馆 1937 年版。

（宋）乐史：《太平寰宇记》，王文楚等校点，中华书局 2007 年版。

（宋）王应麟：《玉海》，江苏古籍出版社 1987 年版。

（宋）陆游：《入蜀记》，商务印书馆 1936 年版。

（宋）李心传：《建炎以来系年要录》，中华书局 1956 年版。

（宋）范成大：《骖鸾录》，中华书局 1985 年版。

（宋）高承：《事物纪原》，中华书局 1989 年版。

（宋）何远：《春渚纪闻》，中华书局 1983 年版。

（宋）洪迈：《容斋随笔》，上海古籍出版社 2014 年版。

（宋）蔡絛：《铁围山丛谈》，中华书局 1983 年版。

（宋）王明清：《玉照新志》，中华书局 1985 年版。

（宋）朱熹：《孟子集注》，浙江古籍出版社 2014 年版。

（宋）朱熹：《朱文公文集》，上海古籍出版社 2002 年版。

（宋）吴自牧：《梦粱录》，《东京梦华录》（外四种），古典文学出版社 1956 年版。

（宋）刘斧：《青琐高议》，施林旦点校，上海古籍出版社 2012 年版。

（宋）佚名：《新刊大宋宣和遗事》，古典文学出版社 1954 年版。

（宋）黄休复：《茅亭客话》，李梦生点校，上海古籍出版社 2012 年版。

（宋）周密：《武林旧事》，中华书局 1991 年版。

（宋）程卓：《使金录》，上海古籍出版社 1996 年版。

（宋）耐得翁：《都城纪胜》，上海古籍出版社 1987 年版。

（宋）丁丙：《武林坊巷志》，浙江人民出版社 1987 年版。

（元）马端临：《文献通考》，中华书局 1986 年版。

（元）戴表元：《剡源集》，中华书局 1985 年版。

（元）脱脱等：《宋史》，中华书局 1977 年版。

（明）李濂：《汴京遗迹志》，周宝珠、程民生点校，中华书局 1999 年版。

（明）梁于涣、扶纲辑，（清）朱潮远重辑：《铁桥志书》，康熙三年（1664）木刻本。

（清）董浩、阮元等编：《全唐文》，中华书局 1983 年版。

（清）徐松：《唐两京城坊考》，张穆校补，中华书局 1985 年版。

（清）徐松辑：《宋会要辑稿》，刘琳、刁忠民、舒大刚点校本，上海古籍出版社 2014 年版。

（清）徐松辑：《河南志》，高敏点校，中华书局 2002 年版。

（清）黄廷桂等修，张晋生等纂：《四川通志》，文渊阁《四库全书》影印本第 561 册。

（清）沈垚：《落帆楼文集》，上海古籍出版社 1918 年版。

（清）周城：《宋东京考》，单远慕点校，中华书局 1988 年版。

（清）丁丙：《武林坊巷志》，浙江人民出版社 1987 年版。

（清）赵宏恩、黄之隽等：《江南通志》，文渊阁《四库全书》影印本第 507 册。

（清）顾祖禹：《读史方舆纪要》，中华书局 1957 年版。

王壁文：《清官式石桥做法》，中国营造学社 1936 年版。

彭定求主编：《全唐诗》，中华书局 1960 年版。

陈直：《三辅黄图校证》，陕西人民出版社 1980 年版。

常璩撰，任乃强注：《华阳国志校补图注》，上海古籍出版社 1987 年版。

黄以周、王诒寿、冯一梅辑注：《续资治通鉴长编拾补》，文物出版社 1987 年影印本。

刘俊文：《敦煌吐鲁番唐代法制文书考释》，中华书局 1989 年版。

中华书局编辑部编：《宋元方志丛刊》，中华书局 1990 年版。

周绍良主编：《唐代墓志汇编》，上海古籍出版社 1992 年版。

高文：《汉碑集释》，河南大学出版社 1997 年版。

佚名辑，李之亮点校：《宋史全文》，黑龙江人民出版社 2005 年版。

天一阁博物馆、中国社会科学院历史研究所：《天一阁藏明钞本校证（附唐令复原研究)》,中华书局 2006 年版。

张家山二四七号汉墓竹简整理小组:《张家山汉墓竹简(二四七号墓)释文修订本》,文物出版社 2006 年版。

曾枣庄、刘琳主编:《全宋文》,巴蜀书社 1991 年版。

周绍良、赵超编:《唐代墓志汇编续集》,上海古籍出版社 2006 年版。

陈松长主编:《岳麓书院藏秦简(肆)》,上海辞书出版社 2015 年版。

陈才智:《韩偓诗全集汇校汇注汇评》,崇文书局 2017 年版。

[日]圆仁:《入唐求法巡礼行记》,[日]小野胜年校注,白化文、李鼎霞、许德楠修订校注,花山文艺出版社 1992 年版。

[日]成寻:《新校参天台五台山记》,王丽萍点校,上海古籍出版社 2009 年版。

二、著作

程继红:《带湖与瓢泉——辛弃疾在信州日常生活研究》,齐鲁书社 2006 年版。

曹家齐:《宋代交通管理制度研究》,河南大学出版社 2002 年版。

曹家齐:《唐宋时期南方地区交通研究》,(香港)华夏文化艺术出版社 2005 年版。

程喜霖:《唐代过所研究》,中华书局 2006 年版。

成一农:《古代城市形态研究方法新探》,社会科学文献出版社 2009 年版。

戴扬本:《北宋转运使考述》,上海古籍出版社 2007 年版。

傅宗文:《宋代草市镇研究》,福建人民出版社 1989 年版。

国家计量总局主编:《中国古代度量衡图集》,文物出版社 1984 年版。

葛金芳:《南宋手工业史》,上海古籍出版社 2008 年版。

葛金芳:《南宋全史:社会经济与对外贸易卷》,上海古籍出版社 2012 年版。

高敏主编:《中国经济通史(魏晋南北朝经济卷)》,经济日报出版社 1998 年版。

高明士:《中国中古礼律综论——法文化的定型》,商务印书馆 2017 年版。

华林甫:《中国地名学史考论》,社会科学文献出版社 2002 年版。

河南省地方史志编纂委员会编纂:《河南省志》第 38 卷《公路交通志、内河航运志》,河南人民出版社 1991 年版。

韩树峰:《汉魏法律与社会》,社会科学文献出版社 2011 年版。

黄现璠:《唐代社会概略》,吉林出版集团有限责任公司 2009 年版。

黄正建:《唐代衣食住行》,首都师范大学出版社 1998 年版。

[日]久保田和男:《宋代开封研究》,郭方平等译,上海古籍出版社 2010 年版。

[日]加藤繁:《中国经济史考证》(共 3 卷),吴杰译,商务印书馆 1959、1962、1973

年版。

何汝泉:《唐代转运使初探》,西南师范大学出版社 1987 年版。

[英]李约瑟(Joseph Needham)主编:《中国科学技术史》第 4 卷第 3 分册《土木工程与航海技术》,汪受祺译,科学出版社、上海古籍出版社 2008 年版。

[法]谢和耐(Jacques Gernet):《蒙元入侵前夜的中国日常生活》,刘东译,江苏人民出版社 1995 年版。

鞠清远:《唐代之交通》,周炳琳主编:《中国经济史料丛编·唐代篇》,国立北京大学出版组 1937 年。

李合群:《中国古代桥梁文献精选》,华中科技大学出版社 2008 年版。

李剑农:《中国古代经济史稿》,武汉大学出版社 2006 年版。

刘淑芬:《中古的佛教与社会》,上海古籍出版社 2008 年版。

穆渭生:《唐代关内道军事地理研究》,陕西人民出版社 2008 年版。

茅以升主编:《中国古桥技术史》,北京出版社 1986 年版。

[法]皮埃乐·布迪厄:《实践与反思:反思社会学导引》,李猛、李康译,中央编译出版社 1998 年版。

漆侠:《宋代经济史(下)》,上海人民出版社 1987 年版。

[日]青山定雄:《唐宋时代的交通与地志地图的研究》,(东京)吉川弘文馆 1963 年版。

[日]仁井田陞:《中国法制史》第 3 部,东京大学出版会 1959 年版。

唐寰澄:《中国古代桥梁》,文物出版社 1987 年版。

唐寰澄:《中国科学技术史·桥梁卷》(卢嘉锡主编),科学出版社 2000 年版。

唐寰澄:《中国木拱桥》,中国建筑工业出版社 2010 年版。

王静:《北魏洛阳城南的居民与居住环境》,社会科学文献出版社 2015 年版。

魏明孔:《中国手工业经济通史》(魏晋南北朝隋唐五代卷),福建人民出版社 2004 年版。

魏嵩山、肖华忠:《鄱阳湖流域开发探源》,江西教育出版社 1995 年版。

王曾瑜:《涓埃编》,河北大学出版社 2009 年版。

吴守贤、全和钧主编:《中国古代天体测量学与天文仪器》,科学普及出版社 2008 年版。

许倬云:《汉代农业:中国早期农业经济的形成》,程农、张鸣译,江苏人民出版社 1998 年版。

中华文化通志编委会编:《中华文化通志》第七典《科学技术·水利与交通志》,上海人民出版社 2010 年版。

[日]山本宏:《桥梁美学》,姜维龙、盛建国译,人民交通出版社 1989 年版。

严耕望:《唐代交通图考》(第 1—5 卷),(台北)"中研院"历史语言研究所 1985 年版。

严耕望:《唐代交通图考》(第 6 卷),上海古籍出版社 2007 年版。

杨鸿年:《隋唐两京考》,武汉大学出版社 2005 年版。

杨宽:《中国古代都城制度史》,上海古籍出版社 1993 年版。

杨永兵:《宋代买扑制度研究》,人民出版社 2012 年版。

严正德、王毅武主编:《青海百科大辞典》,中国财政经济出版社 1994 年版。

周宝珠:《〈清明上河图〉与清明上河学》,河南大学出版社 1997 年版。

周宝珠:《宋代东京研究》,河南大学出版社 1999 年版。

张弓:《唐朝仓廪制度初探》,中华书局 1986 年版。

张锦鹏:《南宋交通史》,上海古籍出版社 2008 年版。

张文:《宋代民间慈善活动研究》,西南师范大学出版社 2005 年版。

郑学檬:《中国古代经济重心南移和唐宋江南经济研究》,岳麓书社 1996 年版。

张泽咸:《唐代工商业》,中国社会科学出版社 1995 年版。

张忠炜:《秦汉律令法系研究初编》,社会科学文献出版社 2012 年版。

爱宕元:《关于唐代桥梁和津渡的管理法规——以敦煌发现唐〈水部式〉残卷为线索的研究》,杨一凡主编:《中国法制史考证》丙编第 2 卷,中国社会科学出版社 2003 年版。

坂上康俊:《〈天圣令〉蓝本唐令的年代推定》,刘后滨、荣新江主编:《唐研究》第 14 卷,北京大学出版社 2008 年版。

陈国灿:《吐鲁番所出唐代来自长安、洛阳的文书》,《陈国灿吐鲁番敦煌出土文献史事论集》,上海古籍出版社 2012 年版。

陈之安、张熙惟:《论宋代征商政策及其对商品市场的影响》,张全景主编:《安作璋先生从教 50 周年纪念文集》,泰山出版社 2001 年版。

戴建国:《宋代诏狱制度述论》,《岳飞研究——岳飞暨宋史国际学术研讨会论文集》,中华书局 1996 年版。

龙登高:《宋代城乡市场等级网络分析——以东南四路为例》,吴晓亮主编,林文勋副主编:《宋代经济史研究》,云南大学出版社 1994 年版。

李克修、董祥:《开封古州桥勘探试掘简报》,开封市文物工作队编:《开封考古发现与研究》,中州古籍出版社 1998 年版。

李锦绣：《唐后期的官制：行政模式与行政手段的变革》，黄正建编：《中晚唐社会与政治研究》，中国社会科学出版社 2006 年版。

刘满：《西北黄河古渡考（一）》，刘满：《河陇历史地理研究》，甘肃文化出版社 2009 年版。

李全德：《〈天圣令〉所见唐代过所的申请与勘验——以"副白"与"录白"为中心》，刘后滨、荣新江主编：《唐研究》第 14 卷，北京大学出版社 2008 年版。

李孝聪：《唐代城市的形态与地域结构：以坊市制的演变为线索》，《唐代地域结构与运作空间》，上海辞书出版社 2003 年版。

卢向前、雄伟：《〈天圣令〉所附〈唐令〉为建中令辨》，袁行霈主编：《国学研究》第 22 卷，北京大学出版社 2008 年版。

马世之：《中国古代都城规划中的"象天"问题》，《马世之学术文集》，大象出版社 2017 年版。

［日］内藤虎次郎：《三井寺藏唐过所考》，万斯年辑译：《唐代文献丛考》，商务印书馆 1957 年版。

青岛市文物保护考古研究所、胶州市博物馆：《胶州市"海上丝绸之路"文化遗迹 2014 年调查勘探简报暨板桥镇遗址考古工作报告》，青岛市文物保护考古研究所编著：《青岛考古（二）》，科学出版社 2015 年版。

［日］日野开三郎：《唐代商税考》，刘俊文主编：《日本学者研究中国史论著选译》第四卷，中华书局 1992 年版。

宋杰：《两魏周齐战争中的河阳》，首都师范大学历史系编：《首都师范大学史学研究》第二辑，中国文史出版社 2004 年版。

王文楚：《宋东京至辽南京驿路考》，王文楚：《古代交通地理丛考》，中华书局 1996 年版。

王永兴：《敦煌写本唐开元水部式校释》，北京大学中国中古史研究中心编：《敦煌吐鲁番文献研究论集》第三辑，北京大学出版社 1986 年版。

辛德勇：《古代交通与地理文献研究》，中华书局 1996 年版。

严耕望：《论唐代尚书省之职权与地位》，黄清连主编：《制度与国家》，中国大百科全书出版社 2005 年版。

俞凉亘：《隋唐东都天津桥的初步探讨》，何一民主编：《中国古都研究》（第十九辑）（《中国古都学会 2002 年年会暨长江上游城市文明起源学术研讨会论文集》），四川大学出版社 2004 年版。

［日］滋贺秀三：《西汉文帝的刑法改革和曹魏新律十八篇篇目考》，刘俊文主编：

《日本学者研究中国史论著选译》（第八卷），中华书局 1992 年版。

郑连第：《唐宋船闸初探》，中国科学院水利电力部水利水电科学研究院：《水利水电科学研究所水利史研究室五一周年学术论文集》，水利电力出版社 1986 年版。

张荣芳：《汉至六朝时期南方农业经济发展的文化阐释》，郑州大学历史研究所编：《高敏先生七十华诞纪念文集》，中州古籍出版社 2001 年版。

赵振华：《隋唐东都天津桥研究》，《唐研究》第十二卷，北京大学出版社 2006 年版。

牛来颖：《〈营缮令〉桥道营修令文与诸司职掌》，井上彻、杨振红编：《中日学者论中国古代城市社会》，三秦出版社 2007 年版。

魏嵩山：《北宋商、酒税旧额所属年代考》，《历史地理研究》第 2 辑，复旦大学出版社 1990 年版。

Alan Cooper, *Bridges, Law and Power in Medieval England, 700 - 1400*, Boydell Press, 2006.

C.T.Flower ed. *Public Works in Medieval Law*, 2 vols, London：Publication of the Selden Society 32 and 40, 1915-1923.

David Harrison, *Bridges in Medieval England：Transport and Society*, 400—1800, Oxford：Oxford University Press, 2004.

David Hume, *The History of England*, Liberty Fund, 1985.

Frederick Pollock, Frederic William Maitland, *The History of English Law Before the Time of Edward*, Cambridge：Cambridge University Press, 1968.

Henri Lefebvre, *The Production of Space*, English Translated by Donald Nicholson-Smith, Blackwell：Oxford UK &Cambridge USA, 1991.

Johann Georg Kohl, *Der Verkehr und Die Ansiedelungen der Menschen in IhrerAbhängigkeit von der Gestaltung der Erdoberfläche*, Leipzig, 1850.

Joseph Needham, Edited by Kenneth Girdwood Robinson, with Contributions by Ray Huang, Introduction by Mark Elvin. Cambridge：Cambridge University Press, 2004.

Marjorie Nice Boyer, *Medieval French Bridges：A History*, Cambridge MA, 1976. Patricia Pierce, *Old London Bridge：The Story of the Longest Inhabited Bridge in Europe*, London, 2001.

三、论文

白燕培：《黄河蒲津渡唐开元铁牛及铸人雕塑考》，《农业考古》2018 年第 1 期。

包伟民：《唐代市制再议》，《中国社会科学》2011 年第 4 期。

曹家齐：《宋代关津管理制度初探》，《西南师范大学学报（哲学社会科学版）》1999年第2期。

陈明光：《唐五代"关市之征"试探》，《中国经济史研究》1992年第4期。

陈有忠：《唐五代洛阳开封间的交通路线》，《郑州大学学报》1985年第3期。

程喜霖：《唐代的公验与过所》，《中国史研究》1985年第1期。

董国柱：《陕西高陵县耿镇出土唐东渭桥记残碑》，《考古与文物》1984年第4期。

戴建国：《天一阁藏明抄本〈官品令〉考》，《历史研究》1999年第3期。

戴建国：《唐宋时期法律形式的传承与演变》，《法制史研究》2005年第7期。

戴建国：《天圣令两题》，《上海师范大学学报》2010年第2期。

杜连生：《宋〈清明上河图〉虹桥建筑的研究》，《文物》1975年第4期。

段清波、吴春：《西渭桥地望考》，《文物与考古》1990年第6期。

董咸明：《唐代盐铁转运使述论》，《云南民族大学学报》1989年第4期。

方宝璋：《宋代在财经上对转运使的监督》，《中国社会经济史研究》1993年第3期。

方国瑜：《唐代后期云南安抚司（南诏）地理考说》，《历史研究》1982年第3期。

冯庆豪：《合川南宋石拱桥》，《四川文物》1988年第5期。

樊旺林、李茂林：《蒲津桥始末》，《山西文史资料》1999年第Z1期。

裴汝诚、许沛藻：《宋代买扑制度略论》，《中华文史论丛》1984年第1期。

郭传义：《唐代两税法改革的财政背景考察》，《中南财经政法大学研究生学报》2013年第3期。

葛桂连：《论元丰改制在中国古代官制发展变化中的作用》，《甘肃社会科学》1996年第4期。

［日］古贺登：《夏税、秋税的源流》，《东洋史研究》1960年第19辑第2期。

［日］古贺登：《唐代两税法的地域性》，《东方学》1962年第17辑。

葛金芳、曾育荣：《20世纪以来唐宋之际经济格局变迁研究综述》，《湖北大学学报》2003年第6期。

葛金芳：《南宋桥梁建材浅析》，《华中建筑》2007年第11期。

官士刚：《宋代仓窖储粮的考古学观察》，《农业考古》2017年第3期。

郭绍林：《洛阳天津桥、中桥与唐代社会生活》，《洛阳师专学报》1996年第6期。

郭延杰：《泉州洛阳桥》，《文史杂志》2008年第1期。

龚延明：《北宋元丰官制改革论》，《中国史研究》1989年第4期。

韩宝兴：《辽宁凌源天盛号金代石拱桥》，《北方文物》1987年第3期。

胡澍咸:《四川青川秦墓为田律木牍考释——并略论我国古代田亩制度》,《安徽师大学报(社会科学版)》1983 年第 3 期。

韩榕桑:《唐〈水部式〉(敦煌残卷)》,《中国水利》1993 年第 7 期。

黄寿成:《关于唐代盐铁转运度支等使的问题》,《陕西师范大学学报》1999 年第 2 期。

黄寿成:《说唐代的东渭桥》《中国典籍与文化》2003 年第 2 期。

黄盛璋:《云梦秦简辨正》,《考古学报》1979 年第 1 期。

黄正建:《〈天圣令〉附〈唐令〉是开元二十五年令吗?》,《中国史研究》2007 年第 4 期。

焦天然:《"九月除道,十月成梁"考——兼论秦汉月令之统一性》,《四川文物》2013 年第 1 期。

开封宋城考古队:《开封古州桥勘探试掘简报》,《开封文博》1989 年第 2 期。

刘安志:《清人整理〈唐会要〉存在问题探析》,《历史研究》2018 年第 1 期。

李伯重:《我国稻麦复种制产生于唐代长江流域考》,《农业考古》1982 年第 2 期。

龙登高:《传统民间组织治理结构与法人产权制度——基于清代公共建设与管理的研究》,《经济研究》2018 年第 10 期。

刘后滨:《正名与正实——从元丰改制看宋人的三省制理念》,《北京大学学报》2011 年第 2 期。

李合群:《再论宋代城门税》,《社会科学》2016 年第 11 期。

梁建国:《桥门市井:北宋东京的日常公共空间》,《中国史研究》2018 年第 4 期。

陆敬严:《蒲津大浮桥考》,《自然科学史研究》1985 年第 1 期。

李景寿:《宋代商税问题研究综述》,《中国史研究动态》1999 年第 9 期。

李景寿:《北宋商税"旧额"时间再考》,《中国史研究》2003 年第 1 期。

李林:《中国佛教史上的福田事业》,《法音》2005 年第 12 期。

李令福:《北宋关中小城镇的发展及其类型与分布》,《中国历史地理论丛》2014 年第 4 期。

刘秋根、宋燕鹏:《桥梁修建与士人参与——南宋士人与地方社会公益事业关系研究之一》,《亚洲研究》2009 年第 5 期。

刘庆柱:《秦都咸阳几个问题的初探》,《文物》1976 年 11 期。

李绥成:《渭河三桥寻踪》,《文物天地》1998 年第 4 期。

刘森:《宋代"门税"初探》,《中国史研究》1988 年第 1 期。

刘淑芬:《中古都城坊制的崩解》,《大陆杂志》1980 年第 1 期。

李晓光：《宋人张择端〈清明上河图〉虹桥考》，《山东科技大学学报（社会科学版）》2000 年第 3 期。

梁云、游富祥、郭峰：《汉渭河三桥的新发现》，《中国国家博物馆馆刊》2013 年第 4 期。

李意标、黄国荡：《南宋泉州桥梁建筑》，《福建论坛（文史哲版）》1985 年第 3 期。

李毓芳等：《西安市汉长安城北渭桥遗址》，《考古》2014 年第 7 期。

李毓芳等：《西安市汉长安城北渭桥遗址出土的古船》，《考古》2015 年第 9 期。

李玉昆：《僧侣在宋代泉州造桥活动中所起的作用》，《法音》1984 年第 2 期。

李之勤：《"沙河古桥"为汉唐西渭桥说质疑——读〈西渭桥地望考〉》，《中国历史地理论丛》1991 年第 3 期。

罗哲文：《略谈卢沟桥的历史与建筑》，《文物》1975 年第 10 期。

马德志：《唐代长安城考古纪略》，《考古》1963 年第 11 期。

孟彦宏：《秦汉法典体系的演变》，《历史研究》2005 年第 3 期。

苗书梅：《宋代知州及其职能》，《史学月刊》1998 年第 6 期。

苗书梅：《宋代县级公吏制度初论》，《文史哲》2003 年第 1 期。

［日］梅原郁：《宋代商税制度补说》，《东洋史研究》1960 年第 18 卷第 4 期。

［日］米田贤次郎：《齐民要术中的两年三熟》，《东亚史研究》1959 年第 17 辑第 4 期。

牛来颖：《舟桥管理与令式关系——以〈水部式〉与〈天圣令〉为中心》，《敦煌研究》2015 年第 1 期。

宁欣：《街：城市社会的舞台——以唐长安城为中心》，《文史哲》2006 年第 4 期。

宁欣：《转型期的唐宋都城：城市经济社会空间之拓展》，《学术月刊》2006 年第 5 期

潘发生：《"神川"考》，《西藏研究》1993 年第 1 期。

潘洪萱：《南宋时期泉州地区的石梁桥》，《自然科学史研究》1985 年第 4 期。

彭丽华：《论唐代地方水利营缮中劳役征配的申报——以唐〈营缮令〉第 30 条的复原为中心》，《文史》2010 年第 3 期。

彭丽华：《唐〈营缮令〉形成史论》，《法制史研究》2015 年第 28 辑。

秦邑江：《试论北宋元丰年间的官制改革》，《学术论坛》1983 年第 4 期。

宿白：《隋唐长安城与洛阳城》，《考古》1978 年第 6 期。

四川省博物馆、青山县文化馆：《青山县出土秦更修田律木牍——四川青川县战国墓发掘简报》，《文物》1982 年第 1 期。

孙德润、李绥成、马建熙:《渭河三桥初探》,《考古与文物》编辑部:《陕西省考古学会第一届年会论文集》,1983 年。

孙立新、王保宁:《胶州湾北海岸的史地变迁——以两宋至民国时期为中心》,《中国海洋大学学报》2007 年第 5 期。

史念海:《唐长安城外郭城亏道及坊里的变迁》,《中国历史地理论丛》1994 年第 1 期。

宋三平、张涛:《论两宋江西地区的交通及其影响》,《南昌大学学报(人文社会科学版)》2009 年第 6 期。

宋燕鹏:《南宋地方桥梁的修建与士人参与》,《山西师范大学学报(社科版)》2013 年第 2 期。

苏永霞:《唐宋时期市镇研究综述》,《中国史研究动态》2012 年第 4 期。

史苇湘:《敦煌莫高窟中的〈福田变经〉壁画》,《文物》1980 年第 9 期。

邵政达:《革命与司法:17 世纪英国普通法法院的独立》,《世界历史》2018 年第 4 期。

汤开建:《北宋河桥考》,《青海师范学院学报(哲社版)》1985 年第 3 期。

汤勤福:《月令祛疑——兼论政令、农书分离趋势》,《学术月刊》2016 年第 10 期。

王刚:《宋代郊祀大礼中的下层助祭官吏群体——以执事官和执事人为中心的考察》,《北方民族大学学报(哲学社会科学版)》2019 年第 2 期。

王静:《中古都城的桥市》,《国学学刊》2018 年第 2 期。

王立霞:《论唐宋水利事业与经济重心南移的最终确立》,《农业考古》2011 年第 3 期。

汪圣铎:《宋代转运使补论》,《中国史研究》2004 年第 1 期。

王赛时:《论唐代的造船业》,《中国史研究》1982 年第 2 期。

王宇:《宋代两浙地区桥梁的捐建——以张绍宽编民国〈平阳县志〉平阳石桥碑记为个案》,《浙江地方志》2011 年第 1 期。

王元林:《蒲津大浮桥新探》,《文物季刊》1999 年第 3 期。

王孙盈政:《再论唐代尚书省四等官制的执行——以长官、通判官任职情况为中心》,《求是学刊》2010 年第 6 期。

王卫平:《清代苏州的慈善事业》,《中国经济史研究》1993 年第 4 期。

吴晓亮:《对宋代"拦头"与市镇管理关系的思考》,《江西社会科学》2011 年第 11 期。

王育济:《论陈桥兵变》,《文史哲》1997 年第 1 期。

王仲荦：《试释吐鲁番出土的几件有关过所的唐代文书》，《文物》1975 年第 7 期。

王曾瑜：《宋代横跨长江的大浮桥》，《社会科学战线》1983 年第 4 期。

辛德勇：《隋唐时期陕西航运之地理研究》，《陕西师范大学学报（哲学社会科学版）》2008 年第 6 期。

薛海波：《论北魏军镇体制与六镇豪强酋帅》，《民族研究》2017 年第 3 期。

徐龙国：《唐长安城太仓位置及相关问题》，《考古》2016 年第 6 期。

熊秋良：《清代湖南的慈善事业》，《史学月刊》2002 年第 12 期。

徐庆全：《关于唐代转运使设置的年代》，《社会科学辑刊》1992 年第 4 期。

袁英光、李晓路：《唐代财政重心的南移与两税法的产生》，《首都师范大学学报（社会科学版）》1985 年第 3 期。

伊永文：《孟元老考》，《南开学报（哲学社会科学版）》2011 年第 3 期。

于世永、朱诚、卢春成、杨绍礼：《近 1300 年来古胶州港位置的变迁》，《海洋湖沼通报》1995 年第 4 期。

周宝珠：《宋代黄河上的三山浮桥》，《史学月刊》1993 年第 2 期。

周宝珠：《试论草市在宋代城市经济发展中的作用》，《史学月刊》1998 年第 2 期。

周峰：《略论金代的浮桥》，《博物馆研究》2004 年第 2 期。

张建：《〈清明上河图〉中的虹桥市井——北宋东京研究》，《河南社会科学》2009 年第 3 期。

张邻、周殿杰：《唐代商税辨析》，《中国社会经济史研究》1986 年第 1 期。

赵吕甫：《敦煌写本唐乾元〈水部式〉残卷补释》，《四川师范学院学报》1991 年第 2 期。

赵璐璐：《"务"的发展与唐宋间县司职能的扩展》，《国学学刊》2018 年第 2 期。

郑显文：《从〈水部式〉看唐代道路桥梁维护》，《养护与管理》2013 年 10 月号（总第 31 期）。

中国社会科学院考古研究所洛阳工作队：《隋唐东都城址的勘查和发掘续记》，《考古》1978 年 6 期。

［日］周藤吉之：《宋代乡村店的分布与发展》，《中国历史地理论丛》1997 年第 1 期。

BruceWatson, Trevor Brigham and Tony Dyson, ed., *London Bridge: 2000 Years of a River Crossing*, Museum of London Archaeology Service Monograph 8, (London, 2001).

Christian de Pee, Purchase on Power: Imperial Space and Commercial Space in Song-Dynasty Kaifeng, 960–1127, *Journal of the Economic and Social History of the Orient*, Vol.

53, No. 1/2, Empires and Emporia：The Orient in World Historical Space and Time
(2010).

David Harrison, *Bridges and Economic Development, 1300-1800,The Economic History
Review*, New Series, Vol. 45, No. 2 (1992).

John Langdon, *Review of Bridges in Medieval England：Transport and Society,400—
1800, The Agricultural History Review*, Vol. 53, No. 2 (2005).

Nicholas P. Brooks, *Church, Crownand Community：Public Work and Seigneurial Re-
sponsibilities at Rochester Bridges, Warrior and Churchmen in the High Middle Ages：Essays
Presented to Karl Leyser*, ed. T. Reuter,London 1992.

Paul J. Smith, *Do We Know as Much as We Need to About the Song Economy? Observa-
tions on the Economic Crisis of the Twelfth and Thirteenth Centuries*, No. 24 (1994), pp.
327-333.

R. H. Helmholz,*Review of Bridges, Law and Power in Medieval England, 700-1400 by
Alan Cooper, Speculum*, Vol. 83, No. 2 (2008).

Marjorie Nice Boyer, *The Bridge Building Brotherhoods, Speculum* 39(1964).

Victoria D. List,*Review of Bridges, Law and Power in Medieval England, 700-1400 by
Alan Cooper, Law and History Review*, Vol. 26, No. 3, Law, War, and History (2008).

Warren C. Brown, *What "Middle" about the Middle Ages? Engineeringand Science*,No.2
(2000).

YangJidong, The Making, Writing, and Testing of Decisions in the Tang Government：
A Study of the Role of the "Pan" in the Literary Bureaucracy of Medieval China, Chinese
Literature：Essays, Articles, Reviews (CLEAR), Vol. 29, 2007.

四、学位论文

任峙：《宋金桥梁研究》,河南大学硕士学位论文,2007 年。

张杨：《宋金桥梁建造与维护管理研究》,河北大学硕士学位论文,2011 年。

杨芳：《宋代仓廪制度研究》,首都师范大学博士学位论文,2011 年。

王彤：《隋唐时期桥梁研究》,河南大学硕士学位论文,2017 年。

陈宇：《隋唐大运河沿线转运仓分布格局研究》,郑州大学硕士学位论文,2019 年。

葛莹：《唐宋桥梁管理制度研究》,湖南师范大学硕士学位论文,2018 年。

刘慧玲：《宋代两京桥市研究》,湖南师范大学硕士学位论文,2019 年。

姚晶：《南宋桥记的整理与研究》,湖南师范大学硕士学位论文,2020 年。

杨苏杭:《6—12 世纪桥记的整理与研究》,湖南师范大学硕士学位论文,2021 年。

张志兴:《唐宋桥梁与军事之关系研究》,湖南师范大学硕士学位论文,2022 年。

田敏:《桥渡与唐宋镇研究》,湖南师范大学硕士学位论文,2022 年。

后　记

相较历史人物而言,历史中的物质世界对我有着更特殊的吸引力。我总是被各类建筑、各类技术吸引。生活在今天这个技术日新月异的时代,看到人类这个物种被技术浪潮推搡着向前,对于未来,我既期待也迷惑。

当我回望历史时,便忍不住思考技术对人类社会的影响。基于这一模糊粗浅的认识,我硕士论文首选伎术官(可惜没能做出来),博士论文选择营缮事务,竟然多多少少都与技术有关。其后,我便断断续续、深深浅浅地思考了技术与人类历史的关系。

技术也好,人类历史也罢,都具有时空性。时空属性决定了历史场景在人类历史中的重要性。由于人类傍水而居的特点,在众多历史场景中,结合了自然与人文因素的桥(渡)成为聚焦中心。桥、渡是渡水的工具,是道路系统的组成部分,是交通运输畅达的基本保障,桥、渡及其附近区域是水陆交通汇聚之处的特殊空间。言其特殊,是因为这是人类在自然空间里通过物质技术构建起来的活动空间,人、畜、物因渡水而汇聚于此,这一空间因交通功能而滋长出了军事、政治、经济、社会等诸多价值。吾师刘后滨教授总是教导我们做研究要从小处着手、大处着眼,可管中窥豹,但切不可一叶障目。这是本书选择桥梁为研究对象,但不局限在桥梁本身,而是将桥梁置入历史的时空坐标之中,将其视作了解唐宋国家与社会之间的"桥梁"的原因。

本书选题的确定,得益于 2015 年在英格兰约克大学与 W. Mark Ormrod 教授的多次讨论。虽然本书后来的思路走偏,未能按照之前讨论的中英比较研究来布局,但关于跨国别、跨文明的比较却影响了我之后各类问题的思考。感谢 Tim Swinger 帮我搜集了中世纪英格兰的桥梁资料,如此我在涉及英格兰的桥梁问题时,才能做到肚里有货心中不惧。

感谢包伟民老师的指导。虽然在写博士论文《唐代营缮事务管理体制研究》时,吾师就一直强调制度的贯通性,提醒我做唐史一定不能将视野仅限定在唐代,要求我们至少要打通唐宋,但我真正发表第一篇宋史论文却是到了毕业后的第十年。而《宋代的桥与场务》《宋代的桥市》(因本书排印在前,桥市一文刊出在后,故本书仅收录了桥市一文的相关结论)两文,我都得到了包老师的指导和修改意见。尤其是《宋代的桥市》,因数次投稿数次被拒,而我又固执己见,认为即便是在隋唐甚至此前,桥市因其自发形成、位于交通枢纽等特点也不当且通常是没法封闭的,包老师在三四年间前后为我批阅了好几遍,不但让我重新思考了市制与税收、城市功能与管理等问题,还在这过程中帮我从脑海里去除了过往强大的传统观点在我文字中留下的烙印,我由此明白了作文要传递出思想的真正含义。此外,他还提醒我关注会籥拉纤的技术问题、个别资料的重新解读、引用书目的版本问题。这些让我极为感动,也鼓舞了我的信心。这也是本书出版前,我鼓起勇气向包老师求序的原因。虽然对宋史依旧一知半解,但我已不再畏惧,相信自己能够打破朝代史的界限,在需要的时候,能够将考察视角朝纵向、横向延伸,朝吾师打破朝代史乃至国别史的目标前进。

本书的撰写与改定,还得到了王静、张耐冬、赵璐璐、张雨、王湛、意如等师友的指导与帮助。因为对赵璐璐的依赖惯性,还在披头散发状态中的桥市与场务就被我发到了她的微信。她一如既往当机立断帮我理清了思路,建议我分成了两个独立的话题。后来在张雨主持的中国政法大学《制度、文学与法制》报告会上,她又为我修正了《营缮令》"津桥道路"条改为九月半的原因。

该文后得张雨悉心修改,发衰在其主编的《中国古代法律文献研究》第十五辑上。张耐冬对《移桥案》一文提出了重要的修改意见,提醒我要注意移桥案背后的祖宗之法、政治党派斗争。得知我在湖南大学岳麓书院、北京大学中古史研究中心为田浩(Hoyt Tillman)老师举办的荣休会上报告了《宋代的桥市》,又主动索要了该文,为我提出了很有价值的修改建议,并让我联系撰写《中古都城的桥市》的王静老师,寻求下一步的改进意见。王静老师不厌其烦地为我一条一条地列举了相关资料,并给出了她的看法。王湛、意如为我提供了绘有桥梁的唐宋画,帮助我建构了唐宋桥梁的画面结构与图像。

我还要感谢审核国家社科基金项目成果的五位匿名评审专家给出的宝贵意见与认可,为我修正了一些错误,并提出了新的思考方向。

这些,不但让我开拓了思路、修正了观点、完善了成果,更获得了心理上与情感上的支持。当我离京南下、安家于岳麓山下湘水之滨,师友们的这些支持,对我非常重要,让我想要成为更好的自己。由此推及众生,如果技术的发展能够解放、便利人的生活并加强人与人之间的有效联系,而非降低甚至抹除人的核心价值,那便是值得期待的。如果人类被技术发展所裹挟、反噬,导致人逐步退化,慢慢失去思考、动手、应急、感受的能力,那于整个人类社会而言,盲目地发展技术或许终将是得不偿失的。

2022 年 12 月 24 日

责任编辑:王彦波
封面设计:石笑梦
版式设计:胡欣欣

图书在版编目(CIP)数据

唐宋时期的桥梁、法制与社会/彭丽华 著. —北京:人民出版社,2023.9
ISBN 978-7-01-024967-4

Ⅰ.①唐… Ⅱ.①彭… Ⅲ.①桥-交通运输史-研究-中国-唐宋时期
Ⅳ.①F512.9

中国版本图书馆 CIP 数据核字(2022)第 141848 号

唐宋时期的桥梁、法制与社会
TANGSONG SHIQI DE QIAOLIANG FAZHI YU SHEHUI

彭丽华 著

人 民 出 版 社 出版发行
(100706 北京市东城区隆福寺街 99 号)

北京九州迅驰传媒文化有限公司印刷 新华书店经销

2023 年 9 月第 1 版 2023 年 9 月北京第 1 次印刷
开本:710 毫米×1000 毫米 1/16 印张:20.75
字数:323 千字

ISBN 978-7-01-024967-4 定价:89.00 元

邮购地址 100706 北京市东城区隆福寺街 99 号
人民东方图书销售中心 电话 (010)65250042 65289539